金融电子商务

◎ 胡玫艳 何龙 编著

清华大学出版社

北京

内 容 简 介

本教材从金融电子商务基础、业态、环境三个层次全面、系统地介绍了金融电子商务的基础理论、前沿技术、传统业态、创新业态及运行环境。在基础篇中,介绍金融电子商务的基本概念、金融电子商务理论、金融电子商务技术、电子货币与电子支付;在业态篇中,分别就金融互联网的基本业态(网络金融)和互联网金融的基本业态做详细介绍;在环境篇中,把金融电子商务的法律环境、征信环境、风险防范及金融监管等内容作为电子版扩展阅读供读者学习参考。

本教材适合高等院校金融学、金融科技与金融工程、电子商务等专业本科生,管理科学与工程、经济管理类等专业硕士研究生的金融电子商务、互联网金融、网络金融、网络金融与电子支付等课程的教学使用;也适合传统金融机构及互联网金融企业等作为培训参考教材。

图书在版编目(CIP)数据

金融电子商务/胡玫艳,何龙编著. —北京:清华大学出版社,2021.1(2024.9重印)
(21世纪高等学校电子商务专业规划教材)
ISBN 978-7-302-56794-3

Ⅰ. ①金… Ⅱ. ①胡… ②何… Ⅲ. ①电子商务-应用-金融市场-高等学校-教材 Ⅳ. ①F830.9

中国版本图书馆 CIP 数据核字(2020)第 217430 号

责任编辑:陈景辉
封面设计:刘 键
责任校对:徐俊伟
责任印制:杨 艳

出版发行:清华大学出版社
   网 址:https://www.tup.com.cn, https://www.wqxuetang.com
   地 址:北京清华大学学研大厦 A 座   邮 编:100084
   社 总 机:010-83470000   邮 购:010-62786544
   投稿与读者服务:010-62776969,c-service@tup.tsinghua.edu.cn
   质量反馈:010-62772015,zhiliang@tup.tsinghua.edu.cn
   课件下载:https://www.tup.com.cn,010-83470236
印 装 者:三河市君旺印务有限公司
经 销:全国新华书店
开 本:185mm×260mm 印 张:19   字 数:496 千字
版 次:2021 年 2 月第 1 版   印 次:2024 年 9 月第 4 次印刷
印 数:2501~3000
定 价:59.90 元

产品编号:085011-01

前　言

电子商务是"互联网＋"时代发展最快的领域，并已影响和渗透到各行业、各领域，改变了整个社会的政治、经济、文化与生活的方方面面。金融领域作为国家经济的血脉，最早被电子商务渗透。一方面，电子商务的发展改变了传统金融业赖以生存的经营环境，传统金融业利用互联网技术实现其线下产品和服务的线上延伸，即金融互联网(网络金融)；另一方面，互联网产业竞争日趋激烈，为寻找新的利润发展空间，互联网引领者将目光投向了具有较高利润率与较大发展空间的金融业，创造性地利用互联网技术的优势对金融产品进行包装与升级，满足了消费者的金融需求，因此诞生了互联网金融。电子商务在金融领域的应用推进了金融电子商务的发展。金融电子商务是指传统金融机构与互联网企业利用互联网技术和信息通信技术实现资金融通、支付、投资和信息中介服务的新型金融业务模式。

金融电子商务＝金融互联网＋互联网金融

互联网技术与金融的结合主要从两个切入口展开：一是传统金融业务的互联网化(网络金融)，即传统金融机构基于信息技术、通信技术和网络技术，借助于客户的个人计算机、通信终端或其他智能设备，通过金融企业内部计算机网络或专用通信网络、互联网或其他公共网络，向客户提供金融产品与服务的活动，包括网络金融活动所涉及的所有业务和领域，称为金融互联网；二是互联网金融化(互联网金融)，即新兴互联网企业借助网络技术，融合了开放、透明、分享、协作、互动的互联网精神，实现去中心化的资金融通、在线支付和信息中介等业务的一种新兴的普惠金融模式。

目前，有关金融电子商务的教材大都以两种题材出现：一种是以金融互联网为题材，讨论传统金融的互联网化；另一种是以互联网金融为题材，讨论互联网金融化。虽然在给互联网金融下定义时，也包含了传统金融机构利用互联网技术和信息通信技术实现资金融通、支付、投资等金融业务，但所阐述的互联网金融业态却不包括传统金融机构的互联网化业态。因此，本教材试图立足互联网上的整个金融市场，全面剖析金融电子商务业态，涵盖了金融互联网业态和互联网金融业态。

本教材分为三大部分，共7章。在第一部分基础篇中，第1章介绍金融电子商务的基本概念和金融电子商务的产生与发展；第2章介绍金融电子商务理论；第3章介绍金融电子商务技术(即ABCD：人工智能、区块链、云计算、大数据等)；第4章介绍电子货币与电子支付。在第二部分业态篇中，第5章介绍金融互联网的基本业态，包括网络银行、网络证券、网络保险、网络期货；第6章介绍互联网金融的基本业态，包括第三方支付、P2P网络借贷、互联网众筹、互联网财富管理、互联网金融门户。在第三部分环境篇中，第7章以电子版形式介绍金融电子商务的运行环境，包括法律环境、征信环境、风险防范及金融监管。

金融电子商务在我国是一个快速发展、动态变化的新兴领域，不仅知识更新快，而且观点众多，百家争鸣。在编写本书的过程中，笔者尽量参考和借鉴相关专家、学者的大量研究成果，包括著作、教材和网络文献，以期为读者呈现金融电子商务的全貌，在此对相关资料的提供者表示感谢。另外，本书的编写和出版还得到了中国工商银行浙江分行的胡安生先生、周彬先生和浙商银行投行部胡其美女士及广州图书馆研究写作室人员的鼎力相助，在此表示深深的感谢！

由于编写时间紧迫，以及部分网络文献作者出处不详，在本书中未能一一列出部分成果的出处，在此深表歉意，如涉及版权或知识产权的疑问，敬请联系编写者本人。

配套资源

为便于教学，本书配有教学大纲、教学课件、教学教案、教学计划、实验指导，读者可在清华大学出版社或"书圈"微信公众号中下载。

本教材适合高等院校金融学、金融科技与金融工程、电子商务等专业本科生，管理科学与工程、经济管理类专业研究生的教学使用；也适合传统金融机构及互联网金融企业等作为培训参考教材。

由于笔者水平有限，书中难免存在疏漏和不足，恳请同行和读者不吝指教。

胡玫艳

于广州商华学院

2021 年 1 月

目　　录

第1章 金融电子商务概述

【本章内容】

金融电子商务基本概念
- 金融电子商务的内涵
- 金融电子商务的特征
- 金融电子商务的业态

金融电子商务的产生与发展
- 金融电子商务的产生背景
- 金融电子商务的发展现状

【学习目标】

知识目标	能力目标
◇ 掌握金融电子商务的定义和特征 ◇ 认识金融电子商务的基本业态模式 ◇ 了解金融电子商务的产生与发展	◇ 学会利用百度指数等大数据搜索工具分析金融电子商务的发展趋势 ◇ 根据所学知识初步判断主流金融电子商务网站的业态类别

【案例导入】

数字人民币在北京试点应用

2020年12月29日,北京市首个数字人民币应用场景落地。在一家名为漫猫咖啡的咖啡店内启动了数字人民币应用场景测试,获得授权的消费者可以使用数字人民币钱包支付和购买各类商品。

数字人民币是由中国人民银行发行的数字形式的法定货币,由指定运营机构参与运营并向公众兑换,以广义账户体系为基础,支持银行账户松耦合功能,与纸钞和硬币等价,具有价值特征和法偿性,支持可控匿名。目前,已基本完成数字人民币体系的顶层设计、标准制定、功能研发和联调测试等工作。经过了深圳、苏州、成都等城市试点测试后,此次是首次将数字人民币在北京试点应用。

获得授权的消费者在下载了数字人民币App后,就能使用数字人民币了。支付时,消费者可以通过"扫一扫"或"碰一碰"的方式完成支付。此外,它还支持离线支付,就像纸钞一样,可满足飞机、邮轮、地下停车场等网络信号不佳场所的电子支付需求;如果发生了盗用等行为,对于实名钱包,数字人民币还可提供挂失功能;对于拥有非智能手机的人群,还可以选择IC卡、功能机或者其他的硬件终端。

使用数字人民币支付和使用微信等差异不大,但本质上有所不同。微信、支付宝只是支付工具,通过这两种渠道消费者使用的仍然是个人银行卡里的余额;而数字人民币则是央行发行的数字形式的法定货币,等同于现金。

数字人民币的应用具有重要意义,从宏观层面看,央行可以提高对货币运行监控的效率,丰富货币政策手段,防范金融风险,推动人民币国际化;从微观层面看,可以提升支付的快捷性和安全性,通过密码加密可以追溯货币的源头和去向,也避免很多纸币流通环节造成的浪费和污染。

（资料来源：北京日报）

1.1　金融电子商务基本概念

电子商务是"互联网+"时代发展最快的领域,并已影响和渗透到各行业、各领域。一方面,电子商务的发展改变了传统金融业赖以生存的经营环境,传统金融业利用互联网技术实现其线下产品和服务的线上延伸,即金融互联网(网络金融);另一方面,互联网产业竞争日趋激烈,为寻找新的利润发展空间,互联网巨头将目光投向了具有较高利润率与较大发展空间的金融业,创造性地利用互联网技术方面的优势对金融产品进行包装与升级,满足了消费者的金融需求,即互联网金融。于是,电子商务在金融领域的应用,便有了金融电子商务,如图 1-1 所示。

金融互联网　　　　　　　　　　　　　　　　互联网金融

图 1-1　金融电子商务＝金融互联网＋互联网金融

1.1.1　金融电子商务的内涵

理解金融电子商务的内涵,需要从金融和电子商务的内涵入手。

1. 金融

金融是现代经济运行的核心,是国家经济的血脉。随着金融业的不断发展,金融已经成为现代经济的核心,现代经济也正在逐步转变为金融经济。

1) 金融定义

"金"即为"资金","融"即为"融通"。狭义的金融从字面上理解,是指资金融通。而广义的金融还包括金融机构体系和金融市场。因此,金融是指货币流通和信用活动以及与之相关的经济活动。

金融行业最初的形式是古代的钱庄。钱庄一方面收取储户的钱,到期支付本金和利息;另一方面把收到的资金借出,到期收回本金和利息。借款利息和储蓄利息之间的差额,就是钱庄的收入,如图 1-2 所示。

2) 金融内容

随着时代的发展,金融行业被更细致地划分,出现了股票、债券、基金、保险等多种内容。金融的内容可概括为货币的发行与回笼,存款的吸收与付出,贷款的发放与回收,金银、外汇的买卖,有价证券的发行与转让,保险、信托、国内及国际的货币结算等。

图 1-2　古代钱庄的运作

3）金融产品

金融产品的种类有很多，主要包括银行、证券、基金、保险、信托等，如图 1-3 所示。

图 1-3　金融产品的主要种类

金融的核心是跨时间、跨空间的价值交换，所有涉及价值或者收入在不同时间、不同空间之间进行配置的交易都是金融交易。

4）金融功能

金融体系的功能主要体现在六个方面，如图 1-4 所示。

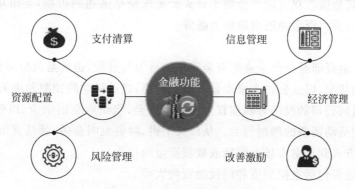

图 1-4　金融体系的功能

（1）支付清算

金融体系提供完成商品、服务和资产清算和结算的工具，不同的金融工具在功能上可以互补或替代，运作它们的金融机构也可以不同。

（2）资源配置

金融体系能够为企业的生产或家庭的消费筹集资金，同时还能将聚集起来的资源在全社会重新进行有效分配。

（3）风险管理

金融体系可以提供管理和规避风险的方法，使金融交易和风险负担得以有效分离，从而使企业与家庭能够选择其愿意承担的风险,回避不愿承担的风险。

（4）信息管理

金融体系可以为投资者和筹资者搜集提供金融交易的价格信息,同时为管理部门提供金融交易和规则执行状态的信息,从而使金融体系的不同参与者都能做出各自的决策。

（5）经济管理

金融体系在宏观政策的影响下,借助于各种金融工具,调节货币供给量或信用量,影响社会总需求,进而实现社会总供求均衡,促进经济的协调发展。

（6）改善激励

金融体系所提供的股票或者股票期权,使企业的管理者以及员工的利益与企业的效益紧密联系在一起,从而使管理者和员工尽力提高企业的绩效,其行为不再与所有者的利益相悖,从而解决了委托代理问题。

5）金融市场

经济活动中,各经济要素形成的市场主要有三大类：商品市场、要素市场（生产资料要素市场）和金融市场,如图 1-5 所示。

图 1-5　经济活动中的三大市场

（1）金融市场的含义

金融市场是资金供求双方通过金融工具买卖实现资金融通的市场,是市场规律支配下的金融商品融通的场所。资金融通也简称为融资。

（2）融资

从狭义上讲,融资即是一个企业的资金筹集的行为与过程,也就是说公司根据自身的生产经营、资金拥有的状况,以及公司未来经营发展的需要,通过科学的预测和决策,采用一定的方式,从一定的渠道向公司的投资者和债权人去筹集资金,组织资金的供应,以保证公司正常生产需要、经营管理活动需要的理财行为。从广义上讲,融资也叫金融,就是货币资金的融通,是当事人通过各种方式到金融市场上筹措或放贷资金的行为。

金融市场的融资包括直接融资和间接融资两大类。

直接融资是资金供求双方直接进行资金融通的活动,也就是资金需求者直接通过金融市场向社会上有资金盈余的机构和个人筹资,例如股票市场、债券市场等。这种模式没有专门的机构在中间负责经营,资金通过交易平台（交易平台只是提供交易场所,不负责经营）直接在供给者和需求者之间融通,如图 1-6 所示。

图 1-6　直接融资市场

间接融资则是指通过银行所进行的资金融通活动,也就是资金需求者采取向银行等金融中介机构申请贷款的方式筹资,例如基金市场、保险市场等。这种模式和古老的钱庄经营非常相似,都是由一个专门的机构负责经营,如图 1-7 所示。

图 1-7　间接融资市场

在金融市场上交易的是各种金融工具,如股票、债券、储蓄存单等。

(3) 金融市场分类

根据金融市场上交易工具的期限,可把金融市场分为货币市场和资本市场两大类。

货币市场是融通短期(一年以内)资金的市场,包括同业拆借市场、回购协议市场、商业票据市场、银行承兑汇票市场、短期政府债券市场、大面额可转让存单市场。

资本市场是融通长期(一年以上)资金的市场,包括中长期银行信贷市场和证券市场。中长期银行信贷市场是金融机构与工商企业之间的贷款市场,证券市场是通过证券的发行与交易进行融资的市场,包括债券市场、股票市场、保险市场、融资租赁市场等。

6) 金融机构

金融机构是指专门从事货币信用活动的中介组织及其相互联系的统一整体,是金融市场不可缺少的中介主体,金融市场上的各种金融活动都要借助于一定的金融机构来完成。一个国家的金融机构主要由中央银行、商业银行和非银行金融机构构成,如图 1-8 所示。

图 1-8　一个国家的金融体系

(1) 中央银行

中央银行是管理国家金融的国家机关,是在商业银行的基础上发展形成的国家金融管理机构,是现代各国金融系统的核心。与普通的商业银行不同,它不经营普通金融业务,不以盈利为目的,是国家宏观经济和金融调控的主体。

中央银行具有三大职能:一是发行货币的银行,二是国家的银行,三是银行的银行。

(2) 商业银行

商业银行是在商品交换和市场经济的发展中孕育和发展起来的,是为适应商品生产的扩大和市场经济发展的需要而形成的一种金融机构组织。

商业银行也具有三大职能:一是信用中介,二是支付中介,三是信用创造。

（3）非银行金融机构

非银行金融机构主要包括证券、保险、基金、信托、租赁等。

小资料 1-1

我国金融机构体系的形成

目前，我国已基本形成了以中国人民银行为领导，国有独资商业银行为主体，多种金融机构并存，分工协作的金融机构体系格局。我国金融机构体系经历了以下发展历程。

① 初步形成阶段（1948—1953 年），中国人民银行成立，标志着新中国金融机构体系的开始。

② "大一统"的金融机构体系（1953—1978 年），中国人民银行是全国唯一一家办理各项银行业务的金融机构，集中央银行和普通银行于一身。

③ 初步改革和突破"大一统"金融机构体系（1979—1983 年 8 月），中国银行、中国农业银行、中国建设银行相继恢复或成立，但中国人民银行仍然集货币发行与信贷于一身。

④ 多样化的金融机构体系初具规模（1983 年 9 月—1993 年），形成了以中国人民银行为核心，以工、农、中、建四大专业银行为主体，其他各种金融机构并存和分工协作的金融机构体系。

⑤ 建设和完善社会主义市场经济下金融机构体系的阶段（1994 年至今），形成了由"一行三会"（一行三会是国内金融界对中国人民银行、中国银行业监督管理委员会、中国证券监督管理委员会和中国保险监督管理委员会这四家中国的金融监管部门的简称，2018 年 3 月，全国人大第十三届一次会议通过《国务院机构改革方案》，将中国银行业监督管理委员会、中国保险监督管理委员会合并为中国银行保险监督管理委员会，至此"一行三会"调整为"一行两会"。）为主导、大中小型商业银行为主体、多种非银行金融机构为辅翼的较完备的金融机构体系。

---

2. 电子商务

电子商务是建立在电子技术和网络技术基础上的商业运作，是利用电子技术提供的工具手段来实现其操作过程的商务。当一个企业将它的主要业务通过企业内部网、外部网以及互联网与企业的职员、客户、供销商以及合作伙伴直接相连时，其中发生的各种活动就是电子商务活动，如图 1-9 所示。

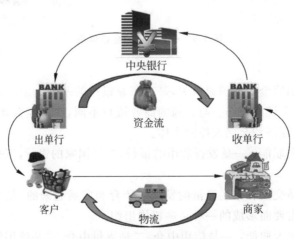

图 1-9　电子商务示意图

（1）电子商务与金融的关系

电子商务的发展改变了传统金融业赖以生存的旧的经营环境，它给互联网上的金融业发展带来巨大的机遇，金融业既是网络经济的最大受益者，也是网络经济最持久和最强大的推动力。

① 电子商务的迅猛发展所产生的支付结算需求给金融业带来无限商机。

无论是对于传统的交易，还是新兴的电子商务，资金的支付都是完成交易的必要环节，所不同的是，电子商务强调支付过程和支付手段的电子化。金融业作为电子化支付和结算的最终执行者，起着联结买卖双方的纽带作用，互联网上所提供的电子支付服务是电子商务信息沟通、资金支付和商品配送三大环节中的关键要素。随着电子商务的快速发展，网上支付、在线投资等业务不断渗透、融合，蓬勃发展。同时，随着金融电子化、网络化的快速推进，金融服务正向着任何时间、任何地点、任何方式（Anywhere，Anytime，Anyhow）的 3A 目标发展。

② 作为网络经济最活跃的参与者、最大的受益者，金融业成为电子商务乃至新经济持久而强大的推动力量。

首先，金融业的本身就是信息经济的重要组成部分，离开了包括金融业在内的具体产业的增长，新经济的发展都是空洞的。经济决定金融，金融反过来推动经济增长，这一货币金融学的古老原则对新经济仍然发挥着作用。

其次，互联网金融，特别是互联网支付是电子商务实现的必要条件，高效、便捷、安全的网上金融服务是新经济车轮快速前进的润滑剂。

再次，互联网金融的发展对信息业不断提出更高、更多的需求，从而进一步推动信息业和整个新经济的前进步伐，信息技术的发展令金融业焕发出新的生命力，而随着金融业变革和发展的深入，对信息科技又产生了崭新的需求，为其打开了更深远的技术发展空间。

（2）电子商务对金融产生的影响

① 电子商务在金融领域的应用使金融业降低成本，增加收益，增强竞争力。

据国际管理顾问公司（Booz-Allen & Hamilton）进行的调查，银行每处理一笔交易的费用，其成本是虚拟形态的网络银行的成本的 100 多倍。在美国，网络银行的开办费只有传统银行的 1/20，网络银行的业务成本只有传统银行的 1/12。传统银行的成本占收入的比例一般为 60%，而网络银行的这一比例仅为 15%～20%。

同样的情形也发生在证券业。传统的证券营业部一次性投资至少在 500 万元左右，一些豪华的甚至高达数千万元，月均营业费用也在几十万元以上。证券公司开展网上交易，不必多开营业部，只要利用该网站，整个证券公司的交易成本就可以大幅度降低，而客户人数和交易量则大幅提高。

② 电子商务的应用将使金融业摆脱时空限制。

电子商务的广泛应用改变了以往单一的有形金融市场办理业务方式，促进了无形市场的形成和发展，使客户坐在家中、办公室或远在异地他乡就可以享受金融业的在线服务。同时，客户可以享受每周 7 天、每天 24 小时的不间断服务，而不必顾虑银行值守约定。电子商务把终端与服务器处理集成化了，不仅能同时办理交易、信贷、投资、保险、理财等多种传统金融业务，而且还能不断地增加新的金融服务或其他信息服务。在全球化的背景下，网络可以十分容易地进行不同语言之间的转换，这为金融业拓展跨国业务又提供了便捷条件。任何国家的客户都可以随时坐在家中去世界任何一家金融机构办理证券投资、期货交易、购买保险、存取款等网络金融业务。

③ 电子商务的应用使金融业拥有一个广阔的国际市场。

电子商务的全球化特征加速了全球经济一体化的进程，可以轻而易举地实现全球金融的一体化。同时，互联网上的信息具有高度公开性、共享性、及时性，各种相同或相似的金融产品价格趋同，市场规律将充分起作用，市场价格将充分反映市场供需状况。任何金融机构都有机会在互联网上扩大市场占有率。金融业发展靠的不仅是网点、资金，而是先进科技所增加的综合竞争力。

④ 金融业的支付结算地位在电子商务发展中发挥着不可替代的作用。

其主要原因：第一，在国民经济体系中，金融机构尤其是商业银行一直并将继续担当金融中枢的角色，全社会的每一个经济单元（政府机关、公共机构、工商企业、家庭和个人）都是通过商业银行建立资金往来关系的，如果没有商业银行的参与和推动，电子商务无异于空中楼阁；第二，伴随着电子化、网络化的潮流，银行业已经在支付手段电子化和金融服务网络化方面奠定了一定的基础，取得了较强的人才、资金、技术和信息优势，不仅率先实现网络化经营，成为电子商务最积极的参与者，而且影响其他行业应用电子商务的进程和水平，从而成为电子商务发展最有力的推动者；第三，数百年的发展使银行业树立了稳健、诚信的良好社会形象，构造了安全、快捷、发达的支付网络，这些客观存在的优势决定了银行支付体系仍是网络经济交易方式的首选；第四，交易者的信用状况及其维护是电子商务发展的关键前提之一，而银行恰恰是社会信用的经营者，在维护社会信用秩序方面具有明显优势。从这个角度讲，银行在电子商务体系结构中仍将担当网络支付结算服务的主要角色；第五，由非金融 IT 机构主导的互联网金融运营商本身暂时不具备出产金融产品和金融工具的能力，只能提供金融信息服务产品与工具，金融产品与金融工具仍是由传统金融机构提供的金融服务。

⑤ 电子商务的应用使金融机构向全能金融服务机构发展。

电子商务的特征使其能够融合银行、证券、保险等行业经营的金融市场，减少各类金融企业对同样客户的重复劳动，拓宽银行等金融机构进行金融产品功能的捆绑和综合的创新空间，向客户提供更多的"量体裁衣"式的金融服务。因此，金融机构在电子商务环境下可以从事全能金融业务，诸如网上个人理财、网上投资、网上股票买卖；网上贸易融资、网上按揭、网上保险、网上存贷款、国际结算、证券经纪等服务。

⑥ 电子商务的应用将使金融业改变传统运营管理模式。

传统金融机构的管理模式一般采用直线型的逐级下辖一定范围的模式，这种模式效率低，对金融市场的反应滞后。金融机构应用电子商务后使金融业的管理模式发生根本性的改变，使管理手段得到前所未有的规范。金融业应用电子商务手段重新设计业务流程，强化了风险控制和风险管理，减少了管理环节，节省了管理成本，提高了管理水平，从而实现管理机制的高效运转，有助于完成"银行再造"。

3. 金融电子商务

1）金融电子商务定义

金融电子商务是指传统金融机构与互联网企业利用互联网技术和信息通信技术实现资金融通、支付、投资和信息中介服务的新型金融业务模式。

因为是在互联网上实现的金融业务模式，所以金融电子商务的实践按照"互联网血统"的"纯正"与否，可以划分为"金融互联网"（即金融行业互联网化，也称网络金融）和"互联网金融"（即互联网行业金融化），即图 1-1 所示：金融电子商务＝金融互联网＋互联网金融。如果用网上购物来比喻金融电子商务，"金融互联网"好比家乐福超市建设的网上商场，只是把商品搬到线上去销售；"互联网金融"好比以互联网起家的淘宝，其建立的平台代表了一种新的购物模式，其提供的服务也是金融互联网无法（或者不适合）提供的。

（1）金融互联网

金融互联网是指传统金融机构基于信息技术、通信技术和网络技术，借助于客户的个人计算机、通信终端或其他智能设备，通过金融企业内部计算机网络或专用通信网络、互联网或其他公共网络，向客户提供金融产品与服务的活动，包括网络金融活动所涉及的所有业务和领域，如相关的技术、监管、运营、法律等。金融互联网的基本业态如图 1-10 所示。

图 1-10　金融互联网的基本业态

简单地讲，就是传统金融机构将原有金融业务搬到互联网上。例如，商业银行为了更好地为自己的线下客户提供服务，建立了网上银行，银行储户可以通过网上银行管理账户、申请贷款、进行网络支付等。但是网上银行始终是银行业务的辅助，有些业务（如开户销户、打印银行流水文件、办理存款证明等）依然需要依靠实体银行网点来办理，且银行的安全与监管功能仍需要实体网点来保证。

（2）互联网金融

互联网金融是指新兴互联网企业借助互联网技术，融合开放、透明、分享、协作、互动的互联网精神，实现资金融通、在线支付和信息中介等业务的一种新型的普惠金融模式。

例如，没有实体网点的第三方支付机构（如财付通、微信支付等）的业务均在线上进行，很少依赖线下环节，强调的是不受地域限制与改善用户体验，且能够提供传统金融机构难以或者不适合提供的服务。

互联网金融的基本业态如图 1-11 所示。

图 1-11　互联网金融的基本业态

（3）金融互联网与互联网金融的区别

业界和学术界把传统金融业的互联网化（金融互联网）和互联网业的金融化（互联网金融）都定义为互联网金融。中国证券业协会人力资源专业委员会副主任委员、上海新金融研究院创始理事姚文平认为,准确定义"互联网金融"是一件比较困难的事,因为"第一,不同的机构与个人会从不同的角度来理解和解读互联网金融。与此同时,不同领域与不同模式的互联网金融存在一些共同点,同时也存在不少差异,因此难以完全概括。第二,'互联网金融'及'金融互联网'其实是动态的、阶段性的概念,需要历史地去看待和评价。第三,严格意义上的互联网金融与金融互联网其实是一个链条的两端,现实世界的业态主要分布在中间状态,有些可能距离理想化的互联网金融更近一些,有些可能更靠近金融互联网这一端,因此在区分时只能做一个大致的判断。"

我国最早提出"互联网金融"一词并对其进行专题研究的是 2001 年时任中国人民银行科技司司长陈静,当时他提出"立足央行职责,推动我国互联网金融服务的健康发展",认为"互联网金融服务的发展对我国金融业产生了深刻影响",主导推动网上支付机制、互联网金融服务立法、金融认证体系建设等基础工作。之后,中国金融认证中心(CAFA)应运而生。但他所指的互联网金融服务其实是传统金融机构的网络金融服务,并不是真正意义上的互联网金融业务,而是传统金融机构借助于网络通信技术将线下的一些传统金融业务网络化、虚拟化。其经营主体依旧是传统金融机构,除了提供网络金融服务外,还提供各类金融服务产品与金融工具,如网上银行、网上支付等。

首次提出并讨论"互联网金融"概念的学者是我国著名金融学家、中国人民银行研究生部博士生导师、原中国投资有限责任公司副总经理谢平(被业界称为中国互联网金融之父)教授。他认为,互联网金融是既不同于商业银行间接融资,也不同于资本市场直接融资的第三种金融融资模式,称为"互联网直接融资市场"或"互联网金融模式",并认为这是以互联网为代表的现代信息科技,特别是移动支付、社交网络、搜索引擎和云计算等对人类金融模式产生颠覆性影响的结果。他还进一步解释说"在这种金融模式下,支付便捷,市场信息不对称程度非常低;资金供需双方直接交易,银行、券商和交易所等金融中介都不起作用;可以达到与现在直接和间接融资一样的资源配置效率,并在促进经济增长的同时,大幅减少交易成本。"

有不少专家对"互联网金融"和"金融互联网"进行了概念上的辨析,认为互联网金融指的是以互联网为平台构建的具有金融功能链且具有独立生存空间的投融资运行结构。"金融功能链"和"独立生存空间"是互联网金融必不可少的元素。商业银行等金融机构借助于互联网所做的工具或系统创新,属于金融互联网。互联网金融相对于金融互联网可以说是一种根本上的"基因变异"。而金融互联网显然只是一个创新,但不是飞跃,因为在金融互联网中,互联网只是一个手段,是手臂的延伸,因而也就不是"基因式变革"。因此,由互联网平台主导的金融活动比传统金融服务的互联网化更具有创新性和颠覆性。

金融互联网与互联网金融的比较如表 1-1 所示。

表 1-1　金融互联网与互联网金融的比较

比 较 项	金融互联网	互联网金融
发展理念和思维	将金融产品或服务搬上互联网,是单一的、局部的互联网化	全面的互联网化、开放、平等、分享、包容,更加强调分工与协作
管理方式	遵循社区制,崇尚自由,引导理想,注重中长期利益,关注客户满意度等非财务指标,倾向于非标准化以及柔性、多变的组织架构	层级制,强调管理与控制,偏重督促,注重短期利益,以财务指标为绩效考核核心,倾向于标准化和稳定的组织架构

比　较　项	金融互联网	互联网金融
组织架构	附属于另外一个公司或者组织,比较稳定	相对独立,多变
导向与出发点	以自我和赢利为导向;出发点往往是将已有的金融产品或服务"强塞"给客户,基本上不考虑这些产品或服务是否适合客户	以客户需求为导向;出发点往往是去发现和挖掘客户的潜在需求、真实需求,设计和提供更多、更好的金融产品或服务,并以合适的方式将其提供给合适的客户
客户群体	年龄结构偏年长一些,相对稳健、保守	比较年轻、开放且愿意尝试新事物,较熟悉互联网
客户体验	烦琐、缓慢、单向	尤其关注客户体验,便捷、快速、强调互动
标准化	低端:标准化、规模化 高端:非标准化	提供标准化的产品或服务,相对简单,易于识别、判断和比较,未来个性化、定制化的金融产品或服务会更多
交易金额与频率	金额大,频率低	单笔的交易金额往往较小,同时交易频率较高
价格策略	相对高价	为客户提供免费的金融服务,或提供的金融产品及服务的价格明显低于金融互联网
信息透明度	不对称、不透明	对称、透明
去中介化	金融机构扮演了金融中介的角色,为客户提供金融产品或服务	互联网金融的发展更多地呈现出去中介化的趋势
安全性	相对强 金融互联网的思维方式是封闭、守旧、非市场化,更注重"堵";追求"绝对安全",同时以牺牲客户体验和服务效率为代价,设计烦琐的操作流程和环节	相对弱 互联网金融对待安全性及隐私的思维方式是开放、创新、市场化,更注重"疏";运用新技术、新方法来管理安全性及隐私方面的风险,同时通过引进商业保险等方法保障客户利益
支付流程	通过银行支付	超级集中支付系统和移动支付统一
资金供求	通过金融中介进行数量和期限匹配	自己决定
监管体系	监管规范成熟、公信力高	行业监管尚不完善
产品差异	受利率管制,产品设计复杂,门槛高	产品简单,定价灵活,门槛低
模式稳定性	相对强,创新面临挑战	相对弱,更具可塑性、延展性

资料来源:赵海军.互联网金融实务与创新实践[M].北京:经济科学出版社,2018.

1.1.2　金融电子商务的特征

金融电子商务有如下 8 个明显特征。

1. 数字性

金融电子商务是在互联网信息科技推动下产生的新型金融模式。它一方面是大数据的重要产生者,另一方面也高度依赖信息技术,是典型的数据驱动行业。

商业银行已经认识到场景化金融的发展趋势,以客户为核心,主动切入客户生活场景,构建由大数据分析驱动的数字化营销体系,全面提升吸引客户的能力和客户黏性。此外,区块链技术以其独特的去中心化设计、分布式记账、可信密码技术解决了金融电子商务参与方的信任问题,弥补了互联网上的金融在信用方面的不足,提高了金融电子商务中资金运作的透明度。互联网金融企业结合自己技术和运营优势,采用区块链、数字货币等最新的技术和手段,在数字普惠金融方面有巨大的发展空间。

2. 高效性

金融电子商务的业务主要由计算机处理,操作流程完全标准化,客户不需要排队等候,业务处理速度更快,用户体验更好。与传统金融相比,网络技术使得金融信息和业务处理的方式更加先进,系统化和自动化程度大大提高,突破了时间和空间的限制,而且能为客户提供更丰富多样、自主灵活、方便快捷的金融服务,具有很高的效率。网络金融的发展使得金融机构与客户的联系从柜台式接触改变为通过网上的交互式联络,这种交流方式不仅缩短了市场信息的获取和反馈时间,而且有助于金融业实现以市场和客户为导向的发展战略,也有助于金融创新的不断深入发展。

3. 经济性

（1）金融运营成本

从金融业的运营成本来看,虚拟化的金融电子商务在为客户提供更高效的服务的同时,由于无须承担经营场所、员工等费用开支,金融机构可以避免开设营业网点的资金投入和运营成本,因而具有显著的经济性。

（2）金融消费成本

从金融服务对象来看,资金供求双方可以通过网络平台自行完成信息甄别、匹配、定价和交易,无传统中介、无交易成本、无垄断利润。消费者可以在开放透明的平台上快速找到适合自己的金融产品,削弱了信息不对称程度,更省时省力。

4. 脱媒性

互联网金融是一种不依靠金融中介的脱媒金融。谢平在《互联网金融模式研究》中将互联网金融定义为：一种受互联网技术、互联网精神的影响,从传统银行、证券、保险、交易所等金融中介到无中介"瓦尔拉斯一般均衡（指整个市场上过度需求与过剩供给的总额必定相等的情况）"之间的所有金融交易和组织形式。这一定义中的无中介领域说明了互联网金融的脱媒性特点。

5. 普惠性

金融电子商务的普惠性主要体现在覆盖范围广、准入门槛低、服务效率高、交易成本低等方面。

① 互联网金融的普惠性特征使得传统金融体系下各种"高大上"的金融服务草根化和平民化。

② 互联网金融自身的透明化、开放性和高效性,正成为传统金融的有效补充。

③ 在互联网金融模式下,客户能够突破时间和地域的约束,在互联网上寻找需要的金融资源,金融服务更直接,客户基础更广泛。

④ 互联网金融的客户以小微企业为主,覆盖了部分传统金融业的金融服务盲区,有利于提升资源配置效率,促进实体经济发展。因此金融电子商务是一种惠及大众的普惠金融。

6. 虚拟性

从本质上说,金融市场是一个信息市场,也是一个虚拟的市场。在这个市场中,生产和流通的都是信息：货币是财富的信息；资产的价格是资产价值的信息；金融机构所提供的中介服务、金融咨询顾问服务等也是信息。网络技术不但强化了金融业的信息特性,而且虚拟化了金融的实务运作。例如,经营地点虚拟化——金融机构只有虚拟化的地址,即网址及其所代表的虚拟化空间；经营业务虚拟化——金融产品和金融业务大多是电子货币和网络服务；经营过程虚拟化——金融互联网业务的全过程全部采用电子数据化的运作方式,由银行账户管理系统、电子货币、信用卡系统和网上服务系统等组成的数字网络处理所有的业务。

7. 集成性

金融电子商务的出现极大地推动了金融混业经营的发展,主要原因在于以下几个方面。

（1）客户信息需要统一管理

在金融网络化的过程当中,客观上存在着系统管理客户所有财务金融信息的需求,即客户的银行账户、证券账户、资金资产管理和保险管理等有融合统一管理的趋势。

（2）信息技术为金融机构同质化提供了保障

网络技术的发展使得金融机构能够快速有效地处理和传递大规模信息,从而使得金融产品创新能力大大加强,能够向客户提供更多量身定制的金融服务,金融机构同质化现象日益明显。

（3）金融业竞争日趋激烈

网络技术降低了金融市场的运行成本,金融市场透明度和非中介化程度提高都使得金融业竞争日趋激烈,百货公司式的全能银行、多元化的金融服务成为大势所趋。

8. 风险性

（1）信用风险大

现阶段中国信用体系尚不完善,互联网金融的相关法律还有待配套,互联网金融违约成本较低,容易诱发恶意骗贷、卷款跑路等风险问题。特别是 P2P 网贷平台由于准入门槛低和缺乏监管,成为不法分子从事非法集资和诈骗等犯罪活动的温床。

（2）网络安全风险大

互联网安全问题突出,金融电子商务中的犯罪问题不容忽视。一旦遭遇黑客攻击,金融电子商务的正常运作就会受到影响,就会危及消费者的资金安全和个人信息安全。

1.1.3　金融电子商务的业态

所谓金融电子商务的业态是指金融电子商务的模式或营业形态。下面介绍三种分类法。

1. 按金融电子商务定义分类

"金融电子商务＝金融互联网＋互联网金融"这一公式是从运营金融活动的主体性质来划分的,如图 1-12 所示。

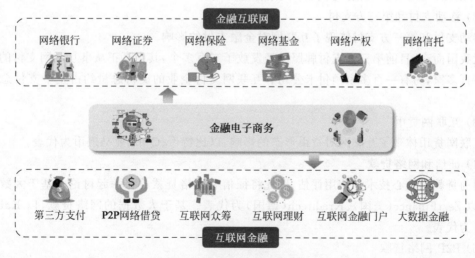

图 1-12　金融电子商务的主要业态

金融互联网归属传统金融机构的业务体系,是金融行业内金融机构及金融业务电子化、信息化、虚拟化、网络化的产物,在业态上包括网络银行、网络证券、网络保险、网络基金、网络产权、网络信托等不同的细分领域;互联网金融是由非金融 IT 机构主导的第三方网上金融中介与信息服务平台业务,是随着电子商务与平台经济的大发展而出现的,在业态上包括第三方支付、P2P 网络借贷、互联网众筹、互联网理财、互联网金融门户、大数据金融等。

2.《互联网金融模式研究》中的分类

谢平在 2012 年 8 月发表的《互联网金融模式研究》中提出,按照各种金融电子商务形态在支付方式、信息处理、资源配置三大支柱上的差异,将金融电子商务划分为 8 种主要类型,如图 1-13 所示。

图 1-13　金融电子商务图谱

(1) 金融互联网

即传统金融机构的互联网形态。

传统金融机构的互联网形态体现了互联网对金融机构的物理网点、人工服务等的替代,包括形式有:网络银行和手机银行,以 ING Direct(欧洲)、M-Pesa(肯尼亚)为代表;网络证券公司,以 Charles Schwab(美国)为代表;网络保险公司。

(2) 移动支付和第三方支付

移动支付和第三方支付体现了互联网对金融支付的影响。

就我国而言,目前第三方支付牌照已经发放了二百多个,其中真正从事互联网支付的企业只有一百多家,另有一百多家预付卡公司。互联网支付企业的支付总量约占整个支付总量的 0.5%。

(3) 互联网货币

互联网货币体现了互联网对货币形态的影响,以比特币、Q 币、亚马逊币为代表。

(4) 征信和网络贷款

因为贷款的核心技术是信用评估,因此将征信和网络贷款放在一起讨论。基于大数据的征信,以 ZestFinance(美国)、Kreditech(德国)为代表。基于大数据的网络贷款,以 Kabbage(美国)为代表。

(5) P2P 网络贷款

P2P 网络贷款是互联网上个人之间的借贷,以 Prosper、Lending Club(美国)、Zopa(英国)、宜信、陆金所、拍拍贷、人人贷为代表。

（6）众筹融资

众筹融资是互联网上的股权融资，以 Kickstarter（美国）、天使汇为代表。

具体来讲，一个人若有一个好想法，他就可以把这个想法放到网上，让大家提供投资，然后用这个产品还款。投资者在网上投资可以获得股权和分红。小企业可以通过这种方式获得股权融资。这种众筹融资的方式比创投、天使投资又往前走了一步。

（7）金融产品的网络销售

通过网络销售金融产品，以 Bankrate（美国）、百度金融、融 360、东方财富网为代表。

（8）网络金融交易平台

以 SecondMarket、SharesPost（美国）、前海股权交易所为代表。

比如，保险业出现了根据汽车使用情况确定费率的车险（英文术语是 usage-based insurance），证券研究发现 Twitter 活跃度对股价有预测力，未来大数据与保险精算、证券投资结合，会促成很多新商业模式。

3. 中国人民银行提出的分类

为鼓励金融创新，促进互联网金融健康发展，明确监管责任，规范市场秩序，经党中央、国务院同意，中国人民银行、工业和信息化部、公安部、财政部、国家工商总局、国务院法制办、中国银行业监督管理委员会、中国证券监督管理委员会、中国保险监督管理委员会（原，向同）、国家互联网信息办公室于 2015 年 7 月联合印发了《关于促进互联网金融健康发展的指导意见》（以下简称《提导意见》）。该《指导意见》根据分类监管的原则，对互联网金融各业态的业务进行了界定，包括互联网支付、网络借贷、股权众筹融资、互联网基金销售、互联网保险、互联网消费金融和互联网信托等 7 种互联网金融业态类型，如图 1-14 所示。

图 1-14　中国人民银行界定的互联网金融业态

（1）互联网支付

按照《指导意见》中的解释，互联网支付是指通过计算机、手机等设备，依托互联网发起支付指令、转移货币资金的服务。该文件所述的互联网支付，既包括银行业金融机构的互联网支付（即网银支付），也包括第三方支付机构的互联网支付（即第三方支付）。

银行业金融机构和第三方支付机构从事互联网支付，应遵守现行法律法规和监管规定。第三方支付机构与其他机构展开合作的，应清晰地界定各方的权利义务关系，建立有效的风险隔离机制和客户权益保障机制。互联网支付业务由中国人民银行负责监管。

（2）网络借贷

网络借贷包括个体网络借贷和网络小额贷款。

个体网络借贷即 P2P（peer-to-peer），是指个体和个体之间通过互联网平台实现的直接借贷，主要为借贷双方的直接借贷提供信息服务，即通过网络平台为投资方和融资方提供信息交互、撮合、资信评估等中介服务,属民间借贷范畴,受《合同法》《民法通则》等法律法规以及最高人民法院相关司法解释予以规范。个体网络借贷要坚持平台功能,为投资方和融资方提供信息交互、撮合、资信评估等中介服务。个体网络借贷机构要明确信息中介性质,主要为借贷双方的直接借贷提供信息服务,不得提供增值服务,不得非法集资。

网络小额贷款是指互联网企业通过其控制的小额贷款公司,利用互联网向客户提供的小额贷款。网络小额贷款应遵守现有小额贷款公司监管规定,发挥网络贷款优势,努力降低客户融资成本。网络借贷业务由中国银行业监督管理委员会(简称"银监会")负责监管。

（3）股权众筹融资

股权众筹融资主要是指通过互联网形式进行公开小额股权融资的活动,即通过股权众筹融资中介机构平台(互联网网站或其他类似的电子媒介)进行。股权众筹融资是多层次资本市场有机组成部分,股权众筹融资中介机构可以在符合法律法规规定前提下,对业务模式进行创新,更好地服务从事创新创业的企业。股权众筹融资方一般为小微企业,融资方要通过股权众筹融资中介机构向投资人如实披露企业的商业模式、经营管理、财务、资金使用情况等关键信息,并不得误导或欺诈投资者。投资者在充分了解股权众筹融资活动风险的前提下进行小额投资,同时应具备相应风险承受能力。股权众筹融资业务由中国证券监督管理委员会(简称"证监会")负责监管。

（4）互联网基金销售

互联网基金销售属于互联网理财范畴,是指基金销售机构与其他机构通过互联网合作销售基金等理财产品的新兴金融业态。基金销售机构要切实履行风险披露义务,不得通过违规承诺收益方式吸引客户;基金管理人应当采取有效措施防范资产配置中的期限错配和流动性风险;基金销售机构及其合作机构通过其他活动为投资人提供收益的,应当对收益构成、先决条件、适用情形等进行全面、真实、准确的表述和告示,不得与基金产品收益混同。

互联网基金销售往往离不开第三方支付机构的支付服务,根据相关规定,第三方支付机构在开展基金互联网销售支付服务的过程中,应当遵守中国人民银行、证监会关于客户备付金及基金销售结算资金的相关监管要求。第三方支付机构的客户备付金只能用于办理客户委托的支付业务,不得用于垫付基金和其他理财产品的资金赎回。互联网基金销售业务由证监会负责监管。

（5）互联网保险

互联网保险业务是指保险机构依托互联网和移动通信等技术,通过自营网络平台、第三方网络平台等订立保险合同、提供保险服务的业务。

保险公司开展互联网保险业务应遵循安全性、保密性和稳定性原则,加强风险管理,完善内控系统,确保交易安全、信息安全和资金安全。专业互联网保险公司应当坚持服务互联网经济活动的基本定位,提供有针对性的保险服务。保险公司应建立对所属电子商务公司等非保险类子公司的管理制度,建立必要的防火墙。保险公司通过互联网销售保险产品,不得进行不实陈述、片面或夸大宣传过往业绩、违规承诺收益或者承担损失等误导性描述。互联网保险业务由中国保险监督管理委员会(简称"保监会")负责监管。

（6）互联网消费金融

互联网消费金融是指通过互联网向个人或家庭提供与消费相关的支付、储蓄、理财、信贷以及风险管理等金融活动,一般由银行、消费金融公司或互联网企业等市场主体出资成立的非存款性借贷公司,以互联网技术和信息通信技术为工具,以满足个人或家庭对除房屋和汽车之外的其他商品和服务消费需求为目的,向其出借资金并分期偿还的信用活动。互联网消费金融业务由银监会负责监管。

（7）互联网信托

互联网信托就是通过互联网平台进行的信用委托。互联网信托业务一般涉及三个方面当事人,一是投入信用的委托人,二是受信于人的受托人,三是受益于人的受益人。互联网信托业务是由委托人依照契约或网站条款的规定,为自身的利益,将自己财产上的权利通过受托人(即互联网平台)转给受益人(一般为中小微企业)作为资金周转,受益人按规定条件和范围通过受托人转给委托人其原有财产以及过程中所产生的收益。互联网信托可以为有资金需求的中小微企业和有投资理财需求的个人搭建一个安全、稳健、透明、高效的线上资金出借撮合平台。在互联网信托平台上,对借款企业与投资个人要求实名认证,对借款企业的基本资料要公开披露,并且对每一个项目的进行过程要完全透明。互联网信托业务由银监会负责监管。

1.2　金融电子商务的产生与发展

金融电子商务时代实质上就是无国界、无行业边界的金融混业经营时代,大型金融 IT 机构和大型电子商务企业都纷纷涉足互联网金融业务,并千方百计地突破金融行业监管壁垒,向管理部门申请金融牌照以改变自身的行业主体身份,商业银行、证券期货、投资基金、保险理财等金融机构在大力发展网络银行、网络证券、网络基金、网络保险等现代金融服务的同时,也都纷纷成立电子商务部门或网络金融营销部门,吸收电子商务与网络营销的专门人才来开拓金融电子商务或网络金融营销事业。当前的金融服务市场是国内外金融机构及符合条件的 IT 企业、电子商务企业等各路诸侯频出高招、相互融合,充分利用互联网信息技术开拓网络金融新业务,争夺现代金融服务市场。

1.2.1　金融电子商务的产生背景

促使金融电子商务产生的根源,既有技术方面的客观条件,也有内在的经济驱动因素,还有行业背景的原因。

1. 技术背景

（1）互联网技术

互联网技术的普遍应用,是进入信息社会的标志。金融业是信息敏感型行业,信息传递、信息交换、信息管理、信息应用贯穿于金融活动的各个环节。互联网技术与金融行业具有先天的契合度。20 世纪 60 年代末,阿帕网作为互联网的雏形开始出现,世界金融发展也开始进入自由化时代。整个 70 年代,金融改革浪潮不断向前,基于计算机网络的金融创新取得长足发展。阿帕网在技术进步推动下,连接范围不断扩大,1983 年在采用了新型数据封包和选路协议(TCP/IP)之后被正式命名为"因特网"。1991 年万维网出现,1993 年欧洲核子研究组织向社会免费开放了万维网,开启了互联网的商业化应用。1994 年,美国允许商业资本介入互联网建设与运营,互联网正式进入了商用时期。这一阶段,互联网急剧扩张,用户数和网站数都快速增加,基于互联网的金融服务也得到了迅速发展。银行、券商和保险公司开始通过门户网站提供金融服务,纯网络银行出现,第三方支付也在 20 世纪 90 年代末出现。进入 21 世纪,借助宽带、无线移动通信等技术的发展,互联网的范围继续扩大,与人们生活的联系也愈发紧密。

2003年诞生了众筹平台,2005年开始出现网络借贷平台,2009年数字货币的代表比特币诞生。金融创新在互联网技术推动下不断向前发展。

（2）云技术

金融的本质特征是计算,支付清算、资金融通、资源配置、风险管理、信息传递与激励的底层技术就是计算。因此,金融发展离不开计算,但金融发展受制于人类的计算能力。互联网最初连接计算机,正是为了提升系统的计算能力。

云计算离不开云技术。云技术是指在广域网或局域网内,将硬件、软件、网络等系列资源统一起来,实现数据的计算、储存、处理和共享的一种托管技术。云计算极大地提升了人类的计算能力,为互联网金融提供了强大的运算能力支持。云技术的发展是在2005年之后,到2010年基本成熟,已经成为支撑现代科技、网络经济、社会治理等的基础技术。云技术体系包含云计算、云存储核心技术,支撑云平台、云网络、云安全、云终端和云服务,极大地提升了金融运行效率。

（3）算法与数据挖掘技术

要提升计算效率,除了要提升硬件技术,还需要改进算法。算法是一系列解决问题的清晰指令,它代表用系统的方法描述解决问题的策略机制。金融活动与金融创新的复杂度不断提高,金融计算需要改进算法,以便应对大数据时代计算效率的要求。算法的改进是人类智力飞跃的体现,也是人机交互推进的结果。算法的进步为移动网络、移动金融提供了有效的技术支持。

随着数据库技术的迅速发展以及数据库管理系统的广泛应用,人们积累的数据越来越多。数据背后隐藏着许多重要的信息,人们希望能够对其进行更高层次的分析,这时候数据挖掘就成为关键。算法的改进提升了数据挖掘的效果,数据挖掘使数据库技术进入了一个更高级的阶段,它不仅能对过去的数据进行查询,而且能够找出过去数据之间的潜在联系,从而促进信息的传递。

除了算法与数据挖掘技术的发展,数据处理器技术也在不断发展,已经由CPU向GPU（图形处理器,Graphics Processing Unit）发展,其处理对象由结构数据向半结构和非结构数据转移。

2. 经济背景

从20世纪90年代开始,作为一种前所未有的崭新经济运行和商贸运作模式,网络经济和电子商务引发了社会、经济和商业领域的深刻变革。在这场变革中,金融业所受到的冲击和影响是最为显著和程度最深的。因此,金融电子商务的产生和发展实际上是网络经济和电子商务的内在要求,是具有其必然性的。

1）网络经济背景

（1）网络经济的含义

网络经济作为一种新的经济形态,不仅指以计算机网络为核心的一种新的行业经济,或由此新行业而派生的一些相关行业,还指以经济全球化为背景,现代电子信息技术为基础,国际互联网为载体,电子商务为主导,中介服务为保障,人力资源为核心,不断创新为特点,实现信息、资金和物资的流动,促进整个经济持续增长的全新的经济活动和社会经济发展形态。

网络经济的核心资源是信息,网络在时间上和空间上的无限性和自由性为信息的获取、加工和传递提供了最大的便利,使一切信息数字化、虚拟化。从这一角度来看,网络经济也是信息经济。随着网络无国界的延伸，以及知识无国界的影响，网络经济必定是一体化、全球化的经济。

（2）网络经济的特征

网络经济作为一种全新的经济形态，表现出显著的特征。

① 快捷性

网络经济是一种速度型经济。现代信息网络可用光速传输信息。网络经济以接近于实时的速度收集、处理和应用大量的信息，经济节奏大大加快，一步落后将会步步落后。同时，推动产品老化的加快和创新周期的缩短。因此，网络经济的发展趋势应是对市场变化发展高度灵敏的"即时经济"或"实时运作经济"。

一个时代的长短取决于那个时代的通讯或交通的运行速度，因为这决定了人们相互交往和技术传播的快慢。农业时代延续了 3000～5000 年，工业革命延续了 300～500 年，后工业时代（即二战以后）其基本发展趋势维持了 30～50 年。而在网络经济时代，一种时尚或一种产品的流行，只能维持 3～5 年。简而言之，每一个时代的延续时间都约是前一个时代的 1/10。与之相对应，每一个时代的交互速度都约是前一个时代的 10 倍，见表 1-2 所示。

表 1-2　与技术相关联的时代及其长度

时　　代	延续时间（年）	交互速度（千米/小时）	环球所需时间
农业	3000～5000（时代）	3～5（人力）	3～5（年）
工业	300～500（革命）	30～50（马车、汽车）	0.3～0.5（月）
后工业	30～50（趋势）	300～500（飞机）	0.03～0.05（天）
网络	3～5（时尚）	3000～5000（网络）	0.003～0.005（小时）

资料来源：胡玫艳.网络金融学［M］.北京：对外贸易大学出版社，2008.

② 全球性

网络经济是全球化经济，消除时空差距。网络使世界发生了根本性变化，它突破了传统的国家、地区界限，连接世界各国的信息网络使整个世界变成了"地球村"。在网络上，不分种族、民族、国家、职业和社会地位，人们可以自由地交流、漫游，以此来沟通信息。网络突破了时间的约束，使人们的信息传输、经济往来可以在更短的时间跨度上进行。网络经济可以 24 小时不间断地运行，基于网络的经济活动对空间因素的制约降低到最小限度，网络经济能做到全球性的资源优化配置、资产优化重组，并将竞争扩展到全球范围。

③ 知识性

网络经济是以知识为核心的经济，是建立在知识和信息的生产、分配和使用基础上的经济；资本在其发展中的重要性趋于降低，逐渐成为知识的一种功能，知识将支配资本。网络经济是以高科技产业为第一支柱，以信息和知识资源共享为依托的新型经济。

④ 虚拟性

互联使得传统的空间概念发生变化，出现了不同于实际地理空间的虚拟空间或虚拟社会。处于世界任何角落的个人、公司或机构，可以通过互联网紧密地联系在一起，建立虚拟社区、虚拟公司、虚拟商场、虚拟大学或虚拟研究所等，以达到信息共享、资源共享、知识共享。

⑤ 对称性

在传统经济中，存在着严重的信息不对称现象。与消费者相比较，厂商拥有多得多的信息。正是凭借这种信息优势，厂商可以获得超出平均水平以上的利润。利润的刺激会使某些厂商销售劣质产品,不履行对消费者的服务承诺,不合理地提高产品和服务的价格,给消费者带来极大的损失。因为缺少信息,消费者对此类情况缺少发言权,只能被动地接受。

在网络经济中,互联性使信息的非对称性大大减少。消费者可以从网上搜索自己想要掌握的任何信息,并能得到有关专家的适时指导。此外,消费者还可以在虚拟社会中与其他人进行反复讨论,使自己的决策趋于理性化。在经过充分的比较、思考和选择后,消费者能以较低的价格购买到令自己满意的产品和服务。再加上虚拟社会的存在,志趣相同的消费者有可能联合成强大的团体,拥有不可忽视的讨价还价能力。

在网络经济中,不仅厂商和消费者占有信息的数量呈现出对称性趋势,而且信息流动方向也出现了对称性。过去,信息是单向流动,即从厂商流向消费者。厂商通过广告、用户手册等方式向消费者传递有关自己产品或服务的有关信息,其中的若干部分可能是虚假信息。在网络经济中,信息双向流动,即从厂商流向消费者,也从消费者流向厂商。在经营中,很多公司注意到,它们从消费者那里得到的信息的价值越来越重要,它们甚至愿意付费购买这些信息。

信息的对称性大大改善了厂商与消费者之间的关系,形成了一种双赢格局。

⑥ 模糊性

互联使许多人们习以为常的边界变得模糊,主要表现在以下方面。

产品和服务的模糊。互联意味着顾客与厂商紧密联系在一起,产品只是一个待发生的服务,服务则是实际上的产品。

生产者和消费者的模糊。传统经济学假定,生产者和消费者是相分离的。过去,这种区分是非常容易的。首先,由空间和时间划分,在工厂或办公室里,你是生产者;在家里,你是消费者。其次,由收入和支出划分,当你的活动可以赚取收入时,你是生产者;当你的活动只是挥霍金钱时,你是消费者。再次,由人们与产品(服务)的关系来划分,如果你参与了这种产品(服务)的生产过程,你是它的生产者;如果你是这种产品(服务)的使用者和享受者,你就是它的消费者。但是,在网络经济中,这种假定已缺少事实的支持。首先,由于家庭办公非常普遍,工作和消费的界限已相当模糊。其次,由网络经济的对称性特点可知,你完全可以通过提供信息或自己的创意,从厂商获取可观的收入。收支标准已不足以区别生产者和消费者。另外,购买产品(服务)的个人,常常参与了产品(服务)的实际生产过程,即由消费者提出具体要求和具体设计,厂商再据此进行生产。这种产品实际上是由厂商与个人共同完成的。

企业边界的模糊。互联和经济的快速运行,使企业没有时间也没有必要独立发展自己的能力。发展企业之间的关系,或者说建立一个经济网——在一个刚刚出现的商业机遇的周围迅速形成一个群体,并在使命完成后迅速解散,已经成为企业必须面对的重大选择。在网络经济中,经济网已突破了地域的限制,可以把分散在世界每个角落的公司紧紧联系在一起。

⑦ 复杂性

与传统经济相比较,网络经济的复杂性是显而易见的。

网络经济的模糊性使经济活动变得扑朔迷离,难以分辨。

交易活动的多重关系,一项交易往往涉及多重买卖关系,涉及若干个买者和卖者。

在传统经济中,负反馈起着决定性作用。在网络经济中,正反馈起着重要作用。由于互联性和信息传递的快捷性,人们之间产生了频繁、迅速、剧烈的交互作用,从而形成不断强化的正反馈机制。最初发生的一件偶然事件,会由于正反馈作用而不断扩大其影响,使细微的差别最终演变成巨大的鸿沟,甚至会导致系统的崩溃。

⑧ 创新性

网络经济是创新型经济,创新是网络经济时代最显著的特征之一。金融创新包括两个层面,一个是物质层面,即技术创新层面,如在金融资本的融通上,投资、融资都更容易和快捷了;另一个是制度层面,强调通过制度创新营造一个能够不断鼓励人们投入劳动,进行发现和发明的金融生态环境。网络技术的发展日新月异,以此为基础的网络经济需要强调研究和创新,创新是企业持续发展的动力与保障。因此,技术创新、管理创新、制度创新、观念创新已经成为市场主体生存和发展的关键,成为新经济增长的强大推动力。

⑨ 扁平性

由于网络的发展,经济组织结构趋向扁平化,处于网络端点的生产者与消费者可直接联系,"产销见面"成为主流,降低了传统的中间商层次存在的必要性,从而显著降低了交易成本,提高了经济效益。为解释网络经济带来的诸多传统经济理论无法解释的经济现象,有学者提出了"直接经济"理论。该理论认为,如果说物物交换是最原始的直接经济,那么,当今的新经济则是建立在网络上的更高层次的直接经济,从经济发展的历史来看,它是经济形态的一次回归,即农业经济(直接经济)→工业经济(迂回经济)→网络经济(直接经济)。直接经济理论主张网络经济应将工业经济中迂回曲折的各种路径重新拉直,缩短中间环节,即网络经济是中间层次作用弱化的"直接"经济。信息网络化在发展过程中会不断突破传统流程模式,逐步完成对经济存量的重新分割和增量分配原则的初步构建,并对信息流、物流、资本流之间的关系进行历史性重构,压缩甚至取消不必要的中间环节。

⑩ 并存性

网络经济是竞争与合作并存的经济。信息网络扩大了企业之间的竞争与合作的范围,加快了竞争与合作之间转化的速度。世界已进入到一个新的竞合时代,在竞争中有合作,在合作中有竞争。竞争合作使企业的活力增强了,提高了应变能力,形成了企业的可持续竞争优势。

2) 电子商务的背景

科学技术进步使人们的社会、经济、文化生活不断出现新的事物和变化,电子商务的出现已成为当今信息社会商务活动的主要形式。电子商务的产生使资本经济转变为信息经济,对企业的成败发挥着关键性作用。因此,通过电子商务的不断应用,人类将真正进入信息社会。

金融电子商务是电子商务体系中不可缺少的核心环节。完整的电子商务活动由商务信息、资金支付、商品配送三阶段构成,商务系统、客户系统、支付体系和互联网是构成电子商务的必备四要素。其中,电子支付系统是电子商务中最关键的环节,起着承上启下,连接买卖双方,实现资金流和支付信息流转移的重要交易中枢作用。因而,金融电子商务在电子商务中具有无可取代的重要地位。

金融电子商务是网络经济和电子商务的重要组成部分。基于互联网的电子商务技术为金融业展现了广阔的虚拟化商务空间,除了提供中介结算服务外,其他金融业务也可以经由金融电子商务实现,从而使得金融电子商务成为网络经济和电子商务的重要组成部分。从经济驱动角度讲,实体经济某些领域(如大众个体和小微企业)存在巨大的金融服务需求;数额庞大的民间资本迫切需要更高效的投资方式和渠道;加之利率市场化等各项改革深入推进等。这诸多因素促使我国金融业大胆寻求突破,在支付、融资、理财、投资、保险等方面陆续出现"微改变",并最终通过网络的聚合效应促成了一定当量的"核裂变",即质变。

3. 应用需求背景

（1）经济活动支付需求

人类有经济活动的同时就有了支付需求，货币是最主要的支付手段。从历史发展角度看，货币从来都是伴随着技术进步、经济活动发展而演化的，从早期的实物货币、商品货币到后来的信用货币，都是适应人类商业社会发展的自然选择。随着经济活动的多样性和即时性的增加，经济主体对支付的需求越来越多样，如何快速而安全地付款成为经济交易之必需。

进入互联网时代，基于电子信息化技术的支付，大幅度地提高了用户支付的便捷性，增强了支付的安全性，优化了用户体验，实现了多方共赢。现金支付正在逐步让位于更加便捷的刷卡支付、移动支付。与刷卡支付相比，移动支付具有应用场景优势，客户体验更好，在民生、公共消费、小型经济活动等支付领域应用广泛，如商场与超市购物、乘坐公共交通、旅游出行、医疗消费等。移动支付能够全方位提供场景化服务，其生态圈逐步形成。

（2）网络直接融资需求

中小微企业、个体经济单位、农户、个人等通过正规金融机构融资往往有难度，存在利率较高、审批时间较长等问题。互联网平台在消除借贷双方信息不对称、降低融资匹配搜寻成本等方面具有优势。P2P 网络借贷平台，由借贷双方自由竞价、撮合成交，借款人能充分享受贷款的高效性与便捷性。有闲散资金的投资人能够通过 P2P 平台找到并甄别资质好的借款人，获得比银行存款更高的收益。这种融资模式提高了资金利用率，有利于经济发展。众筹平台为投资人带来了更多的项目，也拥有更高效的项目审核机制，能促进投资人与企业家的沟通，降低投资过程信息的不对称性。

（3）财富管理需求

互联网金融产品的推广和应用丰富了金融市场的产品，满足了不同的投资需求，降低了融资成本，增加了财富管理收益。通过互联网开展财富管理，资产的成本收益直观、明晰，一方面改善了投资者财富管理的体验；另一方面，互联网财富管理公司得到了更加丰富的用户理财需求信息，其可以依据需要进行金融产品创新，使金融产品供给与需求更加匹配。

4. 金融监管背景

互联网金融属于金融创新的范畴。金融创新与金融监管是一对相互矛盾的金融活动，出于规避监管动机的创新导致监管失效，进而促使监管当局加强监管，引发新一轮创新。二者总是相互推动、螺旋式上升发展。

（1）规避监管创新

金融创新的动力之一就是规避监管，互联网金融创新也不例外。如 P2P 网络借贷的"个人—平台—个人"担保模式，在借贷双方之间引入担保是一种创新，但这也是出于规避银行业准入监管的动机，网络借贷平台事实上发挥了银行等金融中介的作用，本质属于影子银行。为了应对期限错配的风险，一些 P2P 网络借贷平台通过构建虚拟借款人来搭建资金池以获取资金，进而解决流动性问题。在"个人—平台—机构—个人"模式下，平台将金融机构或准金融机构的信贷资产通过互联网的方式以极低的门槛对外销售，带有信贷资产证券化的属性。传统金融机构发售理财产品的门槛和风控要求都较高，然而互联网金融产品销售暂未纳入监管体系，进而可以规避监管。

（2）监管缺位

互联网金融的开放性、交叉性降低了各种非金融企业或机构进入金融业的门槛，特别是在金融监管体系属于机构监管的模式下,对互联网金融服务提供机构属性的认定比较困难,导致监管缺位。以 P2P 借贷业务为例进行说明:P2P 借贷业务属于信贷业务,原则应归属银行监管部门。然而,P2P 借贷属于"个人—个人"模式,是直接融资,而这理应归属证券监管部门。例如,美国的 P2P 网贷即是由证券交易委员会监管。由于中国当前是机构监管模式,在没有相应法规对 P2P 网贷企业属性进行界定的前提下,出现监管真空不可避免。互联网金融产品与服务涉及银行、证券、保险、信托、基金等多个领域,具有金融综合经营的特点。这种跨市场、跨行业、跨区域经营的互联网金融,规避了行业监管制度规则,成为事实上的无监管,在某种程度上是互联网金融快速发展的重要原因。

(3) 监管套利

监管套利是指金融机构利用不同监管机构制定的不同监管规则甚至是相互冲突的监管规则或标准,选择在监管相对宽松的金融领域展开经营活动,以此降低监管成本、获取超额收益的行为。互联网金融领域的监管套利较为明显,不少 P2P 网贷平台以资金中介为名,行"资金池"之实,资金流向脱离监管视野,资金投向高度不透明。这些网贷平台的业务本质上是银行业务,却没有受到像银行一样实名开户、信息披露、风险准备金计提等监管约束,导致这些网贷平台在某种程度上存在监管套利。

5. 行业背景

(1) 巨大市场空间和新竞争规则下的选择

在网络经济下,数以亿计的网络用户被互联网连接起来,为金融业提供了巨型的市场空间和庞大的客户群体。以网络为依托的电子商务推动了金融机构采取网上服务的全新经营方式,并且重新构建了金融服务市场的竞争规则,发展金融电子商务成为大势所趋。

(2) 全新运作模式下降低成本的需要

金融电子商务的巨大吸引力之一在于其低成本、高效率的运营。传统银行的建立成本巨大,而网络银行的成立主要需要硬件、软件、少量智能资本的投入,省却了大部分有形设施,成本较低,运营成本也可以大大降低。这些成本优势和管理优势,是金融机构对网络金融趋之若鹜的重要原因。

6. 金融电子商务兴起的必然性

① 计算机和网络通信技术的不断发展与日益成熟为金融网络化提供了物质技术条件和良好的外在运行环境。

② 网络经济是以现代网络技术为核心的信息产业的全面发展为标志,而信息产业是高投入、高风险型产业,它的风险资本的融资需要有能够承担风险的金融业的配合与支持。

③ 网络经济条件下的电子商务活动中金融业务的重要性日益增强,需要金融业全面的支持。

④ 金融业激烈的竞争,迫使各金融机构改革,以引进先进的技术设备,并为客户提供全方位的、完备的、高质高效的金融服务作为竞争制胜的法宝。

⑤ 与其他经济部门相比,金融产业的服务基本上不需要物质的转移,金融活动更容易信息化,更适合借助于计算机网络运行。

1.2.2　金融电子商务的发展现状

金融电子商务已经或正在经历着四个发展阶段,如图 1-15 所示。

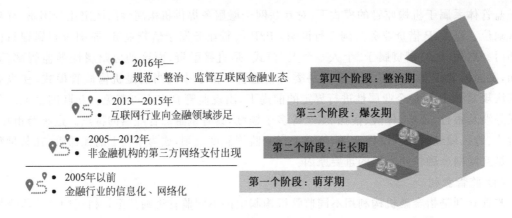

图 1-15 金融电子商务发展阶段

第一个阶段：萌芽期。这个阶段的标志是金融行业的信息化、电子化、虚拟化和网络化发展，即所谓的 IT 金融创新造就了现代金融业态——网络金融（包括网络银行、网络证券、网络保险等）。

第二个阶段：生长期。这个阶段的标志是网络金融尤其是电子支付融合于电子商务，促进了电子商务事业的巨大发展，并带动了电子支付的大发展，催生了非金融机构第三方网络支付的发展。

第三个阶段：爆发期。这个阶段的标志是随着第三方网络支付的发展壮大，原来作为非金融的第三方网络支付中介和第三方电子商务平台也纷纷开始涉足网上基金销售、网上贷款中介等网上金融服务，争食金融服务市场。

第四个阶段：整治期。这个阶段的标志是进入无国界混业经营的金融电子商务时代，各类金融机构逐渐感受到了前所未有的经营压力，反过来又出现了金融机构借道第三方电子商务平台来进行市场开拓，即开展网络金融营销的经营局面。

1. 金融互联网的产生

20 世纪信息技术应用于金融业大体经历了三个发展阶段：即辅助金融机构业务和管理阶段、金融机构电子化阶段和金融互联网阶段。

（1）辅助金融机构业务和管理阶段

信息技术在金融业的推广是从计算机的单机应用开始的。传统的金融业是采用手工操作，20 世纪 50 年代计算机开始应用于金融业务的处理和管理。金融机构业务中的记账、结算等环节，使用计算机作为辅助手段，可以提高速度、减轻人力负担、减少差错、改进工作效率。到了 20 世纪 60 年代，计算机应用又从单机处理发展到联机系统，该系统向纵横延伸，金融机构内部在总部与分支机构、营业站点之间发展了存、贷、汇等联机业务，金融机构外部在不同金融机构之间实行了通存通贷等联行业务。特别是进入 20 世纪 80 年代后，出现了水平式金融信息传输网络，电子资金转账（EFT）系统也逐步发展起来，票据处理速度、支付效率和资金管理质量大大提高，节省了开支、减少了意外损失。

（2）金融机构电子化阶段

在 20 世纪 80 年代后期到 90 年代中后期，金融业的主体——银行，逐渐实现了电子化。这个阶段的发展与个人计算机、信用卡、电子货币等新型信息化手段的普及有关。银行陆续推出了以自助方式为主的 PC 银行(即在线银行服务)、自动柜员机(ATM)、销售终端系统(POS)、企业银行(FB)、家庭银行(HB)等电子网络金融服务的多种方式。这些服务方式的功能越来越多样化。例如,ATM 技术最初只有存取现金、查询储蓄余额等少数几种功能,后来发展到处理股票交易、共同基金投资、代办保险业务等多种功能。在银行电子化过程中还出现了高技术智能金融卡,如能提供"一卡通"金融业务的维萨(VISA)综合卡,以及用电子信息形式进行现金支付和票据转账的电子货币结算系统。

(3) 金融互联网阶段

由于互联网商业性应用的发展,诞生了金融互联网。从 20 世纪 90 年代中期开始,传统式金融开始向金融互联网转变。以银行为例,世界上第一家网络银行——美国安全第一网络银行于 1995 年 10 月 18 日在美国亚特兰大开业,当时它的存款金额达 1400 万美元,遍布全美的客户达 4000 多家。到 1999 年末,国外已有 100 多家新创办的具有网络性质的银行。到 2000 年底,美国最大的 50 家银行中有 90%以上提供基于互联网的网上金融服务。

金融互联网目前尚处于初期发展阶段,单纯由传统的金融机构或高新技术公司开展网络金融业务都需要一定的过程,甚至存在一定的行业进入壁垒,所以金融互联网界出现了传统的金融机构和高新技术公司创办的纯虚拟金融机构合作开展网络金融服务。例如,世界上第一家网络银行——美国安全第一网络银行在 1998 年 10 月成为加拿大皇家银行财务集团的一员,从此开始与传统银行共同发展网络金融。这种优势互补、合作发展的趋势促进了金融互联网的发展。但随着金融互联网服务商在技术和金融领域的日益成熟、强大和信息网络技术的普及推广,传统金融必然日益走向虚拟的金融互联网,金融互联网成为金融发展的主要趋势。

2. 互联网金融的产生

为便于追踪和探讨互联网金融业态产生和发展的历史渊源,下面将按照互联网金融的具体业态模式逐一追溯。

(1) 互联网支付

互联网支付是指通过计算机、手机等设备,依托互联网发起支付指令、转移货币资金的服务。既包括银行业金融机构的互联网支付(即通常讲的网银支付),也包括第三方支付机构的互联网支付(即通常讲的第三方支付)。

第三方支付起源于 20 世纪 80 年代美国的独立销售组织 ISO(Independent Sales Organization)制度。ISO 制度是银行卡收单机构和交易处理商共同委托 ISO 进行中小商户的拓展、服务和管理工作的一种机制。美国第三方支付的发展基础是线下成熟的信用卡和票据自动清算中心(Automatic Clearing House,ACH)建设,信用卡和银行支票已经是美国用户线下交易的普遍方式,第三方支付是在这些成熟制度的基础上将线下交易发展到线上的。

1996 年,全球第一家第三方支付公司在美国诞生,随后逐渐涌现出 Amazon Payments、Yahoo! PayDirect、PayPal 等一批第三方支付公司,其中以 PayPal 最为突出,其发展历程基本代表了北美第三方支付市场的发展缩影。PayPal 公司成立于 1998 年,起初其目的是为弥补在电子商务领域商业银行不能覆盖个人收单业务领域的不足。2002 年 PayPal 被全球最大的 C2C 网上交易平台 eBay 全资收购。从此,PayPal 进入快速发展期,集聚各种二手商品的 eBay 当时是全球最大的个人电子商务交易平台,由于商品的所有者和购买方都是个人,而商业银行不向个人客户提供银行卡收单服务,只能采取传统支付方式的 eBay 平台运行效率较为低下,收购 PayPal 使 eBay 成功解决了交易支付问题。PayPal 凭借 eBay 平台强大的市场优势,实现了自身快速发展,次年即 2003 年的营业额较 2002 年猛增近 3 倍。PayPal 在为 eBay 提供支付服务的基础上,又将其自身业务扩展至更为广阔的电子商务领域。PayPal 在北美市场合作客户范围广阔,小到普通披萨饼屋,大到零售巨头沃尔玛在线,合作的 B2C 在线商城数量从此开始急剧膨胀。PayPal 于 2005 年进入中国。

中国首家第三方支付平台首信易支付(PayEase)始创于 1998 年,创立之初它的功能仅限于把用户的支付需求转接到银行的网上支付页面,但其建立的支付网关模式为第三方支付的发展打开了第一扇门。首信易支付是中国首家实现跨银行、跨地域提供多种银行卡在线交易的多功能网上支付服务平台。当时的网络购物还是新兴事物,支付形式主要是银行汇款,买卖双方互不信任阻碍了网络购物的发展速度。首信易支付于 1999 年在中国首创 B2C 第三方支付服务;2000 年在中国首先开展国际信用卡在线支付服务;2002 年率先在国内与银行合作开展电话银行支付业务;2006 年成为北京市公共缴费联盟独家网上支付服务平台,并于同年成为中国首家 B2B 在线支付服务商。首信易支付平台开展了包括 B2B、B2C、C2C、G2C 等多种在线支付服务,支持各种银行卡通过 PC 机、手机、移动终端、电话等多种终端进行支付操作,涉及商户近百万家。

目前,国内第三方支付也较为流行。信用中介支付模式是顺应电子商务平台经济发展而产生的新兴支付模式。

为了拓展电子商务交易平台的业务规模,2003 年 10 月 18 日淘宝网首次推出支付宝服务,开始推行担保交易;2004 年支付宝从淘宝网分拆独立,逐渐向更多的合作方提供支付服务,发展成为中国最大的第三方支付平台,2004 年 12 月 8 日浙江支付宝网络科技有限公司成立,支付宝正式独立上线运营;2005 年 2 月 2 日支付宝推出"全额赔付"支付;2008 年 2 月 27日,支付宝发布移动电子商务战略,推出手机支付业务;2008 年 10 月 25 日支付宝公共事业缴费系统正式上线,支持水、电、煤、通信等消费;2010 年 12 月 23 日支付宝与中国银行合作,首次推出信用卡快捷支付;2011 年 5 月 26 日支付宝获得央行颁发的国内第一张《支付业务许可证》(业内称"支付牌照")。

财付通是腾讯集团旗下第三方支付平台,成立于 2005 年,以"安全便捷"作为产品和服务的核心,不仅为个人用户创造 200 多种便民服务和应用场景,还为 40 多万家大中型企业提供专业的资金结算解决方案。财付通与支付宝同期于 2011 年 5 月获得第三方支付牌照。2013年 8 月腾讯公司与其旗下财付通联合推出了互联网创新支付产品——微信支付,微信支付是财付通的移动端支付。从本质上来讲,微信是个前端渠道,微信端完成的是业务场景,微信支付场景有微信公众平台支付、第三方应用商城 App 支付、二维码扫描支付,其后端业务(即支付转移)是通过财付通来完成的。

(2) 互联网借贷

互联网借贷包括个体网络借贷和网络小额贷款。个体网络借贷即 P2P(peer-to-peer),是指个体和个体之间通过互联网平台实现的直接借贷,主要为借贷双方的直接借贷提供信息服务,即通过网络平台为投资方和融资方提供信息交互、撮合、资信评估等中介服务,属民间借贷范畴;网络小额贷款是指互联网企业通过其控制的小额贷款公司,利用互联网向客户提供的小额贷款。

　　世界上第一家 P2P 网络借贷公司是 2005 年 3 月诞生于英国伦敦的"英国 ZOPA 网上互助借贷公司",业界称之为 P2P 行业鼻祖,ZOPA 是 Zone of possible agreement 的英文缩写,意思是一个人最低限(借款者获得的最低利率)与另一个人最高限(投资者获得的最高回报率)可以达成协议的空间。P2P 网络借贷的业务实质是先帮助有闲散资金的人把钱借给守信用的借款人,再帮助出借人收回借款人的本金和利息,通过 P2P 网络借贷平台,借款人付出较低的利息取得资金使用权,解决了燃眉之急,同时出借人得到了更高、更稳定的收益。ZOPA 公司的创立具有划时代的意义,它开创了互联网金融 P2P 网络借贷的先河。ZOPA 经营理念和经营模式被世界上很多国家和地区效仿,其模式在被不断复制的过程中也逐步得到完善和改良,无论是欧美国家还是我国的 P2P 网络借贷平台,基本上都沿用了 ZOPA 经营模式。为了业务拓展和创新经营,2016 年下半年 ZOPA 向英国金融行为监管局(FCA)和审慎监管局(PRA)申请银行牌照,2018 年 12 月,英国 P2P 平台 ZOPA 正式获得英国银行业务许可证,这是全球第一家 P2P 与银行混业经营公司,新的 ZOPA Bank 成为一家商业零售银行(Retail Bank),在英国金融服务补偿计划(Financial Services Compensation Scheme)的规范下,为消费者和小微企业提供存取款服务,并且 ZOPA Bank 也可以作为 ZOPA 网贷平台的资金端之一。

　　我国最早开创 P2P 网络借贷业务的是宜信公司和拍拍贷。宜信公司于 2006 年由唐宁在北京创办,创建之初以提供个人对个人的小额信用贷款中介服务为业务核心,后来又广泛开展财富管理、信用风险评估与管理、信用数据整合服务、小额贷款行业投资等业务。宜信公司目前已在全国 133 多个城市和 48 个农村地区建立起强大的全国协同服务网络,为客户提供全方位、个性化的财富增值与信用增值服务。

　　拍拍贷(上海拍拍贷金融信息服务有限公司)是我国首家真正意义上的 P2P 网络借贷平台,成立于 2007 年 6 月,总部位于上海,2007 年 6 月 18 日网站上线,同年 8 月开放注册,2009 年 10 月注册用户数突破 10 万人,2010 年 10 月注册用户数突破 20 万人,2011 年 12 月突破 50 万人。随着互联网金融热潮的爆发,2016 年底拍拍贷注册用户已突破 3500 万人。

　　(3) 互联网股权众筹融资

　　世界上互联网股权众筹融资的鼻祖是成立于 2010 年 1 月 1 日的美国公司 AngelList,是由创业家 Naval Ravikant 和风险投资家 Babak Nivi 联合创立的,公司总部位于创业企业云集的硅谷。AngelList 网站平台于 2010 年 2 月正式上线运营,其最核心的业务是股权众筹,此外,还有"求职与招聘板块"与"用户在线留言功能"等。自上线运营到 2012 年 4 月,AngelList 就促成 40 家企业被收购,1000 家创业企业成功融资。2015 年底在这个平台上注册的创业企业数量有 55 万家,有 4 万多名合格投资者,6 千多家创投机构以及 3 千多家创业孵化器。

　　我国第一家互联网非公开股权融资平台是天使汇,天使汇网站于 2011 年 11 月 11 日正式上线运营,其宗旨是助力天使投资人迅速发现优质初创项目、助力初创企业迅速找到天使投资。天使汇创始人兰宁羽是中国互联网行业最早的一批创业者之一。作为资深天使投资人,兰宁羽投资领域涵盖社交网络、企业服务、游戏、电子商务、O2O、教育、健康等行业,平台上已获得融资的项目融资额度多集中在 100 万～500 万元人民币之间,下厨房、JiaThis、IT 桔子、番茄土豆等创业公司均曾在天使汇平台获得过兰宁羽的投资。2013 年 1 月 17 日,天使汇推出快速合投功能的首个项目 Lava Radio，用时 17 天，7 位投资人融到了 335 万元，比预期融资目标高出 34%，成为国内首个成功的众筹案例。到 2014 年 12 月底，天使汇已为近 300 个创业项目完成融资，融资总额超过 30 亿元人民币，平台上注册的创业者超过 8 万名，登记创业项目近 3 万个，认证投资人有 2000 多名，全国各地合作孵化器超过 200 家。到 2015 年 7 月，天使汇已帮助近 400 个创业项目完成融资，融资总额超过 40 亿元人民币，平台上注册的创业者超过 14 万名，登记创业项目约 5.1 万个，注册投资人超过 4800 名，认证投资人超过 2500 名。

在互联网众筹中，除了股权众筹之外，还有非股权众筹。二者的区别是，前者是以股权回报为标的并通过互联网平台来实现投融资目的的，后者是以产品与服务回报、资金或精神奖励回报等非股权回报为标的（通常是项目完成后产出的商品、书籍、音乐、影视等）来实现筹资与回报目的的。世界上最早的非股权众筹平台是美国的 Kickstarter，该平台于 2009 年 4 月上线，我国最早的非股权众筹平台是"点名时间"平台，在 2011 年 7 月上线。

（4）互联网基金

互联网基金销售往往离不开第三方支付机构的支付服务，根据相关规定，第三方支付机构的客户备付金只能用于办理客户委托的支付业务，不得用于垫付基金和其他理财产品的资金赎回。

世界上最早的互联网基金销售要上溯到 1999 年成立的 PayPal 货币市场基金，PayPal 支付公司成立的次年向美国证监会申请注册成立了 PayPal 资产管理公司（PayPal Asset Management）并建立了 PayPal 货币市场基金（PayPal Money Market Fund）。虽然货币市场基金发展已久，但支付公司将用户余额与货币基金合二为一在当时还是首创。当时电子商务以及为电子商务服务的第三方支付都处于发展的初期阶段，出于对买方的保护政策，卖家在收到货款后，PayPal 会将这笔货款冻结至多 21 天，不能用于消费或取现，因此 PayPal 平台积累了大量的沉淀资金。PayPal 基金的创立在客观上帮助了第三方支付的客户对账户余额实现货币市场基金的收益，但是其主要目的还是扩大客户基础，吸引更多的人使用 PayPal 支付。PayPal 基金一推出就受到了市场的欢迎，PayPal 支付的用户只要激活基金账户，就成为了该基金的投资者，其 PayPal 账户上的余额会产生基金收益。PayPal 基金应该说是在正确的时间做了正确的事情。当时货币市场基金正大行其道，网络支付的账户余额能够产生货币市场基金的收益，使其具有很大的吸引力，这对 PayPal 支付初期的发展起了非常大的推动作用。PayPal 基金的申购门槛非常低，只要 PayPal 账户余额在 0.01 美元以上，便可以进行初始及追加投资。因此基金推出后广受追捧，注册用户数量迅速上升，到 2000 年 3 月 PayPal 的用户已达 100 万，直接推动了 PayPal 在当时众多网络第三方支付的竞争中脱颖而出。2000 年互联网热潮推高了股指及市场利率，隔夜拆借利率一度高达 6.5%。美国货币市场基金整体的收益水平持续攀升，当年 PayPal 基金扣除管理费用，净回报率为 5.56%，这一收益率创下了 PayPal 历史上的最高值。2007 年，PayPal 基金的规模达到 9.961 亿美元，达到其发展历史上的最高峰。2008 年金融危机发生以后，美联储推出宽松货币政策，在"零利率"的宏观经济环境下，货币市场基金的回报所剩无几，2011 年 PayPal 基金的净回报也跌至 0.04%，基金规模也萎缩到 4.786 亿美元，在巨大经营压力之下，PayPal 基金无奈关闭。

（5）互联网保险

根据中国保监会 2015 年 7 月 22 日以保监发〔2015〕69 号文发布的《互联网保险业务监管暂行办法》，互联网保险业务是指保险机构依托互联网和移动通信等技术，通过自营网络平台、第三方网络平台等订立保险合同、提供保险服务的业务。这个定义与中国人民银行等十部门联合发布的《关于促进互联网金融健康发展的指导意见》中对互联网保险的界定基本吻合。这里论述的互联网保险业态则是指纯粹依托第三方互联网平台进行保险产品销售与服务的互联网金融新业态。

国际上互联网保险新业态的开创者是成立于 1985 年的英国保险公司 Directline，以及 1995 年成立的美国保险公司 INSWEB，我国的互联网保险新业态则由 1997 年 11 月 28 日上线的中国保险信息网开创，到 2013 年又出现了瞄准"互联网＋"的以服务互联网生态为定位的创新型保险企业——众安保险。

Directline 是英国私人汽车保险市场以及电话金融服务的领导者，其在英国的克罗伊登（Croydon）设有一个呼叫中心，从 1985 年 4 月开始通过电话销售单一的汽车保险产品，后来建立了互联网销售网站，同时通过电话和互联网向客户提供一个快速直销体验。这在当时是一个革命性的金融营销模式，淘汰了保险经纪人中间商，也不用支付丰厚的佣金，而且那些烦琐的推销环节与购险劝导也都被省去了，给予客户快速、简单、直接的购险体验。Directline 1985 年开创时仅有 63 名员工，现在有 10 000 多名员工，有超过一千万名客户和广泛的产品和服务，直销的产品也从单一的汽车保险发展到可以从网上直接购买家庭商业保险、业主保险、宠物保险、旅行保险、机器故障保险、商店和酒吧保险等服务。Directline 现在每天提供超过 13 000 辆汽车保险报价，每 10 秒销售一份保险，每 30 秒钟就有一次客户理赔通知。

1995 年 2 月，美国第三方网络保险平台 INSWEB 在加州创立，致力于为客户提供方便、有效的保险购买方案。INSWEB 是一家完全独立于传统保险机构的网站，后来在纳斯达克市场上市。在线保险业务是其主要领域，包括汽车、人寿、医疗、房屋，甚至宠物保险。随着互联网的快速发展，消费者的行为习惯发生了巨大的转变，20 世纪末到 21 世纪初，INSWEB 保险网站进入了发展快车道，1999 年第一季度业务收入仅为 330 万美元，到了第四季度其业务收入几乎翻了一倍，达到 640 万美元，被评为当时"最完整的网络保险市场"。2005 年，INSWEB 建立了 AgentInsider（内部代理）系统，为保险代理人提供更多、更方便的展业机会。消费者在网站上提交个人信息和投保意向后，INSWEB 网站会将其作为营销线索传递给在网站上进行过注册的保险代理人，使代理人获得了更多、更准确的意向客户信息。AgentInsider 体系的建成，有效连接了线上和线下的保险服务，促进了第三方网络保险平台客户资源使用的有效循环。INSWEB 经过持续多年的快速增长，2006 年的营业额已达到 2850 万美元，2009 年使用 INSWEB 网站进行保险相关问题搜索的消费者超过 1000 万人。2007 年到 2009 年，INSWEB 网站连续三年被评为美国"最佳汽车保险网站"，并与全球 50 余家著名保险公司签订业务协议，还与 180 多个著名站点进行合作，吸引客户访问 INSWEB。由于合作对象和客户资源丰富，一方面客户在浏览 INSWEB 网站时能得到最新的保险产品信息，方便快捷地实现类似保险产品间的价格对比和优劣分析，获得专业化、高性价比的保险产品购买建议和决策方案；另一方面，也使合作的保险公司、在线注册的代理人和其他站点获得了更精准、更理想的客户群体。INSWEB 把大量的客户介绍给合作对象的同时也把最好的保险公司、最优秀的代理人和险种介绍给客户，通过互联网把合作对象和客户联系在一起，为双方带来了很大的便捷和利益。

受 INSWEB 保险网站的影响，从美国哈佛大学学成归来的刘鹏创办了我国第一家保险网站——中国保险信息网，该网站于 1997 年 11 月 28 日在北京举行了开网仪式，当天为新华人寿促成了国内第一份网上保单，实现了我国网络保险零的突破，从此拉开了我国互联网保险和第三方网络保险平台发展的序幕。1997 年 12 月，中国保险信息网（现中国保险网）的成立被中国保险业评为当年中国保险业十件大事之一。2000 年 7 月 1 日该网站正式更名为中国保险网，同时推出三大寿险导购系统。中国保险网现有包括中资、合资、外资保险公司及代表处在内的机构会员 110 多家。同时，与保险行业组织、学术、院校机构、保险传统媒体、大型综合财经网站建立了广泛的战略联盟。

2013 年 2 月 17 日，由腾讯、中国平安等发起的众安在线财产保险股份有限公司（简称"众安保险"）获得中国保险监督管理委员会批复筹建，并于 2013 年 9 月 29 日获中国保监会同意开业的批复。众安保险业务流程全程在线，全国均不设任何分支机构，完全通过互联网进行承保和理赔服务，产品涵盖健康险、车险、航旅险等。众安保险基于保障和促进互联网生态，是国内首家纯粹的互联网保险企业。众安保险的业务与产品创新正如"互联网＋"的发酵一样，"众安＋"也一直在与各行各业发生着"化学反应"。如"众安＋电商"场景，推出了退运险、众乐宝、参聚险等服务买家与卖家；"众安＋互联网金融"推出了账户安全险、盗刷险、借款保证险，从而多重保障资金安全。如今，众安保险正积极投入到传统产业"互联网＋"的进程中，未来将为更多谋求"互联网＋"的行业企业打造创新解决方案。截至 2015 年 4 月末，众安保险已累计服务客户数超过 2.5 亿，累计服务保单件数超过 16 亿。因其业务创新和产品创新，连年荣获"年度互联网金融杰出品牌""年度创新互联网保险公司大奖""中国最佳互联网保险公司大奖""最具创新性保险产品"大奖等。

（6）互联网信托

由于信托具有私募属性，其与互联网的公开性存在着天然的不一致，再加上相关法律法规对非法集资的红线规定，使得互联网信托的发展与其他互联网金融业态相比相对滞后，至今并未出现相对成熟的、大面积推开的业务模式。2014 年至 2015 年可以说是互联网与信托的"蜜月期"，在多个领域出现了不同形式的尝试与创新，但随着 2016 年监管趋严，信托"触网"有进有退。在 2007 年，银监会曾出台《信托公司集合资金信托计划管理办法》禁止信托公司通过非金融机构进行产品推介，2014 年 4 月银监会又下发了《关于信托公司风险监管的指导意见》，重申禁止第三方理财机构直接或间接代理销售信托产品，通道业务被限制。之后，信托公司纷纷建立自己的直销平台。在实务当中，信托产品的销售一般要求投资者面签，并提供身份证明。2015 年 12 月，中融信托开通了首个视频开户和视频面签系统，使得所有产品的销售都可以在线上完成，从而实现了真正的互联网直销。2017 年信托公司与互联网的结合更加趋于紧密，信托与互联网的结合有助于在通道业务被迫收缩的背景下，吸收积累潜在的客户群体，拓展信托业务平台。

目前，在互联网信托领域做得比较好的平台主要有企易贷、信托网等。企易贷平台是由中国镭驰金融控股集团有限公司创立的大中华区第一家基于 O2O（offline to online）的 P2B（person to business）金融服务平台，它为有资金需求的中小微企业和有稳健理财需求的广大中产阶层投资者搭建了一个安全、稳健、公平、高效、增值的资本与财富的网络对接平台。企易贷作为国内首家以 P2B＋O2O 的模式运营的互联网金融平台，在创新互联网金融方面起到了很好的作用，同时也是中小微企业发展过程中的好帮手。在企易贷平台上，投资者是整个业务体系的委托人,企易贷运营方——镭驰金融及其战略合作伙伴为直/间接被委托人,提供对借款企业项目进行筛选、信用评估、抵(质)押物评估、动产不动产抵(质)押监管、抵(质)押物处置等一系列居间撮合服务。除了超越传统金融行业风控体系的企易贷风险管理系统外,企易贷平台还为投资者提供三重理财资金本息保障措施:第一重——借款企业足额抵(质)押资产保障,抵(质)押率不超过 60%,借款人的抵(质)押资产价值完全覆盖投资人的本息,一旦借款人出现还款风险,企易贷将及时处置并保证投资人的本息安全;第二重——业内最高的双 5%风险保证金账户,镭驰金融从自身获取的居间服务费收入中提取 5%的资金存入风险保证金专管账户,并在借款人借款资金中扣压 5%资金强制存入风险保证金专管账户(类似银行的存款准备金制度),保证随时可垫付投资人理财本息;第三重——镭驰金融投资股东特别准备一千万元账户保证金,作为劣后担保,在前两重保障措施尚不足以抵消投资人风险的特殊情况下,先行垫付。

信托网始创于 2000 年 12 月,隶属于润孚网络科技(上海)有限公司,是中国较早的互联网资管信息平台。信托网以健全的风险管控体系为基础,为投资者实时展示品类丰富、风控优质、专业权威的信托、资管、私募等行业理财产品信息,同时发布及时、全面、专业的大资管行业资讯及研究文章,并建立了专业的大资管资讯平台和数据统计研究体系。通过全面搜索比较及投资评估辅助决策体系等,为广大投资者专业、高效、安全的综合性金融资产配置提供服务。2015 年 2 月,信托网推出了针对信托公司等机构名为"线上直营店"的平台。2015 年 4 月,信托网移动端上线。

(7) 互联网消费金融

2014 年,互联网消费金融悄然登场,从而开启了互联网消费金融时代。2014 年以后,网贷平台、支付征信机构相继通过小贷、分期类产品进入消费金融领域。互联网消费金融大都依托供应链(可分为自有供应链和他有供应链)来搭建消费金融平台,以自有供应链为主线的消费金融平台,主要包含电商系、产业系。电商系消费金融平台主要依托自身电商平台,面向自营商品及开放电商平台商户的商品,提供无现金分期购物和有现金小额消费贷款服务。电商系消费金融平台基于其庞大的线上供应零售网络、用户大数据等优势,在互联网消费金融的细分市场中具有很强的竞争力。主要代表有京东白条等。产业系消费金融平台拥有国家消费金融牌照,大多运用 O2O 的模式,以金融带动主营,为消费者提供分期购物和小额消费贷款服务。主要代表有马上消费金融公司、海尔消费金融公司、苏宁消费金融公司等。以他有供应链为依托的消费金融平台,主要包含支付、征信系和网贷系,支付、征信系消费金融平台主要依托第三方电商平台或供销平台,以大数据获取渠道、信用评分模型为主要优势,为消费者提供分期购物和小额消费贷款服务,主要代表有拉卡拉。网贷系消费金融平台同样依托第三方电商平台或供销平台,以网贷融资作为主要资金来源,为消费者提供分期购物和小额消费贷款服务,主要代表有趣分期、分期乐、爱学贷等。

本 章 小 结

金融电子商务是指传统金融机构与互联网企业利用互联网技术和信息通信技术实现资金融通、支付、投资和信息中介服务的新型金融业务模式。金融电子商务包括金融互联网和互联网金融。金融互联网归属传统金融机构的业务体系,是金融行业内金融机构及金融业务电子化、信息化、虚拟化、网络化的产物,在业态上包括网络银行、网络证券、网络保险、网络基金、网络产权、网络信托等不同的细分领域；互联网金融是由非金融 IT 机构主导的第三方网上金融中介与信息服务平台业务，是随着电子商务与平台经济的大发展而出现的，在业态上包括第三方支付、P2P 网络借贷、互联网众筹、互联网理财、互联网金融门户、大数据金融等。金融电子商务经历了萌芽期、生长期、爆发期和整治期四个发展阶段。

案例阅读

第 2 章　金融电子商务理论

【本章内容】

金融科技发展观理论
- 金融发展与技术进步
- 网络经济与金融科技发展规律

普惠金融理论
- 普惠金融的概念
- 普惠金融的体系

大数据信息确权理论
- 信息确权的理论需求
- 信息确权的协商机制
- 信息确权在金融电子商务领域的应用

标准化监管理论
- 标准化与标准化监管
- 标准化监管理论的核心问题
- 金融电子商务标准化监管研究实践

金融风险控制理论
- 认识金融风险控制理论
- 金融风险控制理论的基本构成

【学习目标】

　知识目标　　　　　　　　　　　能力目标

◇ 理解金融发展与技术发展之间的关系　　◇ 分析瓦尔拉斯均衡、帕累托有效等经
◇ 了解信息技术和网络技术的发展规律　　　济现象
◇ 掌握降低交易、搜寻匹配以及信息成　　◇ 熟悉提高资源配置效率的机制
　　本的原理　　　　　　　　　　　　　　◇ 实践打开长尾市场,发挥网络效应的
　　　　　　　　　　　　　　　　　　　　　途径

【案例导入】

梅特卡夫定律的魔力

腾讯的手机游戏收入、广告收入很大一部分来源于微信的引流。微信是移动互联网时代的"第一张船票"。

根据 2019 年 9 月 20 日数据显示:腾讯市值 3.23 万亿港元,折合 4121 亿美元。在这个过程中,微信为腾讯股价的上涨起到了关键性的作用。

根据腾讯发布的 2018 年全年及 2019 半年财报显示,截至到 2018 年底,微信及 WeChat 的合并月活跃账户数达 10.98 亿,每天平均有超过 7.5 亿微信用户阅读朋友圈的发帖;2018 全年总收入 3126.94 亿元,同比增长 32%,其中智能手机游戏业务收入 778 亿元,同比增长 24%;网络广告业务收入 581 亿元,同比增长 44%。2019 年上半年,微信及 WeChat 的合并月活跃账户数达 11.33 亿,同比增长 7%;上半年收入 1742.86 亿元,同比增长 18%。可以看出,腾讯的收入增长速度超过了用户的增长速度。

腾讯体现出了梅特卡夫定律的魔力,随着用户数的增长,每个用户的价值也在增加,这使腾讯的盈利能力以更快的速度增加。

(资料来源:腾讯 2018 年财报、腾讯 2019 年中周报)

2.1 金融科技发展观理论

2.1.1 金融发展与技术进步

在人类历史发展进程中,金融发展与技术进步相互促进。一方面,技术进步离不开金融的支持;另一方面,金融发展也离不开技术进步对其运作方式与机制的重构和再造。

1. 金融发展推动技术进步

1)理论研究

世界上有许多著名的经济学、金融学专家通过他们的大量研究都证明了金融发展会推动技术进步。

(1)熊彼特

早在 1912 年,熊彼特(Joseph·Schumpeter,1883—1950 年,一位有深远影响的美籍奥地利政治经济学家)在其《经济发展理论》一书中就提出:"信贷使经济体系进入了新的渠道,使资本主义生产手段以特殊方法服务于新的生产目的";"没有信贷,就没有现代工业体系的创立"。根据熊彼特的观点,经济发展的关键推动力是创新,而良好的信贷体系能把资金配置给那些最具有新产品开发和生产能力的企业,从而促进科技创新。

(2)希克斯

希克斯(John R. Hicks,1904—1989 年,1972 年诺贝尔经济学奖获奖者,一般均衡理论模式的创建者)在研究经济史时发现金融在英国工业革命过程中发挥了关键作用,金融体系通过股票、债券等金融工具将流动性的资金转化为非流动性的资本,推动了工业革命的进程。

(3)麦金农

麦金农(Ronald I. Mckinnon,1935—2014 年,美国斯坦福大学教授,当代金融发展理论奠基人)在提出金融深化理论时也指出,在信贷充足的地方,放款和借款的高利率,会产生一种经济发展所需要的动力,它会促发新的储蓄,改变低效率投资,从而推动技术改造。

(4)格林伍德和杰万诺维奇

格林伍德(Greenwood)和杰万诺维奇(Jovanovic)在 1990 年 JPE(《政治经济学杂志》,*Journal of Political Economy*,JPE)的论文中证明:金融中介在筛选具有良好发展前景的技术创新项目时具有信息成本优势,这一优势提高了金融资本的投资效率,进而推动了技术创新。

2) 实践验证

高新技术的发展是一个国家国际竞争力的核心决定因素。高新技术具有如下特点：高风险性、高收益性、正外部性和市场超前性。由于高新技术产业发展的重要性及其自身的特点，各个国家都在积极探索能推动本国技术发展的金融安排。

美国的技术创新在世界上居于领先地位。美国的企业在技术创新过程中，风险投资发挥了重要作用。风险投资是指向主要属于科技型的高成长性创业企业提供股权资本，并为其提供经验管理和咨询服务，在被投资企业发展成熟后，通过股权转让获取中长期资本增值收益的投资行为。风险投资很好地满足了科技创新和成果转化过程中资金按"风险、收益、流动性"相匹配的原则，有效地促进了科技创新。此外，美国的多层次资本市场满足了科技创新的融资需求。美国多层次资本市场包括主板市场、创业板市场和场外交易市场。主板市场针对的上市主体是已经进入稳定发展阶段、盈利状况良好的大型成熟企业。创业板市场，如纳斯达克，针对的上市主体是具有高成长性的中小企业及高科技企业。场外交易市场（OTC）针对的上市主体是处于初创阶段和幼稚阶段的企业。

在我国金融推动科技创新与科技成果转化的实践过程中，出现了科技金融一词。科技金融是促进科技开发、成果转化和高新技术产业发展的一系列金融工具、金融制度、金融政策与金融服务的系统性、创新性安排，是由向科学与技术创新活动提供金融资源的政府、企业、市场、社会中介机构等各种主体及其在科技创新融资过程中的行业活动共同构成的一个体系。

在推动科技金融发展的实践过程中我国采取了一系列措施，主要包括：培育和发展服务科技创新的金融组织体系；创新科技信贷产品和服务模式；拓宽适合科技创新发展规律的多元融资渠道；构建符合科技创新特点的保险产品和服务；建立健全促进科技创新的信用增进机制；深化科技和金融结合试点；创新政策协调和组织实施机制。

2. 技术发展推动金融发展

技术发展也会推动金融发展。从工业革命的历史来看，在第一次工业革命中，煤炭动力、蒸汽动力技术及应用带来了印刷业和运输业的革命。同时，第一次工业革命也推动了证券交易和证券市场的发展。在第二次工业革命中，电信技术与燃油内燃机的结合实现了电气化；同时，第二次工业革命也带来了金融国际化与金融效率的提升。20 世纪 50～60 年代计算机技术改善了银行业会计系统，提高了其作业效率，实现了金融行业的后台电子化。20 世纪 70 年代，银行业利用数据通信和电子计算技术推出了联机柜员系统，实现了电子资金转账，从而推动银行业进入了前台电子化时代。20 世纪 80 年代，银行业利用新兴的信息传输技术、信息安全技术和人机交互系统，推出了自助银行业务处理系统，这标志着银行业进入了电子化服务时代。自 20 世纪 90 年代以来，互联网技术的发展引发了信息技术革命，催生了电子商务，改变了人们的社会生活习惯，互联网和金融的融合也改变了金融业的业态。

2.1.2　网络经济与金融科技发展规律

网络经济代表了未来经济发展的趋势，它为现实经济增长构筑起了一个全新的技术平台，提供了一种将信息资源转化为经济收益的高效工具，营造了一种全球化的经营环境。在网络经济环境下，一些传统的经济理论和定律被修正甚至被颠覆，还有一些理论和定律有了新的解释或更好的诠释。

1. 边际效益

在消费领域，边际效益是指在一定时间内，在其他商品的消费数量保持不变的条件下，随着消费者对某种商品消费量的增加,消费者从该商品连续增加的每一消费单位中所得到的效益增量,即边际效益。

在生产领域,边际效益是指在短期生产过程中,在其他条件不变(如技术水平不变)的前提下,增加某种生产要素的投入,当该生产要素投入数量增加到一定程度以后,增加一单位该要素所带来的产量增加量即边际效益。

边际效益随着生产规模的扩大会显现出不同的增减趋势。在工业社会物质产品生产过程中,边际效益递减是普遍规律,因为传统的生产要素——土地、资本、劳动都具有边际成本递增和边际效益递减的特征。与此相反,网络经济却显现出明显的边际效益递增性。

1) 边际效益递减规律

在传统经济环境中,边际效益呈现递减的规律。例如:在农田里撒化肥可以增加农作物的产量,当你向一亩农田里撒第一次 100 千克化肥的时候,增加的产量最多,撒第二次 100 千克化肥的时候,增加的产量就没有第一次撒 100 千克化肥增加的产量多,撒第三次 100 千克化肥的时候增加的产量就更少。也就是说,随着所撒化肥的增加,增产效应越来越低。这就是边际效益递减。

消费者购买物品是为了从消费这些物品中得到效用。消费者为了购买一定数量物品所愿意付出的价格就取决于他从这一定数量物品中所得到的效用。效用大,愿付出的价格高;效用小,愿付出的价格低。随着消费者购买某物品的数量增加,该物品给消费者带来的边际效用是递减的,因此,消费者所愿付出的价格也在下降,所以,需求量与价格呈反方向变动。

边际效用递减的原因在于:第一,生理或心理的原因;第二,物品本身用途的多样性。

2) 边际收益递增规律

在网络经济中,消费者对某种商品使用得越多,增加该商品消费量的欲望就越强,出现了边际效用递增规律。之所以如此,是由于网络经济有着与传统经济大相径庭的发展规律。具体说来,主要原因如下。

(1) 边际成本递减

信息网络成本主要由三部分构成:一是网络建设成本,二是信息传递成本,三是信息的收集、处理和制作成本。由于信息网络可以长期使用,并且其建设费用与信息传递成本及入网人数无关。所以前两部分的边际成本为零,平均成本都有明显递减趋势。只有第三种成本与入网人数相关,即入网人数越多,所需收集、处理、制作的信息也就越多,这部分成本就会随之增大,但其平均成本和边际成本都呈下降趋势。因此,信息网络的平均成本随着入网人数的增加而明显递减,其边际成本则随之缓慢递减,但网络的收益却随入网人数的增加而同比例增加;网络规模越大,总收益和边际收益就越大。

(2) 累积增值性

在网络经济中,对信息的投资不仅可以获得一般的投资报酬,还可以获得信息累积的增值报酬。这是由于信息网络能够发挥特殊功能,把零散而无序的大量资料、数据、信息按照使用者的要求进行加工、处理、分析、综合,从而形成有序的高质量的信息资源,为经济决策提供科学依据。同时,信息使用具有传递效应,信息的使用会带来不断增加的报酬。举例来说,一条技术信息能以任意的规模在生产中加以运用。这就是说,在信息成本几乎没有增加的情况下,信息使用规模的不断扩大可以带来不断增加的收益。这种传递效应也使网络经济呈现边际收益递增的趋势。

（3）顾客锁定

顾客锁定是网络经济的规律。因为信息是在一个由多种硬件和软件组成的系统中存储、控制和流通的,使用特定的系统需要专门的训练。从苹果计算机转移到英特尔计算机不但要牵涉到新硬件,还要牵涉到新软件。不仅如此,为了能使用软件和硬件而建立的知识也需要更新。更新计算机系统的转移成本可能会达到天文数字。微软公司的用户一旦使用了该公司的产品,就会被吸引住,对其具有越来越大的依赖性。这是由于软件用户已被锁定在某一个文字处理系统或排版系统上。他们不愿学习使用新系统,于是不断购买原系统的新版本。根据美国学者申农的定义,"信息是不确定性的消除量",认为信息具有使不确定性减少的能力,信息量就是不确定性减少的程度。不被受体理解的信息没有使不确定性减少,也就不称其为信息。而要想理解这些信息,用户需要花费时间和金钱进行再学习。因此,软件用户会被其最熟悉的软件视窗锁定。

（4）网络的作用

在网络经济时代,产品或服务的网络价值比其自身的价值更加重要。由于互联,尤其是实时的、超越了空间限制的互联,产生了非常奇妙的结果。根据梅特卡夫定律,网络价值同网络用户数量的平方成正比,即 n 个联结能创造 n^2 的效益。换句话说,随着网络中节点数以算术级数增长,网络的价值以指数方式增长。增加几个成员,可以使所有成员的价值明显增大。在所有的经济网络中,都会产生这种收益递增,收益递增可使加入网络的价值增加,从而使塑造平台的经济驱动力越发强大,吸引更多的公司加入网络,导致网络价值滚雪球般地增大。因此,在网络经济中,较小的努力会得到巨大的结果,产生令人震撼的"蝴蝶效应"。

2. 达维多定律

达维多定律是由曾任职于英特尔公司高级行销主管和副总裁威廉·H·达维多（William H Davidow）提出并以其名字命名的。

（1）定律内容

任何企业在本产业中必须不断更新自己的产品。一家企业如果要在市场上占据主导地位,就必须第一个开发出新一代产品。

（2）定律解读

如果被动地以第二或者第三家企业将新产品推进市场,那么获得的利益远不如第一家企业作为冒险者获得的利益,因为市场的第一代产品能够自动获得 50% 的市场份额,尽管可能当时的产品还不尽完善。

比如,英特尔公司的微处理器并不总是性能最好、速度最快的,但是英特尔公司始终是新一代产品的开发者和倡导者。英特尔公司曾经故意缩短了当时极其成功的 486 处理器的技术生命,而推出奔腾 586 技术。许多新闻媒体都报道了英特尔公司的这一战略。"这一决定反映了英特尔公司的一个长期战略,即运用达维多定律的方法,要比竞争对手抢先一步生产出速度更快、体积更小的微处理器。""通过一边消减旧芯片的供应,一边降低新芯片的价格,使得电脑制造商和电脑用户不得不听其摆布。"英特尔公司在产品开发和推广上奉行达维多定律,获得了丰厚的回报,使其始终处于微处理器的开发者和倡导引领者地位。

不惜淘汰哪怕是市场上销售旺盛的并仍有市场的产品,有意缩短老产品的技术生命,由新的产品取而代之,进而达到垄断市场的效果,这就是达维多定律破坏性垄断效应。运用达维多定律的案例还有很多,例如微软和海尔。

（3）定律意义

达维多定律的意义在于：只有不断创造新产品，及时淘汰老产品，使成功的新产品尽快进入市场，才能形成新的市场和产品标准，从而掌握制定游戏规则的权利。要做到这一点，其前提是要在技术上永远领先。企业只能依靠创新所带来的短期优势来获得高额的"创新"利润，而不是试图维持原有的技术或产品优势，这样才能获得更大发展。

实际上，达维多定律体现的是网络经济中的马太效应（Matthews Effect），说明了网络经济中的主流化现象。马太效应是指好的愈好、坏的愈坏、多的愈多、少的愈少的一种现象，反映贫者愈贫、富者愈富、赢家通吃的经济学中收入分配不公的现象。

3. 二八定律与长尾理论

传统的经济学定律在网络经济的环境下，有时会被网络经济的新定律所颠覆。二八定律与长尾理论就是最好的典型。

1）二八定律

二八定律又名 80/20 定律、帕累托法则（Pareto's Principle）、最省力法则、不平衡原则等，被广泛应用于社会学及企业管理学等，如图 2-1 所示。

（1）定律内容

19 世纪末，意大利经济学家帕累托从大量具体

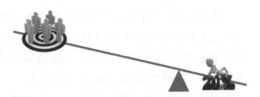

图 2-1　二八定律

的事实中发现：社会上 20％的人占有 80％的社会财富，即财富在人口中的分配是不平衡的。同时，人们还发现生活中存在许多不平衡的现象。因此，二八定律成了这种不平等关系的简称，不管结果是不是恰好为 80％和 20％。

（2）定律解读

社会财富的 80％掌握在 20％的少数人手里；20％的人身上集中了人类 80％的智慧，他们一出生就鹤立鸡群。

通常，一个企业 80％的利润来自它 20％的核心项目或"拳头"产品；一个实体商店 80％的利润来自它 20％的畅销产品；一个金融企业 80％的利润来自它 20％的 VIP 客户。

在原因和结果、投入和产出、努力和报酬之间存在的这种不平衡关系，可以分为两种不同类型：多数——它们只能造成少许的影响；少数——它们造成主要的、重大的影响。

（3）定律意义

二八定律不仅在经济学、管理学领域应用广泛，它对每个人的自身发展也有重要的现实意义：学会避免将时间和精力花费在琐事上，要学会抓主要矛盾。

一个人的时间和精力都是非常有限的，要想真正"做好每一件事情"几乎是不可能的，要学会合理地分配时间和精力。要想面面俱到还不如重点突破。把 80％的资源花在能出关键效益的 20％方面，这 20％的方面又能带动其余 80％的发展。

二八定律可以解决的问题：时间管理问题、重点客户问题、财富分配问题、资源分配问题、核心产品问题、关键人才问题、核心利润问题、个人幸福问题等。

2）长尾理论

长尾理论这一概念是由《连线》杂志主编 Chris Anderson 在 2004 年 10 月的"长尾"一文中最早提出，用来描述诸如亚马逊之类网站的商业和经济模式。

（1）理论内容

所谓长尾理论是指，只要产品的存储和流通的渠道足够大，需求不旺或销量不佳的产品所

共同占据的市场份额可以和那些少数热销产品所占据的市场份额相匹敌甚至更大，即众多小市场汇聚成可产生与主流相匹敌的市场能量，如图 2-2 所示。

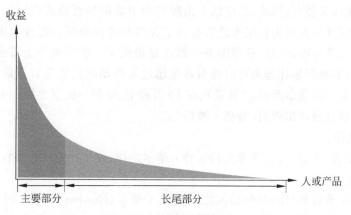

图 2-2　长尾理论示意图

也就是说，企业的销售量不在于传统需求曲线上那个代表"畅销商品"的主要部分，而是那条代表"冷门商品"经常为人遗忘的长尾部分。

（2）概念解读

"长尾"实际上是统计学中幂律（Power Laws）和帕累托分布（Pareto Distributions）特征的一个口语化表达。

过去人们只能关注重要的人或重要的事，如果用正态分布曲线来描绘这些人或事，人们只能关注曲线的"头部"，而将处于曲线"尾部"、需要更多的精力和成本才能关注到的大多数人或事会被忽略。例如，在销售产品时，厂商关注的是少数几个所谓 VIP 客户，"无暇"顾及在人数上居于大多数的普通消费者。而在网络时代，由于关注的成本大大降低，人们有可能以很低的成本关注正态分布曲线的"尾部"，关注"尾部"产生的总体效益甚至会超过"头部"。例如，某著名网站是世界上最大的网络广告商，它没有一个大客户，收入完全来自被其他广告商忽略的中小企业。Chris Anderson 认为，网络时代是关注"长尾"、发挥"长尾"效益的时代。

举例来说，一家大型书店通常可摆放 10 万本书，但亚马逊网络书店的图书销售额中，有四分之一来自排名 10 万以后的书籍。这些"冷门"书籍的销售比例正以高速成长，预估未来可占整个书市的一半。这意味着消费者在面对无限的选择时，真正想要的东西和想要取得的渠道都出现了重大的变化，这使得一套崭新的商业模式也跟着崛起。简而言之，长尾所涉及的冷门产品涵盖了几乎更多人的需求，当有了需求后，会有更多的人意识到这种需求，从而使冷门不再冷门。

（3）应用案例

Google、Amazon 都是长尾理论的优秀案例。

Google 是一个最典型的"长尾"公司，其成长历程就是把广告商和出版商的"长尾"商业化的过程。以占据了 Google 半壁江山的 AdSense 为例，它面向的客户是数以百万计的中小型网站和个人。对于普通的媒体和广告商而言，这个群体的价值微小得简直不值一提，但是Google 通过为其提供个性化定制的广告服务，将这些数量众多的群体汇集起来，形成了非常可观的经济利润。据报道，Google 的市值已超过 2100 亿美元，被认为是"最有价值的媒体公司"，远远超过了那些传统的老牌传媒公司。

图书出版业是"小众产品"行业,市场上流通的图书达几百万种。大多数图书很难找到自己的目标读者,只有极少数的图书最终成为畅销书。由于长尾书的印数及销量少,而出版、印刷、销售及库存成本又较高,因此,长期以来出版商和书店的经营模式多以畅销书为中心。网络书店和数字出版社的发展为长尾书销售提供了无限的空间市场。在这个市场里,长尾书的库存和销售成本几乎为零,于是,长尾图书开始凸显价值了。销售成千上万的小众图书,哪怕一次仅卖一两本,其利润累计起来可以相当甚至超过那些动辄销售几百万册的畅销书。如亚马逊副经理史蒂夫·凯塞尔所说:"如果我有 10 万种书,哪怕一次仅卖掉一本,10 年后加起来它们的销售就会超过最新出版的《哈利·波特》。"

4. 网络三定律

在网络界(或者 IT 界)有三条重要的定律:摩尔定律、吉尔德定律和梅特卡夫定律。

1) 摩尔定律

摩尔定律是由英特尔(Intel)创始人之一戈登·摩尔(Gordon Moore,时任仙童半导体公司工程师)在 1965 年撰写并发表在《电子学》(*Electronics Magazine*)杂志上的文章《让集成电路填满更多的组件》中提出来的。

(1) 定律内容

当价格不变时,集成电路上可容纳的元器件的数目,约每隔 18~24 个月便会增加一倍,性能也将提升一倍。换言之,每一美元所能买到的电脑性能,将每隔 18~24 个月翻一倍以上。这一定律揭示了信息技术进步的速度。

"摩尔定律"归纳了信息技术进步的速度。在摩尔定律应用的半个多世纪里,计算机从神秘不可近的庞然大物变成多数人都不可或缺的工具,信息技术由实验室进入无数个普通家庭,互联网将全世界联系起来,多媒体视听设备丰富着每个人的生活。

(2) 定律验证

由于高纯硅的独特性,集成度越高,晶体管的价格越便宜,这样也就引出了摩尔定律的经济学效益。在 20 世纪 60 年代初,一个晶体管要 10 美元左右,但随着晶体管越来越小,直到小到一根头发丝上可以放 1000 个晶体管时,每个晶体管的价格只有千分之一美分。据有关统计,按运算 10 万次乘法的价格算,IBM 704 电脑为 1 美元,IBM 709 降到 20 美分,而上个世纪 60 年代中期 IBM 耗资 50 亿研制的 IBM 360 系统电脑已变为 3.5 美分。

(3) 定律意义

毫无疑问,摩尔定律对整个世界意义深远。虽然,随着晶体管电路逐渐接近性能极限,此定律在这一领域已经走到尽头。但是,即使摩尔定律寿终正寝,信息技术前进的步伐也不会变慢。

2012 年 10 月 28 日,美国 IBM 研究所科学家宣称,最新研制的碳纳米管芯片符合了"摩尔定律"周期。

摩尔定律的惊人之处在于它对未来技术发展的大胆精确预期。在传统产业中,当产品的性能成倍提高时,一般其成本也应该相应提高。在信息技术产业中恰恰相反,往往会随着产品性能的提高,出现成本降低的现象。半个世纪前的摩尔定律对这一特殊现象的未来发展做出了不可思议的精确预测,包括个人电脑在内的新技术产品,其价格低廉的程度甚至在过去看来是不可思议的。这些无不验证着摩尔定律的神机妙算。

2) 吉尔德定律

吉尔德定律又称为胜利者浪费定律,由乔治·吉尔德(数字时代三大思想家之一)提出。

（1）定律内容

最为成功的商业运作模式是价格最低的资源将会被尽可能地消耗，以此来保存最昂贵的资源。在蒸汽机出现的时代，因为蒸汽机的成本已经低于当时传统的运输工具马匹，因此聪明的商人开始了蒸汽机的使用。如今最为廉价的资源就是电脑及网络宽带资源。

吉尔德预测：在未来 25 年，主干网的带宽每 6 个月增长一倍，其增长速度是摩尔定律预测的 CPU 增长速度的 3 倍，并预言将来上网会免费。

（2）定律解读

吉尔德定律中所描述的主干网增长速度比 CPU 的增长速度要快得多。微软公司最近的一次实验证明，在 300 千米的范围内，无线传输 1GB 的信息仅需 1 秒钟，这是计算机里 Modem 传输能力的 1 万倍！

这一事实表明带宽的增加早已不存在什么技术上的障碍，而只取决于用户的需求。需求日渐强烈，带宽也会相应增加，而上网的费用自然也会下降。会有那么一天，人们因为每时每刻都生活在网络的包围中而逐渐忘却"上网"之类的字眼。

在美国，目前已经有很多的 ISP 向用户提供免费上网服务。随着带宽的增加，将会有更多的设备以有线或无线的方式上网，这些设备本身并没有什么智能特性，但大量这样的"傻瓜"设备通过网络连接在一起时，其威力将会变得很大，就像利用便宜的晶体管可以制造出价格昂贵的高档电脑一样，只要将廉价的网络带宽资源充分利用起来，也会给人们带来巨额的回报。

3）梅特卡夫定律

梅特卡夫定律是由乔治·吉尔德于 1993 年提出，但以计算机网络先驱、3Com 公司的创始人罗伯特·梅特卡夫的姓氏命名，以表彰他在以太网上的贡献。

前面两个定律都和硬件有关系，而作为三大定律之一的梅特卡夫定律则为互联网的社会和经济价值提供了一个估算的模式。梅特卡夫定律与摩尔定律也是联系在一起的。前面提到，在某种意义上讲，摩尔定律从微观角度解释了产品的性能提高而成本降低的现象；梅特卡夫定律则从宏观角度解释了产生这种现象的社会渊源——这就是随着一个技术的使用者不断增多，每一个使用者从使用中获得的价值不断增加，但使用费用却不断下降的现象是市场决定的。

（1）定律内容

梅特卡夫定律是一个关于网络价值和网络技术的发展定律，其内容是，一个网络的价值等于该网络内的节点数的平方，而且该网络的价值与联网的用户数的平方成正比。

（2）定律解读

如果你有一个电话网络，当网络中只有 2 部电话时，$n=2$，每部电话都可以打电话给另一部，价值 $v=2$；当网络中有 5 部电话时，$n=5$，每一部电话都可以打电话给另 4 部，价值 $v=5\times4$；当网络中有 12 部电话时，$n=12$，每一部电话都可打电话给另 11 部，价值 $v=12\times11$；当网络中有电话 n 部时，每一部电话都可打电话给另 $n-1$ 部，价值 $v=n\times(n-1)$。当 n 足够大时，价值 v 就是 n^2。

若有 100 个客户，他们每天相互通话一次，每天通话 10 000 次（100 的平方）。如果增加了 10 个客户，客户总数增加了 10%，客户相互之间的通话量会增加到每天 12 100（110 的平方），收入就会增加 21%。梅特卡夫定律示意如图 2-3 所示。

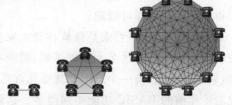

图 2-3　梅特卡夫定律示意图

（3）定律意义

梅特卡夫定律是一条关于网络资源的定律，该定律由新科技推广的速度决定，所以网络上联网的计算机越多，每台电脑的价值就越大。这个貌似简单的陈述，却为包括互联网在内的许多重大发明存在并被使用的实际价值提供了一个简洁的数学结论。

新技术只有在有许多人使用它时才会变得有价值。使用网络的人越多，这些产品才变得越有价值。因而越能吸引更多的人来使用，就能最终提高整个网络的总价值。当一项技术已建立必要的用户规模，它的价值将会呈爆炸性增长。一项技术多快才能达到必要的用户规模，这取决于用户进入网络的代价，代价越低，达到必要用户规模的速度也越快。一旦形成必要的用户规模，新技术开发者在理论上也就可以提高新技术对用户的价格。

该定律也可衍生到金融领域，某项金融产品的价值随使用人数而增加。互联网上众多应运而生的网络公司，如微信支付等飞速发展正是因为其网络用户的不断加入而发展壮大的。

互联网使用者的不断增加、互联网应用技术的日新月异和新技术公司的不断崛起为这三定律的准确性提供了最好的诠释。

5. 安迪比尔定理

安迪比尔定理是对 IT 产业中软件和硬件升级换代关系的一个概括。

（1）定律内容

安迪比尔定理的原话是"Andy gives，Bill takes away.（安迪提供什么，比尔拿走什么。）"安迪指英特尔前任 CEO 安迪·格鲁夫，比尔指微软前任 CEO 比尔·盖茨，这句话的意思是，硬件提高的性能，很快被软件消耗掉了。

（2）定律解读

摩尔定理给所有的计算机消费者带来一个希望，如果今天嫌计算机太贵买不起，那么等十八个月就可以用一半的价钱来买。如果真是这样简单的话，计算机的销售量就上不去了。需要买计算机的人会多等几个月，已经有计算机的人也没有动力更新计算机。其他的 IT 产品也是如此。

事实上，在过去的二十多年里，世界上的个人微机销量在持续增长，并远远高于经济的增长。那么，是什么动力促使人们不断地更新自己的硬件呢？IT 界把它总结成安迪比尔定理，即"比尔要拿走安迪所给的"（What Andy gives，Bill takes away）。

在过去的二十年里，英特尔处理器的速度每十八个月翻一倍，计算机内存和硬盘的容量以更快的速度在增长。但是，微软的操作系统等应用软件越来越慢，也越做越大。所以，现在的计算机虽然比十年前快了一百倍，运行软件感觉上还是和以前差不多。而且，过去整个视窗操作系统不过十几兆字节大小，现在要几千兆字节，应用软件也是如此。虽然新的软件功能比以前的版本加强了一些，但是增加的功能绝对不是和它的大小成比例的。因此，一台十年前的计算机能装多少应用程序，现在的也不过装这么多，尽管硬盘的容量增加了一千倍。更糟糕的是，用户发现，如果不更新计算机，现在很多新的软件就用不了，连上网也是个问题。而十年前买得起的车却照样可以跑。

这种现象，乍一看来是微软在和大家作对。实际上，盖茨本人和其他厂商也不想把操作系统和应用程序搞得这么大。据了解，盖茨本人多次说，他过去搞得 BASIC 只有几十 KB，你们（微软工程师们）搞一个.NET 就要几百兆字节，其中一定可以优化。当然，微软现在的.NET 比二十年前的 BASIC 功能要强得多。这说明，现在软件开发人员不再像二十年前那样精打细算。当年的 BASIC 解释器是用汇编语言写成的，十分精炼，否则在早期的 IBM-PC 上就会一个软件也无法运行。但是,要求软件工程师使用汇编语言编程,工作效率是极低的,而且写出的程序可读性也很差,不符合软件工程的要求。今天,由于有了足够的硬件资源,软件工程师做事情更讲究自己的工作效率、程序的规范化和可读性等。另外,由于人工成本的提高,为了节省软件工程师写程序和调程序的时间,编程的语言越来越好用,同时效率却越来越低。比如,今天的 Java 就比 C++ 效率低得多,C++ 又比二十年前的 C 效率低。因此,即使是同样功能的软件,现在比过去多占用了硬件资源是在所难免的事。

（3）定律意义

信息技术产业链遵循图 2-4 所示的安迪比尔定律发展规律。具体而言,以微软为代表的软件开发商提升软件性能,使得利用原有硬件用户的软件运行速度越来越慢。这将迫使使用原有硬件的用户更新机器,使计算机生产厂商受益。这些计算机生产厂商再向英特尔等半导体生产厂商增加新芯片订单,同时向希捷（Seagate）等外设厂商增加新外设订单。这些新增加的订单又使得半导体及外设生产厂商赚取大量利润。这些被赚取的利润的其中一部分被投入研发,按照摩尔定律去开发新的产品用于提升硬件性能。微软等公司则再开发出更高版本的操作系统或者软件来进一步抵消这些硬件性能的提升。如此循环往复,推动着整个信息技术产业不断向前发展。

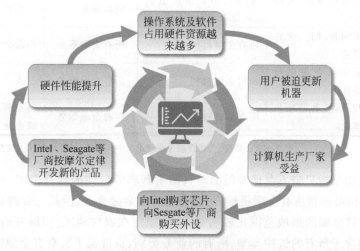

图 2-4　安迪比尔定律

2.2　普惠金融理论

2.2.1　普惠金融的概念

1. 普惠金融概念的由来

普惠金融（Inclusive Finance）的概念最早由联合国于 2005 年在宣传国际小额信贷年时提出,是指立足机会平等要求和商业可持续原则,以可负担的成本为有金融服务需求的社会各阶层和群体提供适宜、有效的金融服务。

狭义来说,普惠金融指的是为传统或正规金融机构体系之外的广大中低收入阶层和小微企业甚至是贫困人口提供可得性金融服务。广义来说,指的就是将需要金融服务的所有人纳入金融服务范围,从而实现公平的机会。让所有人得到适当的、与其需求相匹配的金融服务。

由于各国经济和金融发展水平差异较大,因此,普惠金融在各国的实践过程存在较为明显的差异。发展中国家发展普惠金融,主要是服务于贫困或中低收入阶层,更接近于狭义的普惠金融概念。而发达国家由于经济和金融发展水平高,社会福利已经到达一定高度,在发达国家发展普惠金融主要是市场逐利行为,因此更接近于广义上的概念。

2. 普惠金融认识的误区

对于普惠金融的内涵和普惠金融的本质,无论是理论界还是实务界都存在不少争议,目前在认识上普遍存在几个误区。

(1)将普惠金融等同于小额信贷、微型金融、农村金融

虽然普惠金融的重点服务对象是小微企业、农民、城镇低收入人群、贫困人群和残疾人、老年人等特殊弱势群体,但是将普惠金融直接等同于小额信贷、微型金融或农村金融是片面的,这种捆绑式的概念是不确切、有失偏颇的。普惠金融与小额信贷、微型金融、农村金融的对比见表 2-1 所示。

表 2-1　普惠金融与小额信贷、微型金融、农村金融的比较

概　　念	理论基础	机构种类	业务种类	覆　盖　面
小额信贷	信息不对称理论、交易费用理论	专门的小额信贷组织(只贷不存)	贷款业务	贫困者、弱势群体
微型金融	信息不对称理论、交易费用理论	所有金融机构	所有金融服务	小微企业、个人
农村金融	交易费用理论、和谐社会建设理论	农村金融机构	所有金融服务	三农
普惠金融	发展权理论、和谐社会建设理论	所有金融机构	所有金融服务	所有有金融需求的个人或企业

资料来源:高霞. 当代普惠金融理论及中国相关、对策研究[D].沈阳:辽宁大学,2016.

小额信贷机构是指只贷不存地专门面对贫困者和弱势群体的信贷组织,经营的是贷款业务;微型金融机构虽包括所有金融机构,可以经营所有金融业务,但其主要的客户群体是小微企业和个人;农村金融的地域范围比较明显,主要限定在农村地区,所服务的对象也是农民;而普惠金融是包含了所有的机构类型、所有的业务类别,也覆盖了所有有金融需求的企业或个人。如图 2-5 所示,微型金融包含小额信贷,无论微型金融还是小额信贷,都与农村金融有一部分交叉关系。但无论是小额信贷、微型金融,还是农村金融,它们都同属于普惠金融这一大系统,只是其中的部分内容而已。也就是说,普惠金融不仅要为大企业、国有企业、高收入人群服务,更要为广大中小微企业及大多数人服务,而不是仅仅要为小微企业、农民或是低收入人群服务。其基本形态不仅仅包括小额信贷、农村金融、微型金融等,而且涵盖储蓄、信贷、汇兑、支付、保险、理财、证券等所有的金融产品和服务。

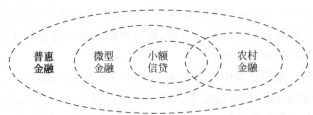

图 2-5　普惠金融、小额信贷、微型金融、农村金融关系结构

（2）将普惠金融等同于扶贫金融、政策性金融

造成这一误区也很容易理解，毕竟发展普惠金融的最大意义就在于减少贫困，降低贫富差距。而且，普惠金融中服务的重点是低收入人群，特别是那些生活在偏远地区、贫穷地区的丧失劳动能力的人群。所以，把普惠金融狭隘地理解为扶贫金融，认为普惠金融就是要不惜一切成本对贫困者予以补贴，使其能够享受到金融服务。但如果不考虑实际情况，一味地以补贴贷款的模式来发展普惠金融，过度地强调其社会性，忽视市场原则和可持续发展规律，不仅不会降低贫困，相反，可能会起到一些副作用，极易导致过度信贷，造成金融不稳定和风险。

（3）将普惠金融等同于全民借贷

有一种观点认为，普惠金融就应该是所有人都要有银行账户、使用金融产品或者享受到金融服务，片面地追求过高的融资满意度。其实不然，据世界银行统计，全球约有一半（25 亿）的成年人在正规的金融机构没有银行账户。在这些人中，有些是可以享受到金融服务或者购买金融产品，但他们选择不使用或者不参与，因为没有这方面的需求，也就是说自愿被排斥在正规金融体系之外。而另外一些人则是非自愿金融排斥，诸如贫穷、成本、信息、距离、缺乏信任、缺少必要的文件或抵押品等诸多因素使得这部分人群无法享受到金融服务。区分这两个概念是非常必要的，普惠金融并不是为了借贷而借贷，也绝对不是要保证每个人都借贷。如果不顾企业和个人的基本条件，一味地追求宽松的信贷政策，追求短期内快速提升融资满意度，盲目开展"全民借贷行动"，则不利于金融风险的防范，甚至会诱发区域性金融危机的发生。此外，衡量普惠金融的发展程度，不单单要看信贷比例这一项指标，也要考虑转账、支付结算、保险、投资等其他一些基础金融服务。而且，普惠金融不仅是指金融服务的可得性，还包括金融服务的便利性和安全性，以及是否合理定价以有效满足客户需求。因此，普惠金融的目标是致力于清除非自愿金融及抵触排斥的障碍，让所有有金融服务需求的人都享受到金融服务和金融产品的权利和便利，这才是普惠金融的应有意义。

2.2.2 普惠金融的体系

1. 普惠金融内涵

普惠金融体系应该包括以下三个层次的内涵。

① 首先是一种理念。2006 年诺贝尔和平奖得主、孟加拉乡村银行总裁尤纳斯教授说："信贷权是人权"。就是说，每个人都应该有获得金融服务机会的权利。只有每个人拥有金融服务的机会，才能让每个人有机会参与经济的发展，才能实现社会的共同富裕，建立和谐社会与和谐世界。

② 为让每个人获得金融服务机会，就要在金融体系进行创新和改良，包括制度创新、机构创新和产品创新。

③ 由于大企业和富人已经拥有了金融服务的机会，建立普惠金融体系的主要任务就是为传统金融机构服务到达不了的低收入人口甚至是贫困人口提供机会，这就是小额信贷或微型金融——为贫困、低收入人口和小微企业提供的金融服务。为此，首先要在法律和监管政策方面提供适当的空间。其次，要允许新建小额信贷机构的发展，鼓励传统金融机构开展小额信贷业务。

2. 普惠金融的框架

普惠性金融体系框架是将金融服务有机地融入于客户、微观、中观和宏观四个层面的金融体系，让过去被排斥于金融服务之外的大规模客户群体获益。最终，这种包容性的金融体系能

够对发展中国家的绝大多数人,包括过去难以达到的更贫困和更偏远地区的客户开放金融市场。

（1）客户层面

贫困和低收入客户是这一金融体系的中心,他们对金融服务的需求决定着金融体系各个层面的行动。

（2）微观层面

金融体系的主体是要提供零售金融服务,它直接向贫困人群和低收入者提供相关业务。这些微观层面的服务提供者应包括从民间借贷到商业银行,以及位于它中间的各种类型。

（3）中观层面

这一层面包括了基础性的金融设施和一系列能使金融服务提供者实现降低交易成本、扩大服务规模和深度、提高技能、促进透明的要求。这涵盖了很多金融服务相关者和活动,例如,审计师、评级机构、专业业务网络、行业协会、征信机构、结算支付系统、信息技术、技术咨询服务、培训等。这些服务实体可以是地区性的或跨国界的全球性组织。

（4）宏观层面

值得注意的是,要使可持续性的小额信贷蓬勃繁荣发展,就必须有适宜的法规和政策框架。中央银行（金融监管当局）、财政部和其他相关政府机构要发挥各层面参与者的角色。

2.3　大数据信息确权理论[①]

2.3.1　信息确权的理论需求

互联网时代,网络用户的海量个人数据和信息以聚合形式存在于社交网络、电子商务、网络游戏、地图、移动智能终端等网络平台,特别是一些大型的互联网公司已经形成对个人数据和信息的实际控制和垄断,公民作为数据内容的主体完全不能控制自己的个人数据和信息,根本无法了解自己的信息和数据在何时、何地被何人、以何种方式非法收集、使用、加工、传输。现实生活中,很多人因为个人信息被泄露和滥用,导致经济和精神上的损失,但信息的维权又很困难。

信息确权理论建设是为鉴别并解决信息资源开发利用与信息服务市场中的信息侵权行为和信息维权难题而提出的一个创设性理论框架,以期能为规范信息消费行为、激发人们的信息生产热情及信息资源建设的积极性提供理论指导,为信息资源开发利用的法制化建设提供理论支持,更为各类信息资源产权保护保驾护航。

在大数据环境下,数据信息的产权问题备受关注。国务院关于《促进大数据发展行动纲要》明确提出"促进数据资源流通,建立健全数据资源交易机制和定价机制,规范交易行为"。数据资源流通与交易定价机制的建立首先要解决的就是数据产权的确权问题。

《中华人民共和国民法总则》第一百一十一条规定,自然人的个人信息受法律保护。任何组织和个人需要获取他人个人信息的,应当依法取得并确保信息安全,不得非法收集、使用、加工、传输他人个人信息,不得非法买卖、提供或者公开他人个人信息。民法总则虽然没有就"个人信息权"做出法律定义,但民法总则确定的"个人信息权",其保护的核心不在于"个人信息"本身,而重点在于如何规范第三方对公民个人信息的收集、使用加工、传输等行为。因此,公民

---

① 本节主要参考：赵海军等.互联网金融实务与创业实践[M].北京：经济科学出版社,2018.

行使信息权利的基础,是基于公民作为信息内容的主体有权决定其个人信息在何时、何地及以何种方式被何人收集、使用、加工和传输。

2.3.2　信息确权的协商机制

每一件知识产品都有一个承载具体知识内容的"信息实体",每一个"信息实体"都拥有自身基本的信息属性,其中包括该"信息实体"的名称、生产者、生产日期、具体内容、文件信息量的大小、文件格式、所有权人、信息发布者、信息发布平台、信息载体等基本要素,这些基本要素都是通过一定的信息处理技术而标引或附加在"信息实体"之上的(如电子签名技术),而信息确权过程就是确认这些基本信息属性的技术处理过程。

"信息实体"被知识创造者或互联网金融机构生产出来,一经开展商业化利用,就必然会触发信息的知识产权问题。现实生活中,当人们产生利益纠纷的时候,在司法上常常采取当事人协商机制。信息确权及商业化开发利用也可以实行当事人协商机制。信息确权工作可以采取知识产权约定的事前协商机制和知识产权争议的事后协商机制。事前协商机制是"信息实体"进入信息市场流通、进行商业化开发的事先约定,即"信息实体"被发布、发表、被二次开发利用之前关于信息权利约定的事先声明。后者是在"信息实体"的传播、交易、利用过程中产生的信息产权纠纷或侵权事件时当事人之间的协商处理机制,当事人可以私下协商,也可以委托第三方进行仲裁,或诉诸法律由司法机构进行调解或判决。

随着人们的信息确权意识越来越强,信息确权是互联网金融进一步发展的必然要求。

2.3.3　信息确权在金融电子商务领域的应用

1. 金融电子商务中的信息确权内容

大数据时代金融信息的内容非常广泛,金融电子商务中的用户在进行交易的过程中,第一步就是要向交易平台或交易对象提供个人信息,包括个人姓名、身份证号码、年龄、工作单位、银行卡账号、个人住址、联系方式等。交易过程中用户的收入、交易对象、交易金额、交易地点等信息也被相关机构获知。除了这些原始信息,互联网金融机构通过对收集到的金融大数据进行分析,甚至还可以从中推知个人职业、消费习惯、朋友圈等信息,从而勾画出具有消费者专属性的主观评价。这些信息蕴含着极高的商业价值,金融机构可以据此精确了解金融消费者的需求,实现产品和服务的升级更新,提高决策的效率和理性。在信息就是金钱的互联网时代,互联网金融机构通过大数据运算所得到的个人信息,在法律上的保护价值与原始信息并无二致,甚至由于其信息指向性明确而更需要法律保护。在对金融信息进行界定时,不应局限于数据本身,而应综合考虑数据的产生、转换、使用传输、储存等过程。在这一系列过程中,金融信息经历了不同形态的衍化,归于不同主体的管控之下,发挥着不同形式的功能。因此,金融信息在内容上应当包括两部分:一部分是通过各种方式收集到的原始信息(姓名、工作单位、银行卡号);另一部分是通过对原始信息进行分析运算而得出的二次信息。

2. 金融信息确权与利用的平衡

传统时代,金融机构与金融用户之间的信息利用关系存在两种常见的解释。一种解释认为信息从金融用户提交给金融机构开始就完成了所有权的转移,从此信息归属于金融机构,信息的开发利用就归属于金融机构,与金融用户没有任何关系;另一种解释则认为金融机构和金融用户之间是"保管"关系,金融用户为了享有金融产品及服务而提供自身的信息,金融机构只是将这些信息作为加密手段或是金融产品的附属品予以保存。

到了互联网时代,随着大数据的广泛应用,互联网金融机构对收集到的用户信息进行分析,对信息分析能产生何种结果未必总是知情。在很多情况下,大数据分析所产生的结果是超乎预料的,即使金融机构事先向被收集方告知了相关信息,数据分析的结果也仍然可能超出告知范围。

金融信息确权与开发利用之间的矛盾,其实质是公平与效率之间的优先选择。信息确权规则过严,虽然实现了用户金融信息公平价值,但会大大限制信息的供给,互联网金融机构也会减少对金融信息的需求,进而抑制金融创新的动力,进一步加剧金融市场的信息不对称,造成金融市场成本上升。信息利用优先,直接体现了金融信息的流通价值,但金融用户个人利益及信息安全会受到损害。

从世界范围内来看,在信息确权与信息开发博弈之间,主流趋势以信息确权、信息保护为优先。为了平衡信息确权、信息保护与信息开发之间的冲突,并凸显信息确权、信息保护优先的理念,在我国金融信息权保护的法律建构中,金融用户和金融机构之间的信息法律关系宜适用准"委托—代理"关系。信息赋予的部分权利被委托给金融机构予以行使。信息自身价值的开发,使金融机构不仅仅保管信息,还能对信息进行分析和加工提升。但只有作为信息主体的金融用户才能对自身的信息数据享有最完整的金融信息权能,其他金融信息使用方所拥有的权利都是由金融用户所授予,受到金融用户信息权的制约和限制。在权利义务的规则设计上,亦应倾向于保护金融用户一方,有必要加重金融机构的法定义务,以进一步增强金融用户参与金融市场活动的信心和安全感。金融机构或其他第三方在使用金融用户的信息时,不能损害金融用户的合法利益,并随时保障金融用户的知情权。

2.4　标准化监管理论[①]

标准化监管理论是关于监督管理标准化实施情况与实施效果的学问,即指导人们如何使被监管事物及其运行秩序达到最佳状态,从而获得最优监管效果的理论体系;指导人们如何将标准化科学理论和现代管理理论相结合,形成一套统一的、科学的、规范的监管机制,包括标准化监管的组织架构、监管流程、监管内容、监管方式及原理机理体系等。

2.4.1　标准化与标准化监管

我国对标准的官方定义是"为了在一定的范围内获得最佳秩序,经协商一致制定并由公认机构批准,共同使用的和重复使用的一种规范性文件(注:标准宜以科学技术和经验的综合成果为基础,以促进最佳的共同效益为目的)"。标准表现为一种具有公共制度性的知识产品,它必须应用于社会经济实践,才会"在一定的范围内获得最佳秩序"与"最佳的共同效益",应用是其最终目的。标准的研制只是标准工作的基础性活动,标准化即如何将标准科学、合理地应用于相关的社会经济实践,才是标准工作的主要内容与核心任务。标准化是一个从企业到行业、从经济到社会、从人文到自然、从地方到国家、从国家到国际的,由制定到执行的极其复杂的系统工程。因此,需要研究标准化的组织方式、实施途径及其宏、微观经济效果与战略选择问题,国际标准化与国家经济安全问题,以及各类标准化行为主体的标准化动因、影响因素及其行为效果的计量评价问题等。我国1998年公布的《中华人民共和国标准化法》对标准化的定义进行了明确的界定:在经济、技术、科学及管理等社会实践中,对重复事物及概念,通过制定、发

---

① 本节主要参考:赵海军,等.互联网金融实务与创业实践[M].北京:经济科学出版社,2018年.

布和实施标准,达到统一,以获得最佳秩序和社会效益。以上可以看出,标准化已从单纯的技术工作范畴发展到管理工作范畴,这为行业监管利用"标准化"工作方法奠定了理论基础。这就是行业的标准化监管问题。

标准化监管是指行业监管者根据经验和规律制定监管标准,然后按统一的标准来规范监管行为,即对监管的目标、方式和行为制定的一系列规范,并在一定的时期内保持相对的稳定和统一。做好行业的标准化监管,必须要明确标准化监管的对象、目的意义、战略目标、方法步骤以及理论基础等。

2.4.2 标准化监管理论的核心问题

1. 监管目标标准化

监管的目标标准分为总体目标标准和具体目标标准。在各国标准化监管实践中,总体目标通常是以法律的形式确定下来,并成为统一各国监管行为的准则。具体目标则是各地监管机构结合本地情况制定的实现总体目标的可操作性目标,它是由标准的管理属性即可操作性所决定的。在银行监管实际工作中,监管者往往注重目标的统一而忽视目标的可操作性,结果导致监管行为的盲目性,降低了监管效果。《中华人民共和国银行业监督管理法》在总则部分就开宗明义地明确了我国银行监管的总体目标是"促进银行业的合法、稳健运行,维护公众对银行业的信心。银行业监督管理应当保护银行业公平竞争,提高银行业竞争能力。"银监会从监管路径角度将这个目标准则具体化为四个监管工作目标。

① 通过审慎有效的监管,保护广大存款人和消费者的利益。

② 通过审慎有效的监管,增进市场信心。

③ 通过宣传教育工作和相关信息披露,增进公众对现代金融的了解。

④ 努力减少金融犯罪。

2. 监管过程标准化

监管过程标准化主要是针对监管者的监管行为与工作流程的标准化。监管绩效不仅取决于静态的监管制度、监管目标,更取决于监管人员实施监管行为的动态过程。因此,除了建立统一、明确、量化的监管标准外,还应注意加强对监管人员实际监管行为过程的标准化管理。这就是国际上所强调的基于规则的监管,即对监管工作所有环节都制定严密的业务流程和操作规则,并随着金融业的不断发展而定期更新,以保证监管人员操作的规范化和统一化,提高监管效率,减少监管差错发生。中国银监会成立后,依据风险监管理念,制定了市场准入、非现场监管流程和一些具体业务的监管指引,使我国的银行业监管过程向标准化方向迈进了一大步。但在监管的操作和执行层面,一定程度上仍然存在没有结合实际细化监管流程或执行监管规程不力等现象。银行业的行业监管应当根据银监会的工作制度和监管指引要求,并结合具体细分行业和地方的监管实际,对监管过程进一步具体化、规范化和标准化。首先,在监管机制的设计上,从监管目标、板块协调、监管治理、监管保障等方面制定监管运行机制框架意见,规范市场准入、现场检查和非现场监管以及上下级监管机构之间的有机衔接和互动。其次,为保障所有监管环节的相互连接和有效运行,依据风险监管理念,还要制定涵盖监管的各个方面和各个环节的详细工作制度,以提高整个监管过程的标准化程度和水平。

3. 监管方法标准化

监管方法标准化是指监管行为遵循统一规范的监管模式、分析范式,以及运用与之相配套的监管工具等。目前,国际金融业正处于资本监管向风险监管和承诺监管的过渡阶段,我国也已进入多种监管形式并重,并以风险监管为基本特征的阶段。国际金融监管界一直在探索风险监管模式下规范统一的监管方法。从确立这种方法的要求来说,它应包括以下 4 个方面。

① 识别风险的各类指标体系。

② 精确计量分析风险的各种监管工具。

③ 全过程监控风险的持续分析范式(如风险矩阵,表格化、定期化、模块化分析等)。

④ 监管与被监管互动安排(包括跟踪、提示、协商、处罚)等。

随着新巴塞尔协议的实施,将会有更多的计量和监测信用风险、市场风险和操作风险的计量模型被研发和总结出来,利用这些监管工具将极大地提高对监管对象的风险评估和预警能力,有利于比较各家金融机构的风险程度,逐步形成金融监管的崭新时代。

目前,由于我国金融业监管的公共基础设施尚不完善,法人机构的法人治理机制也存在缺陷,导致我国金融监管数据采集的规范性较差,真实性、全面性不高,信息利用率较低,我国的风险监管基本上仍停留在依赖监管人员自身的业务素质和直觉判断的基础上,统一规范的风险分析模式尚未完全确立,各地因监管评价模式及其指标的不同,很难相互比较监管效果。因此,如何结合我国金融业经营实际,借鉴国际普遍认可的先进监管方法和技术,是提高我国风险监管水平迫切需要解决的问题。

4. 监管工作考核标准化

对监管工作考核制定科学的标准,将监管者相关行为的实际效果内化到其个人的收益成本预期之内,进而取得监管者个人行为与监管机构组织要求的协同,是标准化监管的一项重要内容。由于监管工作的特殊性,既要约束监管人员的行为,使其依法合规实施监管,防止监管过于宽容,也要尽可能保护其履行监管职责的积极性,避免由于责任考核的过度严厉而导致其行为过于谨慎,出现监管过度问题,这是制定监管考核标准的关键点和难点。对于科学的考核标准所包括的内容,国际上没有统一的规定,因为考核标准因体制、机制的不同而呈现迥然不同的特点,通行的做法是与资产监管量、风险程度和风险监管效果相关联。

5. 金融业标准化监管的发展历程

金融业监管引入标准化管理是在 1980 年以后。在 1980 年以前,各国监管当局认为每家银行面对许多独特的风险,从而拒绝接受统一的标准。这种一行一个标准的监管方法与当时世界经济繁荣的形势、银行以传统业务为主以及银行全球化进程尚未开始密切相关。但在 20 世纪 80 年代以后世界经济发生转变,西方各国银行开始面临通货膨胀、浮动和不稳定的汇率以及异常波动的利率等系统性冲击,为了保护客户和银行自身的利益,银行被迫推动金融市场向三个方向发展,即全球化、金融创新和投机。由于各国监管当局缺乏统一的标准化的监管措施,各家银行资产和负债业务不断增加,资产证券化(如抵押贷款等传统银行资产被转换为可销售的工具)以及或有负债、表外项目等创新产品不断出现,给银行带来巨额风险。在此背景下,为了维护整个银行系统的稳健运行,避免系统性风险,西方主要发达国家成立了银行业监管委员会,即现在的巴塞尔银行监管委员会,其主要职责是协调监管合作,制定新方法监管国际银行,对银行资本和其他方面制定标准。1981 年,委员会公布了首份资料,即现在的年度"国际银行监管发展报告",此研究报告成果开始在十国集团各银行监管实践中被执行,从而拉开了监管当局对银行实施标准化监管的序幕。1988 年 7 月 15 日,经过各国反复谈判,巴塞尔银行监管委员会公布了巴塞尔协议的最终稿,即《统一资本计量与资本标准的国际协议》。从此以后,虽然银行监管引入标准化管理仍有争议,但标准化监管方式在银行业监管中已占主导地位。到目前为止,巴塞尔委员会相继公布了一系列的控制信用风险、市场风险、操作风险、公司治理和监管治理、有效银行监管核心原则等各种监管标准,构建了标准化监管的基本框架,通过协议和承诺的方法在各国推行,从而使世界各国的银行业监管开始迈向统一的标准化监管时代。金融行业标准化监管的主要内容实质上是一种科学的操作规范,它通过建立和完善金融行业监管各环节的标准,进而形成金融行业监管的标准体系,对金融监管的各级机构和部门的监管活动实行系统管理和整体管理,从而提高监管工作质量、效率和水平,实现监管有据、监管有度、监管有力、监管有方的最优监管状态。根据管理过程理论,按照标准在金融监管中的作用,金融监管应在监管目标、监管过程、监管方法、监管考评等方面实行标准化,而且金融监管标准化的范围将随着监管实践和监管技术的不断发展而扩展。

2.4.3　金融电子商务标准化监管研究实践

金融电子商务标准化监管的研究实践是专门针对金融电子商务(包括金融互联网和互联网金融)的行业监管问题进行的标准化监管的研究与思考,国内许多学者从从事金融电子商务机构或其细分业态的角度来探讨其标准化监管问题。有的学者专门探讨了金融电子商务机构信息标准化管理问题,认为随着互联网和信息技术的发展,金融电子商务成为我国社会创新发展的重要驱动力,金融电子商务的领域细分和行业深入发展对金融市场的影响凸显,然而,鉴于“互联网＋金融”的双重风险,基础信息标准化管理值得深入思考。首先应从行业风险、信息标准、管理需求三方面加强从业机构信息标准化管理,并建议标准化管理从业机构的信息、统一市场准入操作,以利于提升监管效率和风险预警能力。还有的学者提出以标准化为手段引导和规范我国网络借贷行业健康有序发展,认为我国网络借贷行业取得了快速发展,也暴露出许多问题,这些问题可以集中概括为“三无”,即“无准入‘门槛’,无行业标准,无有效监管”,因此,对网络借贷行业实施标准化监管已刻不容缓。为促进我国互联网金融的标准化发展与标准化监管研究,中国互联网金融协会及相关部门还联合召开了互联网金融标准化工作研讨会,并成立了互联网金融标准研究院,这对于我国互联网金融的标准化监管研究起到很大促进作用。

2.5　金融风险控制理论

在金融市场中,投资者在关心收益的同时,也在关注着市场和产品的风险。金融风险是投资的核心,如何在投资的时候规避和控制风险是至关重要的。

2.5.1　认识金融风险控制理论

金融风险控制理论是指通过一系列包括风险辨识、风险度量、风险管理在内的活动,将资产组合的收益率偏离其预期收益率的程度控制在可承受范围内的一门学说。对金融风险控制理论的理解,需要注意以下三点。

① 金融风险控制理论大致有三部分内容:风险的辨识,它是风险控制的基础;金融风险的度量方法,这是风险控制的核心内容;金融风险的管理策略。

② 金融风险控制理论也是一个系统论。金融风险控制理论包含风险辨识、风险度量、风险管理 3 部分,每一部分都可以作为单独的方法论,但是就金融风险控制理论而言,它们是一个整体,缺一不可。

③ 金融风险控制理论只是控制风险的方法论,它不能完全消除风险。在风险管理这一部分有很多策略,但是这些策略只能削弱风险、降低整体风险。比如,“不要将鸡蛋放在一个篮子

里"就是典型的分散策略,但是这种方法并不能完全消除风险,至少系统风险还是存在的。

2.5.2　金融风险控制理论的基本构成

1．风险辨识的方法

风险辨识的方法有许多,这里只介绍其中比较经典和应用比较多的三种方法。

（1）现场调查法

现场调查法是指投资者对可能遭遇风险的机构、部门进行详尽的现场调查,从而识别风险。这种方法的步骤一般有：调查前的准备工作、现场调查、调查报告。

现场调查法的应用十分广泛,主要是因为该方法简单、实用,而且往往可以获得第一手资料,这样能在一定程度上保证所得资料的可靠性。但是这种方法也存在一定的缺陷。首先,它的使用对象大都为机构投资者、咨询机构等,对于个人投资者而言,在使用这个方法时容易遇到阻碍。其次,这个方法存在一定的主观性。因为进行现场调查时并没有固定的方法,只能依靠调查人员的敏锐观察力,从这一点来说,这个方法缺乏客观性。

（2）客观风险评定法

客观风险评定法是一种以反映经营活动的实际数据为依据进行金融风险辨识的方法。传统的客观风险评定法就是财务报表分析,通过对财务指标的分析来对企业存在风险进行辨识。沃尔评分法（Wall Grading Method）是目前最常用的客观风险评定法。随着金融风险管理活动的深入,单一的财务指标分析已经不能满足风险辨识的需要。为此,人们建立了各种综合评价指标体系。

客观风险测定法相对来说比较客观,数据获取途径也比较多。但是,在如何选择比较合适的财务指标来进行分析时还是存在一定的困难。

（3）幕景分析法

也称为情景分析法,是一种辨识引致风险的关键因素及其影响程度的方法。幕景分析主要包括情景构造和情景评估。前者是情景分析的基础；后者则是在完成情景构造后,评估该情景的发生对资产组合价值变化的影响和后果。

幕景分析法能使投资者充分考虑不利情景的影响,重视评估偶然事件,尤其是极端事件的危害。在金融风险度量中,压力试验方法就是常用的一种可测定极端事件风险的幕景分析法。

2．风险度量方法

1）名义值度量法

名义值度量,顾名思义就是用资产组合的价值作为该组合的市场风险值。这种方法是用损失整个组合资产的价值来衡量风险,使用方便,计算简单。但是,很明显的是这种做法在大多数情况下会高估风险,因为在大多数情况下是不会损失整个资产价值的,这是一种较为粗糙的度量方法,准确性比较低。这种方法只适用于对风险十分厌恶的投资者,他们对风险的厌恶程度较高,适合这种比较谨慎的方法。

2）灵敏度方法

这种方法最早是应用于度量利率风险。这种方法的思路很简单,就是对市场风险因子进行一个灵敏度分析。从数学的角度对其基本思想进行定义,可以归纳如下。

首先将资产组合的价值映射为不同风险因子的函数。其中,假设资产组合的价值为 P,受到 n 个风险因子 $x(i=1,2,\cdots,n)$ 的影响。利用定价理论可以得到的资产组合价值关于市场风险因子的映射关系为 $P=P(i,x_1,\cdots,x_n)$,再利用泰勒（Taylor）展开式,近似得到资产组合价值随市场因子变化的二阶式。即：

$$\Delta P = \frac{\partial p}{\partial t}\Delta t + \sum_{i=1}^{n}\frac{\partial p}{\partial x_i}\Delta x_i + \frac{1}{2}\sum_{i=1}^{n}\sum_{j=1}^{n}\frac{\partial^2 p}{\partial x_i + \partial x_j}\Delta x_i \Delta \partial x_j \tag{2.1}$$

其中，$\Delta P = P(i+\Delta t, x_1+\Delta x_1, x_2+\Delta x, \cdots, x_n+\Delta x_n) - P(t, x_1, x_2, \cdots, x_n)$；$\Delta x$ 表示市场风险因子 x_i 的变化；$\frac{\partial p}{\partial t}$ 表示资产组合对时间 t 的灵敏度系数：$\frac{\partial p}{\partial x_i}$ 和 $\frac{\partial^2 p}{\partial x_i^2}$ 分别表示资产组合对风险因子 x_i 的一阶灵敏度和二阶灵敏度（$i=1,2,\cdots,n$）。

可见，资产组合的风险来自风险因子未来变动的方向和幅度的不确定性。式(2.1)表明，资产组合所面临的风险主要取决于两个因素：一是资产组合价值对风险因子变动的灵敏度；二是风险因子自身变动的方向和幅度。

金融市场上的风险种类有很多，比如信用风险、操作风险、流动性风险等，每种风险对资产组合的影响是不一致的，对于不同的金融工具和不同的市场风险因子，需要定义不同的灵敏度指标。常见的灵敏度指标有期限、久期、凸度、β 系数和用于度量衍生品风险的 δ、γ、θ、Λ、ρ 等。常用的灵敏度方法有简单缺口模型，到期日缺口模型或利率敏感性缺口模型，久期、凸性与缺口模型，β 系数和风险因子敏感系数等。

灵敏度方法在度量风险的时候简单明了，应用方便不复杂，十分适用于由单个市场风险因子驱动的金融工具且市场因子变化很小的情形。但是，灵敏度分析的可靠性难以保证，并且无法给出资产组合价值损失的具体数值，有待进一步的完善。

3）波动性方法

波动性方法是指用风险因子的变化导致的资产组合收益的波动程度来度量资产组合风险。在统计学中，常用方差或者标准差来表示资产组合的风险。而波动性方法实际上就是利用这个概念来度量风险的。这个方法最早是由马科维茨（Markowitz）在其经典的投资组合选择理论中提出来的。

利用波动性来度量风险，需要了解如何计算资产（资产组合）的方差或标准差。下面就对资产（资产组合）的标准差的计算进行简单介绍。

（1）单种资产风险的度量

假设某种金融资产收益率 γ 为随机变量，其预期收益率即数学期望为 μ，标准差为 σ，则标准差的计算公式为：

$$\sigma = \sqrt{\sum_{i=1}^{m}(\gamma_i - \mu)^2} \tag{2.2}$$

根据计算结果，σ 越大，说明资产的收益率波动率越大，则风险也就越高；反之，则说明资产的风险越小。

（2）资产组合风险的度量

和单种资产风险的度量一致，也可以用资产组合的方差或者标准差来度量资产组合的风险。

假设资产组合 $\omega = (\omega_1, \omega_2, \cdots, \omega_n)^{\gamma}$，$\omega_i$ 为第 i 项资产在资产组合中所占的比例，且满足 $\sum_{i=1}^{n}\omega_i = 1$，$\gamma_i$ 为随机变量，是第 i 项资产的收益率，$i=1,2,\cdots,n$。于是，资产组合的标准差为：

$$\sigma_p^2 = \sum_{i=1}^{n}\sum_{j=1}^{n}\omega_i\omega_j \text{Cov}(\gamma_i, \gamma_j) = \sum_{i=1}^{n}\sum_{j=1}^{n}\omega_i\omega_j p_{ij}\sigma_i\sigma_j \tag{2.3}$$

波动性方法的优点在于它使用简单、方便,但它也存在着明显的不足,即在使用时往往会偏离实际,而且它和灵敏度方法一样,在度量风险时无法给出一个较为准确的数值。

4) VaR 方法

VaR(Value at Risk)方法是针对灵敏度方法和波动性方法的不足提出来的,它是目前金融风险度量分析中,尤其是市场风险度量分析的主流方法。

VaR 也简称为"在险价值",其具体含义是指市场处于正常波动的状态下,对于给定的置信水平,投资组合或资产组合在未来特定的一段时间内所遭受的最大可能损失,用数学语言表示就是:

$$P_{rob}(\Delta p < -\text{VaR}) = 1 - c \qquad (2.4)$$

其中,P_{rob} 表示概率测度;$\Delta p = p(t + \Delta t) - p(t)$ 表示组合在未来持有期 Δt 内的损失;$p(t)$ 表示组合在当前时刻 t 的价值;c 为置信水平;VaR 为置信水平 c 下组合的在险价值。

VaR 方法有以下 5 个特点。其一,计算 VaR 的基本公式仅在市场处于正常波动的状态下才有效,而无法度量极端情形时的风险。其二,VaR 是在某个综合框架下考虑了所有可能的市场风险来源后得到的一个概括性的风险度量值,而在置信度和持有期给定的条件下,VaR 值越大,说明组合面临的风险越大;反之,则资产组合所面临的风险越小。其三,因为 VaR 可以用来比较分析由不同的市场风险因子引起的和不同资产组合之间的风险大小,所以 VaR 是一种具有可比性的风险度量指标。其四,在市场处于正常波动的状态下,时间跨度越短,收益率就越接近于正态分布,此时,假定收益率服从正态分布计算出来的 VaR 值,则结果比较准确、有效。其五,置信度和持有期是影响 VaR 值的两个基本参数。

VaR 相对于灵敏度方法和波动性方法而言,具有更广泛的使用范围。用 VaR 方法计算所得的风险度量值具有可比性,更易被人们所接受。但是,它也存在一定的局限性,比如它只能度量市场处于正常波动状态下的风险,对于一些极端情形,它也无能为力;而且这种方法基于的投资理念是"历史总会重演"的思维定式,在这种基础上所得出来的风险度量值就容易与实际不符,可靠性易受到质疑。

3. 金融风险管理策略

金融风险管理策略是指受险主体在特定的风险环境下所采取的管理风险的措施。不同类型的金融风险具有不同的性质和特点,投资主体可以有选择地采取对应的金融风险管理策略。金融风险管理策略主要有预防策略、规避策略、分散策略、转嫁策略、对冲策略和补偿策略。

本 章 小 结

在人类历史发展过程中,金融发展和技术进步是相互促进的。一方面,技术进步离不开金融的支持;另一方面,金融发展也离不开技术进步对其运作方式与机制的改进和完善。在信息技术和网络技术发展过程中,摩尔定律、安迪比尔定律、梅特卡夫定律、达维多定律起着重要的支配作用。金融电子商务起源于网络经济,在网络经济环境下,一些传统的经济理论和定律被修正甚至被颠覆,还有一些理论和定律有了新的解释或更好的诠释。金融电子商务受梅特卡夫定律、达维多定律、边际成本递减等影响,可以实行免费价格策略,进行资源的有效共享。互联网与金融深度融合是大势所趋,将对金融产品、业务、组织和服务等方面产生深刻的影响。从金融市场特征来看,金融电子商务凭借信息处理优势,打开了被传统金融机构所忽视的长尾市场,并能发挥网络效应;互联网与金融的深度融合产生了 P2P 网络借贷平台、第三方支付、众筹平台等互联网金融平台。这些互联网金融平台发展迅速,给人们的日常生活和社会带来了巨大的改变。金融电子商务的快速发展也带来了很多问题,如资金安全问题、信用问题、技术问题等,为了解决上述问题,需要对金融信息进行确权,制定完善的标准,加强对金融的监管,确保金融电子商务健康稳健的发展。

案例阅读

第 3 章　金融电子商务技术

 【本章内容】

大数据技术

- 大数据概述
- 金融行业大数据现状
- 金融大数据发展展望

云计算技术

- 云计算概述
- 云计算应用与发展
- 金融行业云计算应用现状

区块链技术

- 区块链概述
- 区块链原理
- 区块链技术在金融领域的应用

人工智能技术

- 人工智能概述
- 人工智能的核心技术
- 人工智能的应用领域

移动互联网技术

- 移动互联网概述
- 移动互联网技术架构
- 移动互联网在金融领域的应用

物联网技术

- 物联网概述
- 物联网的关键技术
- 金融物联网发展情况

 【学习目标】

 知识目标

- ◇ 熟悉金融电子商务的前沿技术环境
- ◇ 理解大数据、云计算、区块链、人工智能技术
- ◇ 掌握移动互联网、物联网技术

 能力目标

- ◇ 能够利用移动互联网技术从事金融电子商务业务
- ◇ 能够针对不同金融电子商务业务选择相应的前沿技术
- ◇ 学会使用物联网技术

【案例导入】

AIC 人工智能币

2016 年创立的万众金福(北京)科技有限公司是一家从事区块链技术研究与创新的 IT 公司,该公司经过长时间沉淀,在多位区块链领域专家共同努力下研发出全球第一款拥有人工智能技术与区块链技术双技术系统的数字货币——AIC 人工智能币(Artificial Intelligence Coin),并于 2017 第四届区块链国际峰会(2017 年 8 月 15 日在上海召开)上,面向全球发布。作为区块链应用的新秀,AIC 人工智能币受到业内外人士的密切关注。AIC 人工智能币旨在作为机器人与机器人之间的交易介质,以及机器人与人之间的交易介质。AI 便是人工智能的英文缩写,它是研究、开发用于模拟、延伸和扩展人的智能的理论、方法、技术及应用系统的一门新的技术科学。AIC 人工智能币的工作原理与大部分基于区块链的数字货币类似,其总体结构为去中心化的结构,其核心算法采用的是 Scrypt 算法,发行总量为 10 亿。目前,AIC 人工智能币不但有 PC 端的电脑钱包,还有手机端的冷钱包,而且参与官方众筹的种子用户全部都参与了官方的冻结锁仓计划,每月解冻 10%。今后一段时间,万众金福(北京)科技有限公司还会继续推出 AIC 人工智能交易、AIC 机器人社区、AICVR 社区、AIC 开放社区等。未来,AIC 人工智能币会应用于机器人、人工智能、VR 智能产品、多媒体产品、数码产品、虚拟现实世界等。

(资料来源:网易新闻,http://news.163.com/17/0825/01/CSL95HF4000187VG.html,2017-08-25)

金融电子商务的发展得益于金融科技的迅速发展。随着大数据、云计算、区块链、移动互联网、物联网等新一代信息技术的发展和应用,金融和科技正在不断融合。

金融科技能够有效地提高金融服务的可获得性和便捷性,降低金融交易成本。高科技产业和金融产业都是高风险、高回报的产业,金融产业又属于时效性和操作性强的产业,大量的新技术被应用于金融业,由此产生的新模式和高额的回报反过来又促进了相关技术的发展,这样的良性循环使得金融电子商务的发展大大加快。

3.1　大数据技术

在工业时代的经济发展范式中,劳动力、土地、资本都是重要的生产要素。而在信息时代,互联网和云计算已成为信息经济运行的基础设施,大数据也成为经济发展中越来越重要的新兴生产要素。

3.1.1　大数据概述

金融业是数据利用率极高的行业之一,在大数据这个概念尚未兴起之前,数据已经深入金融行业的多个领域,从最为传统的银行存、贷、汇业务,到保险、信托、证券、基金等领域,以数据为基础的各类金融产品实现了金融资源在不同部门的配置。伴随着数据要素的逐渐投入和信息技术的推广应用,人力、资本等物质要素逐渐被节约,金融运行效率不断提高。尤其是互联网、云计算和人工智能技术上的不断突破,最大程度地释放了数据的流动性。一方面,金融行业在运作中积累的大量数据需要进一步整合、挖掘、统计和分析;另一方面,内外部大数据在金融领域的应用推广,催生了大数据金融的新模式。

1. 大数据的定义

大数据概念兴起于美国。早在 20 世纪 70 年代到 80 年代末，随着计算机技术的发展，数据容量从 Megabyte(MB)达到 Gigabyte(GB)再到 Terabyte(TB)的级别，逐渐超出了单个计算机系统的存储和处理能力，数据并行化技术被提出，主要用于扩展存储能力和提高处理性能。1997 年，美国计算机学会的数字图书馆中出现了第一篇使用"大数据(Big Data)"这一术语的文章——《为外存模型可视化应用控制程序请求页面调度》(迈克尔·考克斯、大卫·埃尔斯沃斯，1997 年)。到了 20 世纪 90 年代末期，Web 1.0 技术的迅猛发展将世界带入了互联网时代，随之带来的是巨量的达到 Petabyte(PB)级别的半结构化和非结构化的网页数据，这需要对迅速增长的网页内容进行索引和查询。尽管并行数据库能够较好地处理结构化数据，但是对于处理非结构化的数据几乎没有提供任何支持。2001 年，美国一家在信息技术研究领域具有权威地位的咨询公司 Gartner 开发了大数据模型。2006 年，由多个软件产品组成的分布式系统基础架构 Hadoop 项目诞生。Hadoop 以其自身在数据提取、变形和加载方面的天然优势得以在大数据处理领域广泛应用。2008 年，美国一些知名计算机科学研究人员组成的计算机社区联盟(Computing Community Consortium)发表了一份有影响力的白皮书——《大数据计算：在商务、科学和社会领域创建的革命性突破》，此组织也是较早提出大数据概念的机构。同年，著名的《自然》杂志出版了一期专刊，专门讨论与未来大数据处理相关的一系列技术问题和挑战。此后，"大数据"逐渐成为互联网信息技术行业的流行词，并引起了各国政府、学术界和产业界的高度关注。但是如何对"大数据"进行界定较难统一，不少文献从不同角度对大数据进行了表述，比较有代表性的有三种：属性定义(Attributive Definition)、比较定义(Comparative Definition)和体系定义(Architectural Definition)。

1) 属性定义

属性定义是从大数据的基本特征出发进行界定，如"3V""4V"的概括。"3V"是指数量增长的容量(Volume)、多样性(Variety)和速度(Velocity)。"4V"则在"3V"之外增加了价值(Value)特征。

2) 比较定义

比较定义将大数据定义为超过了典型数据库软件工具捕获、存储、管理和分析数据能力的数据集，即大数据是一种规模大到在获取、存储、管理、分析方面大大超出了传统数据库软件工具能力范围的数据集合。这种定义从时间和跨领域比较的角度说明了什么样的数据集才能被认为是大数据，包含了一种演化的观点。

3) 体系定义

美国国家标准和技术研究院(National Institute of Standards and Technology，NIST)认为，"数据的容量、数据的获取速度或者数据的表示限制了使用传统关系方法对数据的分析处理能力，需要使用水平扩展的机制以提高效率"。这种机制就是大数据体系，它可以进一步细分为大数据科学和大数据框架。大数据科学是涵盖大数据获取、调节和评估技术的研究；大数据框架则是在计算单元集群间解决大数据问题的分布式处理和分析的软件库及算法，一个或多个大数据框架的实例化即为大数据基础设施。

归纳以上定义：大数据指无法在一定时间范围内用常规软件工具进行捕捉、管理和处理的数据集合，是需要新处理模式才能具有更强的决策力、洞察发现力和流程优化能力的海量、高增长率和多样化的信息资产。它包含了以下三层含义。

第一，从资源视角看，大数据是新资源，体现了一种全新的资源观。

随着以 Hadoop 为代表的分布式存储和计算技术迅猛发展，互联网数据管理能力得到了极大的提升，并引发全社会开始重新审视"数据"的价值，开始把数据当作一种独特的战略资源对待，全球数据成指数级增长。

第二，从技术视角看，大数据代表了新一代数据管理与分析技术。

传统的数据管理与分析技术以结构化数据为管理对象，在小数据集上进行分析，以集中式架构为主，成本高昂。与"贵族化"的数据分析技术相比，源于互联网的、面向多元异构数据、在超大规模数据集上进行分析、以分布式架构为主的新一代数据管理技术，与开源软件潮流叠加，在大幅提高处理效率的同时，成百倍地降低了数据应用成本。例如，Hadoop 技术可将数据存储和分析的成本由原来的 3 万美元/TB，压降到 300 至 1000 美元/TB，新一代计算平台 Spark 进一步将 Hadoop 的性能提升了 30 多倍，类似的开源技术，在极大提高了数据分析效能的同时，大大降低了数据分析的技术门槛，为企业提供了低成本的大数据技术方案。

第三，从理念视角看，大数据打开了一种全新的思维角度。

大数据的应用实现了可信、可靠、可验证的境界。首先是"数据驱动"，即经营管理决策可以自下而上地由数据来驱动；其次是"数据闭环"，互联网行业往往能够构建包括数据采集、建模分析、效果评估到反馈修正各个环节在内的完整"数据闭环"，从而能够不断地自我升级、螺旋上升。

当前，国内外缺乏对大数据产业的公认界定。从技术体系的角度来看，市场普遍认同的大数据技术体系包括以 Docker 为代表的容器微服务技术、以 Hadoop 为代表的大规模分布式存储计算技术、以 Spark 为代表的大规模数据分析建模技术、以 Kafka 为代表的数据总线技术、以 HBase 为代表的非结构化查询语言（No Structured Query Language，NoSQL）技术、以 Redis 为代表的内存数据库等。从数据应用的角度来看，大数据产业既包括在大数据采集、存储、管理、挖掘等环节提供数据资源供给、数据分析服务、数据应用产品等"核心大数据企业"，也包括诸多非信息技术领域中，运用大数据理念、技术来提升运作效率，提高决策水平的"大数据生态企业"。

未来，大数据技术将呈现出数据源更丰富、处理技术更强大、分析技术更精准等趋势。数据源方面，经过行业信息化建设，医疗、交通、金融等领域已经积累了大量的数据资源；而随着物联网的应用、移动互联网的普及，来自社交网络、可穿戴设备、车联网、物联网以及政府公开信息平台的数据，将成为大数据增量数据资源的主体。数据处理技术方面，谷歌文件系统（Google File System，GFS）、Hadoop 分布式文件系统（Hadoop Distributed File System，HDFS）技术的出现，奠定了大数据存储技术的基础；而日后出现的 MapReduce、Storm、Dremel、Spark、Pregel 等各类大数据技术，进一步提升了大数据处理能力，在开源社区的不断努力之下，性能更高的新技术将不断涌现，快速更新。数据分析技术方面，大数据为人工智能、深度神经网络的研究突破提供了技术和数据保障。未来，大数据技术不但能够大大降低企业在线分析处理（On Line Analytical Processing，OLAP）、数据挖掘等数据分析工作的成本，更可在大量结构化/半结构化数据以及文字、图片、音频、视频等非结构化数据中获得更多的价值。

2. 大数据特征

大数据特征可用 6V 来描述,如图 3-1 所示。

(1) 大量

大量是指大数据的量非常巨大,具有海量数据规模。

(2) 多样

多样化体现在数据的类型具有多样化方面,除了包括传统的数字、文字外,还有更加复杂的语音、图像、视频等。

(3) 高速

高速是指大数据具有快速的数据流转,必须得到迅速的处理才具有参考价值。

(4) 可变

数据量巨大、种类多等妨碍了处理和有效地管理数据的过程。

(5) 真实

真实是指与传统的抽样调查相比,大数据反映的内容更加全面、真实。

图 3-1　大数据特征

(6) 价值

有价值是指大数据的价值更多地体现在零散数据之间的关联上。

3. 大数据类型

大数据里面的数据分为三种类型。

(1) 结构化数据

即有固定格式和有限长度的数据。例如,填的表格就是结构化的数据。国籍:中华人民共和国;民族:汉;性别:男。这都叫结构化数据。

(2) 非结构化数据

现在非结构化的数据越来越多,就是不定长度、无固定格式的数据。例如网页,有时候非常长,有时候仅有很少的字符;再比如语音、视频也都是非结构化的数据。

(3) 半结构化数据

半结构化数据是一些 XML 或者 HTML 格式的数据。

4. 大数据应用步骤

数据的应用分为四个步骤:数据、信息、知识、智慧,如图 3-2 所示。

5. 大数据分析

若要系统认知大数据,必须要全面而细致地分解它,可着手从三个维度来展开,如图 3-3 所示。

(1) 理论

第一维度是理论,理论是认知的必经途径,也是被广泛认同和传播的基线。在这里从大数据的特征定义理解行业对大数据的整体描绘和定性,从对大数据价值的探讨来深入解析大数据的珍贵所在,洞悉大数据的发展趋势,从大数据隐私这个特别而重要的视角审视人和数据之间的长久博弈。

(2) 技术

第二维度是技术,技术是大数据价值体现的手段和前进的基石。在这里分别从云计算、分

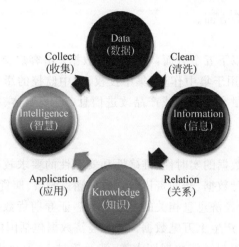

图 3-2 大数据应用步骤

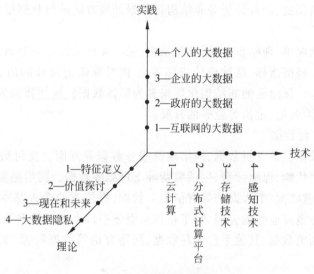

图 3-3 大数据分解

布式处理技术、存储技术和感知技术的发展来说明大数据从采集、处理、存储到形成结果的整个过程。

（3）实践

第三维度是实践，实践是大数据的最终价值体现。在这里分别从互联网的大数据、政府的大数据、企业的大数据和个人的大数据四个方面来描绘大数据已经展现的美好景象及即将实现的蓝图。

3.1.2 金融行业大数据现状

随着大数据技术的快速发展，大数据在金融行业的应用场景正在逐步拓展，在风险控制、运营管理、销售支持和商业模式创新等细分领域都得到了广泛的应用。

1. 金融行业数据源概览

金融行业内部积累的大数据资源、行业外部获取的大数据资源均可为金融行业所用。按照具体的业务场景，可将金融行业内的大数据源划分为银行业数据、证券期货业数据、保险业数据和金融电商平台数据等方面。

（1）银行业数据

银行业数据主要包括以下五个方面：客户信息数据；由客户交易获取的结构化数据；银行业务处理过程中采集的用于集中作业、集中授权、集中监控的影像、视频等非结构化数据；银行网站访问中隐含的大量客户需求或产品改进信息；各类媒体、社交网络中涉及的银行信息等。

（2）证券期货业数据

证券期货业的经营对数据的实时性、准确性和安全性的要求较高。证券期货数据包括实时行情、历史金融数据、统计数据、新闻资讯等。数据涵盖股票、期货、基金、债券、股指期货、商品期货等与宏观经济、行业经济息息相关的多个方面。证券期货数据的数据量大、变化快，期货数据每秒更新两次，每日产生上万笔数据。宏观经济数据包括国内宏观经济数据、地区经济数据、行业经济数据、国外宏观经济数据四大类，涉及超过 13 万个经济指标、670 万条经济数据。新闻资讯不仅包括新闻信息和机构研究报告，还包括论坛、微博发布的网络舆情信息，这些数据需要采用网络爬虫、语音分析等非结构化数据处理方法进行数据挖掘。

（3）保险业数据

保险业数据包括保单、理赔单、电话营销录音、保险业相关行业业务数据、与具体险种相关的行业外数据（气象、经济指标、区域统计指标等）、医疗保险记录和病历、汽车险及投保者的驾驶违章记录数据等。保险业的非结构化数据多为影像数据。这些数据为保险公司的各类决策提供支持，支撑保险营销、定价等业务的开展。

（4）金融电商平台数据

金融电商平台数据包括支付数据、网络融资服务数据等方面。支付数据即用户的转账汇款、机票订购、火车票代购、保险续费、生活缴费等支付服务数据。网络融资服务数据主要是贷款方的财务报表、运营状况、个人财产等资信相关数据、投资方的个人基本信息和行为信息及偏好信息。从事金融电商业务的公司，除了在自身服务平台上搜集数据外，还可以在互联网上获取如用户的网页浏览数据、其他平台交易数据、网络言论等数据资源，实现对客户的行为进行交叉验证。

2. 国内金融行业大数据应用现状

由于行业的特点，金融行业在"大数据"概念提出之前，就已经是数据治理、数据分析领域的积极实践者，并在数据仓库、数据分析、数据挖掘等领域进行了卓有成效的实践。近年来，金融行业积极吸纳、学习"大数据"理念和相关技术，结合自身业务将已有的数据分析工作推向了新的高度。目前，大数据治理和分析能力已经成为各类金融机构的核心竞争力和发展的重要推动力。

1）银行业的大数据应用

国内商业银行对数据的集中、规整、分析、挖掘可以追溯到 2000 年前后。近年来，银行 IT 系统建设积极采用大数据所带来的开放、聚合、互联、智能的理念和相关技术体系，取得了一系列应用成果。

（1）大数据平台建设

实现目标：基于既有的数据仓库或内部数据分析挖掘平台，及时跟进、评估开源社区和大数据行业的技术发展，搭建融合数据仓库和开源技术的大数据处理平台，使得商业银行有能力通过行业内外的数据源开展各类大数据应用。

具体内容：在现有统一的数据库架构下，逐步审慎评估、纳入 Hadoop、YARN、Spark、Tez、HBase、Kafka、OceanBase、NoSQL、内存计算、流计算和图计算等技术，通过使用个人电脑架构服务器，搭建更具经济性的计算集群，以期在数据吞吐量、处理速度、数据源多样性、IT 运维成本等方面获得较高提升，有效支持商业银行在线上、线下各类业务的效率提升和融合。

（2）大数据产品创新

实现目标：基于商业银行多年积累的海量内部数据，纳入合规合法的外部数据，开发出"门槛"更低、更加便捷高效的创新产品，提升产品的竞争力。

具体内容：在多年积累的产品体系基础上，进一步提高内部数据的打通、整合、挖掘水平，纳入覆盖面更广、颗粒度更细的内部数据。借助特征工程、机器学习等大数据分析技术，结合征信、税务、互联网公开数据等外部数据源，在个人、对公信贷、供应链金融等业务场景中进行产品创新尝试，开发出线上申请、快速审批的互联网信贷产品。

（3）大数据风控尝试

实现目标：利用大数据的先进技术，打通内部、外部数据，提升内控合规、反欺诈、信用风险管理等方面的技术水平。

具体内容：采用大数据总线技术，提升数据获取的颗粒度和数据更新速度，借助网络爬虫、图数据库、机器学习等大数据技术，提升数据分析的精度和场景匹配度，全面掌握客户风险情况，提升非现场审计的业务占比。在提高风控质量的同时，有效提升业务效率，减少时间、资金和人力资源的支出。

（4）大数据营销服务探索

实现目标：利用行内积累的客户数据，结合大数据分析技术，准确理解客户需求，发掘潜在客户，提升对客户的感知能力和个性化营销、服务水平。

具体内容：引入非结构化数据处理技术，结合大数据总线技术、机器学习建模、个性化营销技术，利用内部各渠道积累的数据，强化客户行为数据的收集利用，提升数据获取的颗粒度和数据更新速度，通过线上或线下客户经理等通道，准确感知客户的实时需求，并实现全渠道的伴随式服务和营销。

2）保险业的大数据应用

（1）费率计算模型优化

实现目标：利用过往业务中积累的真实理赔数据，结合内部和外部大数据，通过构建更加精细的模型，实现保费的精准差异化定价，提升盈利能力。

具体内容：利用大数据平台，将内部的客户属性信息、外部获取的客户行为习惯信息与真实的客户理赔数据进行关联，进而使用因子分析、特征工程、逻辑回归、决策树、随机森林等算法，经过多轮数据建模与场景化调优，构建出基于大数据的保费定价模型，对不同理赔概率的客户提供差异化的报价服务。

（2）客户结构优化

实现目标：利用历史积累数据，从既有的客户群中探索出高价值客户群，为进一步优化客户结构提供决策参考。

具体内容：借助关联分析、回归建模、机器学习建模等方法，结合业务规则，对赔付率正常、件均保费高、库存高的客户群体进行精确定位设计专项营销，提升高价值客户群的业务转化率。

（3）好名单优选

实现目标：利用数据挖掘方法进行客户营销转化率分析，区分目标客户的营销转化率，提升营销成功率。

具体内容：使用回归分析、决策树建模等多变量分析技术，利用既有数据和外部数据资源，对客户进行精准画像，进而以转化率为优化目标，建立营销转化率预估模型，发现转化率高的客户，优先实施精准营销。

（4）基于客户行为的营销资源优化

实现目标：基于历史数据和客户行为数据，实现营销资源的合理配置和有效使用，从而提升营销效果。

具体内容：对营销资源管理系统及历史数据进行分析，结合外部数据，分析客户行为偏好，找出投保最优配置，同时对投保系统进行优化，逐步形成投保全生命周期管理的完整流程。

3）证券业的大数据应用

证券业是典型的数据生产行业和数据驱动型行业，无论是经纪业务中更好地获取客户和为客户提供投资咨询及辅助决策，还是资产管理中的量化投资模型的建立，都已经离不开大数据的强有力支撑。

（1）大数据经纪业务

经纪业务作为典型的通道中介，券商服务标准趋同，因此容易陷入价格竞争的红海，而大数据的引入为券商的差异化服务提供支撑，助力券商将经纪业务由通道类业务转变成包含增值服务的金融服务，深刻改变着行业竞争格局。

客户营销：建立潜在客户识别模型和新增客户质量评估模型，制定针对性的营销方案，大大提高拉新效率；对于存量客户，通过建立客户渠道偏好模型、客户购买倾向预测模型、客户投资能力评价模型、产品关联分析模型、客户满意度评价模型和客户忠诚度评价模型等，制定针对性地促进客户活跃度的应对方案，开展相应的营销活动，提高客户活跃度和贡献度。

客户转化率提升：通过对客户交易习惯和行为分析，提升客户交易的频率、客户的资产规模，从而提升业务收益。具体而言，就是根据客户的行为偏好，予以推荐不同的服务。对于交易频率低且年收益率较低的客户，推荐理财产品；对于交易频率高、收益水平高的客户，推送融资服务；对于交易频率低、资金量大的客户，主动提供投资咨询服务。

证券咨询服务：利用数据技术提升投资咨询服务水准，增强客户黏性。例如，基于每日实时抓取的新闻资讯和股票、政经相关数据，通过大数据分析，帮助用户快速获取全网关注的投资热点。

（2）大数据资产管理业务

实现目标：通过构建大数据模型，理顺主力资金与散户资金、主力行为与市场走势、散户情绪与市场走势等的关系，从而增加投资胜率；利用大数据技术，建立针对各个市场、面向不同用户的交易策略，让投资者能够科学稳定地在全球市场投资。

具体内容：利用大数据建立算法交易与量化投资平台，为证券公司资产管理部、证券投资部提供包括高频行情、智能策略交易与交易报盘绿色通道等在内的更加丰富、高效的策略化投资手段；借助大数据技术挖掘历史数据、高频数据和实时分析当前流式数据，通过交易策略的多维运算发现获利机会，根据设定策略全自动委托下单，从而快速完成交易服务，保证执行效率，降低冲击成本。同时实现高端客户的个性化营销，提升客户价值。

4）基金业的大数据应用

大数据的一个重要应用是用来进行辅助投资、制定投资策略。具体来说，大数据可以用来进行选股和准确择时。选股方面，就是利用大数据甄选出基本面向好或投资各关注度较高的股票并形成投资组合,前者如根据电商网站统计数据购买近期销售向好、价格提升的产品品类的股票,后者如根据财经网站股票板块不同股票浏览数据筛选出近期关注度较高的股票。择时方面,可以利用大数据捕捉投资者的市场情绪,例如根据财经网站股票板块的单击量、关键词如"股票"的搜索量、博客中股票市场文章的发表和单击量等构建情绪指数,在市场情绪上涨时提升组合仓位,在市场情绪回落时降低组合仓位。

5) 互联网金融的大数据应用

互联网金融企业多数为纯线上服务,与客户没有直接接触,它收集客户数据的来源主要分为四类。第一类是自身积累的数据,这主要包括客户在金融服务类网站的行为记录,如电商的交易日志、支付的流水记录,以及一切登录浏览等行为;第二类是通过各类线上、线下的合作伙伴处获取的数据,如行业黑名单、法院审判结果、第三方信用评估等;第三类是通过爬虫从互联网上采集的公开数据,包括新闻、各种空间自媒体、微博;第四类是客户授权从其他系统获得的数据,如客户的信用报告、联系人、工资单、银行流水、电商记录、信用卡流水、通话记录等。这些信息单独存在的价值都不大,但当它们汇聚成海量信息,成为大数据,经过数据采集、清洗、分析,建模、机器学习等一系列步骤后,就可以建立集中式大数据平台,从而提供对应服务。目前大数据在互联网金融行业的应用较为突出的领域有授信、风控反欺诈、营销、动态定价等。

（1）用户画像

无论是借钱还是投资,企业都需要深入了解客户,包括收入水平、偿还能力、消费偏好、资产配置等,甚至还包括他的心理状况、社会关系、所处行业的趋势等。这些对于客户投资借贷行为的预测都有着至关重要的意义。通过大数据分析,互联网金融企业可以把客户的属性标签从几十个扩展到几百甚至几千个,从而 360 度无死角地描述一个客户。

（2）快速授信

互联网金融通过大数据等技术手段降低了征信成本和营销成本,使更广泛的人群也拥有了贷款、投资的机会,现在行业小额贷款的审批速度已经普遍达到了十秒甚至秒级。

（3）风控/反欺诈

互联网在降低金融服务成本的同时,也给金融欺诈打开了方便之门。各种以"钻补贴推广空子"获利的"羊毛党"日益猖獗。身份伪造、恶意逾期等行为,使互联网金融行业损失高达数以十亿元计,每个企业都为如何堵住漏洞、发现欺诈而绞尽脑汁。

小资料 3-1

羊 毛 党

部分群体对搜集各大电子商城、银行、实体店等各渠道的优惠促销活动、免费业务之类的信息产生了浓厚的兴趣。他们有选择地参与活动,从而以相对较低的成本甚至零成本换取物质上的实惠。这一行为被称为"薅羊毛",而关注与热衷于"薅羊毛"的群体就被称作"羊毛党"。

"薅"意为揪、拔除。"薅羊毛"的典故出自 1999 年央视春晚小品《昨天·今天·明天》上,宋丹丹饰演的白云大妈为了给老伴织一件毛衣,利用给生产队放羊的便利条件,揪羊毛搓毛线,被扣上"薅社会主义羊毛"的罪名。受这一人物的启发,人们便力图把每一分钱都花在刀刃上,享受精打细算乐趣的人群称为"羊毛党"。

开始，"羊毛党"们主要活跃在 O2O 平台或电商平台，随着 2015 年互联网金融的发展，一些网贷平台为吸引投资者常推出一些收益丰厚的活动，如注册认证奖励、充值返现、投标返利等，催生了以此寄生的投资群体，他们也被称为 P2P"羊毛党"。这部分用户与网购"羊毛党"不同，只关注互联网金融产品。

"羊毛党"这个群体在 2017 年频频进入公众视野，泛指针对互联网公司的营销活动，以低成本甚至零成本换取高额奖励的人。由从最初的抢夺免费福利和优惠券，到近年来扎堆 P2P 网贷平台，再到聚集在电商平台上，"羊毛党"也逐渐从分散个体向组团集聚发展，形成了有组织、有规模、有分工的职业"羊毛党"，甚至发展出了完整、成熟的产业利益链。尤其是随着电商之间的竞争越激烈，购物促销活动越来越多，"薅羊毛"的机会也会越来越多。

通过对用户网络行为、设备动态、平台行为、交易行为及整体行为的分析，可以形成一个用户的行为数据图片。例如，通过大数据业务分析和技术分析手段，特别是特征工程能力对这些海量数据进行处理；通过大数据关联叠加后利用特征工程可以找出各种"羊毛党"的行为规则。在识别"羊毛党"后，平台需对"羊毛用户"进一步细化分析，综合评判各细分人群对平台的影响，依照平台的目标制定差异化运营措施，并从技术和业务角度制定相应的运营措施。

欺诈行为包括伪造信息提高授信，利用流程漏洞套利，甚至盗窃、伪造身份骗贷。由于互联网的非接触性和便捷性，使得这种欺诈实施起来更隐蔽，完成起来更迅速。在进行大数据反欺诈时，通常需要多个风控模型协同工作，这里包括基于用户个人申请信息的模型、基于用户社交关系的模型和基于用户历史交易的模型等。同时，还可以使用机器学习模型来自动发掘非线性的特征组合，提高识别的准确率。大数据反欺诈的一个明显优势是，当模型众多、计算量达到一定程度时，结论和数据之间的关系已经无法靠人类经验来解读，这种情况下任何针对单一风控模型的造假就变得极为困难甚至毫无可能。例如，对一些有组织的骗贷行为，使用多个手机号登记、用多个空壳公司为其提供在职证明、填写不同的亲属关系等，利用人工手段进行甄别费时费力，而通过大数据分析就很容易发现这些数据之间的关联，从而进行预警。

（4）大数据营销

对于金融服务机构来说，它的一个永远的痛点是如何在第一时间洞察客户的金融需求，使用有效手段触达客户，及时推荐最适合的产品，引导客户在本机构完成贷款或投资。

大数据在营销方面的一个解决方案包括分析信贷产品、洞察目标客群、做客群画像；通过意愿预测模型，预测客户意愿；对客户进行分层，不同价值等级采取不同的营销手段；结合客群共同特征进行营销模板的设计；实时性的数据反馈，进行模型的优化迭代；对客户动态分析，帮助风控建模及交叉营销。由于结合了大数据的精准营销模式，整体响应率、符合率都比传统模式有较明显的提升，模型逐步地优化迭代，各环节营销效果也是呈上升趋势。

（5）动态定价

动态定价是指抛开传统的围绕产品的固定定价模式，将价格与服务的场景、对象绑定在一起，更精准地用价格杠杆应对风险，达到提高收益的目的。这个应用的典型例子是保险产品运费险。通过大数据分析，让保险公司能够针对具体的人和商品来进行定价。具体来说，就是通过对退货风险的大数据分析，发现退货概率和消费者属性及消费场景的内在关联关系，例如，女性更容易退货，鞋类退货率高。再通过数据建模和深度学习，制定出总收益最高的保险费策略。于是，对低退货风险的人和商品，运费险只要几角钱，而在高退货风险的情况下，运费险甚至可能比商品价格还贵,最终保险公司提高了收益。另一个目前开始流行的动态定价应用是动态利率。对于同一类信贷产品,针对不同用户,甚至针对不同场景下的同一个用户,都可以实现利率实时计算,而不是基于某种预先设置的静态策略。

6) 大数据的流通

国外大数据流通市场始于 2008 年前后,得益于较为完善的法律制度、信用体系和数据开放环境,企业间数据交易较为活跃。根据《2016 大数据全景图》(马特·图尔克,美国第一标记 (First Mark)风险投资公司),国外规模以上数据经纪服务企业有 70 多家,包括推特(Twitter)、领英(Linkedln)、甲骨文(Oracle)、微软(Microsoft)、富士通(Fujitsu)等企业都已有涉足。

国内大数据流通市场起步于 2010 年,尚处于初始阶段。在交易所建设方面,2015 年 4 月 14 日,全国首个大数据交易所——贵阳大数据交易所正式挂牌运营并完成首批大数据交易。由上海经济和信息化委员会指导的上海大数据交易中心也于 2016 年 4 月 1 日挂牌成立。此外,诸如北京数海科技、数据堂、北京腾云天下科技有限公司、中关村大数据产业联盟等企业和产业联盟在数据交易流通领域也开始布局。

对于敏感度较高的金融行业大数据,其流通价值是可以预见的。业界普遍认为,必须要依托政府和市场的双重力量,由数据供方、数据平台、数据需方和监管机构四方参与的数据交易机构作为兼具“技术、信息安全和法律保障”的数据价值转化渠道,才可以有效规范数据交易行为,实现商业价值、个人隐私和公共利益的平衡。

3.1.3　金融大数据发展展望

1. 金融行业内部、外部数据的融合力度进一步加强

金融行业的信息化程度较高,并已在多年的数据治理过程中积累了丰富的数据资产。近年来,一些金融机构已经尝试多种跨界合作的场景,并在其中尝试接入税务、工商和运营商等外部数据,实现内部金融数据与外部行业数据的融合,已经初步发掘了大数据融合的协同价值。

与此间时,一批非金融企业进入金融服务领域,这些“外来者”过去往往在行业中已经有很深的沉淀,或多或少也积累了一定量的数据。进入金融领域后,原有数据被重新梳理,从另一个角度审视其数据价值。原有行业数据的金融短板也要求企业引入更多的数据,通过跨界融合产生新的数据应用场景。

未来,金融行业内部、外部数据将进一步融合,大数据应用将获得更全面、细致的数据基础,从而推动更多基于大数据的金融业务创新。

2. 大数据对金融业务的驱动作用进一步显现

近两年,金融机构在充分消化、吸收大数据技术的基础之上,利用大数据的理念与技术,开展了一系列的大数据应用。从用户画像深入到用户特征分析,并通过不同角度的业务特征分析。把数据应用扩展到日常运营、产品创新、风险控制、个性化客户服务等主要的业务领域。在一些业务领域中,大数据已经深度融入业务流程的计划、执行、监控、评估等环节,形成了业务大数据的完整闭环。通过大数据闭环,甚至可以快速验证数据应用的效果和价值。

大数据与人工智能将推动新一波金融创新。诸如深度学习、图分析、自然语言处理、语音识别、图像内容理解等技术也在快速演进,将会逐渐发展成为金融细分业务的数据驱动引擎。智能投资、精准营销、反欺诈、反黑产等数据引擎也已经进入实战阶段,显现出很高的业务价

值。未来,越来越多的精细化、全流程的闭环业务驱动引擎将会出现,在金融经营活动的各个领域发挥价值,提升金融机构的经营效能。

3. 金融机构与大数据服务机构的合作进一步深化

近年来,一些金融机构与专业的大数据服务机构合作,将自身对金融业务、客户市场的深度理解与大数据服务机构的数据资源整合能力、大数据技术实践能力结合起来,共同研发出了新颖、实用、高效的大数据金融应用,获得了市场与客户的共同认可。在这一过程当中,一批技术过硬、依法合规开展大数据服务的新型专业机构不断涌现。这类以大数据服务作为主营业务的新兴机构,往往能够在金融机构的细分业务领域提供数据技术层面上的各种技术工具和技术服务,从而实现价值。

金融大数据的应用开发唯快不破,面对激烈的市场竞争,越来越多的金融机构将与数据交易市场、数据应用提供商、数据驱动引擎开发商等专业大数据服务机构进行合作,从数据获取、存储、分析、呈现等各个层面上开展协同创新,共同发掘金融服务的新价值。新兴大数据服务机构将由此成为金融大数据生态的重要组成部分荣登大雅之堂。

3.2　云计算技术

3.2.1　云计算概述

1. 云计算的概念

云计算(Cloud Computing)是由分布式计算(Distributed Computing)、并行处理(Parallel Computing)、网格计算(Grid Computing)发展而来的,是一种新兴的商业计算模式。目前,人们对云计算的认识在不断的发展变化之中,因此尚未形成对云计算普遍一致的定义。

我国有学者对于云计算给出如下定义:云计算将计算任务分布在由大量计算机构成的资源池中,使各种应用系统能够根据需要获取计算力、存储空间和各种软件服务。

通俗的理解是,云计算中的"云"就是存储于互联网服务器集群中的资源,它包括硬件资源(如服务器、存储器、中央处理器等)和软件资源(如应用软件、集成开发环境等),本地计算机只需要向互联网发送一个需求信息,远端就会有成千上万台计算机为其提供所需的资源并将结果返回到本地计算机,这样本地计算机几乎不需要做什么,所有的处理都由云服务提供商所提供的服务器集群来完成。

狭义的云计算是指基础设施的交付和使用模式,即通过网络按照需求、易扩展的方式获得所需的资源(包括硬件、平台、软件)。提供资源的网络被称为"云"。"云"中的资源在使用者看来是可以无限扩展的,并且可以随时获取,按需使用并付费。通常将这种特性称为像使用水、电一样使用 IT 基础设施。

这个 IT 基础设施包括计算资源(云计算)、网络资源(虚拟网络)、存储资源(云储存)三个方面,如图 3-4 所示。

(1) 计算资源

假如你要买一台电脑(台式计算机或笔记本电脑),这台电脑是什么样的 CPU?多大的内存?这两个就被称为计算资源。

(2) 网络资源

你买的电脑要上网,就需要有一个可以插网线的网口,或者有可以连接路由器的无线网卡。你需要到运营商去开通一个宽带网络,比如中国联通、中国移动或者中国电信等。然后会

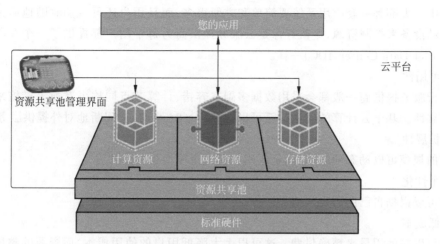

图 3-4　云计算的 IT 基础设施

有工作人员到你家来安装一条网线，并将你的路由器和该运营商的网络连接配置好。这样你家中的所有的电脑、手机、平板电脑就都可以通过路由器上网了，这就是网络资源。通过云平台可以在灵活的时间（随时）内提供灵活的空间（任意大小）的网络资源，即建立虚拟网络。

（3）存储资源

你买的电脑硬盘内存多大？过去的硬盘内存都很小，如 10GB；后来即使 500GB、1TB、2TB 的硬盘也很普通。这就是存储资源。云平台可以根据用户的需求，随时（时间灵活性）提供任意大小（空间灵活性）的存储资源，即云储存。

广义的云计算是指服务的交付和使用模式，即通过网络按需且易扩展的方式获得所需的服务。这种服务可以是 IT 基础设施，也可以是其他服务。云计算技术在网络服务中随处可见，如搜索引擎，用户只要输入简单的指令即可得到大量的信息。

2．云计算的特点

云计算具有大规模、分布式、虚拟性、可用性、扩展性、个性化、低成本、安全性等特点，如图 3-5 所示。

（1）大规模

"云"一般具有相当的规模，一些著名的云服务提供商，如谷歌、亚马逊、IBM、微软等都拥有百万数量级的服务器规模。而依靠这些服务器构建起来的"云"能够为用户提供强大的计算能力。

图 3-5　云计算特点

（2）分布式

云计算是透过网络将庞大的计算处理程序自动分拆成无数个较小的子程序，再交由多台服务器（被分布在众多的服务器主机上）所组成的庞大系统，通过分布式计算分析之后，再将处理结果回传给用户。

（3）虚拟化

云计算采用虚拟化技术，用户并不需要关注具体的硬件实体，只需要选择一个云服务提供商，注册并登录到它的云控制台上，去购买所需要的服务（如云服务器、云存储、内容分发网络等），再为所购买的服务做相应的配置，然后就可以使用自己的操作和应用了。这不仅比到企业的数据中心去部署一套应用系统要简单和方便得多,而且用户还可以随时随地通过个人计算机或移动设备来控制资源,这就好像是云服务提供商为每个用户都提供了一个互联网数据中心(Internet Data Center,IDC)一样。

(4) 可用性

大的云服务提供商一般都会采用数据多副本容错、计算节点同构可互换等措施来保障服务的高可靠性。基于云计算的应用甚至可以持续(7×24 小时)不间断地对外提供服务。

(5) 扩展性

"云"的规模可以动态伸缩,以满足应用和用户规模增长的需要。

(6) 个性化

用户可以根据自己的需要来购买服务。

(7) 低成本

用户可以按使用量来精确付费。这可以大大降低用户的使用成本,而资源的整体利用率也将得到明显的改善。

(8) 安全性

网络安全已经成为所有企业或个人创业者都必须面对的问题,企业或个人很难应对那些来自网络的恶意攻击,而使用云服务则可以借助更专业的安全团队来有效降低安全风险。

3. 云计算的分类

对于云计算而言,不同的视角有不同的分类方式,分类结果也不同。按照服务类型分类,可以将云计算分为软件即服务、平台即服务和基础设施即服务三种类型;按照部署类型分类可分为公共云、私有云和混合云三种,如图 3-6 所示。

图 3-6　云计算的分类

1) 按照服务类型分类

按照服务类型可以将云计算分为软件即服务(Software as a Service,SaaS)、平台即服务(Platform as a Service,PaaS)和基础设施即服务(Infrastructure as a Service,IaaS)等三种。

(1) 软件即服务

这种类型的云计算是指 SaaS 提供商将应用软件统一部署在自己的服务器上,用户根据需求通过互联网向其订购应用软件服务;SaaS 提供商根据用户所订购的软件的数量、时间的长短等因素收费,并且通过浏览器向用户提供应用软件。它的优势是,由服务提供商维护和管理应用软件,提供应用软件运行的硬件设施,用户只要拥有能够接入互联网的终端,即可随时随地使用应用软件。在这种模式下,用户不再像传统模式那样在硬件、软件、维护人员等方面花费大量的资金,而只要支出一定的费用,通过互联网就可以享受到相应的硬件、软件和维护服务,这是效益最高的网络应用运营模式。

对于小型企业来说,软件即服务模式是使用先进技术的最好途径。以企业管理软件为例,基于软件即服务模式的 ERP 系统可以根据并发用户数量、所用功能种类、数据存储容量、使用时间长短等因素来计算用户需要支付的服务费用。用户既不需要支付软件许可费用,承担软件开发、实施费用以及系统维护费用,也不需要购买服务器等硬件设备以及操作系统、数据库等系统软件。实际上,基于软件即服务模式的 ERP 系统正是继承了开源 ERP 系统免许可费用,而只收服务费用的重要特征,是突出服务的 ERP 系统。

Salesforce 是典型的软件即服务产品,Google Docs、Google Apps 和 Zoho Office 也属于这类服务。

(2) 平台即服务

这种类型的云计算把开发环境作为一种服务来提供。这是一种分布式平台服务,PaaS 服务提供商向用户提供开发环境、服务器平台、硬件资源等服务,用户基于其平台定制开发自己的应用软件并通过其服务器和互联网传递给其他用户。这种模式能够向企业或个人提供中间件平台、应用软件开发数据库、服务器、托管等服务。

Google App Engine、八百客的 800App 都是典型的平台即服务产品。以 Google App Engine 为例,它是一个由 Python 应用服务器群、BigTable 数据库及 GFS(Google File System,谷歌文件系统)组成的平台,为用户提供了一体化主机服务器及可自动升级的在线应用服务。用户编写应用程序并将其运行于 Google 的基础架构之上就可以为其他互联网用户提供服务,在此过程中 Google 提供应用程序运行和维护所需要的平台资源。

(3) 基础设施即服务

这种类型的云计算把 IaaS 提供商的由多台服务器组成的“云”基础设施,作为计算服务提供给用户。它将内存、输入/输出设备、存储和计算能力整合成一个虚拟的资源池,为整个业界提供所需要的存储资源和虚拟化服务器等服务。这是一种硬件托管型的服务方式,用户付费使用服务提供商的硬件设施。例如,Amazon 的 Amazon Web 服务(AWS)、IBM 的 Blue Cloud 等均是将基础设施作为服务出租。

基础设施即服务模式的优点是用户只需要购买低成本的硬件,按需租用 IaaS 提供商提供的计算和存储服务,因而大大降低了在硬件上的开销。Google Cloud 是典型的基础设施即服务。

一个典型的云计算系统架构如图 3-7 所示。

2) 按照部署类型分类

按照部署类型可将云计算分为公共云、私有云和混合云三种。

(1) 公共云

人们所说的“云”一般都是指公共云。公共云使用虚拟化和网络技术来提供按需扩展的计算和存储服务。世界上许多基础设施都依赖公共云基础架构。

(2) 私有云

为了应对用户单独使用企业基础设施的需求,云服务提供商开始提供私有云,这些私有云具有许多与公共云相同的特点。两者的主要区别在于私有云是一个组织拥有并控制所有云服务器。自定义私有云使组织能够在安全和私密的环境中充分利用虚拟化的优势,集中管理和弹性调度资源。

(3) 混合云

公共云和私有云是互补的技术,许多企业基础设施用户都需要使用这两种技术,因此产生

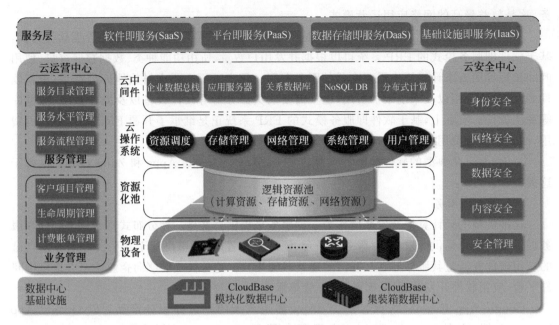

图 3-7　云计算系统架构

了混合云。混合云集成了公共云和私有云平台,既可以提供私有云的安全性,又可以提供公有云的计算资源,从而有效地降低了成本。

4. 云计算平台与传统 IDC 服务平台的区别

与传统 IDC 服务平台相比,新兴的云计算平台具有运行成本低、开放度高以及无限扩容等优点。不仅如此,由于云计算平台是基于互联网的虚拟化计算平台,因此用户可以随时随地享受云计算带来的便利。云计算平台与传统 IDC 服务平台的区别主要体现在以下几个方面。

(1) 服务类型方面

传统 IDC 服务平台可以分为实体服务器托管和租用两种类型。实体服务器托管是指由用户自行购买硬件设备,并将其放到 IDC 服务平台的机房中进行托管,而且在托管期间硬件设备的管理和运行都由用户自己完成,IDC 服务平台主要提供 IP 接入、带宽接入和电力供应等服务。租用是指 IDC 服务平台不仅提供管理服务,也向用户提供服务器,用户无须自行购买硬件设备就可以使用 IDC 服务平台所提供的计算和存储服务。但是,云计算平台提供的是从 IT 基础设施到业务基础平台再到应用层面的连续一体化的全套服务。所以与传统服务平台相比,云计算的效率更高,用户更省心。

(2) 开放性方面

与互相孤立、无法共享的传统 IDC 服务平台相比,云计算平台在资源共享、信息互通等方面做得比较好,而且极具开放性。

(3) 扩展性方面

传统 IDC 服务平台的扩展需要占用大量的机房和场地,而且其处理能力有一个临界值,在达到这个临界值后再增加服务器的数量,处理能力也不会有很大提升。云计算平台则与之不同,云计算平台的资源是动态扩展的且是虚拟化的形式,所以从理论上说云计算平台具有无限扩展性。

（4）运行成本方面

基于开源软件构建云计算平台可以大幅降低购买硬件设备，以及运行和维护系统的成本。另外，"云"是一个庞大的资源池，用户可以按需购买。也就是说，云计算平台可以像水、电、煤气等资源那样，根据用户的实际使用情况来计费。

5. 云计算的核心技术

云计算平台使用了许多技术，其核心技术有编程模型、海量数据分布存储技术、海量数据管理技术、虚拟化技术和云计算平台管理技术，如图 3-8 所示。

图 3-8　云计算的核心技术

（1）编程模型

MapReduce 是谷歌开发的 Java、Python、C++ 编程模型，它是一种简化的分布式编程模型和高效的任务调度模型，用于大规模数据集（大于 1TB）的并行运算。严格的编程模型使得在云计算环境下进行编程十分简单。MapReduce 的指导思想是将要执行的问题分解成 Map（映射）和 Reduce（化简），先通过 Map 程序将数据切分为不相关的区块，并将这些区块分配（调度）给大量计算机去处理，达到分布式运算的效果，再通过 Reduce 程序将结果汇总输出。

（2）海量数据分布存储技术

云计算平台由大量的服务器组成，同时为大量用户服务，因此云计算平台用分布式存储的方式存储数据，用冗余存储的方式保证数据的可靠性。云计算平台中广泛使用的数据存储系统是 Google 文件系统 GFS 和 Hadoop 分布式文件系统 HDFS。

GFS（Google File System）是一个可扩展的分布式文件系统，用于大型的、分布式的、对大量数据进行访问的应用。GFS 的设计思想不同于传统的文件系统，它是针对大规模数据处理和 Google 应用特性而设计的。GFS 虽然运行于普通的硬件设备上，但可以为大量用户提供总体性能较高的服务。

一个 GFS 集群由一台主服务器（Master）和大量的块服务器（Chunk Server）构成，并被许多客户（Client）访问。主服务器存储有整个文件系统的元数据，包括名字空间、访问控制信息、从文件到块的映射，以及块的当前位置。它还控制了一些系统层面的活动，如块租约（Lease）管理、孤儿块的垃圾收集，以及块服务器间的块迁移。主服务器定期通过心跳（Heart Beat）消息与每一台块服务器通信，向块服务器传递指令并收集它们的状态。CFS 中的文件被切分为 64MB 的块并以冗余存储的方式存储，每块数据在系统中保存 3 个以上的副本。

客户与主服务器的交换只限于对元数据的操作，所有数据方面的通信都直接和块服务器联系，这就大大提高了系统的效率，同时防止主服务器负载过重。

（3）海量数据管理技术

云计算需要对分布的、海量的数据进行处理、分析，因此数据管理技术必须能够高效地管理大量的数据。

云计算平台中的数据管理技术主要是 Google 的 BT(BigTable)数据管理技术和 Hadoop 的开源数据管理模块 HBase。BigTable 是建立在 GFS、Scheduler、Lock Service 和 MapReduce 之上的一个大型分布式数据库,与传统的关系数据库不同,它将所有数据都作为对象来处理,从而形成一个巨大的表格,用于存储大规模结构化数据。谷歌的很多项目都使用 BigTable 来存储数据,包括 Google 搜索、Google 地球和 Google 金融。这些应用程序对 BigTable 的要求各不相同:数据大小(从 URL、网页到卫星图像)不同,反应速度不同(从后端的批处理到实时数据服务)。对于不同的要求,BigTable 都可以提供灵活、高效的服务。

(4) 虚拟化技术

通过虚拟化技术可以将软件应用与底层硬件相隔离,它既包括将单个资源划分成多个虚拟资源的裂分模式,也包括将多个资源整合为一个虚拟资源的聚合模式。按照虚拟的对象可以将虚拟化技术分成存储虚拟化、计算虚拟化、网络虚拟化等,其中计算虚拟化又分为系统级虚拟化、应用级虚拟化和桌面虚拟化。

(5) 云计算平台管理技术

云计算平台的资源规模庞大、服务器数量众多且分布在不同的地点,同时运行着诸多的应用程序。如何有效地管理这些服务器,保证整个系统能够提供不间断的服务,是一个巨大的挑战。

云计算平台管理技术能够使大量的服务器协同工作,快速发现和恢复系统故障,通过自动化、智能化的手段实现大规模系统的可靠运营,同时也方便用户部署和开通应用。

3.2.2 云计算应用与发展

1. 云计算的发展

任何一次技术创新的规模化过程都是漫长的,事实上在 20 世纪 70 年代就有了云计算的雏形,但直到 2007 年以后云计算才开始迅速发展。

1963 年,美国国防部高级研究计划署向麻省理工学院提供了约 200 万美元的津贴启动了著名的 MAC(Multiple Access Computer)项目,要求其开发"可多人同时使用的计算机系统"技术。当时,麻省理工学院就构想了"计算机公共事业",即让计算资源能够像电力一样供应,由此产生了"云"和"虚拟化"技术的雏形。

在"云"和"虚拟化"技术雏形已经具备的前提下,还需要用网络来作为媒介,如果没有网络,这些构想就都只是空中楼阁。1969 年,ARPANET 诞生了,并成功完成了两台计算机之间的数据传输试验,这就是今天互联网的雏形。互联网的诞生也使得云计算从理论走向现实。

随后,随着互联网的发展,以及从 20 世纪 90 年代开始虚拟计算机的逐渐流行,云计算基础设施得到迅猛发展。

总的来说,云计算的发展主要经历了 4 个阶段,这 4 个阶段依次是电厂模式、效用计算、网格计算和云计算,如图 3-9 所示。

(1) 电厂模式阶段

电厂模式类似于利用电厂的规模效应来降低电力的价格,使用户无须维护和购买任何发电设备,而且使用起来更加方便。处于电厂模式阶段的云计算,将大量分散的资源集中在一起,并对它们进行规模化管理,从而降低了用户的使用成本,也让用户使用起来更加方便。

图 3-9　云计算的发展阶段

（2）效用计算阶段

20 世纪 60 年代初，计算设备的价格非常高昂，一般的企业、学校和机构难以承受，所以人们产生了共享计算资源的想法。1961 年，人工智能之父麦肯锡在一次会议上提出了"效用计算"的概念，其核心思想借鉴了电厂模式，目标是整合分散在各地的服务器、存储系统以及应用程序供多个用户共享，让用户能够像把灯泡插入灯座那样方便地使用计算资源，并且根据用户的使用量来计费。

（3）网格计算阶段

网格计算是研究如何把一个需要巨大计算能力才能解决的问题分成许多小的部分，然后把这些小的部分分配给许多性能较低的计算机来处理，最后将计算结果汇集起来去解决大问题。但是，由于网格计算在商业模式、技术和安全性方面存在不足，使得其并没有在工业界和商业界取得预期的成功。

（4）云计算阶段

云计算与效用计算和网格计算类似，也是希望使用计算资源能够像使用电那样方便，而且成本低廉，但是与效用计算和网格计算不同的是，目前云计算在技术方面也已经基本成熟，而且应用也有了一定的规模。

2．云计算应用领域

云计算的应用主要在物联云、安全云、存储云、游戏云、计算云、金融云、医疗云、教育云 8 个领域，如图 3-10 所示。

（1）物联云

物联网是互联网的发展和延伸，使原来的人与人、人与物的互联发展到物与物的互联。物联网的运用和发展是科技进步、社会不断发展的产物，云计算在其中的信息处理和运用方面发挥着十分重要的作用。

（2）安全云

安全云（Security Cloud）是一个由"云计算"演变而来的词汇。安全云的策略是使用者越多，每个使用者就越安全，庞大的用户群犹如一个恢恢天网覆盖互联网的每一个角落，只要新病毒一出现，立刻就会被发现和截获。

图 3-10　云计算主要应用领域

（3）存储云

存储云是通过虚拟化、网格计算或分布式文件系统等技术，将网络中各种类型的硬件存储设备通过特定的软件集合起来协同工作，共同对外提供数据存储和业务访问功能的系统。如果云计算平台的主要任务是对大批量数据进行存储和管理,就需要在云计算平台中配置大量的硬件存储设备,那么云计算平台就成为云存储平台。所以,云存储是一个以数据存储和管理为核心的云计算平台。

(4) 游戏云

游戏云是以云计算技术为支撑的一种游戏方式。在游戏云的运行模式下,所有游戏都在服务器端运行,经过渲染处理的游戏画面被压缩后通过网络传送给游戏用户。在客户端,用户的游戏设备不需要一定是高端处理设备,只要具备基本的视频解压缩功能就可以得到具有很好视觉效果的游戏画面。

(5) 计算云

从技术上看,云计算与大数据的关系就像一枚硬币的正反面一样密不可分。大数据无法用单一的计算机进行处理,而必须采用分布式计算体系。大数据的特色在于对海量数据的深度挖掘,但它必须依托云计算的分布式处理技术、分布式数据库管理技术、云存储技术和虚拟化技术。

(6) 金融云

金融云是指利用云计算的模型,将信息、金融和服务等功能分散到庞大分支机构构成的互联网“云”中,旨在为银行、保险和基金等金融机构提供互联网处理和运行服务,同时共享互联网资源,从而解决现有的各种问题并且达到高效、低成本的目标。现在已基本普及了的快捷支付,因为有了金融与云计算的结合,只需要在手机上进行简单操作,就可以完成银行存款、购买保险和基金买卖。现在,像苏宁金融、腾讯等企业均推出了自己的金融云服务。

(7) 医疗云

医疗云是指在云计算、移动技术、多媒体、通信、大数据以及物联网等新技术基础上,结合医疗技术,使用“云计算”来创建医疗健康服务云平台,实现医疗资源的共享和医疗范围的扩大。因为云计算技术的运用与结合,医疗云提高了医疗机构的效率,方便居民就医。像现在医院的预约挂号、电子病历、医保等都是云计算与医疗领域结合的产物,医疗云还具有数据安全、信息共享、动态扩展、布局全国的优势。

(8) 教育云

教育云可以将所需要的任何教育硬件资源虚拟化,然后将其输入互联网中,即可向教育机构和学生老师提供一个方便快捷的平台。现在流行的慕课就是教育云的一种应用。慕课(MOOC)指的是大规模开放的在线课程。在国内,中国大学 MOOC 就是非常好的教育云平台。在 2013 年 10 月 10 日,清华大学推出了 MOOC 平台——学堂在线,许多大学现已使用学堂在线开设了部分课程的 MOOC。

3. 云计算发展中存在的问题

云计算尽管具有许多优点,但是也存在一些问题,如访问权限问题、信息保密问题、用户使用习惯问题、网络传输问题等。

(1) 访问权限问题

用户可以在云计算服务提供商处上传自己的数据资料,相比于传统的利用个人计算机或硬盘的存储方式,此时需要建立账号和密码完成虚拟信息的存储和获取。这种方式虽然为用户的信息资源获取和存储提供了方便,但用户失去了对数据资源的控制,而服务商则可能存在对资源的越权访问状况,从而造成信息资料的安全难以保障。如何保证存放在云计算平台上的数据不被非法利用,这不仅需要技术方面的改进,也需要法律法规的进一步完善。

（2）信息保密问题

信息保密性是云计算技术的首要问题，也是当前云计算技术的主要问题。比如，用户的资源被一些企业进行资源共享。网络环境的特殊性使得人们可以自由地浏览相关信息资源，信息资源泄漏是难以避免的，如果信息保密性不足就可能严重影响到信息资源的所有者。

（3）用户使用习惯问题

改变用户的使用习惯，使用户适应网络化的应用环境是长期而艰巨的任务。

（4）网络传输问题

云计算服务依赖于网络，如果网速低且不稳定，云计算的性能就很难提高。可见，云计算服务的普及依赖于网络技术的发展。

（5）数据完整性问题

在云计算技术的使用中，用户的数据被分散存储于云计算数据中心的不同位置，而不是某个单一的系统中，数据资源的整体性受到影响，使其作用难以有效发挥。另一种情况就是，服务商没有妥善、有效地管理用户的数据信息，从而造成数据存储的完整性受到影响，信息的应用作用难以被发挥。

（6）法律法规不完善

云计算技术相关的法律法规不完善也是存在的主要问题之一，要实现云计算技术作用的有效发挥，就必须对其相关的法律法规进行必要的修订。目前来看，法律法规尚不完善，云计算技术发挥作用仍然受到制约。就当前云计算技术在计算机网络中的应用来看，其缺乏完善的安全性标准，缺乏完善的服务等级协议管理标准，没有明确的责任人承担安全问题的法律责任。另外，缺乏完善的云计算安全管理的损失计算机制和责任评估机制。法律规范的不足和缺失也制约了各种相关活动的开展，导致计算机网络的云计算安全性难以得到保障。

3.2.3　金融行业云计算应用现状

当前，云计算已引发金融领域重大变革，是金融科技的重要组成部分。

1. 云计算加速金融行业 IT 架构转型

受多种因素的影响，长期以来我国金融业的关键核心业务信息系统、灾备系统等主要基于国外高端软硬件。这些高端软硬件有力地推动了我国金融业的发展。然而，在"互联网＋"时代，业务的转型发展对 IT 系统的安全性、可用性与业务持续性提出了更高的要求，基于上述因素，国外高端软硬件技术架构的弊端逐渐显现，主要表现在以下 4 个方面。

（1）建设和运维成本偏高

多数金融机构一直以来采用最成熟、可靠的 IT 技术路线，通常使用国外主流厂商提供的信息技术和商业产品来进行集中式部署。由于在信息技术实施、支持和保障上很大程度依赖于信息技术供应商，从而存在着技术标准不统一、新技术应用和技术创新缓慢、投入产出比低下等问题，同时也使得金融机构自身缺乏核心技术积累，在技术路线选择上受制于国外厂商，并被某几大国外公司垄断。随着国内基础设施规模的扩大，导致数据中心建设成本不断攀升。

（2）资源交付效率低

随着金融服务互联网化、移动化的发展趋势，以及互联网金融公司竞争、利率市场化等的挑战，金融机构从战略和战术上积极应对，提出了互联网金融、大数据、电子商务等新的战略目标，并以此加速业务模式创新。但这些目标所需要的海量信息技术处理能力往往无法通过传统 IT 基础设施解决方案有效满足,即使传统方案能够实现,企业也难以承受漫长的建设周期。因此,要满足新业务发展的响应速度,必须加快采用新技术。

（3）资源调整不灵活

金融机构在传统系统架构下资源分配往往是固定的,是按照单个应用系统资源需求进行建设和部署,资源之间形成孤岛,不能灵活调整。例如,在淘宝"双 11"促销和电商秒杀等业务需求中,传统技术架构只能按照业务峰值配置基础设施资源,造成巨大的资源浪费。随着互联网金融、电子商务等业务快速发展,对基础设施资源的灵活调整、弹性伸缩提出了更高的要求。

（4）运行风险日益突出

金融机构数据中心作为"金融业跳动的心脏",稳定运行和控制风险是第一要务。一方面,基础设施故障、突发业务压力、频繁变更上线等均可能影响系统的稳定和服务质量,而随着业务部门和金融监管机构要求的不断提高,对数据中心高可用性的要求日益严格;另一方面,数据中心对外部基础设施、外部技术和服务的依赖性不断增强,网络入侵、信息泄露等安全风险日益突出。

相反地,近几年来国内外云计算发展十分迅猛,除了新兴的云计算厂商在大力推动云计算发展之外,一些传统 IT 厂商也纷纷向云计算转型,云计算技术和服务越来越成熟、越来越开放和标准化,逐渐在多个领域广泛应用。

正是在这种新旧技术交替发展的过程中,我国金融业也在悄然发生改变,一些新兴金融机构迫于成本、人力的压力,直接使用云计算服务,有力支撑了业务快速增长;与此同时,一些传统金融机构为应对移动互联网时代下的金融业务发展需求,也在探索向云计算、分布式架构转型。

2. 金融行业云架构

根据使用云计算平台的客户范围不同,金融行业的云架构模式可以分为公共云、专有云、混合云和行业云（如金融云）,如图 3-11 所示。

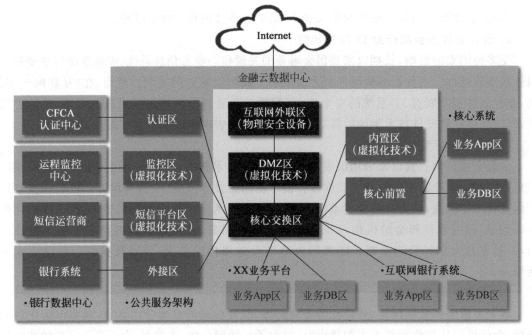

图 3-11　金融行业云架构

（1）公共云

公共云指不限制客户范围的云计算平台。

（2）专有云

专有云指专为某个机构服务的云计算平台。

（3）混合云

混合云指前述几种部署模式的组合。

（4）行业云

行业云（即金融云）主要指仅限于为金融行业服务的云计算平台，包括金融机构自建的专有金融云、云服务商为金融业提供的公共金融云，以及上述两种模式组合的混合金融云。

3．金融业云计算应用特点

金融机构应用云计算服务有如下特点。

（1）减少开销和能耗

采用云计算服务可以将硬件和基础设施建设资金投入转变为按需支付服务费用，客户只对使用的资源付费，无须承担建设和维护基础设施的费用，避免了自建数据中心的资金投入。云平台使用虚拟化、动态迁移和工作负载整合等技术提升了运行资源的利用效率，通过关闭空闲资源组件等降低能耗，主要采用多租户共享机制、资源的集中共享可以满足多个客户不同时间段对资源的峰值要求，避免按峰值需求设计容量和性能而造成的资源浪费。资源利用效率的提高可以有效降低运营成本，减少能耗，实现绿色 IT。

（2）增加业务灵活性

对于使用公共云服务的客户，不需要建设专门的基础设施，缩短业务系统建设周期，使客户能专注于业务的功能和创新，提升业务响应速度和服务质量，实现业务系统的快速部署。对于部署专有云平台的企业，通过云服务供给方式和一键式部署，提高了资源的交付效率，以及业务的灵活性。

（3）提高业务系统可用性

云计算的资源池化和快速伸缩性特征，使部署在云平台上的客户业务系统可动态扩展，满足业务对 IT 资源的迅速扩充与释放，从而避免因需求突增而导致客户业务系统的异常中断。云平台的备份和多副本机制可提高业务系统的健壮性，避免数据丢失和业务中断。

（4）提升团队专业性

云计算技术发展迅速，需要有专业技术团队及时更新或采用先进技术和设备，以提供更加专业的技术、管理和人员支撑，使用户能获得更加专业和先进的技术服务。通常只有公共云服务商或大型金融机构具备这些技术能力。

当前我国仍有大量小型或微型金融机构，缺乏完善的基础设施和充足的科技人员，使用公共云服务可以使这些机构在短时间内具备原先只有大机构才能具备的技术能力。

4．金融业云计算应用现状

目前，在金融业的云计算应用方面，保险业已有全面响应和进展，而银行业、证券业大多广泛在外围应用。

（1）保险业核心业务系统

由于保监会发布了明确支持云计算的指导文件，因此一些网络保险公司或新兴保险公司已把核心业务系统运行在了具有较高安全保护等级的云平台上。

（2）非核心系统

对于云计算，金融机构（尤其是银行业金融机构）多数还处于试水的阶段，尚未把核心业务系统和数据库部署到云平台上。大部分金融机构选择采用 X86 服务器搭建云计算平台，将原来承载在主机或小型机上的一些外围应用服务改造为集群化的部署方式，使其不会因硬件故障导致系统运行中断，之后再将改造后的应用服务迁移到云计算平台。而核心系统仍采用相对传统的部署方式。

（3）互联网业务接入的前置系统

近年来，由于电子商务等互联网相关业务的快速发展，金融机构内部 IT 系统越来越难以支撑相关业务。例如，"双 11"大促销活动，部分金融机构为了支撑"秒杀"类的业务，只能将部分业务压力进行转移，为缓冲系统压力和降低系统风险，金融机构开始将部分网络业务的前置系统转移到云计算平台上来抵消峰值压力，进而从容应对业务的峰值冲击。

（4）企业互联网网站系统

互联网网站由于技术相对简单、受众覆盖范围广、不涉及太多金融交易，需要高质量的互联网网络平台来提升用户体验，所以一些机构将企业的互联网网站部署在云计算平台。利用云计算平台高质量的网络环境和全方位的地理覆盖，能够为这些机构带来更好的用户体验，同时降低这些机构的互联网带宽需求，节约 IT 运行成本。

（5）证券业务行情系统

由于证券业务的行情系统只有公开信息，不涉及客户隐私，且对互联网资源要求很高，特别适合使用云计算方式来提供服务。一方面是云平台通常具有很高的带宽，另一方面使用云计算能满足行情淡季和旺季对资源弹性伸缩的需求。

（6）互联网金融服务系统

互联网金融系统包含微贷、消费金融等相关业务系统。对于互联网金融服务初创企业，由于其系统需要新建，没有历史技术包袱，通过云服务商提供的云服务，可以快速搭建业务系统，降低前期投入，并且天然的互联网业务特性非常适用于云计算相关技术。

（7）网络学习等辅助系统

企业的网络学习系统是企业内部员工的培训系统，要通过互联网进行访问，并不涉及金融业务，安全等级要求较低，但对用户和系统性能要求较高。因此，部分金融机构将此类系统部署在云平台，不仅提高了系统管理灵活性，降低了运营成本，还大幅改善了用户体验。

（8）企业开发测试环境

一些金融机构（尤其是银行业金融机构）在试水云计算时，早期仅仅把云计算系统用于开发测试环境，进行应用系统的开发和测试。通过云计算平台的搭建，这些机构的 IT 部门开始逐步体会到云计算平台实现 IT 资源服务化的好处，能够大幅降低系统环境准备的时间和应用上线周期，使得整个开发测试过程更为敏捷。

3.3　区块链技术

3.3.1　区块链概述

1. 区块链概念

区块链（blockchain）技术是指通过去中心化和去信任的方式集体维护一个可靠分布式共享数据库（数据分布式存储和记录）的技术方案，是构建去中心化可信环境的基础协议。该方案让参与到系统中的任意个节点,把一定时间内系统所有价值交换活动的数据,通过密码学方法计算和记录到一个数据块(即区块 block)中,并生成该数据块的"密码"用于验证其信息的有效性和链接(chain)下一个数据块。

　　区块链的实质是由多方参与共同维护一个持续增长的分布式账本(Distributed Ledger),其核心是通过分布式网络、时序不可篡改的密码学账本及分布式共识机制,建立彼此之间的信任关系。利用由自动化脚本代码组成的智能合约来编程和操作数据,最终实现由信息互联向价值互联的进化,如图 3-12 所示为传统的中心化账本示意,图 3-13 所示为区块链的去中心化账本示意。

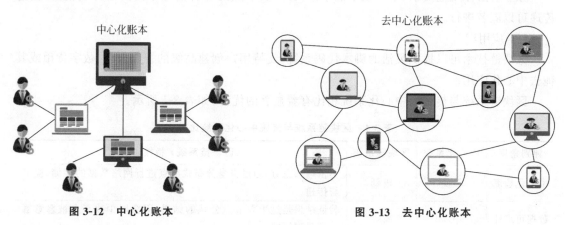

図 3-12　中心化账本　　　　　　　　　　图 3-13　去中心化账本

2. 区块链特点

（1）去中心化

区块链技术不依赖额外的第三方管理机构或硬件设施,它构建在分布式网络基础上,网络中没有中心化的物理节点和管理机构。通过分布式核算和存储,各个节点实现了信息自我验证、传递和管理网络功能,去中心化是区块链最突出、最本质的特征。

（2）去信任中介

区块链采用基于协商一致的规范和协议,通过数学原理和公开透明的算法,使得整个系统中的所有节点能够在去信任的环境自由安全地交换数据,实现交易双方在不需要借助第三方权威机构(如中央银行等)信用背书下,通过达成共识建立信任关系。

（3）共同维护

区块链的维护依赖于网络中所有具有维护功能的节点完成,各个节点的地位是平等的,一个节点甚至几个节点的损坏不会影响整个系统的运作。另外,区块链系统采用特定的经济激励机制来保证分布式系统中所有节点均可参与数据块的验证过程(如比特币的"挖矿"过程),并通过共识算法来选择特定的节点,将新的数据块添加到区块链中。

（4）开放性

区块链技术基础是开源的,除了交易各方的私有信息被加密外,区块链的数据对所有人都是开放的,任何人都可以通过公开的接口查询、验证区块链共享账本(所有参与者看到的是同一账本)里的每一笔交易数据,因此整个系统信息高度透明。

（5）时序性

区块链采用带有时间戳的链式区块结构存储数据,具有极强的可追溯性和可验证性。系统中每一个节点都拥有最新的完整数据库副本,一旦信息经过验证添加到区块链上,就会永久存储。

（6）安全性

区块链技术采用非对称加密算法对数据进行加密，同时借助分布式系统中各节点的工作量证明等共识算法形成的强大计算能力来抵御外部攻击，保证区块链数据不可篡改和不可伪造，只要不能掌控全部数据节点的51%，就无法随意操控修改网络数据，这使区块链本身变得相对安全，避免了主观人为的数据变更。

（7）匿名性

除非有法律规范要求，单从技术上来讲，各区块节点的身份信息不需要公开或验证，信息传递可以匿名进行。

（8）应用广

区块链技术可以提供灵活的脚本代码系统，支持用户创建高级的智能合约、数字货币或其他去中心化应用。

区块链系统与传统的中心化系统相比有着显著的优势，如表3-1所示。

表3-1　区块链系统与传统中心化系统比较

评判角度	中心化系统	区块链系统	（区块链系统）特性说明
中心化程度	极高	极低	不依赖第三方，通过自身分布式节点进行网络数据的存储、验证与传递
数据可靠性	中	高	验证结果是过半数节点公认的结果，不会因少数节点被恶意篡改而受到影响
安全性	中	高	单一节点的损坏或失去都不会影响整个系统的运作
信任依赖度	高	极低	参与到系统中的各个节点之间进行数据交换是无须互相信任的
透明度	低	极高	整个系统的运作规则是透明的，数据内容也是公开的
维护成本	较高	低	系统中的数据块由整个系统中所有具有维护功能的节点共同维护，每一个节点在参与记录的同时也验证其他节点记录结果的正确性

3. 区块链分类

按照应用场景和设计体系，可以将区块链分为三类：公有区块链、行业（联盟、联合）区块链和私有区块链，如图3-14所示。

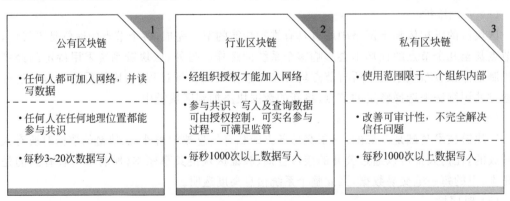

图3-14　区块链分类

（1）公有区块链

公有区块链（Public Block Chains）是指世界上任何个体或者团体都可以发送交易，且交易能够获得该区块链的有效确认，任何人都可以参与其共识过程。公有区块链是最早的区块链，也是应用最广泛的区块链，以比特币为代表的主流虚拟数字货币均基于公有区块链，世界上仅有一条该币种对应的区块链。公有链的各个节点可以自由加入和退出网络，并参与对链上数据的读写，读写数据时以扁平的拓扑结构互联互通，网络中不存在任何中心化的服务端节点。

（2）行业（联盟、联合）区块链

行业区块链（Consortium Block Chains）的各个节点通常有与之对应的实体组织和机构，只有通过授权才能加入与退出网络。行业区块链由某个群体内部指定多个预选的节点为记账人，每个块的生成由所有的预选节点共同决定（预选节点参与共识过程），其他接入节点可以参与交易，但不过问记账过程（本质上还是托管记账，只是变成分布式记账，预选节点的多少，如何决定每个块的记账者成为该区块链的主要风险点），其他任何人可以通过该区块链开放的API进行限定查询。由此，行业区块链各组织和机构组成利益相关的联盟，共同维护区块链的健康运转。

（3）私有区块链

私有区块链（Private Block Chains）仅仅使用区块链的总账技术进行记账，可以是一个公司，也可以是个人，独享该区块链的写入权限。私有区块链与其他的分布式存储方案没有太大区别。私有区块链的各个节点的写入权限由组织内部控制，而读取权限可视需求有选择性地对外开放。私有区块链仍然具备区块链多节点运行的通用结构，适用于特定组织和机构的内部数据管理与审计。

4. 区块链的发展

许多人都会把区块链的发展历史与比特币的发展历史相混淆，实际上比特币只是区块链的一个较为成熟的应用，区块链还应用于其他许多领域。区块链的发展经历了两个阶段，第一个阶段为理论阶段，第二个阶段为应用阶段。

小资料 3-2

拜占庭将军问题的由来

拜占庭将军问题（Byzantine Failures）是由莱斯利·兰伯特提出的点对点通信中的基本问题。含义是在存在消息丢失的不可靠信道上，试图通过消息传递的方式达到一致性是不可能的。因此，对一致性的研究一般假设信道是可靠的或不存在该问题。

拜占庭将军问题的起源

拜占庭位于如今土耳其的伊斯坦布尔，是古代东罗马帝国的首都。由于当时拜占庭罗马帝国国土辽阔，为了达到防御目的，每个军队都分隔很远，将军与将军之间只能靠信差传递消息。在战争的时候，拜占庭军队内所有将军和副官必须达成一致的共识，决定是否有赢的机会才去攻打敌人的阵营。但是，在军队内有可能存有叛徒和敌军的间谍，左右将军们的决定又扰乱整体军队的秩序。在形成共识时，结果并不代表大多数人的意见。这时候，在已知有成员谋反的情况下，其余忠诚的将军在不受叛徒的影响下如何达成一致的协议，拜占庭问题就此形成。

拜占庭将军的问题

拜占庭将军问题是一个协议问题,拜占庭帝国军队的将军们必须全体一致决定是否攻击某一支敌军。问题是这些将军在地理上是分隔开来的,并且在将军中存在叛徒。叛徒可以任意行动以达到以下目标:欺骗某些将军采取进攻行动;促成一个不是所有将军都同意的决定,如当将军们不希望进攻时促成进攻行动;或者迷惑某些将军,使他们无法做出决定。如果叛徒达到了这些目的之一,则任何攻击行动的结果都是注定要失败的,只有完全达成一致的努力才能获得胜利。

拜占庭假设是对现实世界的模型化,由于硬件错误、网络拥塞或断开以及遭到恶意攻击,计算机和网络可能出现不可预料的行为。拜占庭容错协议必须处理这些失效,并且这些协议还要满足所要解决问题要求的规范。

---

1) 理论阶段

区块链的理论阶段,其实就是密码学和货币理论的发展和完善阶段。

1976 年,迪菲(Bailey W. Diffe)和赫尔曼(Martin E. Hellman)两位密码学大师发表了论文《密码学的新方向》,这篇论文覆盖了密码学所有的新进展,包括非对称加密算法、椭圆曲线加密算法、散列算法等,奠定了迄今为止整个密码学发展的方向,也对区块链的技术和比特币的诞生起到决定性作用。同一年,哈耶克出版了《货币的非国家化》,这本书所提出的非主权货币、竞争发行货币等理念,可以说是去中心化货币的精神指南。

1976 年是作为区块链理论发展的元年,正式开启了整个密码学,包括密码学货币的时代。

紧接着在 1977 年,著名的 RSA 算法诞生,这是 1976 年《密码学的新方向》的自然延续,该算法的三位发明人也因此获得了 2002 年的图灵奖。

1980 年,Merkle Ralf 提出了默克尔树(Merkle-Tree)结构和相应的算法,其主要用于对分布式网络中数据同步的正确性进行检验,也是比特币中进行区块同步检验的重要手段。

1982 年,Lamport 提出了拜占庭将军问题,标志着分布式计算的可靠性理论和实践进入实质性阶段。同年,大卫·乔姆提出了密码学支付系统 eCash。可以看出,随着密码学的进展,人们已经开始将其运用到货币、支付等相关领域中。可以说,eCash 是密码学货币的先驱之一。

1985 年,Koblitz 和 Miller 各自独立提出了著名的椭圆曲线加密(Elliptic Curve Cryptography, ECC)算法。由于此前发明的 RSA 算法计算量过大,且难以实用,而椭圆曲线加密算法的提出使得非对称加密体系真正走向实用渠道。因此,1985 年,也就是《密码学的新方向》发表 10 年左右的时候,现代密码学的理论和技术基础就已经完全确立了。

1997 年,HashCash 方法——也就是第一代工作量证明(Proof of Work,PoW)算法出现了,这种方法在当时主要用于反垃圾邮件。

到了 1998 年,密码学货币的完整思想终于破茧而出,戴伟(Wei Dai)、尼克·萨博(Nick Szabo)同时提出密码学货币的概念。其中,戴伟的 B-Money 称为比特币的精神先驱,而尼克·萨博的 BitGold 提纲与比特币开发者兼创始者中本聪提出的比特币特性非常接近。

在 21 世纪到来之际,区块链领域又有了几次重大的进展:首先是点对点(peer to peer, P2P)网络出现(如:Napster、eDonkey2000、BitTorrent),奠定了 P2P 网络计算的基础;其次,是 2001 年美国国家安全局(NSA)发布了 SHA-2 系列算法,其中就包括目前应用最广的

SHA-256 算法,这也是比特币最终所采用的散列算法。可以说,到了 2001 年,比特币或者区块链技术诞生的所有技术基础在理论和实践上都被解决了,比特币呼之欲出。

2)应用阶段

区块链理论成熟之后,中本聪于 2008 年 11 月发表了著名的论文《比特币:一种点对点的电子现金系统》,并于 2009 年 1 月用他的第 1 版软件挖掘出了创世区块,这个区块中包含着这样一句话:"The Times 03/Jan/2009 Chancellor on brink of second bailout for banks",标志着区块链进入应用阶段。这个阶段的区块链在应用层面形成了区块链 1.0、区块链 2.0 和区块链 3.0 的概念。

(1)区块链 1.0

区块链 1.0 就是以比特币为代表的虚拟货币,它虽然问题重重,包括价格的剧烈波动、数量上限可能导致的通货紧缩、挖矿对能源的浪费、各国政府监管的限制等,但其仍然是区块链技术最成功的应用,并为人们勾勒了一幅理想的远景图——全球货币的统一和货币的发行不再仅仅依赖于各国的中央银行。区域链 1.0 的起点很高,但路途可能是最遥远的,因为要连起这样一个全球的区块链网络,需要所有个人和机构的共同参与。

(2)区块链 2.0

区块链 2.0 可以被理解为区块链技术在其他金融领域的运用,包括华尔街各家银行联合起来打造区块链行业标准,提高银行结算支付效率,降低跨境支付成本;交易所积极尝试用区块链技术实现股权登记、转让等功能。

(3)区块链 3.0

区块链 3.0 将区块链应用的领域扩展到金融行业之外,覆盖了人类社会生活的方方面面。在各类社会活动中实现信息的自证明,不再依靠某个第三方获得信任或建立信用;实现信息在司法、医疗、物流等各个领域的共享,利用区块链技术解决信任问题,提高整个系统的运转效率。

3)区块链的发展现状

(1)我国区块链的发展现状

区块链由于其所具有的高性能、高安全性、高速接入、高效运营等优势引起了人们的广泛关注。在区块链迅速发展的背景下,我国顺应全球化需求,紧跟国际上区块链的研究前沿,积极推动境内区块链的相关领域研究、标准化制定以及产业化发展。

2015 年 12 月,中国区块链研究联盟、中国区块链应用研究中心成立;2016 年 2 月,中关村区块链产业联盟成立;2016 年 2 月,时任中国人民银行行长的周小川先生指出,数字货币必须由中央银行发行,区块链是一项可选的技术;2016 年 4 月,中国分布式总账基础协议联盟(Chinaledger)宣布成立;2017 年 2 月,中国人民银行基于区块链的数字票据交易平台测试成功。由此,我国区块链标准和技术不断完善,应用场景也由金融支付拓展到其他服务领域。

目前,我国区块链政策日益明晰,主要的行业政策指导文件有 2016 年 10 月国家工业和信息化部发布的《中国区块链技术和应用发展白皮书》、2016 年 12 月国务院发布的《"十三五"国家信息化规划》以及 2017 年 5 月 16 日工业和信息化部发布的《区块链参考架构》。

2016 年,国际标准化组织(ISO)成立了专注于区块链的技术委员会 ISO/TC307(区块链与分布式记账技术标准化技术委员会),开展基础、身份认证、智能合约等重点方向的标准化工作。我国以参与国(P 成员)身份参加了相关的标准化活动,取得了积极的进展。为尽快推动形成完备的区块链标准体系,做好 ISO/TC307 技术对口工作,2018 年工业和信息化部信息化和软件服务业司指导中国电子技术标准化研究院提出全国区块链和分布式记账技术标准化技术委员会组建方案。

（2）国际区块链的发展现状

随着区块链的快速发展，其优势和特性逐渐体现，区块链的全球化进程开始向前迈进。

2015年，部分国家认识到区块链技术的巨大应用前景，开始从国家发展层面考虑区块链的发展道路，"区块链"成为全球各大监管机构、金融机构及商业机构争相研究和讨论的对象。从整体上看，各大金融机构普遍对区块链技术在改善其后端流程效率以及降低运作成本的可能性上有着较为积极的态度。部分国家政府一改过去持有的对比特币的反对态度，转而积极推动区块链技术和应用的发展。区块链开始在各国迅速发展，可以通过各国区块链相关政策的对比看出端倪。如表3-2所示。

表3-2　各国区块链政策发展

国家或地区	政 策 发 展
俄罗斯	2014年，俄罗斯财政部建议禁止比特币及加密电子货币的操作；2016年初，中央银行考虑比特币合法化和交易监管，尤其是P2P交易及个人业务托管；2017年1月，将关于"合法化"区块链技术的发展路线图提交给总统批准
美国	2015年1月，批准比特币交易所成立，比特币监管立法初步完成；2015年6月，数字货币公司监管框架最终版本BitLicense发布，多家监管机构表明支持区块链技术发展；2016年6月，美国国土安全部对6家致力于政府区块链应用开发的公司发放补贴，推动政府数据分析、连接设备和区块链的研究发展
日本	2016年5月，日本首次批准数字货币监管法案，并将其定义为财产；成立首个区块链行业组织——区块链合作联盟（BCCC）
韩国	2015年年底，新韩银行参与区块链企业融资；2016年2月，中央银行在报告中提出鼓励探索区块链技术；同月，证券交易所（KRX）宣布正在开发基于区块链技术的交易平台
德国	2016年，德国联邦金融监管局（BaFin）对分布式分类账的潜在应用价值进行探索，包括在跨境支付中的使用、银行之间转账和交易数据的存储
英国	2016年1月，发布白皮书《分布式账本技术：超越区块链》，第一次从国家层面对区块链技术的未来发展和应用进行了全面分析，并给出研究建议；2016年6月，进行区块链试点，跟踪福利基金的分配以及使用情况
欧盟	2016年2月，欧盟委员会将加密数字货币放在快速发展目标领域的首位，推动各机构对数字货币的政策研究；2016年4月，欧洲数字货币与区块链技术论坛（EDCAB）举办集中讨论区块链的"博览会"；中央银行计划对区块链和分类账簿技术与支付、证券托管以及抵押等银行业务的相关性进行评估
加拿大	2016年6月，中央银行展示了利用区块链技术开发的CAD-Coin，即电子版加元
澳大利亚	2015年年底，证券交易所（ASX）考虑申请区块链技术以提高其交易系统，作为其清算和结算系统的替代品；2016年3月，澳大利亚邮政（Australia Post）开始探索区块链技术在身份识别中的应用；新政党Flux正在试图利用区块链技术改写政治通货制度

3.3.2　区块链原理

区块链技术原理的来源可以归纳为前面提到过的一个数学问题，即拜占庭将军问题。将拜占庭将军问题延伸到互联网生活中来，其内涵可以概括为：在互联网大背景下，当需要与不熟悉的对手进行价值交换活动时，人们如何防止不会被其中的恶意破坏者欺骗、迷惑，从而做出错误的决策。若将拜占庭将军问题进一步延伸到技术领域中来，其内涵可以概括为：在缺少可信任的中央节点和可信任的通道情况下,分布在网络中的各个节点应如何达成共识。区块链技术有效解决了著名的拜占庭将军问题——它提供了一种无须信任单个节点,还能创建共识网络的方法。

1. 区块链技术解决的问题

有学者把区块链用四个字概况为"记账"和"认账"。也就是说,区块链技术解决的问题就是如何记账和如何认账。

1) 记账方式——分布式

记账就要有一个账本。区块链就是一个网络大账本,每个人都有权在上面记账。但这个账本与传统的账本不一样,记账方式也和传统的会计记账方式不一样。区块链根据系统确定的开源的、去中心化的协议,构建了一个分布式结构的记账体系,它由分布式记账、分布式传播和分布式存储 3 部分构成,如图 3-15 所示。

分布式记账　　　　　　分布式传播　　　　　　分布式存储

图 3-15　区块链的记账方式

(1) 分布式记账

分布式记账——会计责任的分散化(Distributed Account Ability)。

区块链设计者没有为专业的会计记账员预留一个特定的位置,而是采用分布式记账方式,交易记账由分布在不同地方的多个节点共同完成,而且每一个节点记录的是完整的账目。通俗地说,区块链技术就是一种全民参与记账的方式。

(2) 分布式传播

区块链依靠点对点网络系统,每次交易都会对网络里所有的参与者进行广播,并且经过多次确认后才被记录到区块链分布式账本中。而传统的分布式存储一般是通过中心节点往其他备份节点同步数据。

(3) 分布式存储

区块链采取分布式存储方式存储账本,但跟传统的分布式存储有所不同,区块链的分布式存储的独特性主要体现在两个方面:一是分布,分布在区块链每个节点的数据都按照块链式结构存储的完整数据(传统分布式存储一般是将数据按照一定的规则分成多份进行分布存储,分布存储在每个节点上的数据仅是其中一份);二是去中心化,区块链每个节点存储都是独立的、地位等同的,并且依靠共识机制保证存储的一致性。

由于区块链上没有任何一个节点可以单独记录账本数据,从而避免了单一记账人被控制或者被贿赂而记假账的可能性。当记账节点足够多时,理论上讲,除非所有的节点被破坏,否则账目就不会丢失,从而保证了账目数据的安全性。

2）认账方式——"去中心化＋共识"机制

区块链是一种利用"去中心化"的"信任（共识）"机制，集体维护一组数据库账簿的可靠性技术方案，是一个可信的数据库，可靠的"账本"。即区块链认账方式是通过"去中心化"机制和"共识"机制实现的。

（1）去中心化机制

区块链上每一个参与者都会有自己的账本，每一个节点都是平等的，不存在中心化的管理机构，这种"去中心化"的特点使得区块链无须依赖第三方，其运作不需要任何人为干预，能够独立地进行自我验证。

举个例子，过去李四要向张三借 10 元钱，需要找王二做信用担保，同时要找专业的赵一来记账，如果有人修改了赵一的账本，所有的记账便乱套了。而有了区块链技术，当李四要向张三借钱的时候，只要在群里通知到所有人，并且当大家都在各自的账本上记录李四欠张三 10 元钱时，这笔交易便完成了。这个系统中不需要银行，也不需要借贷协议和收据。这便是区块链的"去中心（中介）化"机制。

（2）共识机制

共识机制就是所有记账节点之间怎么达成共识，去认定一个记录的有效性，这既是认定的手段，也是防止篡改的手段。一旦信息被记录，就会被永久储存且永远不能被更改。比如上面例子中，李四突然改口说："我不欠张三的钱"，这个时候区块链上所有参与者都会为张三作证，如图 3-16 所示。

图 3-16　区块链的"共识"机制

区块链上所有信息都是共享的、透明的，做不了假账，极大地降低了风险，使得黑客无从下手。当虚假信息发生时，区块链可以通过相互对证来破除，从而保证网络安全。这便是区块链的"共识"机制。

供应链金融是区块链技术落地金融的最佳场景。传统的供应链金融是一种中心化模式，基本上都是金融机构、保理公司依托一家核心企业，来为供应链上超过 80％的中小企业提供服务，因为所有的交易最终都需要核心企业的"确权"，这使得核心企业权力太大，造成信息的不透明，这不仅严重影响整个链条的效率，也不利于构建供应链信用体系，如图 3-17 所示。

区块链技术可帮助中小企业累积信息数据，能更准确地评价企业的真实经营状况，低成本高效率地做出放贷决策。在供应链条上，供应商、核心企业、银行、金融机构等多方并存的交易场景最适合应用区块链技术。运用区块链技术，可以为应收账款、票据、仓单等资产确权，减少中间环节，并且留下数据存证，防止票据作假、重复质押等风险的发生。

小资料 3-3

金融术语——保理

保理（Factoring）全称保付代理，又称托收保付，是一个金融术语，指卖方将其现在或将来的基于其与买方订立的货物销售/服务合同所产生的应收账款转让给保理商（提供保理

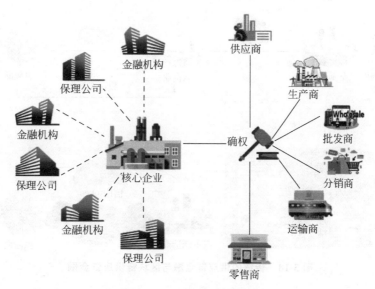

图 3-17　传统的供应链金融

服务的金融机构),由保理商向其提供资金融通、买方资信评估、销售账户管理、信用风险担保、账款催收等一系列服务的综合金融服务方式。它是商业贸易中以托收、赊账方式结算货款时,卖方为了强化应收账款管理、增强流动性而采用的一种委托第三者(保理商)管理应收账款的行为。

保理业务的分类:商业保理,指由非银行保理商开展的保理业务;国内保理,指保理商为在国内贸易中的买方、卖方提供的保理业务;国际保理,指保理商为在国际贸易中的买方、卖方提供的保理业务。还可以按照保理商是否承担债务人的信用风险分类,可分为有追索权保理和无追索权保理。

(资料来源:百度百科)

　　例如,一家汽车制造商,向 A 企业订购一批车门,但 A 企业不能完全自己生产,它要再去找其他供应商订购配件,但是在传统的供应链金融领域,只承认 A 企业,而 A 企业的供应商们,却无法获得供应链金融服务。区块链介入后,汽车制造商发了 1000 万个信用 token,只要下游的供应商拿到 token,就证明与核心企业有合作,这就变相做到了"资产穿透",如图 3-18 所示。

　　其实业界对区块链的使用有三点共识:一是实现数据信任;二是简化流程,提高效率,降低交易对手信用风险;三是提升透明度和监管效率,避免欺诈行为。

　　正是区块链这种革命性的"记账"与"认账"模式,使得澳大利亚证券交易所率先引入区块链技术进行股票交易;北爱尔兰银行积极推行数字货币发行;美国白宫斥巨资引入区块链技术;纳斯达克公开发行了首只区块链技术股票。假如未来区块链普及,人们就不用再去银行证明个人收入和资产,不用去派出所证明是否已婚,也不用再去相关部位加盖各种证明印章。而所有这些都记录在不可篡改的区块链上,在我们需要授权的时候,全世界都能成为我们的证人。

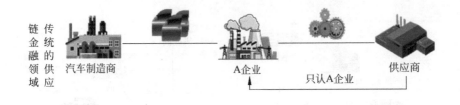

图 3-18　传统的供应链金融与区块链供应链金融

2．区块链的核心技术

1）核心技术一："区块＋链"式数据结构

区块链的数据结构是"区块＋链"的结构，即区块链把数据分成不同的区块，每个区块通过特定的信息链接到上一个区块的后面，这些区块前后顺连来呈现一套完整的数据。

（1）区块

在区块链技术中，数据以电子记录的形式被永久地存储下来，存放这些电子记录的文件就称为"区块"。区块是按时间顺序一个一个先后生成的，每一个区块记录了它在被创建期间发生的所有价值交换数据（交易数据），所有区块汇总起来形成一个记录合集。

（2）区块结构

区块中会记录下区块生成时间段内的交易数据，区块主体实际上就是交易数据的合集。各种区块链的结构设计可能不完全相同，但在结构上都大体分为块头（header）和块身（body）两部分。块头用于链接到前面的区块并为区块链数据库提供完整性的保证，块身则包含了经过验证的、区块创建过程中发生的价值交换的所有记录。

区块结构有两个重要的特点：第一，每一个区块上记录的交易数据是上一个区块形成之后和该区块被创建之前发生的所有价值交换活动，这个特点保证了数据库的完整性。第二，在绝大多数情况下，一旦新的区块完成并被加入区块链的最后，则此区块的记录就再也不能被改变或删除。这个特点保证了数据库的严谨性，即无法被篡改。

（3）区块链

区块链就是区块以链的方式组合在一起，以这种方式形成的数据库为区块链数据库，如图 3-19。

（4）区块链的基本结构

区块链是系统内所有节点共享的交易数据库，这些节点基于价值交换协议参与到区块链的网络中来。那么区块链是如何做到这些的呢？由于每一个区块的块头都包含了前一个区块的交易数据压缩（交易缩影）值，这就使得从创世块（第一个区块）到当前区块的各个区块链接在一起，形成了一条长链。如果不知道前一个区块的"交易缩影"值，就无法生成当前区块，因此每个区块必定是按时间顺序链接在前一个区块之后。这种所有区块都包含前一个区块引用

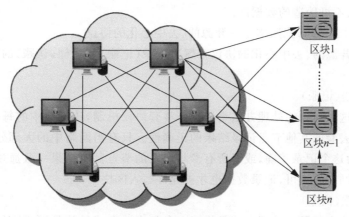

图 3-19　区块链数据库

的结构让现存的区块集合形成了一条数据长链。

区块链的基本结构可以总结如下：人们把一段时间内生成的信息（包括数据或代码）打包成一个区块，盖上时间戳，与上一个区块衔接在一起，每一个区块的页首都包含了上一个区块的索引数据，然后再在本页中写入新的信息，从而形成新的区块，首尾相连，最终形成了区块链。这个结构的核心思想是：区块（完整历史）＋链（完全验证）＝时间戳，如图 3-20 所示。

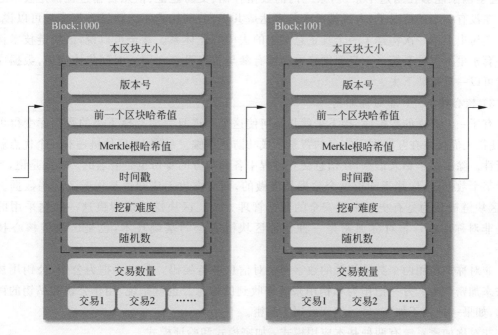

图 3-20　区块与区块链

"区块＋链"的结构为人们提供了一个数据库的完整历史。从第一个区块开始，到最新产生的区块为止，区块链上存储了系统全部的历史数据。

区块链提供了对数据库中每一条交易数据的查找功能。区块链上的每一条交易数据，都可以通过"区块链"的结构追本溯源，逐一进行验证。

区块＋链＝时间戳，这是区块链数据库的最大创新点。区块链数据库让整个网络的记录者在每一个区块中都通过盖上一个时间戳来记账，表示这个信息是这个时间写入的，从而形成了一个不可篡改、不可伪造的数据库。

2）核心技术二：分布式账本——开源的、去中心化的协议

区块链根据开源的、去中心化的协议来解决记录（记账）和存储（认账）的问题。具体实施步骤如下。

（1）记录数据（记账）

区块链对于这个问题的处理办法是构建一整套协议机制，让网络中的每一个节点都在参与记录的同时也去验证其他节点记录结果的正确性。只有当网络中的大部分节点（甚至所有节点）都同时认为这个记录正确，或者所有参与记录的节点都对结果一致通过时，记录的真实性才能得到整个网络的认可，记录数据也才被允许写入区块。

（2）存储数据（认账）

区块链对于这个问题的处理办法是构建一个具有分布式结构的网络，对于数据库中的所有数据都实时更新并将它们存放于所有参与记录的网络节点中。这样即使部分节点损坏或被黑客攻击，也不会影响整个数据库的数据记录与信息更新。

通过这种方式记录和存储的价值交换数据再通过分布式传播发送给整个网络，实现分布式存储。

通过分布式传播、分布式记账、分布式存储这三大分布式技术可以发现，没有任何个人、组织、甚至国家能够控制这个系统，系统内的数据存储、交易验证、信息传输过程都是去中心化的。在没有中心的情况下，大规模的参与者达成共识，共同构建了区块链数据库。可以说，这是人类历史上第一次构建了一个真正意义上的去中心化体系。甚至可以说，区块链技术构建了一套永生不灭的系统——只要网络中的所有参与节点没有在同一时间集体崩溃，数据库系统就可以一直运转下去。

3）核心技术三：非对称加密

有了一个严谨的数据库，接下来就是如何使这个严谨且完整存储下来的数据库变得可信赖，使得人们可以在互联网无实名的背景下成功防止诈骗。事实上，区块链还有一个优点就是隐蔽性。除了保护私人信息，在信息交互过程中各参与方的身份也是匿名的。也就是说，当你查看某个数据时，你并不知道这个数据是谁做的，而对方也无法知道是你看了这些数据。因此，区块链被认为是有史以来最安全的数据管理方式。区块链系统解决这一问题采用的技术是非对称加密。非对称加密是一种保证区块链安全的基础技术，也是区块链核心技术之一。

非对称加密用两个数学相关的数字密钥对信息进行编码。其中一把为公钥，公钥用加密算法来加密信息；另一把作为私钥用来解密收到的信息。也就是说，用作公钥和私钥的两把钥匙，如果一把用于加密，另一把就可用于解密。

非对称加密系统有两种基本应用模式：加密模式和验证模式。

（1）加密模式

在加密模式中，非对称加密系统对信息的加密和解密过程如图 3-21 所示。

在发送端 A，首先发送方 A 用接收方 B 的公开密钥 Kpb 对要发送的原文进行加密；然后将加密后的密文通过网络传送给接收方 B。在接收端 B，接收方 B 用自己的私有密钥 Ksb 对接收到的密文进行解密，就得到了发送端发来的原文。

在加密模式中，加密是用指定的接收方 B 的公钥加密，所以只有指定的接收方 B 才能解开密文，因为私有密钥是在指定的接收方手中。

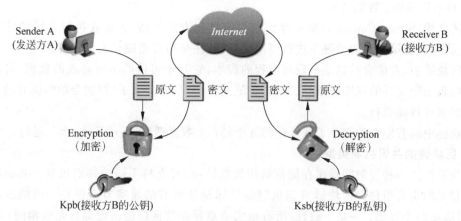

图 3-21　非对称加密系统的加密模式

（2）验证模式

非对称加密技术不但可以用于加密以确保信息的隐蔽性，还可以用于验证模式，来确保信息的完整性、不可否认性和真实性。

在验证模式中，非对称加密系统对信息的加密和解密过程如图 3-22 所示。

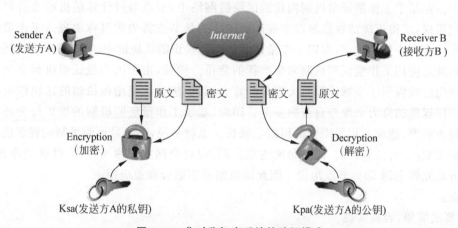

图 3-22　非对称加密系统的验证模式

在发送端 A，首先发送方 A 用自己的私有密钥 Ksa 对要发送的原文进行加密；然后发送方 A 将加密后的密文通过网络传送给接收方 B。在接收端 B，接收方 B 用发送方 A 的公开密钥 Kpa 对接收到的密文进行解密，最后得到原文。

在验证模式中，任何能够成功地解密接收到密文的接收方，都能肯定该消息确实是来自发送方，因为只有发送方才拥有与解密公钥相对应的加密私钥，从而验证了该信息确实来自发送方。也就是说，在验证模式中，任何接收者都可以用发送方的公钥解密发送方发来的信息，从而验证信息是发送方发来的；但是任何人都不能伪造发送方发送信息。

从信任的角度来看，区块链实际上是用数学方法解决信任问题。在区块链技术中，所有的规则都事先以算法程序的形式表述出来，人们完全不需要知道交易的对方是"君子"还是"小人"，更不需要求助于中心化的第三方机构来进行交易背书，而只需要信任数学算法就可以建立互信。区块链技术的背后，实质上是数学算法在为人们创造信用、达成共识背书。

4）核心技术四：智能合约

智能合约（Smart Contract）是一种旨在以信息化方式传播、验证或执行合同的计算机协议，它允许在没有第三方的情况下进行可信交易，这些交易可追踪且不可逆转。

在区块链中，智能合约就是一段可编程的脚本，它基于可信的不可篡改的数据，自动化地执行一些预先定义好的规则和条款。在若干笔交易中，只要叠加了"智能合约"，所有的交易达到条件后就可自动执行。

区块链中的智能合约继承了区块链的 3 个特征：数据透明、不可篡改、永久运行。

3. 区块链的共识机制类型

区块链作为一种按时间顺序存储数据的数据结构，可支持不同的共识机制。共识机制是区块链技术的重要组件。区块链共识机制的目标是使所有的诚实节点保存一致的区块链视图，同时满足两个性质：一是一致性，所有诚实节点保存的区块链前缀部分完全相同；二是有效性，由某诚实节点发布的信息终将被其他所有诚实节点记录在自己的区块链中。

目前区块链的共识机制主要有以下五种。

（1）工作量证明（Proof of Work，PoW）

工作量证明机制即对于工作量的证明，用一句话介绍：干得越多，收获越多。依赖机器进行数学运算来获取记账权，是生成要加入区块链中的一笔新的交易信息（即新区块）时必须满足的要求。在基于工作量证明机制构建的区块链网络中，节点通过计算随机哈希散列的数值解争夺记账权，求得正确的数值解以生成区块的能力是节点算力的具体表现。工作量证明机制具有完全去中心化的优点，在以工作量证明机制为共识的区块链中，节点可以自由进出。比特币网络就是应用工作量证明机制来生产新的货币。然而，由于工作量证明机制在比特币网络中的应用已经吸引了全球计算机大部分的算力，其他想尝试使用该机制的区块链应用很难再获得同样规模的算力来维持自身的安全。同时，基于工作量证明机制的挖矿行为还造成了大量的资源浪费，达成共识所需的周期也较长。也就是说，工作量证明机制的资源消耗相比其他共识机制高、可监管性弱，同时每次达成共识，需要全网共同参与运算，性能效率比较低，容错性方面允许全网 50％节点出错。因此该机制并不适合商业应用。

优点：

① 算法简单，容易实现。

② 节点间无须交换额外的信息即可达成共识。

③ 破坏系统需要投入极大的成本。

缺点：

① 消耗大量能源。

② 区块的确认时间难以缩短。

③ 新的区块链必须找到一种不同的散列算法，否则就会面临比特币的算力攻击。

④ 需要等待多个确认，容易产生分叉。

（2）权益证明（Proof of Stake，PoS）

权益证明机制是工作量证明机制的一种升级共识机制，与要求证明人执行一定量的计算工作不同，权益证明要求证明人提供一定数量加密货币的所有权即可。用一句话概括就是持有越多，获得越多。

权益证明机制的运作方式是，当创造一个新区块时，矿工需要创建一个"币权"交易，交易会按照预先设定的比例把一些币发送给矿工本身。权益证明机制根据每个节点拥有代币的比例和时间,依据算法等比例降低节点的挖矿难度(主要思想是节点记账权的获得难度与节点持有的权益成反比),从而加快了寻找随机数的速度。这种共识机制相对于 PoW 而言,一定程度上减少了数学运算带来的资源消耗,性能也得到了相应的提升,但本质上仍然需要网络中的节点进行挖矿运算,依然是基于哈希运算竞争获取记账权的方式。因此,PoS 机制并没有从根本上解决 PoW 机制难以应用于商业领域的问题。

优点:在一定程度上缩短了共识达成的时间,不再需要大量消耗能源挖矿。

缺点:还是需要挖矿。所有的确认都只是一个概率上的表达,而不是一个确定性的事情,理论上有可能存在其他攻击影响。

(3) 委托权益证明(Delegated Proof of Stake,DPoS)

与 PoS 原理相同,只是选了一些"代表"。与 PoS 的主要区别在于节点选举若干代理人,由代理人验证和记账。其合规监管、性能、资源消耗和容错性与 PoS 相似。与董事会投票类似,该机制拥有一个内置实时股权人投票系统,就像系统随时都在召开一个永不散场的股东大会,所有股东都在这里投票决定公司决策。基于 DPoS 机制建立的区块链的去中心化依赖于一定数量的代表,而非全体用户。在这样的区块链中,全体节点投票选举出一定数量的节点代表,由它们来代理全体节点确认区块、维持系统有序运行。同时,区块链中的全体节点具有随时罢免和任命代表的权力。如果必要,全体节点可以通过投票让现任节点代表失去代表资格,重新选举新的代表,实现实时的民主。

优点:大幅度缩小参与验证和记账节点的数量,从而达到秒级的共识验证。

缺点:整个共识机制还是依赖于代币(token),很多商业应用是不需要代币存在的。因此,该共识机制仍然不能完美解决区块链在商业中的应用问题。

(4) 实用拜占庭容错(Practical Byzantine Fault Tolerance,PBFT)

在保证活性和安全性(Liveness & Safety)的前提下提供了 $(N-1)/3$ 的容错性。在分布式计算上,不同的计算机透过信息交换,尝试达成共识;但有时候,系统上协调计算机(Coordinator)或成员计算机(Member)可能因系统错误并交换错误的信息,导致影响最终的系统一致性。

拜占庭将军问题就根据错误计算机的数量,寻找可能的解决办法,这无法找到一个绝对的答案,只可以用来验证一个机制的有效程度。

拜占庭问题的可能解决方法如下。

在 $N \geqslant 3F+1$ 的情况下,一致性是可能解决。其中,N 为计算机总数,F 为有问题计算机总数。信息在计算机间互相交换后,各计算机列出所有得到的信息,以大多数的结果作为解决办法。

优点:

① 系统运转可以脱离代币的存在,PBFT 算法共识各节点由业务的参与方或者监管方组成,安全性与稳定性由业务相关方保证。

② 共识的时延为 2~5 秒,基本达到商用实时处理的要求。

③ 共识效率高,可满足高频交易量的需求。

缺点:

① 当有 1/3 或以上记账人停止工作后,系统将无法提供服务。

② 当有 1/3 或以上记账人联合作恶,且其他所有的记账人被恰好分割为两个网络孤岛时,恶意记账人可以使系统出现分叉,但是会留下密码学证据。

小资料 3-4

雅浦岛石币

雅浦岛是一个位于太平洋、人口不到一万人的小岛。由于当地不出产金属,于是石头便成为当地重要的资源,并发展出以石头充当交易媒介的贸易模式。当地人称这种石币为费。

石币的直径大小不等,小的直径约 30 厘米,大的可以大到直径 3 米(厚约 50 厘米,重达四吨)。石币中间有一个孔,方便插入杆作搬运之用。石币越大,质地越好,该石币所代表的价值便越高。但石币的价值不仅在于它的大小重量或是雕刻工艺上的展现,还包含了运送途中有多么艰难,或这块石币是由某位有名的水手所运送的,像这些背后的故事都可以增加该石币的价值。居民拥有石币的数量和大小代表了财富的多寡。

岛上的居民十分信任石币内含的购买力,当交易所涉及的费用太高时,受石币重量所限,这些石币是不会从前所有者搬运到新的拥有者手上,亦即并不是一手交货、一手交钱的交易,只是在石币上留下标记注明所有者是谁,表示所有权已经易手。只要大家认可这个石币的所有权谁属,便承认了财富的转移。

岛上有一户人家,他祖先曾得一巨大且质地佳的石币,但由于运回雅浦岛的途中遇上海难而石沉大海,但当地的居民仍相信,即便物理上石币已从众人眼前消失,但理论上石币依然存在,只是不在拥有者家中,石币的购买力并不会因为石币所处的地点而有所下降,所以这户人家仍储存了石币代表的价值,得到了该石币所代表的财富。

(资料来源:百度百科)

(5) 授权拜占庭容错(delegated BFT,dBFT)

由权益来选出记账人,然后在记账人之间通过拜占庭容错算法来达成共识。

此算法在 PBFT 基础上进行了以下改进。

① 将 C/S 架构的请求响应模式,改进为适合 P2P 网络的对等节点模式。

② 将静态的共识参与节点改进为可动态进入、退出的动态共识参与节点。

③ 为共识参与节点的产生设计了一套基于持有权益比例的投票机制,通过投票决定共识参与节点(记账节点)。

(6) Pool 验证池

Pool 验证池基于传统的分布式一致性技术建立,并辅之以数据验证机制,是目前区块链中广泛使用的一种共识机制。

Pool 验证池不需要依赖代币就可以工作,在成熟的分布式一致性算法基础之上,可以实现秒级共识验证,更适合有多方参与的多中心商业模式。不过,Pool 验证池也存在一些不足,如该共识机制能够实现的分布式程度不如 PoW 机制等。

4. 区块链的系统架构

区块链系统由数据层、网络层、共识层、激励层、合约层和应用层组成,如图 3-23 所示。

(1) 数据层

数据层封装了底层数据区块以及相关的数据加密和时间戳等基础数据和基本算法,主要包含区块数据、链式结构、数字签名(时间戳)、哈希函数、Merkle 树与非对称加密等。

(2) 网络层

网络层则包括分布式组网机制、数据传播机制和数据验证机制,主要有 P2P 网络结构、传

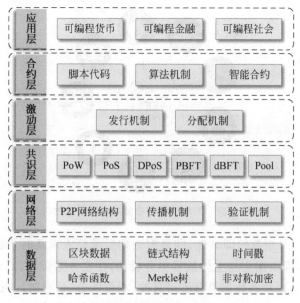

图 3-23　区块链系统架构

播机制与验证机制等。

（3）共识层

共识层主要封装网络节点的各类共识算法，主要包含分布式一致性算法与工作量证明机制（PoW）、权益证明机制（PoS）、授权股权证明机制（DPoS）等共识机制与算法。

（4）激励层

激励层将经济因素集成到区块链技术体系中来，主要包括经济激励的发行机制和分配机制等。

（5）合约层

合约层主要封装各类脚本、算法和智能合约，是区块链可编程特性的基础。

（6）应用层

应用层则封装了区块链的各种应用场景和案例。

该框架中，基于时间戳的链式区块结构、分布式节点的共识机制、基于共识算力的经济激励和灵活可编程的智能合约是区块链技术最具代表性的创新点。

3.3.3　区块链技术在金融领域的应用

区块链在国际汇兑、信用证、股权登记和证券交易所等金融领域有着潜在的巨大应用价值。将区块链技术应用在金融行业中，能够省去第三方中介环节，实现点对点的直接对接，从而在大大降低成本的同时，快速完成交易支付。主要应用包括数字货币、数字票据、跨境支付、数字资产、金融交易、融资众筹、供应链金融、互助保险、按揭业务等，如图 3-24 所示。

1. 数字货币

区块链的技术特性为数字货币发行的可能性提供了一种可选的底层技术支撑。数字货币以比特币为代表，本质上是由分布式网络系统生成的数字货币，其发行过程不依赖于特定的中心化机构。

2. 数字票据

目前票据业务主要存在三方面问题：一是票据的真实性，市场中存在假票、克隆票、刑事

图 3-24　区块链技术在金融领域的应用

票等伪造假冒票据；二是划款的即时性，即票据到期后承兑人未及时将相关款项划入持票人账户；三是违规交易，即票据交易主体或者中介机构，存在一票多卖、清单交易、过桥销规模、出租账户等违规行为。区块链数据具有不可篡改、不可伪造、带有时间戳、由共识节点共同验证和记录等特点，区块链的这些特性能够消除票据市场的中介乱象，通过智能合约编程的方式提高票据交易的效率，降低监管成本。例如，区块链可以永久地安全存储由政府机构核发的各类许可证、登记表、执照、证明、认证和记录等。

3. 跨境支付

当前跨境支付清算都需要借助第三方中介，经过开户行、中央银行、境外银行等多道程序。由于每一机构都有自己的账簿系统且互相隔离，彼此之间需要建立代理关系，并在不同系统进行记录和与交易对手进行对账及清算等，导致一笔汇款需要 2~3 天才能到账，在途资金占用量极大，而且需要支付大量的手续费。成本和效率成为跨境支付汇款的瓶颈所在。

区块链技术可以摒弃第三方中介的角色，实现点到点快速且成本低廉的跨境支付。不但可以全天候支付、实时到账、提现简便及没有隐形成本，也有助于降低跨境电商资金风险及满足跨境电商对支付清算服务的及时性、便捷性需求。

4. 数字资产

传统的资产服务如资产所有者证明、真实性公证等，均需要第三方的介入才可以完成，只有通过资产发行方、资产接收方、流通平台的三方介入，资产才可以完成整个流通过程。当前资产流通渠道有限，导致资产服务流通成本增加。此外，当资产进入流通后，需要依赖资产发行方完成使用和转移，从而限制了资产只能在发行方系统用户群内流通。

基于区块链技术能提高数字资产流通效率，降低流通成本，扩大流通范围。资产发行方均可在区块链上登记、发行任何可数字化的资产。一旦数字资产进入区块链流通，便不再依赖于资产发行方，扩大了流通范围。流通渠道由原来的中心控制变为分布式流通，降低了流通成本。区块链的交易及结算功能使得实时清算成为可能，大幅提高了数字资产流通效率。

5. 金融交易

区块链与金融市场应用有着非常高的契合度。利用区块链的不可篡改、增加信任、有效共识、智能合约、交易快速确认、可追溯等特性，可以使金融交易在去中心化系统中自发地产生信用，建立无中心机构信用背书的金融市场，实现"金融脱媒"。同时，利用区块链自动化智能合约和可编程的特点，还可以极大地降低成本和提高效率。

6. 融资众筹

区块链技术在股权登记管理、股权转让流通、智能合约等方面为融资众筹带来了深刻的变化。使用数字货币进行众筹,采用区块链协议发起和管理众筹项目,费率低、易流通、透明、稳定、可审计,智能合约还可以保证未达到预定目标时资金自动退回。

7. 供应链金融

许多人都认可供应链金融是区块链技术落地金融的最佳场景。区块链在供应链金融中的应用包括供应链应收账款融资、供应链授信融资、区块链合同存证、预付卡系统、资金数字化、积分联盟系统、商品生命周期跟踪等。

小资料 3-5

供应链金融

供应链金融(Supply Chain Finance,SCF)是商业银行信贷业务的一个专业领域(银行层面),也是企业尤其是中小企业的一种融资渠道(企业层面)。指银行向客户(核心企业)提供融资和其他结算、理财服务,同时向这些客户的供应商提供贷款及时收达的便利,或者向其分销商提供预付款代付及存货融资服务。简单地说,就是银行将核心企业和上下游企业联系在一起提供灵活运用的金融产品和服务的一种融资模式。

与传统的保理业务及货押业务(动产及货权抵/质押授信)不同,保理和货押只是简单的贸易融资产品,而供应链金融是核心企业与银行间达成的,一种面向供应链所有成员企业的系统性融资安排。

一般来说,一个特定商品的供应链从原材料采购,到制成中间及最终产品,最后由销售网络把产品送到消费者手中,将供应商、制造商、分销商、零售商、直到最终用户连成一个整体。在这个供应链中,竞争力较强、规模较大的核心企业因其强势地位,往往在交货、价格、账期等贸易条件方面对上下游配套企业要求苛刻,从而给这些企业造成了巨大的压力。而上下游配套企业恰恰大多是中小企业,难以从银行融资,结果最后造成资金链十分紧张,整个供应链出现失衡。"供应链金融"最大的特点就是在供应链中寻找出一个大的核心企业,以核心企业为出发点,为供应链提供金融支持。一方面,将资金有效注入处于相对弱势的上下游配套中小企业,解决中小企业融资难和供应链失衡的问题;另一方面,将银行信用融入上下游企业的购销行为,增强其商业信用,促进中小企业与核心企业建立长期战略协同关系,提升供应链的竞争能力。

(资料来源:百度百科)

---

8. 互助保险

区块链能够实现对新兴保险业务模式的革新,增强保险市场对风险的记录能力、透明度、识别准确度和反应速度。区块链技术可以实现真正的 P2P 或众筹保险模式,基于智能合约建立按需定制的保险合约,替代传统的保单协议,使管理过程更简单、更自动化、更透明、成本更低并使合约执行速度更快。同时保险公司的角色也将逐渐变为专业咨询和互惠池机制管理,而不是直接承担风险。

9. 按揭业务

区块链技术用于按揭业务。在按揭申请流程中,牵涉递表及审批等,文件繁复。但在区块链"去中心化"下,参与这项业务的各方人士获得所需文件之余,亦能确保文件真实,而过往记录几乎不能篡改,亦可以追溯,大大提升伪造文件难度。在按揭业务中引入区块链技术,除了审批速度加快以外,客户感受并不会很明显,因为区块链属于后台技术,但随着加入的机构越来越多,未来的发展和创新空间越来越大。

3.4 人工智能技术

3.4.1 人工智能概述

1. 人工智能的概念

在 20 世纪 50 年代以来的三次技术革新浪潮中,学界和业界对人工智能的理解众说纷纭,科技和商业的多元化导致人们对人工智能的定义、发展以及表现形式的理解各异。计算机科学理论奠基人图灵(Alan Mathison Turing)在论文《计算机器和智能》中提出了著名的"图灵测试"——如果一台机器能够与人展开对话(通过电传设备),并且会被误以为也是人,那么这台机器就具有智能。人工智能之父马文•明斯基(Marvin Minsky)则将其定义为"让机器做本需要人的智能才能够做到的事情的一门科学",这也比较接近当前人们对人工智能的理解。而代表人工智能的另一条路线——符号派的赫伯特•西蒙(Herbert A. Simon)认为,智能是对符号的操作,最原始的符号对应于物理客体。

全面认识人工智能之所以困难,是有客观原因的。人工智能是一个非常广泛的领域。当前人工智能涵盖很多学科,具体可以归纳为 6 个学科:①计算机视觉(暂且把模式识别、图像处理等问题归入其中);②自然语言理解与交流(包括对话,暂且把语音识别、合成归入其中);③认知与推理(包含各种物理和社会常识);④机器人学(机械、控制、设计、运动规划、任务规划等);⑤博弈与伦理(多代理人的交互、对抗与合作,机器人与社会融合等);⑥机器学习(各种统计的建模、分析工具和计算的方法)。上述这些学科目前正处于交叉发展、走向统一的过程中。

从单独的领域很难为人工智能赋予一个比较全面的定义,下面从技术目标的角度对人工智能进行定义。

人工智能(Artificial Intelligence,AI),是一门研究、开发用于模拟、延伸和扩展人的智能的理论、方法、技术及应用系统的新技术科学,它的目标就是用机器去实现所有目前必须借助人类智慧才能实现的任务。

人工智能是计算机科学的一个分支,它试图了解智能的实质,并生产出一种新的能以与人类智能相似的方式做出反应的智能机器。该领域的研究包括机器人、语言识别、图像识别、自然语言处理和专家系统等。人工智能发展到今天,理论和技术日益成熟,应用领域也不断扩大,可以设想未来人工智能带来的科技产品将会是人类智慧的"容器"。人工智能是对人的意识、思维的信息过程的模拟,它虽然不是人的智能,但能像人那样思考,也可能超过人的智能。

经过半个多世纪的发展,人工智能已经度过了简单模拟人类智能的阶段,发展成为一门研究人类智能活动规律,构建具有一定智能的人工系统及硬件,以使其能够进行需要人的智力才能进行的工作,并能够对人类智能进行拓展的学科。

2. 人工智能的分支

人工智能是一门涉及众多领域的综合学科,从应用的技术上看,人工智能技术主要有四个分支。

(1) 模式识别

模式识别是指对表征事物或者现象的各种形式的信息(数值、文字、逻辑关系等)进行处理和分析,以及对事物或者现象进行描述、分析、分类、解释的过程,如信用卡号的辨识。在模式识别的过程中,以图像分析和处理技术为主的一类技术是它的核心。

(2) 机器学习

机器学习是研究计算机如何去模拟或者实现人类学习行为的一门学科,它通过对人类学习行为的模拟,获取新的知识或者技能,重新组织已有的知识结构,实现不断完善自身性能的目标,达到操作者的特定要求。

(3) 数据挖掘

数据挖掘的兴起得益于大数据和云计算技术的发展,全新的数据结构和数据处理方式使得数据价值的实现有了新的目标。数据挖掘就是依靠算法在海量的数据中搜索和挖掘有用的信息,它应用于市场分析、科学探索、疾病预测、金融征信等各个领域。

(4) 智能算法

智能算法是人工智能的核心,前三个分支都是人工智能技术的应用领域,而智能算法是这三个分支的重要基础,其研究对象就是计算机在处理和解决问题时的特定模式算法,可以将其理解为计算机的思维方式。

3. 人工智能的发展

回顾人工智能的发展历程,可以从时间和技术两个层次来展开。

1) 时间上

(1) 萌芽期

1943 年,人工神经网络和数学模型建立,人工神经网络研究时代开启;1950 年,计算机与人工智能之父图灵发表论文《机器能思考吗?》,提出"图灵测试",这是人类科学史上对人工智能的早期思考。

(2) 启动期

1956 年,达特茅斯会议召开,会议上正式提出了人工智能的说法,标志着人工智能的诞生,也使这一年成为人工智能元年。这一时期,人工智能研究在国际学术界的兴起,罗素《数学原理》算法被全部证明,学术交流日益频繁,算法不断发展也带动了人工智能的进步。

(3) 消沉期

1969 年,由于时代的限制,科学技术的发展跟不上理论的进步,作为主要流派的连接主义与符合主义进入消沉期,四大预言并无进展,在计算能力的限制下,国家及公众对人工智能的信心持续减弱。

(4) 突破期

1986 年,反向传播(Back Propagation,BP)算法开始研究,第五代计算机开始研制,专家系统的研究和应用艰难前行。随着半导体技术的发展,计算能力逐步提高,人工智能的发展开始有所突破。

(5) 发展期

BP 算法实现,人工神经网络被广泛认知,基于人工神经网络的算法研究突飞猛进,计算机硬件能力快速提升。随着分布式网络的构建,人工智能的计算成本得以降低。

(6) 高速发展期

2006 年,深度学习被提出,人工智能再次得到突破性的发展;2010 年,移动互联网发展,人工智能应用场景开始增多;2012 年,深度学习算法在语音识别和视觉识别上实现突破,同时融资规模开始快速增长,人工智能商业化高速发展;2016 年,在以往被认为是机器

"无法取胜"的围棋比赛中,AlphaGo成功击败人类围棋世界冠军,这被认为是人工智能的重大突破。

2)技术上

从技术发展的角度来看,人工智能一直在曲折中发展。1956年达特茅斯会议上一群科学家通过集中讨论,引出了人工智能这个概念。之后,人工智能经历了短时间的萌芽期,人工智能的各种思路和设想被纷纷提出,使人们对人工智能美好的前景有着极高的期待。但是,随着时间的推移,在技术一直无法取得突破的情况下,人工智能领域曾看不到前进的方向。

1977年在第五届国际人工智能会议上,美国斯坦福大学计算机科学家费根鲍姆正式提出了知识工程的概念,随后各类专家系统得以发展,大量商品化的专家系统被推出。但好景不长,因为这些专家系统的学习能力非常有限,满足不了科技和生产提出的新要求,人工智能离人们的期待还有着很大的距离。在随后的20多年中,人工智能的发展几乎处于停滞不前的状态。

进入21世纪,科学技术在三个领域的发展使得人工智能这个曾被认为是空中楼阁的概念有了实现的可能,这三个领域是数据收集与整理、算法以及高性能计算技术。它们的代表就是大数据、机器学习和云计算。大数据解决了数据的来源问题;机器学习尤其是深度学习为人工智能的发展突破了算法的瓶颈,而以云计算为代表的分布式计算技术为这一切的实现提供了硬件上的可能。这使得人工智能技术走下神坛,成为现实。可以说,正是大数据、机器学习以及云计算的结合,才使人工智能获得真正意义上的诞生。

3.4.2 人工智能的核心技术

人工智能的核心技术主要包括计算、数据、算法三个方面的技术,如图3-25所示,具体体现在以云计算为代表的计算技术、以大数据为代表的海量数据采集和处理技术,以及以深度学习算法为代表的机器学习算法。

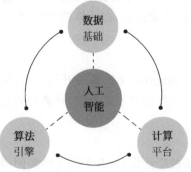

图 3-25 人工智能的核心技术

首先,人工智能对计算能力的要求很高,而以前研究人工智能的科学家往往受限于单机的计算能力,而需要对数据样本进行裁剪,以使得能够在单机中对数据进行建模和分析,导致模型的准确率降低。随着云计算技术和芯片处理能力的迅速发展,人们可以利用成千上万台机器进行并行计算,尤其是图形处理器(GPU)、FPGA 以及人工智能专用芯片(如 Google 的张量处理器 TPU)的发展为人工智能的落地提供了基础计算平台,使得人工智能的应用成为现实。

其次,随着互联网的飞速发展,在线数据变得非常丰富,多源、实时、大量、多类型数据可以从不同的角度对现实进行更为逼真的描述,而利用以大数据为代表的数据采集和处理技术可以挖掘数据之间多层次的关联关系,为人工智能的应用奠定数据源基础。

最后,算法的发展,尤其是神经网络之父 Geoffrey Hinton 于 2006 年发表的论文,开启了深度学习在学术界和工业界的研究和应用浪潮,基于人工神经网络的深度学习算法成为人工智能应用落地的核心引擎。

上述三个核心技术相辅相成,相互依赖,相互促进,使得人工智能有机会从专用的技术发展为通用的技术,融入到各行各业之中。

3.4.3　人工智能的应用领域

目前,人工智能的主要的应用领域包括计算机视觉、自然语言处理、智能机器人等。

1. 计算机视觉

计算机视觉主要是指利用当今快速发展的计算机技术对人类的视觉系统进行模拟,以能够确定物体的位置和运动状态,并能够识别物体,达到代替人类眼睛的目的。一般情况下,计算机视觉领域在应用人工智能技术时需要经过三个步骤:检测目标、识别目标、识别行为。现阶段,人工智能在计算机视觉领域中的典型应用是人脸识别系统、瞳孔识别系统和指纹识别系统。此外,人工智能在计算机视觉领域的物体场景识别方面尚没有成熟的技术和系统,这主要是由于物体具有复杂性和多样性的特点,虽然可以利用人工智能技术对物体的外貌和特征进行识别,但准确性不高,因而仍然需要对人工智能视觉技术展开更加深入的研究。

2. 自然语言处理

自然语言处理是人工智能的重要应用领域,其主要的研究内容为人机通过自然语言实现有效的互动,而其主要使用的技术为自然语言信息处理技术。人工智能在自然语言处理领域中的典型应用有客服服务、机器人聊天、机器同声传译等。在自然语言信息处理技术中,自然语言识别技术已经相当成熟,自然语言准确识别率基本上达到 95% 以上,百度、科大讯飞(https://www.iflytek.com)等公司对该技术均进行了积极且有效的应用。

3. 智能机器人

智能机器人主要是指由人类进行操控,但其自身具有比较发达的"大脑",能够独立进行自我控制的机器人。智能机器人主要包括:感觉要素,用于对外部环境进行识别;运动要素,用于与外部环境产生有效的互动;思考要素,用于对所接收到的外部信息进行处理,进而给出准确的回应。现阶段,服务机器人、工业机器人等智能机器人均已经得到了一定的应用,而且将来会有更加广阔的应用市场和发展空间,这是因为它能够给人类的生活带来较大的便利性。

除互联网企业外,一些传统金融机构、金融科技公司在人工智能领域也加大了投入,并在人工智能的垂直细分领域得到了快速发展。其开发的产品已应用于证券行业的智能投顾、量化交易、风险管理、信用评估、远程开户、票据影像识别等金融细分领域。

目前,人工智能就研究、解释和模拟人类智能、智能行为及其规律这一总目标来说,已经迈出了可喜的一步,某些领域已取得了很大的进展。但是从整个发展过程来看,人工智能仍面临着不少难题。人工智能在发展过程中所面临的难题主要有以下三个:一是计算机博弈的困难,尤其是对于博弈问题状态空间庞大,且存在多人对弈、随机性博弈的问题,目前计算机难以模拟实现;二是理论的不成熟,人工智能控制理论的发展存在不同的理论和算法只适用于特定领域或工程背景的问题,理论的通用性和可移植性较弱,到目前为止,人工智能理论的发展尚未形成一个完整而系统的理论结构框架;三是模式识别的困惑,目前人工智能理论和技术的发展远远达不到模拟人的识别手段和形象思维能力的程度,也难以处理非结构化的问题。

3.5　移动互联网技术

金融电子商务的兴起得益于互联网技术,金融电子商务的普及则得益于移动通信技术,得益于智能手机的普及,得益于移动互联网技术。

3.5.1　移动互联网概述

1. 移动互联网定义

移动互联网是将移动通信和互联网二者结合起来,成为一体。它是互联网的技术、平台、商业模式和应用与移动通信技术相结合的产物。

移动互联网第一次把互联网放到人们的手中,实现 24 小时随身在线的生活。信息社会给人类最大的承诺就是随时随地随身查找信息、处理工作、保持沟通、进行娱乐,这个承诺已经从梦想变成现实。就像中国移动的广告语所说——"移动改变生活",移动互联网给人们的生活方式带来翻天覆地变化。移动互联网成为当前推动产业和经济发展最强有力的技术力量。

2. 移动互联网的发展历程

讨论移动互联网的发展都是从 2000 年左右开始,可以划分为不同阶段,当然不同的人有不同的分法。但无论是 3 个阶段或者是 5 个阶段,都总体能够反映移动互联网发展的几个重要时段。

(1) 萌芽期(2000—2003 年)

2001 年 11 月,中国移动的"移动梦网"正式开通。当时官方的宣传称,手机用户可通过"移动梦网"享受到移动游戏、信息点播、掌上理财、旅行服务、移动办公等服务。

(2) 发展期(2003—2007 年)

自 2004 年移动互联门户开启后,先后出现了搜索、音乐、阅读、手游等领域的多种无线企业,在这个发展期,所有的企业其实都很迷茫,谁都不清楚未来是什么样子。而商业模式之争就成了当时热议的话题。

(3) 提速期(2007—2010 年)

在 2007 年,iPhone 和 Android 系列设备占领移动终端市场。有人说:"得终端者得天下。"所以不同厂商纷纷在移动互联网终端领域展开激烈竞争,以求掌握移动互联网的入口。

(4) 黄金增长期(2010—2013 年)

2009 年 1 月,工信部举办牌照发放仪式,确认国内 3G 牌照发放给三家运营商。在黄金增长期,涌现出一大批社交、阅读等领域的产品软件,如 iPad、新浪微博、微信等。而在 2011—2012 年,宽带中国战略全面启动,这使得宽带首次成为国家战略性公共基础设施。

(5) 全面发展期(2013 年至今)

在移动互联网全面发展的这一时期,又经历了三个阶段。

① 提供便捷生活服务场景,培养用户习惯。

② 通过内容布局提升用户黏性,注重变现和创新商业模式。

③ 多入口模式发展,超级巨头多元布局,各领域开始洗牌。

这短短的几年时间,移动支付、网约车、众筹、外卖、社交电商、新零售、共享单车、移动直播、短视频、小程序等出现在人们的视野中,让大家的生活质量得到了很大提升。

3. 移动互联网基本特点

与传统的 PC 互联网相比较,移动互联网具有五个鲜明的特性。

(1) 便捷性和便携性

移动互联网实际是一个立体的网络,GPRS、3G、4G 和无线局域网 WLAN 或 WiFi 构成的无缝覆盖,使得移动终端具有通过上述任何形式方便联通网络的特性;移动互联网的基本载体是移动终端。顾名思义,这些移动终端不仅仅是智能手机、平板电脑,还有可能是智能眼镜、手表、服装、饰品等各类随身物品。它们属于人体穿戴的一部分,随时随地都可使用。

(2) 即时性和精确性

由于有了上述便捷性和便利性,人们可以充分利用生活中、工作中的碎片化时间,接受和处理互联网的各类信息。不再担心有任何重要信息、时效信息被错过了。无论是什么样的移动终端,其个性化程度都相当高。尤其是智能手机,每一个电话号码都精确地指向了一个明确的个体,因此移动互联网能够针对不同的个体,提供更为精准的个性化服务。

(3) 感触性和定向性

这一点不仅仅是体现在移动终端屏幕的感触层面,更重要的是体现在照相、摄像、二维码扫描,以及重力感应、磁场感应、移动感应,温度、湿度感应等无所不及的感触功能。而采用基于位置的服务(Location Based Services,LBS)不仅能够定位移动终端所在的位置,甚至可以根据移动终端的趋向性,确定下一步可能去往的位置,使得相关服务具有可靠的定位性和定向性。

(4) 业务与终端、网络的强关联性和业务使用的私密性

由于移动互联网业务受到了网络及终端能力的限制,因此,其业务内容和形式也需要适合特定的网络技术规格和终端类型。在使用移动互联网业务时,所使用的内容和服务更私密,如手机支付业务。

(5) 网络的局限性

移动互联网业务在便携的同时,也受到了来自网络能力和终端能力的限制。在网络能力方面,受到无线网络传输环境、技术能力等因素限制;在终端能力方面,受到终端大小、处理能力、电池容量等的限制。

4. 移动互联网和 PC 互联网的区别

移动互联网已经完全渗入到人们生活、工作、娱乐的方方面面了。以上这 5 大特性,构成

了移动互联网与 PC 互联网完全不同的用户体验生态。移动互联网和 PC 互联网最大的区别是终端不同。移动互联网的终端是手机,随时随地移动,而 PC 互联网的终端是台式机,移动性较差。本质上讲,"小巧轻便"及"通讯便捷"的特点,决定了移动互联网与 PC 互联网的根本不同。虽然它们各自的发展趋势不同,但相互之间仍有许多关联之处。移动终端的发展,将会大幅替代目前作为上网终端主流的 PC,所以针对移动终端的特点(便携、屏幕尺寸、输入方式、拍照、定位等功能)会衍生出各类更先进的应用或解决方案。另一个需要注意的是,PC 作为主要的上网终端,真正的优势在于内容制作,而不是内容获取,所以 PC 未来会越来越变成少数人的工具,而不是现在的标配。

5. 移动互联网的应用领域

移动互联网的浪潮正席卷到社会的方方面面,新闻阅读、视频节目、电商购物、公交出行等热门应用都出现在移动终端上,在苹果和安卓应用商店的下载量已达到数百亿次,而移动用户规模更是超过了 PC 用户规模。这让企业级用户意识到移动应用的必要性,纷纷开始规划和摸索进入移动互联网,客观上加快了企业级移动应用市场的发展。当然在应用不断推广的过程中,也崛起了一批移动互联网公司。

移动互联网的应用主要有以下领域。

(1) 衣食住行

这些公司利用了吃喝玩乐本地化的特征,运用无线互联网给用户带来全新的感受。

(2) 健康和医疗行业

通过移动互联网感应设备,能够及时地反映健康和运动当中的一些数据,对用户来说就是巨大的体验改变。

(3) 通信

中国最重要的无线互联网应用是微信的崛起,这是巨大的创新。当然还有其他的各种即时通信软件。

(4) 搜索

这是非常传统的互联网应用,但已在手机上面有绝佳的展现。结合手机跟地理位置以及语言相关的搜索,在未来搜索市场里更有巨大的成长空间。

(5) 金融服务

比如支付宝、微信等支付,相互之间的竞争非常激烈。

(6) 游戏娱乐行业

手机游戏用户群是网游和网页游戏的综合,这是真正全面大众的游戏方式,而且可以把很多碎片时间利用起来。中国网游领域已经产生了多个大型企业。

(7) 广告传媒

手机上的广告传媒展现了跟传统互联网不同的形式,由于其精确性,在数据挖掘上有更强的开发能力。

(8) 垂直社交

垂直社交是对一群兴趣相投的人的交流方式的称呼。垂直社交与一般网络社交相比,会有针对性地投放广告和信息,能满足用户对某个方面的特别需求,也就是说垂直社交具有商业价值。在垂直社交领域,手机扮演了非常重要的角色。根据最新研究报告,垂直赛道未来依然存在"逆袭"的机会,产品创新、技术迭代均能获得新的增长水平。

（9）企业服务

移动互联网为企业服务带来了新的机会，非常重要的一个应用就是企业的社交，一个企业在商务环境当中也需要建立一个社交的网络，通过移动互联网、云端的应用可能会给企业带来更好的效果。

综合以上应用，可以总结出移动互联网应用的特点如下。

（1）手机成为娱乐终端

随着移动应用程序的普及，手机已经不再只是一个基本通讯和信息传递的终端，而是一个人们随身携带的娱乐终端。这一变化，催生了巨大的手机游戏娱乐产业。

（2）手机真正解决商业需求

可以说从 2011 年起，消费群体就逐步走入了移动生活。使用智能手机与平板电脑的用户群正以惊人的速度增长，用户的消费方式，消费习惯和消费行为都在随着移动互联网的发展而改变。

（3）移动搜索的广泛运用

移动搜索也已经成为人们生活中最重要的一种消费，最直接的表现就是几乎每个智能手机上都装有电子地图，已经成为人们衣食住行的标准配置。

（4）本地化趋势越来越强

移动互联网服务使人们可以"实时实地"获取各种信息，这也正是移动互联网的魅力所在。移动互联网在提供各种基础性的服务时，必须首先满足本地化服务需求。

6. 移动互联网发展趋势

（1）移动互联网超越 PC 互联网，引领发展潮流

移动互联网流量将占互联网流量主导。有线互联网是互联网的早期形态，移动互联网（无线互联网）是互联网的未来。PC 机只是互联网的终端之一，移动装置的普及是支撑移动互联网发展的关键，智能手机、平板电脑、电子阅读器已经成为重要终端。电视机、车载设备、冰箱、微波炉、抽油烟机、照相机，甚至眼镜、手表等穿戴设备，都正在变成终端。

（2）移动互联网和传统行业融合，催生新的应用模式

在移动互联网、云计算、物联网、人工智能等新技术的推动下，传统行业与互联网的融合正在呈现出新的特点，平台和模式都发生了改变。一方面可以作为业务推广的新手段，如食品、餐饮、娱乐、航空、汽车、金融、家电等传统行业的 App 和企业推广平台；另一方面也重构了移动端的业务模式，如医疗、教育、旅游、交通、传媒等领域的业务模式的改造。今天，在手机上完成飞机的座位选号、医院的看病挂号等都已经是非常普通的事了。

（3）移动互联网商业模式多样化

成功的业务需要成功的商业模式来支持。移动互联网业务的新特点为商业模式创新提供了空间。随着移动互联网发展应用的普及，网络、终端、用户等方面已经具备了坚实的基础，很多领域应用已经渡过了前期的培育期，不盈利的情况开始改变，移动互联网已融入主流生活与商业社会，移动游戏、移动广告、移动电子商务、移动视频等业务模式流量变现能力快速提升。移动互联网消费每年都在持续增长，固定互联网消费呈下降趋势。

（4）用户体验的不断改进

智能手机屏幕从不同大小屏幕的移动终端角度来看，其用户体验是不一样的，适应小屏幕的智能手机的网页应该轻便化、轻质化，它承载的广告也必须适应这一要求。目前大量互联网业务迁移到手机上，为适应平板电脑、智能手机及不同操作系统，开发出了不同的 App。技术

上看,HTML 5 的自适应能力较好地解决了不同大小、不同规格的屏幕阅读体验问题,但是还远未达到轻便化、轻质化、人性化的要求,仍缺乏良好的用户体验。另外,目前 iOS、Android 两大系统各自独立,相对封闭、割裂,这种隔绝不符合互联网互通互联的精神。不同品牌、类型的移动终端都应该能互联互通,这是用户的期待,也是发展趋势。

(5) 大数据挖掘成为蓝海,人工智能技术与产业结合推动爆发式增长

随着移动宽带技术的迅速提升,更多的传感设备、移动终端随时随地地接入网络,加之人工智能、云计算、物联网等技术的带动,中国移动互联网步入“大数据”时代。当前 BAT 等巨头调整组织架构,提升 to B 业务的战略地位,各家突破方向虽有不同,但投资布局都聚焦在产业互联网的技术基础层面,包括 AI、云计算、大数据、物联网等。目前的移动互联网领域,仍然是以精准营销为主,但未来随着大数据相关技术的发展,人们对数据挖掘的不断深入,针对用户个性化定制的应用服务和营销方式将成为发展趋势,它将是移动互联网的另一片蓝海。人工智能通过搭载移动终端,构建智慧生态,而以“移动互联网+人工智能+物流共享”为标志的智慧物流平台必能成为物流行业新趋势。

(6) 5G 商业化给行业带来冲击

5G 时代智能终端和物联网将最先受益,产业链上下游创新企业将迎来脱颖而出和弯道超车的机会。5G 将率先应用在视频内容消费、产业互联网、远程诊断、物联网、车联网等方面来变革用户的使用场景。

在移动互联网时代,传统的信息产业运作模式正在被打破,新的运作模式正在形成。对于手机厂商、互联网公司、消费电子公司和网络运营商来说,这既是机遇,当然也是挑战。而他们积极参与到移动互联网的市场竞争中,最终受益的是所有的使用者。

3.5.2　移动互联网技术架构

移动互联网的出现迎来了移动网和互联网融合发展的新时代,移动网和互联网的融合也会是在应用、网络和终端多层面的融合。为了能满足移动互联网的特点和业务模式需求,在移动互联网技术架构中要具有接入控制、内容适配、业务管控、资源调度、终端适配等功能。构建这样的架构需要从终端技术、承载网络技术、业务网络技术各方面综合考量。

1. 移动互联网的体系

如图 3-26 所示为移动互联网的典型体系架构模型。

1) 业务应用模块

提供给移动终端的互联网应用。这些应用中包括典型的互联网应用,比如网页浏览、在线视频、内容共享与下载、电子邮件等;也包括基于移动网络特有的应用,如定位服务、移动业务搜索以及移动通信业务(短信、彩信、铃音等)。

2) 移动终端模块

从上至下包括终端软件架构和终端硬件架构。

(1) 终端软件架构

包括应用 App、用户 UI、支持底层硬件的驱动、存储和多线程内核等。

(2) 终端硬件架构

包括终端中实现各种功能的部件。

3) 网络与业务模块

从上至下包括业务应用平台和公用接入网络。

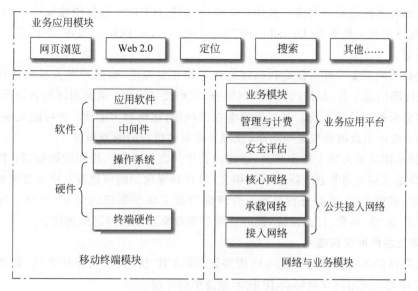

图 3-26　移动互联网的体系架构

（1）业务应用平台

包括业务模块、管理与计费系统、安全评估系统等。

（2）公共接入网络

包括核心网络、承载网络和接入网络等。

2. 移动互联网的业务模型

从移动互联网中端到端的应用角度出发,移动互联网的业务模型可分为五层。

（1）第一层　移动终端

支持实现用户 UI、接入互联网、实现业务互操作。终端具有智能化和较强的处理能力,可以在应用平台和终端上进行更多的业务逻辑处理,尽量减少空中接口的数据信息传递压力。

（2）第二层　移动网络

包括各种将移动终端接入无线核心网的设施,比如无线路由器、交换机、BSC、MSC 等。

（3）第三层　网络接入

网络接入网关提供移动网络中的业务执行环境,识别上下行的业务信息、服务质量要求等,并可基于这些信息提供按业务、内容区分的资源控制和计费策略。网络接入网关根据业务的签约信息,动态进行网络资源调度,最大程度地满足业务的 QoS（Quality of Service）要求。

（4）第四层　业务接入

业务接入网关向第三方应用开放移动网络能力 API 和业务生成环境,使互联网应用可以方便地调用移动网络开放的能力,提供具有移动网络特点的应用。同时,实现对业务接入移动网络的认证,实现对互联网内容的整合和适配,使内容更适合移动终端对其的识别和展示。

（5）第五层　移动网络应用

提供各类移动通信、互联网以及移动互联网特有的服务。

另外,技术团队要始终把安全放在第一位,竭尽全力保障投资人的资金安全与信息安全。参照国家信息系统安全等级保护的要求,制定综合的安全治理措施,主要包括 3 个方面。

一是基础技术设施安全建设。采用企业级防火墙、HTTPS数据传输加密、分布式数据存储与备份、抗分布式拒绝服务(Distributed Denial of Service,DDOS)攻击,跟踪最新漏洞,及时进行系统升级。

二是提高代码的安全性。制定代码规范和各种开发规范,确保开发人员能够写出安全的代码;开发代码扫描工具,扫描代码;代码审查,代码交叉审核;单元测试与自动化测试。

三是建立监控与反馈系统。及时发现潜在的问题,化被动为主动;为可能发现的问题,制定应急预案;监控重点敏感数据与功能,发现异常及时进行阻断和报警。

最后,技术团队要为整个技术平台,制定出长期的改善目标。比如应该包括:持续改善系统架构,更好地支持业务扩展;降低系统耦合,提升对变化的响应速度;建立更完整的公共平台、基础框架、基础类库,提高开发效率;合理地增加或减少系统间交互,提升系统性能稳定性;完善配置、监控、预警、日志系统,提升系统运维效率及发现问题的速度。

3. 移动互联网的关键技术

移动互联网的关键技术包括无线应用协议、移动IP技术、移动操作系统、移动标志语言等。这里仅对无线应用协议及移动IP技术做简单的介绍。

1) 无线应用协议(WAP)

无线应用协议(Wireless Application Protocol,WAP)是一项开放性、全球性的网络通信协议,它使移动互联网有了一个通行的标准,其目标是将互联网的信息及业务引入移动终端之中。

(1) WAP的产生和发展

无线应用协议(WAP)的提出和发展是基于在移动中接入互联网的需求。1997年6月,Phone.com与Nokia、Ericsson、Motorola合作建立了WAP论坛,目的就是为在移动通信中使用互联网业务制定统一的应用标准。WAP论坛成立后,受到业界的广泛关注,目前已有200多个公司加入成为论坛成员,包括全球最主要的电信运营公司、电信设备制造商和软件供应商。WAP论坛的成员代表了全球95%手机市场,数亿的手机用户。正是由于WAP论坛成员具有广泛的代表性,其制定的WAP规范具有大多数厂商设备可以互操作的特点,所以WAP有望成为业界广泛接受和使用的无线信息网络连接方式。

(2) WAP的体系结构

WAP系统包括WAP网关、WAP内容服务器和WAP移动终端,如图3-27所示。

图3-27　WAP的体系结构

其中WAP网关起着协议的翻译和转换作用,是联系无线通信网络与互联网的桥梁。网关与服务器之间是基于互联网的通信,即通过HTTP协议进行通信,这就意味着服务的提供者几乎可以不改变信息的内容,只要增加网点设备就可以向移动用户提供信息服务;WAP内容服务器存储着大量的信息,供WAP手机用户访问、查询、浏览。

典型的WAP应用系统定义了三类实体:具有WAP用户代理功能的移动终端、WAP网关/代理、源数据服务器。

（3）WTA 无线电话应用

除了无线应用环境和协议外，WAP 标准还定义了无线电话应用，它使得 WAP 可以很好地与目前电信网络中现存的各种先进电信业务相结合。图 3-28 描述了两种典型的 WAP 应用组网连接方式。

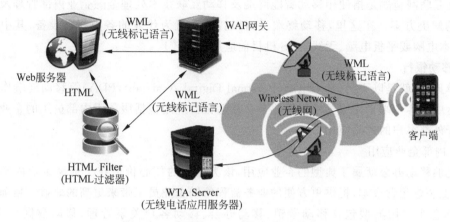

图 3-28　典型的 WAP 应用组网连接方式

（4）WAP 的应用

常见的 WAP 应用是使用具有 WAP 功能的移动终端直接连接互联网收发电子邮件，浏览交通状况、气象信息、娱乐资讯，或者与智能网结合访问计费、修改个人数据等。

WAP 最有潜力的应用是与金融结合，实现移动中的金融服务。例如，随时参与证券交易，使用移动网络银行业务，在移动中实现网上支付。以前你可能随身携带钱包、电话本、信用卡、手机等，而现在你只需携带一部具有 WAP 功能的移动电话，就可以满足打电话、付账、买车票、管理个人工作安排等各种需求。

2）移动 IP 技术

移动 IP 技术通过在网络层改变 IP 协议，从而实现移动计算机在互联网中的无缝漫游。移动 IP 技术使得节点在从一条链路切换到另一条链路上时，无须改变它的 IP 地址，也不必中断正在进行的通信。移动 IP 技术在一定程度上能够很好地支持移动电子商务的应用。

无线接入中的移动 IP 技术使得人们一直梦想的无处不在的多媒体全球网络连接成为可能，它适应了普遍计算时代的一切需求。可以肯定，基于移动 IP 技术的第五代移动通信系统和互联网网络相结合，提供高速、高质量的多媒体通信业务必将是大势所趋。

移动 IP 技术为移动节点提供了一个高质量的实现技术，可应用于用户需要经常移动的所有领域。如通过无线网络，用户的笔记本电脑可以随时随地上网，通过 IP 技术还可以与公司的专用网相连；扩展移动 IP 技术，还可以使一个网络移动，即把移动节点改成移动网络。它的实现可以简单地认为把原先的移动节点所做的工作改成移动网络中的路由器所做的工作，这种技术还会广泛地应用于轮船、列车等活动网络中。

移动 IP 不是移动通信技术和互联网技术的简单叠加，也不是无线语音和无线数据的简单叠加，它是移动通信和 IP 的深层融合，也是对现有移动通信方式的深刻变革。为适应快速增长的数据型业务需求，人们需要的是一个以包交换为基础的无线网络，这种新型网络结构正是移动 IP 未来的结构。移动 IP 将是移动技术和 IP 技术的深层融合，它将真正实现语音和数据的业务融合,移动 IP 的目标是将无线语音和无线数据综合到一个技术平台上传输,这一平台就是 IP 协议。移动通信的 IP 化进程将分为三个阶段:首先是移动业务的 IP 化;然后是移动网络的分组化演进;最后是在第三代移动通信系统中实现全 IP 化。

3.5.3　移动互联网在金融领域的应用

移动互联网金融是指使用移动智能终端及移动互联技术处理金融企业内部管理及对外产品服务的解决方案。在这里,移动终端泛指以智能手机为代表的各类移动设备,其中智能手机、笔记本电脑或平板电脑、无线 POS 机目前应用范围较广。

1. 移动银行

简单地说,就是以手机、掌上电脑(Personal Digital Assistant,PDA)等移动终端作为银行业务平台中的客户端来完成某些银行业务。移动银行应用包括服务于内部员工的企业应用以及服务于外部客户的产品应用。

(1) 内部企业应用

常见的移动办公就属于典型的企业应用,该类应用的核心价值在于提高企业内部的工作效率、降低企业运营成本,提供更方便的业务流程帮助企业员工带来更高的效益。目前常见的银行内部企业应用类型包含移动营销、移动办公、移动客户关系管理、移动数据报表、移动信贷。

(2) 外部产品应用

移动银行是银行提供的最常见的对外服务移动产品,该类应用的核心价值在于增加银行的服务渠道,在提供更方便的服务同时,不但大大降低了传统渠道的成本,还可以带来新的收益。另外,通过外部渠道还可以整合其他行业的资源,利用移动智能终端给予用户随身

图 3-29　常见的移动银行 App

性的便捷,将极大地增加边际效益。目前常见的银行外部产品应用类型包含移动银行、移动掌上生活、移动理财投资、移动支付。常见的移动银行 App 如图 3-29 所示。

2. 移动支付

移动支付是指交易双方为了某种货物或者服务,使用移动终端设备为载体,通过移动通信网络实现的商业交易。移动支付所使用的移动终端可以是手机、PDA、移动 PC 等。移动支付的产业链如图 3-30 所示。

3. 移动证券

移动证券就是通过基于移动通信网络数据传输功能的新一代无线应用炒股系统,使普通手机成为一个综合处理终端。只要手机在 GSM(Global System for Mobile communication,全球移动通信系统)/CDMA 网络覆盖范围内(可以接收信号),就可以查看股市行情、线路图等,掌控丰富的股市资源。与电话委托的"阻塞列表"和网络上的"线路不能连接"相比,移动电话在下单速度和线路畅通的可靠性上都更胜一筹。因此,目前除了柜台、电话委托和网上这三种方式外,最受股民欢迎的方式就是使用快捷、方便的手机委托交易了。常见的移动证券 App 如图 3-31 所示。

4. 移动保险

移动保险是指保险企业采用移动网络来开展一切活动的经营方式,它包括在保户、政府及

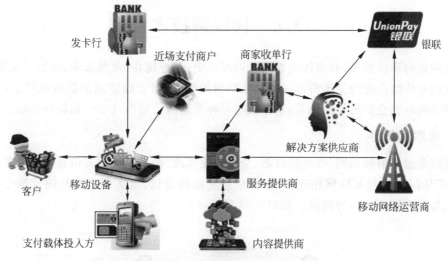

图 3-30　移动支付产业链

图 3-31　常见的移动证券 App

其他参与方之间通过移动设备来共享结构化和非结构化的信息,并完成商务活动、管理活动和消费活动。常见的移动保险 App 如图 3-32 所示。

图 3-32　常见的移动保险 App

移动保险的最终目标是实现电子交易,即通过移动网络实现投保、核保、理赔、给付。具体来讲,移动保险的应用范围主要包括以下几个方面。

(1) 移动报价

保险公司和一些分支机构将公司简介、公司险种、受保说明、服务内容等公司信息进行发布,让用户通过终端设备可以方便快捷地进行浏览、查询。

(2) 移动咨询

保险公司可以通过移动网络来实时解答客户提出的各种保险问题,宣传保险知识。保险公司可以随时以短信等方式向客户传递有关保险的各种信息。

(3) 移动投保

只要投保人将自己的姓名、性别、年龄、职业及需求保险意向等信息输入到保险公司的移动网络上,保险公司的网络系统就会自动从保险产品中为投保人设计一种最佳的保险计划。如果获得投保人同意,即可以完成一份移动投保单,如果保险公司同意承保,即可以通过短信或电子邮件方式予以确认。当保险费通过移动银行划入保险公司后,该份保险合同即可生效。

3.6 物联网技术

物联网面向实体世界,对实体世界进行追踪历史、把控现在、预测未来,改变了实体产业本身。物联网对传统产业的变革将远远超过互联网的影响,对金融领域的影响也将是广泛和深远的。物联网以其全新的架构体系,正在催生一种全新的金融模式——物联网金融。

3.6.1 物联网概述

物联网是通过射频识别、红外感应器、全球定位系统、激光扫描器等信息传感设备,按约定的协议,把任何物品与互联网相连接,进行信息交换和通信,以实现对物品的智能化识别、定位、跟踪、监控和管理的一种网络。如图 3-33 所示。

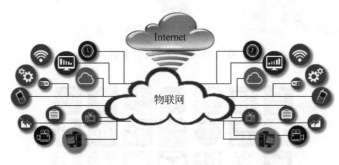

图 3-33 物联网示意图

物联网即"万物互联的互联网",是在互联网基础上延伸和扩展的网络,它将各种信息传感设备与互联网结合起来而形成的一个巨大网络,实现在任何时间、任何地点,人、机、物的互联互通。

物联网是新一代信息技术的重要组成部分,IT 行业又称之为"泛互联",意指物物相联,万物互联。由此,"物联网就是物物相连的互联网"。这里有两层意思:第一,物联网的核心和基础仍然是互联网,是在互联网基础上的延伸和扩展的网络;第二,其用户端延伸和扩展到了任何物品与物品之间,进行信息交换和通信。

物联网作为继计算机、互联网后信息产业革命的第三次浪潮,早已渗透到社会生产经营的方方面面,更是对社会、经济中枢的金融行业产生深远影响。金融物联网是指物联网技术在金融行业的全部应用。从一项或一组物联网技术对金融企业的内部管理支持和流程优化,到完整的物联网商业应用场景与金融企业具体业务的结合,再到多维度、全链条的智慧网络建设及数据应用推动的金融模式变革与创新,显示出巨大的威力。物联网技术在金融领域的应用不断深化,也带动相关产业呈现出强劲的发展势头。

金融机构利用以物联网为核心的信息技术,进行金融信用、杠杆、风险和服务的创新,从而深刻变革银行、证券、保险、租赁、投资等众多金融领域的原有业务模式。其中,物联网技术对于金融信用体系的创新,体现在金融机构在物联网技术支撑下,重构其与监管部门、非金融企业、服务对象等相关参与者之间的新型信用体系;物联网技术对于金融资本杠杆的创新,体现在金融机构通过构建物联网技术应用场景来引导更多的参与者投入实体经济,推动单一的金融资本杠杆向多样性的资本、技术等资源组合杠杆的转变;物联网技术对于金融风险管理的创新,体现在金融机构通过共享实体经济的物联网数据信息,实现智能客观的风险定价;物联网技术对于金融产品服务的创新,体现在金融机构利用物联网技术实时地获取客观的市场需求,进而动态地调整金融服务,推动被动的融资服务向主动的融资融智服务转变。

金融物联网包含了物联网技术、金融服务以及实体经济的生产运营场景等基本要素。其中,金融和物联网技术是金融物联网的两个核心要素,相辅相成,互为支持;而实体经济的生产运营场景则是金融物联网的现实载体,金融服务与物联网技术在其中作为基础要素融入实体经济的商品或服务中。金融物联网构成的新型生产关系,因其高度的开放、协作以及全面的去中介化,使得信用、跨期价值交易的成本无限下降,产品服务边际成本趋近于零,业态边界也将趋于无穷大,可以扩张到所有的社会生活、生产和运营中,甚至囊括了所有的商业和非商业参与者。

3.6.2 物联网的关键技术

1. 物联网技术框架

从技术的角度来说,物联网技术主要有四个层面,如图 3-34 所示。

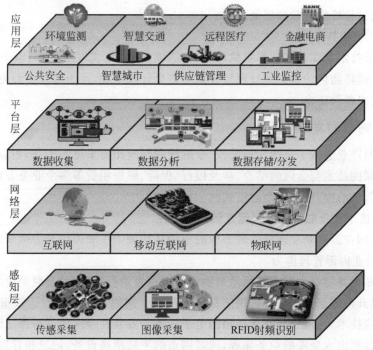

图 3-34 物联网技术框架

（1）感知层

第一层是感知层,就是"物"的层面,此层面包含传感器、网关、终端硬件等。物联网的数据在这个层面从各种设备中被感知和产生。

（2）网络层

第二层是网络层。各种物理设备,通过各种方式进行组网,形成了物联网的初级形态。

（3）平台层

第三层是数据采集和分析层,也称平台层。数据在第三层中被集中采集到一个计算中心,通常是云计算平台,进行数据整理和计算,从而得到有用的分析结果。可以说第三层是物联网的灵魂。

（4）应用层

第四层是分析结果的展现和应用。这一层完成物联网结果的反馈和与其他系统的对接，给生产、生活带来实质帮助。以上 4 个层面组成了在各行各业实现物联网方案的基本技术框架。

2. 物联网的关键技术

物联网可以将物体的信息上传到互联网，这项功能的实现主要依赖 3 项核心技术：射频识别技术、传感器技术和嵌入式系统技术。

（1）射频识别技术

射频识别技术可以读取每个物体的"身份证"（RFID 标签）。即通过射频识别技术对物体属性进行标志，属性包括静态属性和动态属性，静态属性可以直接存储在 RFID 标签中，动态属性需要先由传感器实时探测。

（2）传感器技术

传感器技术能将射频识别技术采集到的"身份信息"（模拟信号）转化为适合网络传输的数字电信号，再通过计算机进行数据处理。

（3）嵌入式系统技术

嵌入式系统技术是综合了计算机软硬件、传感器技术、集成电路技术、电子应用技术为一体的复杂技术，可将物体的信息通过网络传输到信息处理中心，再由处理中心完成物体通信的相关计算，并发出各种指令。

3.6.3 金融物联网发展情况

当前物联网产业进入了飞速发展阶段，金融物联网应用方案逐步丰富，相应金融业务模式渐成体系。物联网技术与金融的结合，涉及银行、保险、融资租赁等多个业务方向，既有对这些机构内部运营管理的提升，也有金融模式的创新。

1. 物联网技术在金融企业内部运营管理的应用

目前，物联网在金融企业运营管理方面的应用从功能上主要可以分为两个维度。

（1）提高企业内部管理能力

物联网感知设备能够实时不间断地对物体状态信息进行反馈，对金融企业的安全防卫、突发事件反应、提升内部运营效率等提供了很好的帮助。例如，RFID 银行运钞箱管理系统采用远距离射频感应技术，通过安装在运钞箱的电子标签与安装在金库的读写器之间的射频通信，记录和管理运钞箱出入金库的业务流程，通过网点的手持便携设备，记录和管理各个营业网点的运钞箱，实现了银行运钞箱在金库与营业网点间的自动化管理，提高了银行运钞箱管理效率与安全性，提升了银行的综合竞争力。

另外，金融物联网还能提升金融企业内部重要资料的管理能力，比如部分银行和保险公司采取的档案盒电子标签，不但可以实现业务进度查询、处理意见读写和流程时效管理，还能为内部服务计价、风险追责等提供佐证。

（2）提升服务质量和客户体验

物联网信息的传送是建立在物与物之间，减少了人为的影响，对保障金融信息传输安全有很好的效果。例如，集成电路卡（IC 卡）、移动支付的兴起以及指纹、虹膜支付的逐步应用都是物联网技术在金融支付安全领域的应用体现。物联网不但保障信息传输的安全，还可以利用感知设备收集的真实数据集，延伸出更多的、特色化的应用形式，极大地提升金融企业的客户体验。例如,远程开卡机通过摄像等读取设备提高了客户开卡的效率;微软研发的金融产品信息桌通过物联网技术可以智能地向客户展示金融产品信息及提供更多金融服务资讯,客户甚至可以在信息桌上完成金融产品或服务的购买。

2. 物联网技术与供应链金融业务的结合

物联网技术在帮助不同产业优化升级的过程中,发展出来的管理功能和数据信息可以帮助金融企业优化风险管理、简化业务操作流程,并推动产品创新。RFID、智能视频、工业二维码等物联网技术能够对商品流转、仓储进行实时的识别、定位、跟踪、监控等系统化、智能化管理,使得金融机构能够从时间、空间两个维度全面感知和监控动产的存续状态和变化过程,有效地提升了供应链金融业务风险管理和操作效率。

(1) 物联网在汽车供应链金融中的应用

平安银行依托自身在汽车供应链金融领域的优势,在"车厂—供应商"供应链融资环节,引入了物联网传感系统和智能监管系统,开创了物联网技术下"智能监管库存融资"模式,实现了技术监管对人工现场监管的优化升级、银行信贷业务模式的重塑和优化,极大地降低了人力成本和道德风险,并为银行风险管理提供了强劲的大数据支撑。

(2) 大宗商品动产融资

银行与大型港口、公共仓库等仓储物流企业建立战略合作,采用智能仓储监管方案,对钢铁、有色、石油、化工等大宗商品仓库进行物联网改造升级,实现对动产融资业务项下抵、质押物的实时动态监管,赋予动产以不动产的属性,囊括静态仓储和动态物流中的大宗商品,真正激活交易商品的金融属性。

(3) 交易见证及配套金融服务

伴随商品交易线上化的全面普及,贸易真实性问题成为限制交易配套金融服务发展的主要因素。电子交易平台、仓储物流企业、金融机构等应用物联网技术将线上信息化交易过程与线下商品实物的交割连接在一起,使得商品交易、实物交割与金融机构的资金监管、支付清算等服务匹配,达到交易信息流、物流和资金流的统一。

将 RFID、重力感应器等物联网设备应用在高价值类商品的仓储物流中,可以实时读取线下交易商品品名、规格及数量等信息,准确监测货物的库存和物流状态,并将物联网化的仓储、物流信息系统与线上交易信息系统直连,为买卖双方动态掌控交易商品类别、快速判断交易时机提供了有效支撑,由此配置的交易见证、支付结算及供应链融资等金融服务也顺势得到了很好的发展。

(4) 仓单认证、交易及配套金融服务

由于近年来的虚假仓单、重复质押及监管过失等问题使仓单的交易及融资陷入了发展困境,频发的风险事件在影响行业信用体系的同时,也影响了商品交易的活跃度。交易市场、交割仓库、期货公司及银行等应用物联网技术将大宗商品实物与电子仓单绑定,使得仓单信息能根据实物的物理变动、权属变化等进行实时调整,并用套期保值交易锁定仓单价值,进而实现大宗商品实物交易及融资的单证化和线上化。

目前已有多家机构在进行仓单物联网化的研究和推动工作,其中有仓储机构、有大宗商品核心厂商,也有一些其他第三方机构,都致力于通过互联网、物联网及大数据等新兴技术,对仓单及其线下货物的相关信息进行动态、持续、统一地登记公示,逐步形成了集仓单认证、仓单征信、仓单保险、仓单交易及投融资于一体的仓单服务方案。

3. 物联网技术与保险的结合

对保险业来讲,精算最大的困难是无法获得准确全面的风险数据,物联网技术的应用和普及,将深刻地改变保险业态,让消费者更受益的精准定价保险产品时代已经开始萌芽,实时核保、实时定价等新技术应用,将使"一车一价"车险、带病投保健康险、弹性保额重疾险、防误导销售等变得可行。

平安产险、百度与车载诊断系统(On-Board Diagnostic,OBD)制造商元征科技公司在车联网保险方面建立了合作,共同推出基于 OBD 与位置服务(Location Based Service,LBS)技术的车联网智能硬件——百度地图版(Golo),通过对车主行驶数据的持续分析,为其提供便捷、快速、个性化的车险服务,并通过与汽车产业链上各方参与者的信息共享,围绕汽车的"买、卖、养、用、玩"等场景,提供汽车按揭、安全咨询、加油、洗车等多元化服务。

此外,针对个人的寿险和健康险方面,保险行业也已开始尝试运用物联网技术,并催生出新的商业价值。例如,众安保险推出的一款基于日常慢跑的重疾险产品,就是将客户每天慢跑达标情况与保费优惠结合起来。这一看似简单的变革,却是保险精算传统的一大突破,改变了传统保险产品固定费率、固定保障、无法细分人群的旧模式,极大地提升了客户体验和实效。

本 章 小 结

金融电子商务的 IT 技术背景除了传统的计算机、网络和现代金融设备外,大数据、云计算、区块链、人工智能、移动互联网、物联网等新一代信息技术正在与金融行业不断整合,并促使金融电子商务向纵深发展。大数据指无法在一定时间范围内用常规软件工具进行捕捉、管理和处理的数据集合,是需要新处理模式才能具有更强的决策力、洞察发现力和流程优化能力的海量、高增长率和多样化的信息资产;大数据具有大量、多样、高速、可变、真实、价值等特征;随着大数据技术的快速发展,大数据在金融业的应用场景正在逐步拓展,在风险控制、运营管理、销售支持和商业模式创新等细分领域都得到了广泛的应用。云计算是由分布式计算、并行处理、网格计算发展而来的,是一种新兴的商业计算模式;云计算经历了电厂模式、效用计算、网格计算和云计算 4 个阶段;云计算具有大规模、分布式、虚拟性、可用性、扩展性、个性化、低成本、安全性等特点;云计算使用了许多技术,其核心技术有编程模型、海量数据分布存储技术、海量数据管理技术、虚拟化技术和云计算平台管理技术;当前,云计算已引发金融领域重大变革,是金融科技的重要组成部分。区块链技术是指通过去中心化和去信任的方式集体维护一个可靠分布式共享数据库的技术方案,是构建去中心化可信环境的基础协议;去中心、去中介是区块链最本质的特征;区块链技术所解决的问题可用 4 个字概况:"记账"+"认账";"记账"的方式采用分布式,包括分布式记账、分布式传播和分布式存储;"认账"的方式采用去中心机制+共识机制;区块链用到的核心技术包括"区块+链"的数据结构、开源去中心化协议、非对称加密技术和智能合约;区块链技术在金融领域的应用包括数字货币、数字票据、跨境支付、数字资产、金融交易、融资众筹、供应链金融、互助保险、按揭业务等。人工智能是一门研究、开发用于模拟、延伸和扩展人的智能的理论、方法、技术及应用系统的新技术科学;人工智能的发展几经波折,在 21 世纪大数据和云计算技术发展之后才逐渐走上正轨,其主要的应用领域包括计算机视觉、自然语言处理、智能机器人等;人工智能主要面临 3 个问题:计算机博弈的困难、理论的不成熟以及模式识别的困惑。金融电子商务的兴起得益于互联网技术,金融电子商务的普及则得益于移动通信技术,得益于智能手机的普及,得益于移动互联网技术。移动互联网是指用户可以使用手机、笔记本电脑等移动终端,通过协议接入互联网;移动互联网在金融领域的应用包括移动银行、移动支付、移动证券、移动保险等。物联网是通过射频识别、红外感应器、全球定位系统、激光扫描器等信息传感设备,按约定的协议,把任何物品与互联网相连接,进行信息交换和通信,以实现对物品的智能化识别、定位、跟踪、监控和管理的一种网络;物联网技术框架包括感知层、网络层、平台层和应用层,其核心技术包括射频识别技术、传感器技术和嵌入式系统技术;物联网技术与金融的结合,涉及银行、保险、融资租赁等多个业务方向,既有对这些机构内部运营管理的提升,也有金融模式的创新。

案例阅读

第4章 电子货币与电子支付

 【本章内容】

电子货币
- 电子货币的产生与发展
- 电子货币的类型
- 电子货币的特征与职能

电子支付
- 电子支付概述
- 电子支付系统
- 移动支付
- 电子支付网络

 【学习目标】

知识目标	能力目标
◇ 掌握各类电子货币的特征 ◇ 理解电子货币的职能 ◇ 掌握电子货币的运作机制 ◇ 掌握电子支付系统的基本概念和运作机制 ◇ 了解各种电子支付网络	◇ 能够熟练使用微信支付等主要移动支付工具 ◇ 能够针对不同的电子商务业态选择合适的支付模式 ◇ 能够结合电子支付系统的特征编制营销策划方案

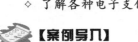 【案例导入】

比 特 币

比特币(Bitcoin)的概念最初由一个自称中本聪(Satoshi Nakamoto)的人在 2008 年提出。他在一个密码学网站的邮件组列表中发表了一篇题为 *Bitcoin：A Peer-to-Peer Electronic Cash System* 的开创性论文,时值次贷危机蔓延,政府的不良政策也令金融体系更加混乱,招致民众不满,中本聪认为现行的货币体系中存在内生性的受制于"基于信用的模式"(trust based model)的弱点,于是"去中心化"的思想应运而生,比特币系统就是这一理念的实践。随后,他把密码学原理、对等网络技术(Peer-to-Peer,P2P)和开源软件相结合,开发出比特币应用体系。2009 年 1 月 3 日,他发行了 50 个比特币,比特币就此问世,随后比特币应用系统在开发人员的共同努力下逐渐完善。

比特币的本质其实就是一堆复杂算法所生成的特解。特解是指方程组所能得到有限个解中的一组。而每一个特解都能解开方程并且是唯一的。以钞票来比喻的话,比特币就是钞票的冠字号码,当你知道了某张钞票上的冠字号码,你就拥有了这张钞票。而挖矿的过程就是通过庞大的计算量不断地去寻求这个方程组的特解,这个方程组被设计成了只有 2100 万个特解,即比特币的上限就是 2100 万个。从发布之日起,每 10 分钟产生 50 个比特币,但产量每 4 年会减半,即发布 4 年后,每 10 分钟产生 25 个比特币,发布 8 年后,每 10 分钟产生 12.5 个比特币,这些新产生的比特币属于制造比特币的人。这就是比特币的理论。

(资料来源:百度百科)

4.1 电子货币

随着社会生产力的提高,社会商品交换的需求和数量在不断增长,货币的形态也从贝壳、贵金属、普通金属,发展到纸币和票据,再发展到今天的电子货币。以计算机技术为核心的信息技术的发展,引起了人们的生产和生活方式的巨大变革,也推动了货币形态的发展。为适应电子商务的发展,人们开发出了形形色色的电子支付手段和工具——电子货币,也有人称为电子通货、数字现金、数码通货、电子现金等。人们所称的"电子货币"所含范围极广,如信用卡、储蓄卡、借记卡、IC 卡、消费卡、电话卡、煤气卡、电子支票、电子钱包、网络货币、智能卡等,几乎包括了所有与资金有关的电子化支付工具和支付方式。

4.1.1 电子货币的产生与发展

随着科学技术的进步和生产力水平的进一步提高,商品生产进入现代化的大规模生产,经济结构也发生了重大变化,商品流通渠道迅速扩大,交换日益频繁,尤其是在经济全球化进程不断加快以及信息技术的快速发展下,大规模的商品生产和商品流通对货币支付工具提出了新的要求,迫切要求有一种新的、先进的货币工具与高度发达的商品经济相适应。于是,在高度发达的信用制度和技术条件下,一种新型的货币形式——电子货币,便应运而生了。

1. 货币形态的演进

货币的演进与发展是伴随着人类社会历史的演变进行的,货币从"真实价值"到"名义价值"的整个演变过程都体现着社会生产力的发展和进步。纵观货币的发展历史,货币形态按货币价值与币材价值的关系,可以分为商品货币、代用货币、信用货币、电子货币和虚拟货币。

1) 商品货币

商品货币是兼具货币与商品双重身份的货币。它在执行货币职能时是货币,不执行货币职能时是商品。它作为货币用途时的价值与作为商品用途时的价值相等,又称足值货币。在人类历史上,商品货币主要有实物货币和金属货币两种形态。

(1) 实物货币

实物货币是货币形式发展最原始的形式,与原始、落后的生产方式相适应。作为足值货币,它是以其自身所包含的内在价值同其他商品相互交换。从形式上来看,实物货币是自然界存在的某种物品或人们生产的某种物品,并且是具有普遍接受性、能体现货币价值的实物。如古希腊时的牛和羊,非洲和印度的象牙,美洲土著人和墨西哥人的可可豆,中国的贝壳和牲畜等。作为一般等价物,这类实物充当货币,同时又具有商品的价值,能够供人们消费。

这些实物货币对人类商品交换来说,很不方便和不安全。同时,实物货币本身存在着难以消除的缺陷,它们或体积笨重,不便携带;或质地不匀,难以分割;或容易腐烂,不易储存;或体积不一,难于比较。可见,它们不是理想的交易媒介,随着商品经济的发展,实物货币逐渐退出了货币历史舞台。

（2）金属货币

金属冶炼技术的出现与发展，为实物货币向金属货币转化提供了物质条件。凡是以金属为币材的货币都可以称为金属货币，铜、铁、金、银等都充当过金属货币的材料。各国采用何种金属作为法定货币，往往取决于该国的矿产资源状况、商品交换的规模、人们的习俗等因素。我国的金属货币最初由贱金属（如铜）充当，古铜币有刀币、布币、铲币、环钱等，后来逐渐固定在金、银上。金属充当货币材料采取过两种形式：一是称量货币，二是铸币。

与实物货币相比，金属货币具备耐久性、轻便性、可分性（或可加工性）、价值统一（或均质性）、携带起来较为方便等优势。但是金属货币也有难以克服的弊端，就是面对不断增长的商品来说，货币的数量却很难保持同步增长，因为金属货币的数量受金属的贮藏和开采量的先天制约，因此在生产力急速发展时期，大量商品往往由于货币的短缺而难以销售，引发萧条；同时，金属货币在进行大额交易时不便携带，仍有笨重之嫌，而且也不安全，这些都影响了金属货币的使用。

2）代用货币

代用货币，通常作为可流通的金属货币的收据，一般指由政府或银行发行的纸币或银行券，代替金属货币参加到流通领域中。换言之，这种纸币虽然在市面上流通，但都有十足的金银做准备，而且也可以自由地向发行机关兑换金币、银币。可兑换的银行券是代用货币的典型代表。银行券首先出现于欧洲，发行银行券的银行保证随时按面额兑付货币。

代用货币就实质特征而论，其本身价值就是所代替货币的价值，但事实上，代用货币本身价值低于（甚至远远低于）其所代表的货币价值。

相对于金属货币，代用货币不仅具有成本低廉、更易于携带和运输、便于节省稀有金银以移作他用等优点，而且还能克服金属货币在流通中所产生的问题，如"劣币驱逐良币"问题。代用货币再演化的结果就是信用货币。

小资料 4-1

"劣币驱逐良币"与"良币驱逐劣币"

"劣币驱逐良币"是经济学中的一个著名定律。该定律是这样一种历史现象的归纳：在铸币时代，当那些低于法定重量或者成色的铸币——"劣币"，进入流通领域之后，人们就倾向于将那些足值货币——"良币"，收藏起来。最后，良币将被驱逐，市场上流通的就只剩下劣币了，这一现象也称"格雷欣现象"。

"劣币驱逐良币"的现象在现实生活中也比比皆是。比如说，平日乘公共汽车或地铁上下班，规矩排队者总是被挤得东倒西歪，几趟车也上不去，而不守秩序的人反倒常常能够捷足先登，争得座位或抢得时间。最后遵守秩序排队上车的人越来越少，车辆一来，众人都争先恐后，使得每次乘车如同打仗，苦不堪言。再比如，在有些"大锅饭"盛行的单位，无论水平高低、努力与否、业绩如何，所获得的待遇和奖励没有什么差别。于是，年纪轻、能力强、水平高的人就都另谋高就去了，剩下的则是平庸之辈，敷衍了事。这也是"劣币驱逐良币"的一种现象。

　　另外,还有一个相反的法则,在一个完全自由的外汇市场,亦即没有任何法律强制干预的市场,在各种货币之间,并没有一定的法定比价存在,而这些货币之间价值各不相同,其中走势坚挺、含金量较高的货币被认为是硬通货,即"良币";反之,走势疲软的货币被认为是软通货,即"劣币"。在国际贸易当中,人们往往乐意接受硬通货,即"良币",而不愿意要软通货,即"劣币",从而优胜劣败,形成了"良币驱逐劣币"的局面。此可谓"格雷欣现象"的反例,也可称为"反格雷欣现象"。

　　3) 信用货币

　　信用货币就是以信用作为保证,通过信用程序发行和创造的货币。信用货币本身已脱离了金属货币,成为纯粹的货币价值符号,是一种债务型的货币。一般而言,信用货币作为一般的交换媒介,须有两个条件:一是人们对此货币的信心,二是货币发行的立法保障,二者缺一不可。

　　从历史的观点看,信用货币是金属货币制崩溃的直接后果。20 世纪 30 年代,由于世界性的经济危机接踵而至,各主要经济国家先后被迫脱离金本位和银本位,所发行的纸币不能再兑换金属货币,于是产生了信用货币。信用货币是代用货币进一步发展的产物,同代用货币一样,其自身价值也远远低于货币价值,区别在于信用货币不再像代用货币那样,以足值的金属作保证,而是以信用作保证,由政府强制发行,并且是法偿货币,任何人都必须接受。

　　信用货币的主要形式有纸币、辅币和银行存款货币。

　　(1) 纸币

　　其发行权为政府或金融当局专有,发行机关因各国各异,多数是中央银行和货币管理局发行。其主要功能是承担人们日常消费品的购买手段。我国著名的纸币——四川的"交子"是世界上最早的纸币。

　　较之实物货币和金属货币,纸币的最大好处就是携带方便,但随着高科技影印技术的发展,伪币的出现使其安全性越来越得不到保证。

　　(2) 辅币

　　辅币,即辅助货币,是指本位币单位以下的小额货币,辅助大面额货币的流通,供日常零星交易或找零之用。它的特点是面额小、流通频繁、磨损快,故多用铜、镍及其合金等贱金属铸造,也有些辅币是纸质的。辅币一般是有限清偿货币,即每次交付的辅币数量有一定限制,超过限额,收方可以拒收。不少国家规定辅币和主币一样具有无限清偿的能力,我国采取了这种做法。

　　(3) 银行存款货币

　　存款是货币存在的一种形态,是存款人对银行的债权,对银行来说是银行的债务。在信用发达的国家,交易总量的绝大多数采用银行账户间的相互转账或支票支付。银行存款是一种重要的信用工具。

　　4) 电子货币

　　伴随着迅速发展的电子商务而出现的电子货币,从某种意义上代表了货币发展的未来。

　　关于电子货币的定义,巴塞尔银行监管委员会的定义较有概括(代表)性:电子货币是指在零售支付机制中,通过销售终端、不同的电子设备之间以及在公开网络(如互联网)上执行支付的"储值"或"预付支付机制"。所谓"储值",是指保存在物理介质(硬件或卡介质,如智能卡、多功能信用卡等)中用来支付的价值。这种介质亦被称为"电子钱包",它类似于普通钱包,当其储存的价值被使用后,可以通过特定设备向其追储价值。"预付支付机制"则是指存在于特定软件和网络中的一组可以传输并可用于支付的电子数据,通常被称为"数字现金",它由二进制数据(位流)和数字签名组成,可以直接在网络上使用。

5) 虚拟货币

网络虚拟货币是随着网络经济和电子商务的迅猛发展而产生的一种新型支付工具和交易媒介,主要是为了满足互联网用户在购买虚拟商品和服务时的电子化微型支付的需要。它是以互联网电子信息为载体,只具备货币的部分功能和特征,是一种具有购买力的近似货币。

电子货币和虚拟货币都属于数字货币,是依赖于互联网而产生的两种不同的货币。

按照以上所述,大致可以把货币形态的发展分为五个阶段,如表 4-1 所示。

表 4-1　货币形态的发展阶段

货币的阶段	货币的性质	货币的表现形式	货币的特点
实物货币	货币发展的最原始形式,用常见的大家都普遍接受的商品作为固有的一般等价物	贝壳、布帛、牛、羊、兽皮、盐、可可豆	体积笨重,不便携带;或质地不匀,难以分割;或容易腐烂,不易储存;或大小不一,难于比较
金属货币	实体货币,弥补了实物货币的不足,又满足了当时商品交换的需要	铜、白银、黄金	单位体积价值高、价值稳定、质量均匀而易于分割、耐磨损、便于储藏等优点
代用货币	实体货币,作为货币物品本身的价值低于其代表的货币价值	不足值的铸币、政府或银行发行的纸币和票据	十足的贵金属符号,可以自由地向发行单位兑换贵金属货币
信用货币	以信用作为保证,由国家强制发行的货币符号,通过信用程序发行的货币	纸币和小面额硬币	完全割断了与贵金属的联系,国家政府的信誉和银行的信誉是基本保证
电子货币	一种抽象的货币概念,以电子信号为载体的货币	信用卡、电子现金、电子支票、比特币、游戏币等	无面额约束,提高货币流通效率,降低货币流通费用

货币虽然产生于商品,但货币的本质并不是商品,而是一种社会契约和价值共识。随着社会经济发展的不断深入,货币形式逐渐从有形货币向无形的电子货币和虚拟货币转化,货币也由此逐步摆脱有形商品的束缚,直接体现出作为社会契约和价值共识的本质。

2. 电子货币的产生

电子货币自出现以来,至今仅 30 余年,但作为电子货币外在形式之一的信用卡和电子资金传输系统则早已存在。

(1) 信用卡的产生

最早的信用卡出现于 19 世纪末。19 世纪 80 年代,英国服装业发展出所谓的信用卡,随后,旅游业与商业部门也都跟随这个潮流。但当时的卡片仅能进行短期的商业赊借行为,款项还是要随用随付,不能长期拖欠,也没有授信额度。

真正意义上的银行信用卡是美国富兰克林国民银行于 1952 年发行的信用卡。继富兰克林国民银行之后,1959 年美国的美洲银行在加利福尼亚州发行了美洲银行卡。此后,许多银行加入了发卡银行的行列。到了 20 世纪 60 年代,银行信用卡受到社会各界的普遍欢迎,并得到迅速发展,信用卡不仅在美国,而且在英国、日本、加拿大以及欧洲各国也盛行起来。从 20 世纪 70 年代开始,中国香港、中国台湾、新加坡、马来西亚等地区也开始办理信用卡业务。

经过 50 多年的发展,信用卡已在全球 95％以上的国家和地区得到广泛受理。

20 世纪 80 年代,随着改革开放和市场经济的发展,信用卡作为电子化和现代化的消费金融支付工具,开始进入中国。中国银行珠海分行于 1985 年发行的中银卡是我国国内发行的第一张信用卡。之后,各商业银行相继发行了长城卡(中国银行,1987 年发行)、牡丹卡(中国工商银行,1989 年发行)、龙卡(中国建设银行,1990 年发行)、金穗卡(中国农业银行,1991 年发行)和太平洋卡(交通银行,1993 年发行)等。1993 年,我国开始启动"金卡工程",各地银行卡信息交换网络相继开通。2002 年,我国正式成立了自己的银行卡组织——中国银联,这是全球最大的区域性银行卡组织。之后,中国工商银行、中国农业银行、中国银行、中国建设银行、交通银行等 80 余家银行在内的金融机构都陆续发行"银联"标志卡,各类非"银联"标志卡只做地方专用卡,不能异地或跨行使用。

目前我国主要的银行卡品牌和种类见表 4-2 所示。

表 4-2　目前我国主要的银行卡品牌和种类

发 卡 银 行	品 牌 名 称	发 卡 银 行	品 牌 名 称
中国银行	长城卡	华夏银行	华夏卡
中国工商银行	牡丹卡	中国光大银行	阳光卡
中国建设银行	龙卡	中信银行	中信卡
中国农业银行	金穗卡	招商银行	一卡通
交通银行	太平洋卡	中国民生银行	民生卡

(2) 电子资金传输系统

美国联邦储备委员会早在 1918 年就建立了自己的专用资金传送网。后经多次改进,于 1970 年开始用计算机化的高速远程通信和处理系统,处理资金调拨业务。1982 年,美联储开始组建一个更为完善的电子通信网,不仅能加速电子资金运行,而且能保证电子资金安全。德国在 20 世纪 60 年代,凭借光学文字账目补登装置,开始自动处理银行账目;到 70 年代,德国建立了国际性电子账户网;80 年代,非现金结算自动处理系统已具有相当规模。1984 年 2 月,英国的票据交换所自动支付系统(Clearing House Automated Payment System,CHAPS)开始运营,它是英国 14 家清算银行间的大额英镑方式的资金支付电子化系统。美国联邦储备通信系统 Fed Wire(Federal Reserve Communication System)是美国的第一个支付网络,也是美国国家级的支付系统,这个通信系统属于美国联邦储备体系所有,是美国联邦储备局(FRB,Federal Reserve Board)运营的大额美元清算系统,进行与联邦基金(银行同业外汇)交易、国债交易等有关的资金转账,以及票据交换所跨行支付系统(Clearing House Interbank Payment System,CHIPS)接待差额的结算等;遍及全美 12 个储备区的 12 家联邦储备银行与所属的 1 万多家成员银行,通过通信线路相连,采用联邦储备银行活期存款账户的实时支付方式,进行成员银行之间的资金清算,每天平均处理的资金及传送的证券交易金额超过 1 万亿美元,每笔金额平均 30 万美元。

我国从 1991 年 4 月 1 日起,由中国人民银行实现了全国性的初具规模的电子清算系统。中国人民银行建立了全国卫星通信网,通过该网开办了全国电子联行业务,解决异地资金汇划,减少在途资金,加速资金周转。同时,全国共建成卫星小站 600 多个,使全国电子联行业务覆盖了全国省级和地市以上分行。并且,中国人民银行还加紧同城资金清算系统的建设和发展,到 1995 年已在全国 250 多个大中城市建成了以网络传输或磁介质交换为传输手段的同城清算系统,以及 7 个大中城市的同城票据自动清分系统,基本实现了同城清算的半自动化。

(3)电子货币

1995 年 7 月,英国在全世界率先推行了"电子货币"的实验,电子货币随之诞生。电子货币实验,是由英国最大的零售银行之一的米德兰银行(Midland Bank)和五大银行之一的国民西敏西银行(National Westminster Bank)共同出资开办的名为 Mondex UK 的企业,以该企业的名义进行的一项电子货币实验。实验的内容就是对一种名叫"Mondex 卡"的 IC 卡进行测试。除了 Mondex 之外,世界各国还进行了一系列有关电子货币的实验和研究项目,并逐渐应用于现实中,比如美国的 NetCash、NetCheque、FirstVirtual,荷兰的 E-Cash,丹麦的 Danmont,法国的"小电子钱包",瑞士的"邮政卡",芬兰的"先驱者",新加坡的 NETS,日本富士银行和第一劝业银行、樱花银行等大型商业银行在"东京林海副都心"(在东京都沿海建造的又一中心区)等一些地区内推行的 IC 卡实验项目,以及 1993 年在中国开始的金卡工程。

银行卡和电子资金传输系统是电子货币赖以存在的基础,所以当银行信用卡和电子资金传输系统发展到 20 世纪 70 年代时,随着无现金、无凭证结算的实现,电子货币终于得以问世。由此可见,电子货币的历史,实际上是从现金流到电子流的发展史。

3. 电子货币的发展

货币作为固定充当一般等价物的特殊商品,是商品交换的产物。其最主要的职能是作为交易的媒介,执行流通手段和支付手段。货币形式服从于货币内容,并随着时代的发展而不断地进化。迄今为止,货币形式在货币发展史上经历了 3 次大的发展,如图 4-1 所示。

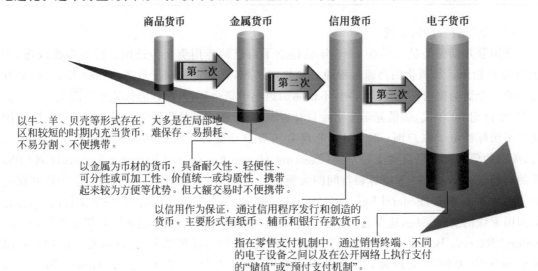

图 4-1 货币革命

(1)贵金属货币是农业社会的产物

随着原始交换的扩大,货币的产生和发展经历了一个漫长的历史阶段,从简单的、偶然的价值形式到扩大的价值形式,再演变到一般价值形式,最终演进为货币形式。贵金属货币的出现,使实物货币的使用价值与价值发生分离,使货币从特殊等价物过渡到一般等价物,以物易物的交换方式(W-W)也随之被以货币为媒介的交换方式(W-G-W)所替代,它有效地解决了物物交换时期需要双方必须"双重巧合"的难题。同时,贵金属自身的稀缺性、价值含量高等特性,足以维护贵金属货币的信誉性,而被社会公众所普遍接受。因此,贵金属货币的出现,是货币发展史上的第一次革命。

（2）纸制货币的流行是工业革命的产物

工业革命极大地解放了社会劳动生产力，使具有天然稀缺性的贵金属货币日益成为商品生产和交换不断扩大的桎梏。纸币的产生和发展，使货币的名义价值与实际价值发生分离，货币的价值尺度由"名副其实"演变为"名不副实"，由真实的、足值的价值量演变成为观念的、形式的价值标准。同时，纸币的公众普遍接受性和信誉性的问题，由国家的权威性和银行的信誉性有效地解决了。纸币的广泛流通和使用，有效地突破了贵金属货币的稀缺性对不断扩大的商品生产与交换的制约，从而解决了历史上屡见不鲜的"金荒""银荒"等"钱荒"的问题，极大地促进了商品生产与交换，是货币发展史上的第二次革命。

（3）电子货币的出现是信息革命的产物

电子货币的产生和流通，使实体货币与观念货币发生分离。真实的"原子形态"货币演变为虚拟的"比特形态"货币，货币的使用形式发生了很大的变化，从现钞、支票等形式向无形的电子货币形式发展。例如，银行在商场所安装的 POS（终端售货机），顾客在支付时只需要使用银行卡，计算机就自动划拨账款、自动清算。电子货币作为新技术革命和网络经济发展的创新成果，有效地解决了在市场全球化的大背景下，如何降低"信息成本"和"交易费用"的问题。

① 由于网络经济、电子货币极大地突破了现实世界的时空限制，信息流、资金流在网上的传送十分迅速、便捷，时空差距不再是网络世界的障碍。同时，网络和电子货币还减少了巨额货币印钞、发行、现金流通、物理搬运和点钞等大量的社会劳动和费用支出，极大地降低了交换的时空成本。

② 由于电子货币的方便性、通用性和高效性等特点，电子货币在使用和结算过程中，不仅简化了以往使用传统货币的程序，而且电子货币的使用和结算不受时间、地点、服务对象等的限制，人们可以在自己方便的时间内完成交易，无论所购买的商品是在国内还是国外。

③ 电子货币在网络上的流通，极大地拓展了市场交易的时间和空间，创造了更多的市场交易机会，为经济的发展起到了推动的作用。网络和电子货币的出现，加快了市场全球化，加强了全球经济的联系，人们通过网络和电子货币可以更快捷、更省时地处理经济事务。所有的这些都大大降低了信息搜寻成本，减少了交易费用，节余了更多的社会财富，提高了资源化配置的范围和效率。

因此，电子货币的产生和发展可以说是货币发展的高级阶段，是货币史上的第三次革命。

4.1.2　电子货币的类型

电子货币是在传统货币基础上发展起来的，与传统货币一样都是固定充当一般等价物的特殊商品，这种特殊商品体现在一定的社会生产关系上。同时，二者具有价值尺度、流通手段、支付手段、储藏手段和世界货币 5 种职能，它们对商品价值都有反映作用，对商品交换都有媒介作用，对商品流通都有调节作用。

从 20 世纪 70 年代电子支付形式产生以来，电子货币的形式更加多种多样，但其基本形态大体一致，即消费者或客户以一定的现金或存款，从发行者处兑换并获得等值的电子数据，并以可读写的电子信息方式存储起来。当消费者需要清偿债务时，可以在网络上通过某种电子化的方式，将该电子数据直接转移给债权人。

1. 电子货币的分类

按照不同的标准、要求以及侧重点，电子货币有不同种类，如图 4-2 所示。

1）按结算方式分类

（1）支付手段电子化的电子货币

指本身即具有价值的电子数据，如荷兰的求索现金公司（Dig Cash bv/Inc.）研制的"网络型电子货币"的代表 E-Cash，以及英国企业 Mondex UK 研制的 Mondex 等。

（2）支付方法电子化的电子货币

指以电子化方法传递支付指令给结算服务提供者以完成结算，如 ATM 转账结算，或通过 POS 机的信用卡结算等。

2）按支付方式分类

（1）预付型电子货币

这种电子货币的特点是"先存款，后消费"，如现阶段在我国广泛使用的借记卡和储值卡。

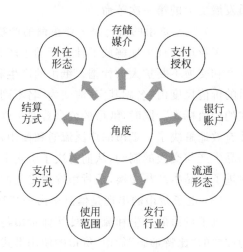

图 4-2　电子货币分类视角

（2）即付型电子货币

在消费的同时即从银行账户转账的，如通过 ATM（自动柜员机）和 POS（销售点终端）机转账的现金卡。

（3）后付型电子货币

即"先消费，后付款"，如国际通用的 VISA 卡、MASTER 卡等信用卡和银行贷记卡。

3）按外在形态分类

（1）储值卡型

功能与普通的 IC 卡基本一致，使用 IC 芯片，但可以通过 ATM 机增加卡内的余额，而不必像传统的储值卡金额一次性用完后即丢弃，如中国金卡工程中的智能 IC 卡，芬兰的先驱者等。但储值卡型的电子货币既不能进行个人之间的支付，也不能在互联网上使用，对社会经济的影响力有限。

（2）信用卡应用型

在传统信用卡基础上实现了在互联网上通过信用卡进行支付功能的电子货币，如第一虚拟互联网支付系统、计算机现金安全互联网支付服务等，它是目前发展最快、正步入实用化阶段的电子货币。

（3）支票账单型

通过计算机网络转移、划拨存款以完成结算的电子化支付方法，又可细分为通过金融机构的专用封闭式网络的资金划拨和通过互联网开放网络实现的资金划拨，如美国安全第一网络银行提供的电子支票、环球银行金融电信协会（Society of Worldwide Inter-bank Financial Telecommunication，SWIFT）提供的电子结算系统等。

（4）电子现金型

通过把按照一定规律排列的数字串保存于电子计算机的硬盘内或 IC 卡内来进行支付，即以电子化的数字信息块代表一定金额的货币。前者如 E-Cash，后者如英国研制的 Mondex 型电子货币，是最接近于现金形式的电子货币。

4）按使用范围分类

（1）单一型电子货币

指只能用于某一特定领域或特定类型的流通与支付的电子货币。

（2）复合型电子货币

指可以用于两个以上特定领域或特定类型的流通与支付的电子货币。

5）按存储媒介分类

（1）卡基型电子货币

以含有 IC 芯片的塑料片作为货币价值的存储媒介的电子货币。

（2）网基型电子货币

是以通信设备为基础的电子货币，它是将特殊的软件装在用户的通信设备上，通过网络同银行和商户相通，并通过网络传输货币的一种支付工具。

6）按流通形态分类

（1）闭环型电子货币

用于支付的金额信息在"发行主体→顾客→商家→发行主体"这样的闭合环路中流动。

（2）开环型电子货币

货币的余额信息在人与人或者企业之间可以不断地流通下去，信息的流通路径没有限定的终点，不构成固定的流通闭合回路。

7）按银行账户分类

（1）存款型电子货币

是指以特定账户为载体，只能在不同账户中流动的电子货币。

（2）现钞型电子货币

是指具有电子货币的独立载体，并且该载体可以直接由电子货币主体控制和支配的电子货币，是不需要委托第三方代理其支付活动。

8）按发行行业分类

（1）金融型电子货币

指以金融机构为发行主体而发行的电子货币。

（2）商业型电子货币

指以非金融机构为发行主体而发行的电子货币。

9）按支付授权分类

（1）联机型电子货币

这种货币通常存在一个中央数据库，它的主要作用是对电子货币进行确认。

（2）脱机型电子货币

使用这种货币进行交易时不需要提前联机授权，鉴别电子货币的真伪主要是利用技术和数字签名技术来保证电子货币的真实性。

2. 银行卡

1）银行卡概述

银行卡（Bank Cards）是银行或金融公司发行的，授权持卡人在指定的商店或其他场所进行消费的信用凭证。当前，银行卡已成为占主导地位的交易支付方式。

2）银行卡分类

银行卡可分为三种类型：信用卡（贷记卡）、借记卡和记账卡。

（1）信用卡

信用卡（或贷记卡）持卡人可以在发卡人规定的金额内购物，并根据透支金额支付利息。例如 Visa 卡和 Master 卡等信用卡是按用户的信用限制，事先确定一个消费额度；在每次结算期内,信用卡用户可以花光卡上的余额,并支付一个最低费用。信用卡发行银行会对未结清的赊账收取一定利息。信用卡被世界各地的商家广为接受,它向消费者和商家都提供了安全保证。在网上购物用信用卡结算,同传统商店一样方便,商家也放心接受未曾见面的消费者用信用卡结算。由于在传统商店能够接受信用卡结算的商家已经有商家账户,因此可以立即在网上商店接受信用卡在线结算。在线结算要求更高的安全性,因为消费者不在现场,也不像在传统收款台面对面那样容易识别。

(2) 借记卡

借记卡的使用很像信用卡,但它不能赊账,即借记卡的持卡人必须在发卡行有存款;在使用借记卡时,银行将交易金额直接从持卡人的存款账户中减去,并转入商家的账户。借记卡由持卡人银行发行,卡上印有发卡行签约的信用卡组织的名称(如 Visa 卡和 Master 卡)。

(3) 记账卡

记账卡没有事先确定消费限制,在结算期末要交清所有开销。记账卡没有信用限制,也不收取累计利息。在美国,像百货店、经营加油站的石油公司等都发行自己的记账卡。

3) 银行卡的优缺点

(1) 银行卡的优点

银行卡最大的优点在于其能为全世界所广泛接受。消费者可以在世界各地使用银行卡购物。如果需要货币兑换,也不用消费者操心,发卡银行会处理。在线交易使用银行卡的优势更明显,消费者在电子收款台前输入银行卡号和送货信息就完成交易了,不再需要额外安装硬件或软件。

(2) 银行卡的缺点

同现金相比,银行卡有一个明显的缺点。信用卡服务公司会向商家收取交易费和月服务费。这些费用累积起来数额不小,商家把它看成一种业务成本,不接受银行卡结算的商家会因此损失销售的机会。消费者用银行卡结算不需要直接缴纳费用,但使用信用卡和记账卡往往需要缴纳年费,而借记卡年费一般较低。

3. 电子支票

1) 电子支票概述

(1) 传统纸质支票

传统支票是由银行和清算中心进行处理。消费者在零售店签署支票购物后,零售店要将支票存入自己的银行账户,零售店的开户银行再将纸质支票交送清算中心,后者负责从消费者账户到零售店账户的转账。纸质支票接着会转到消费者的开户行,最后把呈现账务处理的对账单交给消费者。进入 21 世纪,许多银行为节省费用、提高效率,通过电子对账单交给消费者,这样减少了每年成吨纸质支票的成本开支。

纸质支票的另一个缺点是签写支票与支票兑付之间的延时。这种延时使账户余额不够时也能签写支票,只要几天后资金到账即可。结果,银行的客户就可以在这几天免费使用银行的资金,银行在同期内也就无法使用这部分资金。尽管延时通常只会持续几天,但有时也会拖延很长时间,给银行带来不同程度的损失。而在电子支票的处理中,借助互联网可以将顾客账户取钱与存入零售商账户两个过程同时进行,这样就不存在交易中的延时问题。

(2) 电子支票概述

电子支票(E-Check)是纸质支票的电子版本,是一种借鉴纸质支票转移支付的优点,利用数字传递,将钱款从一个账户转移到另一个账户的电子付款形式。这种支付是在与商户相连的互联网及与银行系统的金融专用网相连的网络上,通过支付网关来传递的,它以签章卡及电子签章技术取代传统的以笔或印鉴签章的方式。用电子支票进行支付,事务处理费用较低,而且银行也可以为参与电子商务的商户提供标准化的资金信息,能够提供即时查询发票人的信用情况,因此是一种有效的网上支付手段。世界上第一张电子支票于 1998 年 6 月 30 日产生于美国,这对电子商务的进一步发展产生了巨大的推动作用。

2) 电子支票的优缺点

(1) 电子支票的优点

电子支票的优点在于改进了支票支付系统,提高了银行业的核心竞争力;适应现有的商务流程,从而不必进行昂贵的流程再造;与纸质支票作用类似,但完全以电子化方式进行,减少了人工环节;适应 21 世纪企业和消费者的需要,使用了最先进的安全技术;可以被任何拥有支票账户的银行客户所使用,包括那些没有电子支付系统的中小企业;为现有的银行账户增加了电子商务功能。

(2) 电子支票的缺点

电子支票使用数字签名技术,数字签名的法律效力由各个国家的数字签名法进行认可。电子支票上的数字签名存在票据法上的效力问题。另外,电子支票还引起了一系列监管上的难题。

4. 电子现金

1) 电子现金概述

(1) 现金

在传统的支付工具中,现金起着举足轻重的作用。其他支付工具的使用也是建立在能与现金自由兑换的基础上。现金是法律上规定的最终支付手段,任何债权人都不可以拒收,任何债务人都有义务应债权人的要求,使用现金清偿债务。现金以国家信用为后盾,以国家法律为保障,因此具有普遍的可接受性。

(2) 电子现金

电子现金(E-Cash)是以数字化形式出现的现金货币,因此也称数字现金,它实质上是代表价值的数字。电子现金必须具有传统现金的主要特点,而且是能够在网络上流通的数据信息。因此,它具有不可跟踪性和不需要连接银行网络就可以使用的特点。这将有利于保护消费者的隐私权,并且可以提高效率,方便用户使用,而且它在传递交易款的费用上几乎为零;但它需要一个庞大的中心数据库来记录使用过的电子现金序列号。电子现金的安全使用也是一个重要的问题,为了避免重复使用,它必须防止复制数据文件使得电子现金增值的情况出现,所以加密技术、数字签名技术等的使用是必不可少的。

电子现金一般由公司(非政府)发行,以代替政府发行的通货,它需要所有电子现金发行公司都遵从共同的标准。这样,一家发行公司就可以接受另一家公司发行的电子现金,但目前还无法做到这一点。每家发行公司都有自己的标准,所以电子现金还不能像政府发行的通货那样被广泛接受。

2) 电子现金的优缺点

(1) 电子现金的优点

电子现金适用小额支付。信用卡发卡银行的部分利润来自按交易额向商家收取的处理费,大致是交易额的 1%～4%。商家要求信用卡最低采购额为 10～15 美元,强制此最低采购额是因银行对小额采购所收取的手续费会高于这些交易的利润。小额交易对只有信用卡结算方式的商家来说是不盈利的。互联网上存在低额采购的市场,比如采购额不到10美元,这就是电子现金发挥作用的地方。电子现金的固定成本非常低,可允许用户花50美分买一份在线报纸或花80美分发一份电子贺卡。

电子现金具有独立性和便携性的优点。电子现金的独立性是指它同任何网络或储存设备无关。电子现金的转账只需要现有的技术设施、互联网和现有的计算机系统就可以,所以处理电子现金的硬件固定成本趋近于零。由于互联网能够覆盖全球,所以电子现金交易的距离不是问题。传统通货所跨越的距离和其处理成本是成正比的,通货跨越距离越远,移动它所需的成本就越高。但将电子现金从底特律转到旧金山同从旧金山转到香港所需的成本一样。人人都可以使用电子现金。企业间的交易可用电子现金来结算,而消费者彼此之间也可用电子现金进行结算。在信用卡交易中,信用卡结算的接受方必须在银行建立商家账户,而电子现金不需要这个前提条件,电子现金不需要信用卡交易所要求的特殊认证。

(2)电子现金的缺点

电子现金有其独特的安全问题。电子现金和实际通货有两个重要的共同特征,首先是只能消费一次,其次是匿名性。换句话说,要采取相应的安全措施来保证在买卖双方之间的电子现金交易确实发生了,以便收付者知道收到的电子现金不是伪造的,也没有在两次不同的交易中重复使用。理想状况下,消费者在使用电子现金时可以避免暴露自己的身份,防止销售者收集有关个人或组织的消费习惯信息。

电子现金也存在一定缺陷。电子现金同实际现金一样很难进行跟踪。也就是说,用电子货币付税没有审计记录。由于真正的电子现金无法进行跟踪,这会带来另外一个问题——洗钱。用电子现金可以匿名采购商品,而所购商品又可以公开销售以换得真正的现金。

另外,像传统现金一样,电子现金也可以伪造。尽管困难越来越大,但还是能够伪造并消费。除需要防止伪造外,还有一些对数字经济有潜在威胁的破坏因素,如银行向消费者或商家的银行账户贷出电子现金而引起货币供应扩大,会影响中央银行货币政策的制定。

电子现金曾经在某些地区取得了成功,但是还没有在世界各地全面取得成功。电子现金成为可行的结算工具,需要得到广泛的接受并解决各种电子现金标准共存的问题。也就是说,电子现金普及的前提是为电子现金的结算和接受制定一个标准,各家电子现金的提供商应该能够相互兑换,以方便顾客在需要的时候用一种现金兑换另一种现金。

5. 虚拟货币

虚拟货币主要分为以下三类。

第一类是大家熟悉的游戏币。在单机游戏时代,游戏主角靠打倒敌人、进赌馆赢钱等方式积累货币,用游戏币购买草药和装备,但只能在自己的游戏机里使用。那时,玩家之间没有"市场"。自从互联网建立起门户和社区,以及实现游戏联网以来,虚拟货币便有了"金融市场",玩家之间可以交易游戏币。

第二类是门户网站或者即时通信工具服务商发行的专用货币,用于购买本网站内的服务。使用最广泛的当属腾讯公司的Q币,可用来购买会员资格、QQ秀等增值服务。

第三类是互联网上的虚拟货币,如比特币(BTC)、莱特货币(LTC)等。比特币,英文名为Bitcoin,简称BTC,是一种由开源的P2P软件产生的电子货币,是一种网络虚拟货币。比特币不依靠特定货币机构发行,它通过特定算法的大量计算产生,比特币使用整个P2P网络中众多节点构成的分布式数据库来确认并记录所有的交易行为。P2P的去中心化特性与算法本身,可以确保无法通过大量制造比特币来人为操控币价。

比特币和 Q 币虽然都是虚拟货币,但是比特币和 Q 币还是有着不同之处。

① Q 币由腾讯公司发行,比特币没有发行人。

② Q 币的价格为 1 元人民币＝1Q 币,定价公司为腾讯公司；比特币的价格不固定,由交易市场决定,比如 2013 年 5 月 23 日比特币市场价格为 1 比特币 121.3 美元,约为 760 元人民币。

③ Q 币更像货币,可以直接购买服务；比特币更像股票,具有投资价值。

④ 你只能用人民币购买 Q 币；但你除了用人民币购买比特币外,还可以自己制造比特币(制造过程俗称"挖矿")。

⑤ Q 币的相关数据存储在腾讯的服务器上；比特币的数据存储在比特币所有持有者的计算机上(P2P 存储)。

⑥ Q 币可以无限量发行；比特币的算法规定比特币在全世界最多只有 2100 万个。

⑦ Q 币相对于人民币不会升值也不会贬值；比特币可能会升值,也可能会贬值。

⑧ Q 币的存在与否和腾讯公司相关；币特币的存在不与任何组织或个人相关。

⑨ Q 币不能转账；比特币可以在全世界范围内转账,只要你有对方的账号(在比特币中,账号也叫作地址)。

⑩ Q 币只能购买腾讯公司的服务；比特币除了可以兑换为人民币、美元外,在部分国家还可以用于购买比萨、袜子、玩具等日常生活用品。

4.1.3　电子货币的特征与职能

1. 电子货币的特征

1) 基本特征

电子货币是以金融电子化网络为基础,以商用电子化机具和各类交易卡为媒介,以计算机技术和通信技术为手段,以电子数据(二进制数据)形式,存储在银行的计算机系统中,并通过计算机网络系统,以电子信息传递形式,实现流通和支付功能的货币。电子货币同传统货币相比,具有以下基本特点。

(1) 形态特征

从形态上看,电子货币脱离了货币的传统形态,不再以实物、贵金属、纸币等可视、可触的形式出现,而是以现代高科技手段的电子数据形式储存,故又得名数字现金、虚拟货币。另外,传统货币以实物的形式存在,形式比较单一。而电子货币则不同,它是一种电子符号,其存在形式随处理的媒体而不断变化,如在磁盘上存储时是磁介质,在网络中传播时是电磁波或光波,在 CPU 处理器中是电脉冲等。

(2) 技术特征

从技术上看,电子货币的发行、流通、回收等,均采用现代科技的电子化手段。电子货币的流通,以相关的设备正常运行为前提,新的技术和设备也引发了电子货币新的业务形式的出现。

(3) 安全特征

电子货币的安全性不是依靠普通的防伪技术,而是利用现代信息科技。比如为了防止伪造、复制、非法使用,电子货币采用了信息加密、数字签名、数字时间戳、防火墙等安全防范措施。

(4) 结算特征

从结算方式上看,电子货币的最后持有者要向电子货币发行者提出对等资金的兑换要求。

2) 个性特征

电子货币除了具有上述基本特征外,还具有其个性特征。

(1) 电子现金个性特征

电子现金同时拥有现金和电子化两者的特点,主要表现在以下七个方面:

① 匿名。匿名是纸币现金的特点,也是电子现金的特点。买方用数字现金向卖方付款,除了卖方以外,没有人知道买方的身份或交易细节。如果买方使用了一个很复杂的假名系统,甚至连卖方也不知道买方的身份。

② 不可跟踪性。不可跟踪性是现金的一个重要特性。不可跟踪性可以保证交易的保密性,也就维护了交易双方的隐私权。除了双方的个人记录之外,没有任何关于交易已经发生的记录。因为没有正式的业务记录,连银行也无法分析和识别资金流向。也正是因为这一点,如果电子现金丢失了,就会同纸币现金一样无法追回。

③ 节省交易费用。电子现金使交易更加便宜,因为通过互联网传输数字现金的费用比通过普通银行系统支付要便宜得多。为了流通货币,普通银行需要维持许多分支机构、职员、自动付款机及各种交易系统,这一切都增加了银行进行资金处理的费用。而数字现金是利用已有的互联网网络和用户的计算机,所以消耗比较小,尤其是小额交易更加合算。

④ 节省传输费用。普通现金的传输费用比较高。这是因为普通现金是实物,实物的多少与现金金额是成正比的,金额越大,实物货币就越多。大额现金的保存和移动是比较困难和昂贵的。而数字现金流动没有国界,在同一个国家内流通现金的费用与在国际之间流通的费用是一样的,这样就可以大大改观过去国际现金流通费用远远高于国内现金流通费用的状况。

⑤ 持有风险小。普通现金有被抢劫的危险,必须存放在指定的安全地点,如地下金库。而且,在存放和运输过程中,都要由保安人员看守。保管普通现金越多,所承担的风险越大,在安全保卫方面的投资也就越大。而电子现金持有风险很小。

⑥ 支付灵活方便。数字现金的使用范围比信用卡更广。信用卡支付仅限于被授权的商店,而数字现金支付却不必有这层限制。

⑦ 防伪造。高性能彩色复印技术和伪造技术的发展使伪造普通现金变得更容易了,但这并不会影响到电子现金。

(2) 电子支票的个性特征

电子支票表现为电子资金的传输,而这个传输系统是一个十分多样的系统,如下所述。

① 通过银行自动提款机(ATM)网络系统进行普通费用的支付。

② 通过跨省市的电子汇兑、清算,实现全国范围内的资金传输。

③ 大额资金在海外银行之间的资金传输。

④ 每月从银行账户中扣除电话费等。

电子支票与传统的纸质支票相比,具有如下个性特征。

① 节省时间。

② 减少纸张传递的费用。

③ 没有退票。

④ 灵活性强。

电子支票系统目前一般是专用网络系统,国际金融机构通过自己的专用网络、设备、软件及一套完整的用户识别、标准报文、数据验证等规范化协议完成数据传输。

电子支票的整个事务处理过程要经过银行系统,而银行系统又有义务出文证明每一笔经它处理的业务细节。因此,电子支票的一个最大的问题就是隐私问题。

（3）银行卡的主要特点

① 多功能。银行卡种类繁多、功能各异,主要具备四种功能,即转账结算功能、消费借贷功能、储蓄功能和汇兑功能。

② 高效便捷。一般来说,发卡行可以为持卡人提供高效的结算服务,因此对消费者有较大的吸引力。银行卡支付可以减少现金货币的流通量、简化交易手续。

③ 成本较高。交易中,卖方需向发卡行付手续费。有时,持卡人(买方)也需向发卡行交纳一定的费用。因此,银行卡支付也是一种成本较高的支付方式。

3）电子货币系统的要求

电子货币当事人一般包括电子货币发行者、电子货币使用者以及中介机构。电子货币使用者可以是一个,也可以是多个,中介机构一般为银行等金融机构。电子货币如果能在电子支付中被消费者、商家所接受,那么电子货币就必须保证具有如下特性。

① 安全性。即对于在线交易、资金的转移和电子货币的生成都要绝对安全。

② 真实性。即买卖双方能够确认他们使用或收到的电子货币是真实的。

③ 匿名性。即要确保消费者、商家和他们之间的交易都是无记名的,从而保护消费者的隐私权。

④ 可分性。即电子货币支付中能够处理以"分"或更小的货币单位出现的大量低价值的交易。

2. 电子货币的职能

1）货币的职能

货币的职能也就是货币在人们经济生活中所起的作用,它是由货币的本质决定的,是货币本质的具体体现。关于货币的职能大体有两种观点。

马克思认为货币有价值尺度、流通手段、贮藏手段、支付手段和世界货币 5 种职能。其中价值尺度和流通手段是货币的基本职能,其他 3 种职能是在商品经济发展中陆续出现的。

现代西方货币理论认为,货币有 4 大职能即交易媒介、价值标准、价值贮藏和延期支付的标准。前两者是货币的基本职能,后两者是货币的派生职能。

（1）交易媒介

货币的使用,能使商品和劳务的交易以最高效率或最低成本的方式进行。人类早期的交易方式是直接的物物交换。物物交换是生产力发展的结果。并且,随着生产力的不断发展,可供交换的商品种类不断增多,从而使得物物交换又成为阻碍社会分工和生产力发展的枷锁。物物交换的最大缺陷是,在交易过程中,必须耗费巨大的人力、物力和搜寻的时间,即物物交换的效率过低、成本过高。物物交换得以实现,必须同时具备两个条件。

① 需求的双重巧合。就是交易双方的需求恰巧相符,但在众多的商品所有者中,寻求适合双方需求的交易对象是非常困难的,或者需要支付极大的成本才能实现。

② 时间的双重巧合。在物物交换过程中,即使寻找到适合双方需要的交易对象,但如有一方并不是目前所需(可能半年后才需要对方的商品),则双方交易便无法立即进行。

所以,物物交换只有在同时满足以上两个条件时,才能完成交易。这说明物物交换的交易成本十分昂贵、交易效率十分低下,不能满足社会进一步发展的需要。货币是为了解决这些困难,在不同国家或地区的历史进程中,以不同形式出现的。作为交易媒介,具有普遍的可接受性,可以克服"需求的双重巧合"和"时间的双重巧合"的困难,从而大大节约了搜寻的信息成本,提高了交易效率。

（2）价值标准

货币的价值标准职能,简单地说,就是利用货币作为比较价值的工具。货币犹如千米是距离的单位一样,成为衡量商品和劳务价值的计量单位。由于各种商品的价值不同,这就要求必须对各种商品的价值进行比较,也就是要确定任何一种商品与其他所有商品交换的比率。假设一个仅有 5 种商品（A、B、C、D、E）的简单经济社会,如果没有价值标准,那么这 5 种商品要互相交换,就必须了解 10 种不同的交换比率（A-B、A-C、A-D、A-E、B-C…）。倘若用 5 种商品中的一种商品,例如 A 作为价值标准,来衡量其余 4 种商品的价格,就只需了解 4 种交换比率（A-B、A-C、A-D、A-E）。一般地说,对于 N 种商品,如果没有价值标准,那么它们之间就有 $(N-1)N/2$ 个交换比率。如果以这些商品中的一种商品作为价值标准,那就只需 $(N-1)$ 个比率。所以,货币作为价值标准,简化了账簿记录,从而大大节约了计算时间。除此以外,货币作为价值标准,可以衡量一切资产负债,这对促进金融活动和经济发展,具有很重要的作用。

（3）价值贮藏

货币作为一般等价物,使商品买卖在空间上和时间上可以分离,卖出商品者不必同时买入商品,因为卖者换取货币后,尽可能保留和储藏货币,直至有需要时或最方便时才购入商品。因此,货币除了充当交易媒介外,还成为价值贮藏,即"购买力的暂栖处"。

随着市场经济发展,价值贮藏的重要性也日益增强。如果货币价值稳定,则可成为长期贮藏的工具。必须指出,货币要充分发挥价值贮藏的职能,则币值本身应保持稳定。否则,就会丧失贮藏的功能。比如在通货膨胀时,币值下跌,人们为使其避免价值损失,就会摒弃货币而代之以实物。

（4）延期支付的标准

在货币出现以前,支付额是按各种具体商品来计算的。货币产生后,就取代了一切商品而成为延期支付的标准。货币之所以能做到这一点,是因为它具有以下两大优势。

① 货币本身就是价值标准和交易的媒介。因此,延期支付的价值则以货币来完成。

② 用各种具体商品来计算和完成支付,存在许多不便和困难。所以,货币出现后,一切长期合约都用货币单位来签订。显而易见,货币的使用,促进了信用制度和信贷关系的发展;而信用制度的建立,正是构成现代社会经济的基石。

综上所述,货币的最大贡献是将交易过程中的时间、人力和物力（即交易成本）减少到最低限度,提高了交易的效率,从而大大推动了商品经济的发展。

2）电子货币的职能

电子货币作为计算机技术、信息技术与金融业结合的产物,它也同样具有上述货币的职能,只是电子货币与传统货币相比,有以下区别。

（1）电子货币是虚拟货币

① 电子货币是现实货币价值尺度和支付手段职能的"观念化",是一种没有货币实体的货币。有史以来,人们习惯使用的货币,无论是用何种材料作为载体,即无论是实物货币、金属货币,还是纸质货币,均是用手触摸得到、用肉眼确认其形态的实体。但是,电子货币是在银行电子化技术高度发达的基础上出现的一种无形货币,它是用数字脉冲代替金属、纸张等媒体进行传输和显示资金的,通过芯片进行处理和存储,因而没有传统货币的物理形状、大小、重量和印记,持有者得不到持有的实际感觉。

② 电子货币是在计算机网络覆盖的虚拟空间中流通。美国麻省理工大学媒体研究所首

任所长 Nicholas Negroponte 曾说："今后,我们的生活空间将从原子世界向比特世界转移"。原子是构成实体物质的最小单位,这里所说的原子世界,是指人手能触到、人眼能看到的实体物质存在的空间。比特(bit,度量信息的单位)是构成电子信息的最小单位,所谓"比特世界"是指由电子信息构成的空间——电脑控制的空间,即虚拟空间。由于货币本身在社会经济活动中的重要作用,电子货币带给人们生活的影响,可用"从原子世界向比特世界转移"来描述,即电子货币有可能使人们目前从事的实物经济活动向虚拟电子信息的经济活动转移。

(2) 电子货币是一种在线货币

电子货币与实体货币不同。实体货币,无论何人何时均可持有,可以保存在自己的钱包中,无须其他附属设备,即可当面交换、进入流通。而电子货币的流通必须有一定的基础设施。电子货币通常在专用网络上传输,通过 POS、ATM 进行处理。也就是说,电子货币是在现有的银行、支票和纸币之外,通过网络在线大量流通的钱。电子货币的保管需要有存储设备;交换需要有通信手段;保持其安全需要加密和解密用的计算机。如果以上基础设施不完备,电子货币将无法保管、无法流通甚至无法使用。

(3) 电子货币是信息货币

说到底,电子货币只不过是概念化的货币信息,它实际上是由一组含有用户的身份、密码、金额、使用范围等内容的数字构成的特殊信息。人们使用电子货币交易时,实际上交换的是相关信息,这些信息传输到开设这种业务的银行后,银行就可以为双方交易结算,从而使消费者和企业能够通过比现实银行系统更省钱、更方便、更快捷的方式,相互收付资金。正因为电子货币是以电子信息的形态出现,所以通过使用相应的技术,即可以执行货币的某些职能。例如,电子货币信息通过光纤电缆或电话线即可联网流通,无论多远的距离,即使跨越国境,只要是与互联网连接的计算机终端之间均可直接传递,非常简单地完成支付。

(4) 电子货币是结算货币和支付货币

电子货币是通过网络银行作为金融中介来进行结算和支付的。随着互联网商业化的发展,网络金融服务已经在世界范围内开展。网络金融服务包括了网上消费、家庭银行、个人理财、网上投资交易、网上保险等,这些金融服务的特点都是通过电子货币进行及时电子结算与支付。

(5) 电子货币目前还只是准通货

电子货币能否称为通货,关键在于电子货币能否独立地执行通货职能。在货币理论上如何给电子货币定位,成为电子货币发展中必须解决的理论问题之一。尽管目前全球范围对电子货币尚无确切、统一的定义,但研究和讨论却异常热烈。其称谓除了电子货币之外,还有电子通货、数码货币、电子现金、数字现金等,并可分为不同的应用类型,但从其在全球的使用形式,以及以美国、欧洲为代表所开展的有关电子货币的各种实验项目来看,其中绝大多数反映了电子货币只是蕴涵着可能执行货币职能的准货币,目前还不能完全视之为通货。

尽管目前全球范围使用的仍处于实验阶段的电子货币,就其职能而言,与通货还有相当距离,但电子货币毕竟代表了人类货币未来发展的方向。正如美国学者瓦里·科茨和史蒂芬·博诺里斯对电子货币的前景进行了调查后所指出的"电子货币最终将取代现金和信用卡"。当网络技术发展到一定的阶段,人们均通过计算机联网构筑起了由计算机网络覆盖的虚拟空间,电子货币的基础设施问题基本得到解决,电子货币具有自身独立的价格标准、并与即有通货之间在任何时候均能用 1∶1 的比例兑换……在这些前提条件具备的情况下,电子货币将取得社会信誉和公众普遍接受性而成为独立的通货,真正执行价值尺度、支付和价值保存手段等职能。毋庸置疑,电子货币和网络银行的产生与发展必将导致一个完全建立在信用基础上的新经济,使人类加快进入虚拟的、数字化的新时代。电子货币对现有经济金融体系产生了广泛的影响,比如对中央银行货币政策及监管能力、对商业银行业务提出了更高的要求,为消费者带来便利的同时也面临风险等。

3. 电子货币与传统货币的差异

电子货币与传统货币的区别有以下几点。

(1) 两者所占有的空间不同

传统货币面值有限,大量的货币必然要占据较大的空间,而电子货币所占空间很小,其体积几乎可以忽略不计,一张智能卡或者一台计算机可以存储无限数额的电子货币。

(2) 传递渠道不同

传统货币的传递,花费时间长,风险也较大,需要采取一定的防范措施。尤其是较大数额传统货币的传递,甚至需要组织人员押运。而电子货币可以在短时间内进行远距离传递,借助互联网瞬间转到世界各地,且风险较小。

(3) 计算所需的时间不同

传统货币的清点、计算,需要花费较多的时间和人力,直接影响交易的速度。而电子货币的计算,在较短时间内就可利用计算机完成,大大提高了交易速度。

(4) 匿名程度不同

传统货币的匿名性,相对来说还比较强,这也是传统货币可以无限制流通的原因;但传统货币都有印钞号码,加上传统货币总离不开面对面的交易,这在很大程度上限制了传统货币的匿名性。而电子货币的匿名性要比传统货币强,主要原因是加密技术的采用以及电子货币便利的远距离传输。

4.2　电 子 支 付

伴随着互联网的高速发展,人们日常生活中接触最频繁的一项业务——"付钱",正在越来越多地发生在网络、手机上,无论是消费购物,还是生活中各种付款,又或者是个人之间的转账、企业之间资金的结算……所有以前必须面对面的付现金、票据,或者只有去银行才能做的事情,现在已经可以非常轻松地通过各种各样的电子支付方式来完成。而支持实现这些的正是多年来日新月异的各种电子支付技术,以及一大批为了把支付变得更快捷、更安全而不懈努力的电子支付产业链上的各类企业。

4.2.1　电子支付概述

1. 支付、清算与结算

1) 支付、清算与结算的基本概念

(1) 支付

支付是指在商务活动中,为了清偿商品交换或劳务活动引起的债权和债务关系所发生的相应货币所有权,从付款人账户转移至收款人账户的过程和行为。支付活动源于交易商务主体之间直接的经济交换活动,但由于现代银行信用中介的结果,演化为银行与客户之间、客户与开户行之间的资金收付关系;而银行之间的资金收付交易,又必须通过中央银行的资金清算,才能最终完成全过程。

（2）清算

清算是指按一定规则和制度安排，对经济活动中形成的多重债权债务关系，最终结清的一个过程。清算是在结算之前对支付指令进行发送、核对及在某些情况下进行确认的过程，并可能包括指令轧差和最终结算头寸的建立。

清算主要是银行同业之间的货币收付，用以清讫双边或多边债权债务的过程和方法。中国金融业界把清算认为是中央银行对商业银行结清债务关系的一种过程，这是源于中央银行职责的缘故（没有第三方清算组织）。在经济活动中，只要有频繁的经济活动和资金往来，都有一个先清算后结算的问题。清算过程的主要职能是在付款人金融机构和收款人金融机构之间交换支付工具或相关支付信息并计算出结算债权和债务。债权债务的计算可以按全额方式或净额轧差两种方式计算。清算过程的结果，即全面处理付款人到收款人的支付交易和收款人机构对付款人机构的有效债权。

（3）结算

结算是在实现货物买卖、服务、贸易、投资等经济活动中所引发的债权债务关系清偿及资金转移而出现的最终货币收付过程；也就是将清算过程中产生的待结算债权债务，在收付款人金融机构之间进行相应的账簿记录和处理，以完成货币资金最终转移，并通知有关各方的过程。

结算过程的主要步骤为：待结算债权的收集和完整性检查；结算金融机构之间的债权；记录并向有关各方通告结算。

结算可通过以下两类资金账户办理过账。

① 通过金融机构相互开立的代理账户进行债权结算。

② 通过开立在结算银行（多数是在中央银行）的账户进行金融机构之间的债权结算。

小资料 4-2

轧差、敞口

（1）轧差

轧差是指利用抵消、合同更新等法律制度，最终取得一方对另一方的一个数额的净债权或净债务，如市场交易者之间，可能互有内容相同、方向相反的多笔交易，在结算或结束交易时，可以将各方债权在相等数额内抵消，仅支付余额。

轧差是控制双边信用风险合约（如远期合约、掉期）的最常见方法之一，包括支付轧差、出清轧差、跨产品轧差几种形式。

① 支付轧差。指通过降低必须支付的金额来降低信用风险。如果支付到期，A 欠 B 的金额大于 B 欠 A 的金额，则 A 向 B 支付所欠金额之差。

举例来说，如果 A 欠 B 10 万元，B 欠 A 4 万元，则 A 对 B 的净欠额为 6 万元。没有轧差，B 需要向 A 支付 4 万元，而 A 需向 B 支付 10 万元。假设 B 在向 A 支付 4 万元的过程中没有意识到 A 会违约，如果 A 已经得到 B 支付的 4 万元，而 B 却无法收回 A 要支付的 10 万元，那么 B 的信用损失将大于轧差后的 6 万元。

② 出清轧差。轧差可以扩张到破产情形。假设 A、B 间有很多衍生工具交易，一些合约市值对 A 为正值，其他合约市值对 B 为正值，如果 A 宣布破产，可用轧差来解决很多问题。如果 A、B 在破产前同意轧差，就可以把所有衍生工具合约市值进行轧差而决定一方欠

另一方的净额,这样 B 在破产过程中不是 A 的债权人。实际上,A 对 B 的追索权变成 A 剩余资产的追索权。这个过程就叫出清轧差。

轧差在破产过程中发挥重要作用。当允许破产公司执行有利合约而不执行不利合约时,存在选择问题。上面例子中,如果没有轧差,A 会对"A 欠 B 金额大于 B 欠 A 金额的合约"违约,而 B 会被迫执行"B 欠 A 金额大于 A 欠 B 金额的合约"。

③ 跨产品轧差。当 A、B 同意对所有合约进行轧差时,这个过程就是跨产品轧差。例如,一方是银行的情况下,他们可以在决定一方欠另一方的总净额时包含任何条款。

按照轧差的内容来分,可以分为结算轧差和违约轧差(或者称结束交易轧差)。

结算轧差是指交易正常结束时,交易各方进行的轧差操作,结算轧差通常在结算之前先轧净同种类的相互债务债权。结算轧差的目的主要是为了减少结算风险,防止一方支付后,对于支付之前破产,即使同日支付也存在交割风险,结算轧差不仅适用于支付系统,它同时还适用于外汇、证券等的交割和结算。

违约轧差是指交易一方违约,交易各方立即终止尚待履行合同交易,对已交易的部分进行的轧差操作;各个合同产生的损失和收益相抵消后,一方向另外一方仅支付(或申报)一个余额,结束交易轧差的主要目的是为了减少一方于结算日前破产给敞口合同带来的风险。

银行对外汇敞口进行轧差并平仓,主要针对结售汇业务,自营业务并不一定要平仓。我国外管局规定,商业银行在每天结售汇后只能保留一定额度的敞口,其余必须轧差后与外管局平仓。

(2) 敞口

"敞口"是指在金融活动中存在金融风险的部分以及受金融风险影响的程度。"敞口"是金融风险中的一个重要概念,但是与金融风险并不等同。"敞口"大的金融资产,风险未必很高。

敞口也即开盘的意思,指买入一种货币、同时卖出另一种货币的行为。金融市场中,人们说敞口 100 万美元,意思是开盘 100 万美元,可指买入或卖出 100 万美元。

"敞口"比较常见于对金融风险的分析,表示对风险有暴露的地方。比如,给一个企业贷款 10 亿元,其中 8 亿元有外部担保,而其中 2 亿元没有担保,那么我们就说风险敞口是 2 亿元。同样的说法也用于其他领域,比如期货等。

(资料来源:百度百科)

2) 支付方式

支付方式一般分为借记支付和贷记支付两大类。

(1) 借记支付

借记支付是收款方发起的支付过程,即被动支付。收款人银行账户的支付操作方式是增加账户收入(或者叫增加借方)。

常见的借记支付有支票、电话费自动代扣、水电或燃气的代扣等。其中,支票支付是指付款人将支票给收款人,而这并不意味支付过程启动,只有收款人到自己的开户行存入支票时,支付过程才正式启动,付款人的钱转到收款人账户的流程就此开始。

（2）贷记支付

贷记支付是付款方发起的支付过程,即主动支付。付款人银行账户的支付操作方式是增加账户支出(或者叫增加贷方)。

常见的贷记支付有银行卡支付,它是由付款人自己在付款终端(POS 机或 ATM 机)上启动支付过程的。银行卡无论是借记卡、还是贷记卡,都是贷记支付,属于主动支付,是持卡人发起的支付指令。客户使用网上银行支付,也是贷记支付。

小资料 4-3

清 算 结 算

清算的法律定义是为了终结现存的法律关系、处理其剩余财产、使之归于消灭而进行的一个程序,包括计算、核实等。狭义上,清算与结算不同,清算不涉及债权债务的转移,而结算是债权债务关系的转移。广义上,结算是清算的推广。

清算＝清分＋结算

清分:就是轧差账目,A 行要付给 B 行 2 亿元,B 行要付给 A 行 1 亿元,二者相抵则 A 行付给 B 行 1 亿元。银联、VISA、MasterCard 这些清算企业做的就是清分的工作。

结算:根据账目核对结果,将钱如数付给 B 行,可以是现钞,也可以是电子货币。

一般而言,支付活动的过程包括交易、清分和结算。其中,清分和结算均是清偿收付双方债权债务关系的过程及手段。在支付活动中,同一家银行内账户资金往来直接结算便可,而涉及不同银行之间账户资金往来的,则须先清分再结算。

清分主要是指不同银行间的货币收付,可以认为是结算进行之前,发起行和接收行对支付指令的发送、接收、核对确认,其结果是全面交换结算工具和支付信息,并建立最终结算头寸。

结算是指将清分过程产生的待结算头寸分别在发起行、接收行进行相应的会计处理,完成资金转移,并通知收付双方的过程。当前,大多数银行结算业务的完成,主要通过两类账户:一是银行间互相开立的代理账户,二是开立在央行、独立金融机构(如银联或者第三方支付机构)的账户。

引用一句话:结算是清偿商务活动中债权债务的最终结果;清算是结清银行间资金账户往来债权债务关系最终结果的一种过程。

(资料来源:百度百科)

3）支付活动的一般过程

一般来讲,支付活动包含三个过程:交易、结算、清算。

（1）交易、结算与清算的内容

交易过程确保支付指令的生成、确认和传输,包括以下六个步骤。

① 确认各当事人的身份。

② 确认支付工具。

③ 查证支付能力。

④ 付款人金融机构和收款人金融机构对资金转账的授权。

⑤ 付款人金融机构向收款人金融机构通报信息。

⑥ 交易处理。

结算是清偿双方或多方当事人之间资金债务的一种行为,结算过程包括以下四个步骤。

① 待结算债权的收集和完整性检查。

② 确保结算资金的可用性。

③ 结算金融机构之间的债权。

④ 记录和向有关各方通告结算。

清算是指发生在银行同业之间,用以清讫双边或多边债权债务的过程。

① 在付款人金融机构和收款人金融机构之间交换支付工具或相关支付信息。

② 计算出结算债权。

清算过程的结果是全面处理付款人到收款人的支付交易和收、付款人机构的有效债权。

(2) 结算与清算的区别

结算与清算的区别主要体现在三个方面,见表 4-3 所示。

表 4-3　结算与清算的区别

	参与者不同	范围不同	层次不同
结算	结算的参与者是各种行为的当事人,具有广泛的社会性	有银行等金融机构参与的支付活动中,结算是一个必需的环节	结算是指银行对自己所有账户(对公和个人)进行的核算业务,包括现金存取、转账收付、汇兑业务、中间业务、代理业务、存款、贷款、票据业务等
清算	清算则主要是提供结算服务的银行及清算机构	清算只有在涉及不同银行账户间支付时才是必需的。无银行介入的结算领域,无须清算	清算是指银行间的资金结算业务,一般为联行业务

(3) 支付活动类型

不是每笔支付都包含交易、结算、清算三个过程。根据支付活动涵盖这三个过程的不同,可以将支付活动分为三类:单一债权债务关系的支付活动、有债权债务关系但不清算的支付活动、有债权债务关系且需清算的支付活动,如图 4-3 所示。

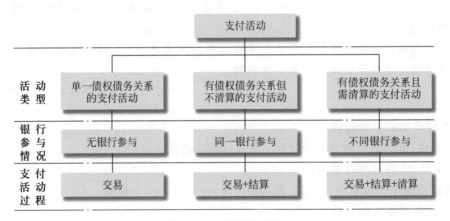

图 4-3　支付活动类型

① 单一债权债务关系的支付活动。

单一债权债务关系的支付活动是指不通过第三方介入的支付活动,支付在付款方与收款方之间进行,例如现金交易,如图 4-4 所示。

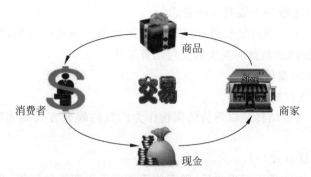

图 4-4 单一债权债务关系的支付活动

② 有债权债务关系但不清算的支付活动。

有债权债务关系但不清算的支付活动是指支付活动需要第三方介入（如银行），但付款方与收款方是通过同一家金融机构进行支付，例如在同一家银行，如图 4-5 所示。

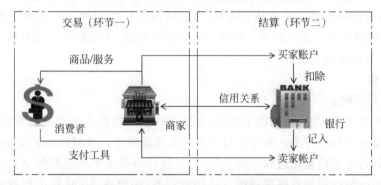

图 4-5 有债权债务关系但不清算的支付活动

③ 有债权债务关系且需清算的支付活动。

有债权债务关系且需清算的支付活动是指支付活动虽然需要第三方介入，但付款方与收款方不在同一家金融机构开户，例如付款方的出单行（付款行）是中国建设银行，收款方的收单行（收款行）是中国工商银行。如图 4-6 所示。

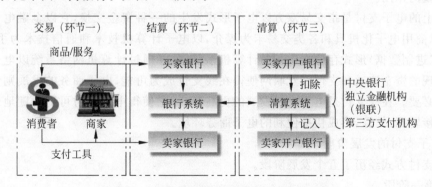

图 4-6 有债权债务关系且需清算的支付活动

4）支付结算的特征

① 支付结算必须通过中央银行批准的金融机构进行。

② 支付结算是一种必须使用一定的法律形式而进行的行为。

③ 支付结算的发生取决于委托人的意志。

④ 支付结算实行统一和分级管理相结合的管理体制。中央银行负责制定统一的支付结算制度,组织、协调、管理和监督所发生的支付结算工作。

5) 支付结算活动的发展形式

(1) 物物交换的支付结算方式

以物易物的远古时期结算是以等价的实物作为结算的媒介方式而实现的,是原始的支付结算方式。

(2) 货币支付结算方式

当作为一般等价物的货币问世之后,随着货币流通手段职能的行使,产生了以货币为媒介的货币给付行为。物物交换与货币交换支付方式的共同特点是交易与支付环节在时间与空间上不可分离,虽然支付方式直接,但限制了商务活动的规模和区域。

(3) 银行转账支付结算方式

银行转账支付结算方式亦称非现金结算方式或票据结算方式,主要有信用卡支付结算、资金汇兑(亦称银行汇款)、自动清算所(ACH,用于同城银行之间的支付结算)、电子资金转账EFT 等形式。这种交易与支付环节在时间与空间上的分离,不仅扩大了商务活动的规模与区域,也促进了支付行业的发展。

2. 电子支付

1) 电子支付的概念

电子支付是指单位、个人通过电子终端,直接或间接向银行业金融机构发出支付指令,实现货币支付与资金转移的行为。电子支付方式的出现要早于互联网和电子商务的出现。早期的电子支付是银行电子信息化过程中的产物,包括银行与其他机构之间的结算(如代发工资、代缴费等)电子化、银行销售点终端提供自动扣款业务、用户在 ATM 机上存取款和通过互联网随时随地转账进行支付与结算等业务。在电子商务出现之前,以信用卡为代表的电子支付手段已经获得普及,信用卡在商场、饭店等许多场所使用,可采用刷卡记账、POS 终端结账、ATM 机提取现金等方式进行支付。电子支付方式克服了传统支付方式过程复杂、耗时、携带现金不方便等局限性,而本身所具有的便利性、高效性、安全性等特点,使其在电子商务中显现出举足轻重的作用。

广义上的电子支付是指交易双方以电子形式发生的一种资金交换,它以金融电子化网络为基础,以商用电子化机具和各类交易卡为媒介,以电子计算机技术和通信技术为手段,以电子数据(二进制数据)形式存储在银行的计算机系统中,并通过计算机网络系统以电子信息传递形式实现的资金流通和支付。互联网使得在线支付成为可能,电子商务的发展则使得在线支付成为必要。在线支付是电子支付发展的更高形式,它使得电子支付可随时随地通过互联网进行直接转账、结算,形成快捷便利的电子商务环境。

2) 电子支付的发展阶段

电子支付方式经历了五个发展阶段。

(1) 第一阶段

银行利用计算机处理银行之间的业务,办理汇划结算,亦是银行电子化和电子支付的初级阶段。

(2) 第二阶段

银行计算机与其他机构计算机之间资金的结算,如代发工资等业务,是银行计算机系统步入网络化的时代。

（3）第三阶段

利用网络终端向用户提供各项自助式银行服务，比如为用户在自动柜员机（ATM）上提供的取存款服务等，是银行全面电子化的阶段。

（4）第四阶段

利用银行销售点终端（POS）向用户提供自动的划账服务，是目前电子支付的主要形式之一。

（5）第五阶段

网上支付阶段，即电子支付发展的最新阶段，可以随时随地通过公共网络进行转账结算，这一阶段形成了适合电子商务发展的各种支付方式，解决了电子商务发展的支付瓶颈问题。

3）电子支付的特征

与传统的支付方式相比，电子支付具有以下特征。

（1）电子支付是采用先进的信息技术，通过数字化信息，完成支付信息的传输，其各种支付方式都是使用数字化的方式，进行款项支付和资金结算的；而传统支付方式则是通过现金的流转、票据的转让，以及银行的汇兑等物理实体的流转，来完成资金结算。

（2）电子支付的工作环境是基于一个开放的系统平台（如互联网）之中；而传统支付则是在一个较为封闭的系统（如金融专用网）运作。

（3）电子支付具有成本低、方便、快捷、高效的优势。用户可以足不出户地在很短的时间内完成支付过程，支付费用仅相当于传统支付的几十分之一，甚至几百分之一。

（4）电子支付具有较高的安全性和一致性。

（5）电子支付可以减少企业在途资金，提高资金的利用率和企业的资金管理水平。

4）电子支付业务类型

按照不同的视角，可有不同的电子支付业务类型，如图 4-7 所示。

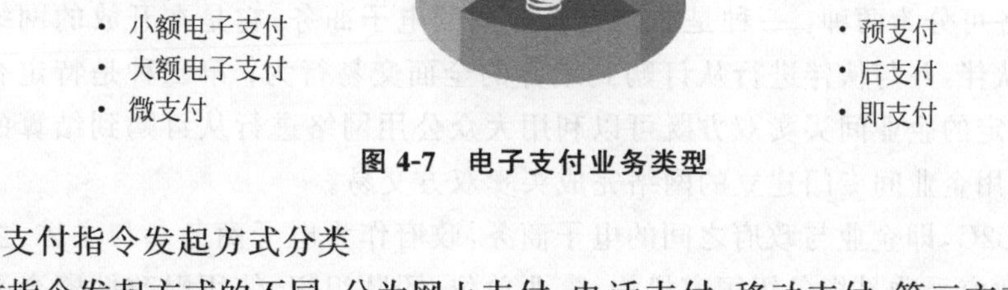

按支付指令发起方式分类
- 网上支付　· 电话支付
- 移动支付　· 第三方支付
- POS　　· ATM

按交易主体分类
- B2C
- B2B
- B2G

按支付金额的大小分类
- 小额电子支付
- 大额电子支付
- 微支付

按支付时间分类
- 预支付
- 后支付
- 即支付

图 4-7　电子支付业务类型

（1）按支付指令发起方式分类

按支付指令发起方式的不同，分为网上支付、电话支付、移动支付、第三方支付、销售点终端交易、自动柜员机交易。

① 网上支付。网上支付（Online Payment）是通过互联网实现的从用户到银行、商家之间的在线货币支付、资金清算、查询统计等过程。广义上包括通过直接使用网上银行进行的支付和通过第三方支付平台间接使用网上银行进行的支付。狭义上仅指通过第三方支付平台间接

使用网上银行进行的支付。通常情况下,网上支付仍然需要银行作为中介。在典型的网上支付模式中,由银行建立支付网关和网络支付系统,为客户提供网上支付服务。

到目前为止,适用于网上支付的方式主要有信用卡网络支付、电子货币网络支付、电子支票网络支付、借记卡网络支付、银行存款网络支付等。

② 电话支付。电话支付是消费者使用电话(固定电话、手机)或其他类似电话的终端设备,通过银行系统从个人银行账户里直接完成付款的支付方式。完成支付的设备系统比较丰富,可以是普通电话的电话银行、使用信用卡进行支付的刷卡式电话或者无卡支付的信用卡远程收款系统等。

③ 移动支付。移动支付是使用移动设备通过无线方式完成支付行为的一种新型的支付方式。移动支付所使用的移动终端可以是手机、PDA、移动 PC、平板电脑等。整个移动支付价值链包括移动运营商、支付服务商(银行、银联等)、应用提供商(公交、校园、公共事业等)、设备提供商(终端厂商、卡供应商、芯片提供商等)、系统集成商、商家和终端用户。移动支付业务是由移动运营商、移动应用服务提供商(MASP)和金融机构共同推出的、构建在移动运营支撑系统上的一个移动数据增值业务应用。

移动支付主要分为近场支付和远程支付两种。所谓近场支付,就是用手机刷卡的方式坐车、买东西等,十分便利。远程支付是指通过发送支付指令(如网银、电话银行、手机支付等)或借助支付工具(如通过邮寄、汇款)进行的支付方式,如掌中付推出的掌中电商、掌中充值、掌中视频等属于远程支付。

④ 第三方支付。第三方支付是指独立于电子商务商户和银行,为商户和消费者提供支付服务的机构。

⑤ 销售点终端(POS)。销售点终端(POS)交易,也就是平时用的刷卡支付方式。

⑥ 自动柜员机(ATM)。自动柜员机(ATM)交易,也就是到银行设立的自动柜员机,根据提示,办理转账支付。

(2) 按交易主体分类

电子支付按交易主体的不同,可分为 B2C、B2B、B2G 三种。

① B2C。B2C,即企业与消费者之间的电子商务。企业与消费者之间的电子商务就是通过网上商店(电子商店)实现网上在线商品零售和为消费者提供所需服务的商务活动。

② B2B。B2B,即企业与企业之间的电子商务。企业与企业之间的电子商务是指在互联网上采购商与供应商谈判、订货、签约、接受发票和付款以及索赔处理、商品发送管理和运输跟踪等所有活动。其功能包括:供应商管理、库存管理、销售管理、交易文档管理、支付管理。企业间的电子商务可分为两种:一种是非特定企业间的电子商务,它是在开放的网络中对每笔交易寻找最佳伙伴,并与伙伴进行从订购到结算的全面交易行为;第二种是特定企业间的电子商务活动,特定的企业间买卖双方既可以利用大众公用网络进行从订购到结算的全面交易行为,也可以利用企业间专门建立的网络完成买卖双方交易。

③ B2G。B2G,即企业与政府之间的电子商务,政府作为电子商务参与主体,主要表现在政府采购上。政府采购是指各级国家机构、事业单位、团队组织,使用财政性资金采购依法制定的集中目录内的或者采购限额标准以上的货物、工程和服务的行为,公开招标是政府采购的主要方式。

小资料 4-4

电子支付给札幌人带来的困惑

日本北海道强震引发了大规模断网断电,札幌市瞬间成了黑暗之都。期间,195 万居民涌入超市和便利店购买生活物资。但那些平时只用手机支付的部分灾民,却丧失了支付能力,买不到生活所需。

有一位札幌人说,他平时习惯使用 Apple Pay(苹果支付),出门从不带钱包,也很少使用现金。当天凌晨,强震过后的札幌大范围停电,他检查了家中的冰箱,结果发现只剩牛奶和蛋黄酱,于是急急忙忙赶往超市买生活物资。到超市后,他发现自己身上根本没有现金,他拿着仅剩下 26% 电量的 iPhone,茫然看着手机上 Apple Pay 的画面,感到了不安。等排队轮到他时,店员告知暂时无法使用电子支付。他去其他地方也一样用不了。当晚七点,他独自坐在家中,饿着肚子。由于取不了现金,电力也仍未恢复,他有种一切都崩塌的感觉。

瑞典央行行长 Stefan Ingves 就曾经提出警告。他说,无现金社会在面对战争或天灾时毫无抵抗性,庞大的社会金融体系将在瞬间崩塌。

"支付手段职能"是货币需要具有的四大职能之一,无现金支付也不过是"支付手段职能"的一种补充,因为其要借助特定的基础条件(电力、网络、基站等),代替不了现金支付。札幌人还是幸运的,地震给所有人上了一课,可以正确认识现金支付和无现金支付。

(资料来源:搜狐新闻)

(3) 按支付金额的大小分类

电子支付按支付金额的大小不同,可分为小额电子支付、大额电子支付和微支付三种。

① 小额电子支付。小额电子支付又称零售电子资金支付系统,一般应用于小额贸易支付和个人消费服务。小额支付又分小额联机支付和小额批量支付两类。

小额联机支付指通过 POSEFT 和 ATM 系统,其支付工具为银行卡(信用卡、借记卡或 ATM 卡、电子现金等)。主要特点是金额小、业务量大,交易资金采用净额结算。但 POSEFT 和 ATM 中需要对支付实时授信。

小额批量支付也称批量电子支付系统,主要指 ACH(自动清算所)处理预先授权的定期贷记(如发放工资)或定期借记(如公共设施缴费)。支付数据以数据通信方式提交清算所。

② 大额电子支付。大额电子支付主要用于资本市场、货币市场交易和大额贸易的资金结算。主要处理银行间大额资金转账,通常支付的发起方和接收方都是商业银行或在中央银行开设账户的金融机构。大额系统是一个国家支付体系的核心应用系统。大额系统处理的支付业务量很少(一般占支付业务量的 1%~10%),但资金额超过 90%,因此大额支付系统中的风险管理特别重要。

③ 微支付。微支付是指涉及金额特别小的支付,在我国金额为 5 元以下,在美国金额为 5 美元以下。微支付通常应用于下载手机铃声和图片、收听在线音乐、浏览付费网页等。

(4) 按支付时间分类

根据支付和交易发生的时间关系,可将电子支付分为预支付、后支付和即支付三种。

① 预支付。预支付就是先付款,然后才能购买到产品和服务。例如,中国移动的手机话费采用的就是预支付方式,消费者先支付通信话费,然后才开始使用通信服务。每个城市的交通卡(如羊城通)也是采用预支付方式。

② 后支付。后支付就是先消费后支付。在现实生活的交易中，采取后支付的形式比较普遍。例如，信用卡等类似"赊账"类消费。

③ 即支付。即时支付是指交易发生的同时，资金也从银行转入卖方账户。随着电子商务的发展，即时支付的方式越来越多，它是"在线支付"的基本模式。例如，一些数据商品的在线交易，交易中买方得到商品的同时，资金同时转账到卖方的账户。日常生活中的微信支付等在发展起步的第一阶段都属于即支付模式。

4.2.2 电子支付系统

电子支付系统是电子交易顺利进行的重要社会基础设施之一，它也是社会经济良好运行的基础和催化剂。

支付系统是指由提供支付服务的中介机构、管理货币转移的法规以及实现支付的技术手段共同组成的系统。其作用是清偿经济活动参与者在获取实物资产或金融资产时所承担的债务。

电子支付系统是指支持消费者、商家和金融机构通过互联网使用安全电子交易手段，包括新型的支付工具（电子货币）完成数据流转，从而以电子支付来实现商品或服务交易的整体系统。

1. 电子支付系统的构成

电子支付系统主要涉及参与电子商务活动的交易主体、安全协议、金融机构、认证体系、电子商务平台、法律和诚信体系、网络基础设施等几个部分组成，如图4-8所示。

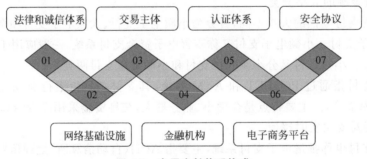

图 4-8 电子支付体系构成

（1）交易主体

电子支付系统的交易主体包括买（消费者或用户）卖（商家或企业）双方。

（2）安全协议

网络支付系统应有 SET 协议或 SSL 协议等安全协议，以构成网上交易可靠的技术支撑环境。

（3）金融机构

金融机构包括网络金融服务机构、商家银行和用户银行。

（4）认证体系

公开安全的第三方认证体系可以在商家与用户进行网上交易时为他们颁发电子证书，在交易行为发生时对电子证书和数字签名进行验证。

（5）电子商务平台

电子商务平台包括可靠的电子商务网站以及网上支付工具（电子货币，诸如电子支票、信用卡、电子现金等)。

(6) 法律和诚信体系

法律和诚信体系属于网上交易与支付环境的外层,是由国家及国际相关法律法规的支撑来予以实现,另外还要依靠完善的社会诚信体系。

(7) 网络基础设施

电子支付建立在网络平台之上,包括互联网、企业内联网、企业外延网,要求运行可靠、接入速度快、安全等。

2. 电子支付活动参与主体

电子支付活动参与的主体包括客户、商家、银行、支付网关、认证机构和金融专用网络,如图 4-9 所示。

图 4-9　电子支付活动参与主体

(1) 客户

客户一般是指商品交易中负有债务的一方。客户使用支付工具进行网上支付,是支付系统运作的原因和起点。

(2) 商家

商家是商品交易中拥有债权的另一方。商家可以根据客户发出的支付指令向金融体系请求资金入账。

(3) 银行

电子商务的各种支付工具都要依托于银行信用。没有信用,便无法运行。作为参与方的银行方面,会涉及客户开户行、商家开户行。

① 客户开户行。客户开户行是指客户开设账户的银行,客户所拥有的支付工具一般就是由开户行提供的。客户开户行在提供支付工具的同时也提供了银行信用,保证支付工具的兑付。在卡基支付体系中,客户开户行又被称为发卡行。

② 商家开户行。商家开户行是指商家开设账户的银行。商家将客户的支付指令提交给其开户行后,就由商家开户行进行支付授权的请求以及银行间的清算等工作。商家开户行是依据商家提供的合法账单(客户的支付指令)来操作,因此又称为收单行。

（4）支付网关

支付网关是互联网和银行专用网之间的接口，支付信息必须通过支付网关才能进入银行支付系统，进而完成支付的授权和获取。支付网关主要作用是完成两者之间的通信、协议转换和进行数据加密、解密，以及保护银行专用网的安全。

支付网关的建设，关系着支付结算的安全以及银行自身的安全，关系着网上支付结算的安排以及金融系统的风险，必须十分谨慎。因为电子商务交易中同时传输了两种信息——交易信息与支付信息，必须保证这两种信息在传输过程中不能被无关的第三者阅读，包括商家不能看到其中的支付信息（如卡号信息、授权密码等），银行不能看到其中的交易信息（如商品种类、商品总价等），这就要求支付网关一方面必须由商家以外的银行或其委托的卡组织来建设，另一方面网关不能分析交易信息，对支付信息也只是起保护与传输的作用，即这些保密数据对网关而言是透明的。

（5）认证机构

电子支付系统使传统的信用关系虚拟化，代表支付结算关系的参与者只不过是网络上的电子数据。如何确认这些电子数据所代表的身份以及身份的真实可信性，就需要建立 CA 认证体系来确保真实的信用关系。认证机构为参与的各方（包括客户、商家与支付网关）发放数字证书，以确认各方的身份，保证网上支付的安全性。认证机构必须确认参与者的资信状况（如通过其在银行的账户状况、与银行交往的历史信用记录等来判断），因此也离不开银行的参与。

（6）金融专用网

金融专用网是银行内部及银行间进行通信的网络，具有较高的安全性，包括中国国家现代化支付系统（CNAPS）、中国人民银行电子联行系统、商业银行电子汇兑系统、银行卡授权系统等。

需要说明的是，网上交易中，消费者发出的支付指令在由商户送到支付网关之前，是在互联网上传送的，这一点与持卡 POS 消费有着本质的区别。从商户 POS 到银行之间使用的是专线；而在互联网上的交易，就必须考虑公用网上支付信息的流动规则及其安全保护，这就是支付协议的责任所在。

3. 电子支付系统运作模式

1）网上支付的基本流程

网上支付的基本流程，如图 4-10 所示。

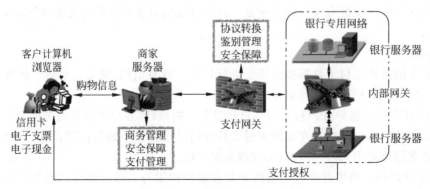

图 4-10　网上支付的基本流程

① 客户接入互联网,通过浏览器在网上浏览商品,选择货物,填写网络订单,选择应用的网络支付结算工具,并且得到银行的授权使用,如银行卡、电子钱包、电子现金、电子支票或网络银行账号等。

② 客户机对相关订单信息,如支付信息进行加密,在网上提交订单。

③ 商家服务器对客户的订购信息进行检查、确认,并把相关的、经过加密的客户支付信息转发给支付网关,直到银行专用网络的银行后台业务服务器确认,以期从银行等电子货币发行机构验证得到支付资金的授权。

④ 银行验证确认后,通过建立起来的经由支付网关的加密通信通道,给商家服务器回送确认及支付结算信息,为进一步安全,给客户回送支付授权请求(也可没有)。

⑤ 银行得到客户传来的进一步授权结算信息后,把资金从客户账户上转拨至开展电子商务的商家银行账户上,借助金融专用网进行结算,并分别给商家、客户发送支付结算成功信息。

⑥ 商家服务器收到银行发来的结算成功信息后,给客户发送网络付款成功信息和发货通知。

至此,一次典型的网络支付结算流程结束。商家和客户可以分别借助网络查询自己的资金余额信息,以进一步核对。

2) 网上支付的基本模式

根据网上支付流程的差别,可把网上支付的基本模式大体分为两类。

(1) 类支票电子支付模式

类支票电子支付模式是典型的基于电子支票、电子票证汇兑、信用卡、网络银行账号等方式的网络支付系统模式,它支持大、中、小额度的资金支付与结算,如图 4-11 所示。

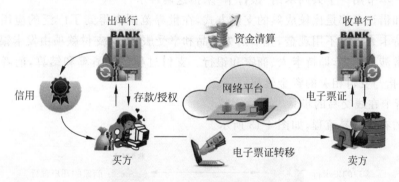

图 4-11　类支票电子支付模式

① 双方在银行有账户,买方账户上有存款。

② 交易前,买方从银行得到电子支付票证,即授权的电子货币。

③ 买方把授权的电子货币交给卖方,卖方验证后,继续交易。

④ 卖方将收到的电子票据转给自己的开户银行,要求资金兑付。

⑤ 银行收到卖方的电子票证,验证确认后进行后台的资金清算工作,并回复买方支付成功。

(2) 类现金电子支付模式

类现金就是指类似传统纸质现金,是基于电子现金的网络支付模式,如图 4-12 所示。

① 买方现在开户行有存款,对应其类现金账户。

② 交易前,买方先从银行通过银行存款请求兑换类现金。

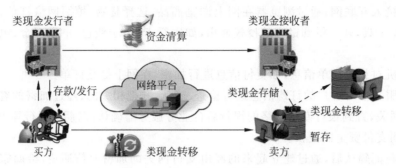

图 4-12 类现金电子支付模式

③ 银行根据买方的请求,把相应的类现金送至买方的计算机中,即可随便使用。

④ 买方根据付款数额,把相应的类现金送给卖方的计算机中,卖方验证有效性后,继续交易过程。

⑤ 卖方把收到的类现金暂时储存起来,也可发送相应银行,请求清算后增加卖方账户的对应资金数额。

3) 网上银行卡支付模式

目前,在线购物中有一部分是直接用信用卡或借记卡来进行在线支付的。信用卡和借记卡是银行或金融公司发行的,是授权持卡人在指定的商店或场所进行记账消费的凭证,是一种特殊的金融商品和金融工具。用户通过提供有效的卡号和有效期,商店就可以通过银行计算机网络与顾客进行结算。信用卡可以透支一定的额度,借记卡不可以透支,只能在卡上存有的金额内支付。本节用一个共同术语"银行卡"来指这两种卡。

信用卡和借记卡都是比较成熟的支付方式,在世界范围内得到了广泛的应用。银行卡的最大优点是持卡人可以不用现金,凭卡购买商品和享受服务,其支付款项由发卡银行支付。银行卡支付通常涉及三方,即持卡人、商家和银行。支付过程包括清算和结算,前者指支付指令的传递,后者指与支付相关的资金转移。

(1) 银行卡在线交易的步骤

银行卡的在线交易流程,如图 4-13 所示。

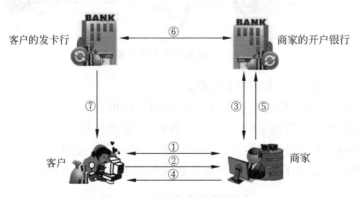

图 4-13 银行卡在线支付流程

使用信用卡的业务过程有三个阶段。

第一阶段——完成客户的购物。

① 客户访问商家的主页,得到商家货物明细单。

② 客户挑选所需的货物,并用信用卡向商家支付。

③ 商家服务器访问其银行,以对客户的信用卡号码及所购货物的数量进行认证。银行完成认证后,通知商家购物过程是否向下继续进行。

④ 商家通知客户业务是否已经完成。

第二阶段——从客户账户向商家账目账户转账。

⑤ 商家服务器访问商家的开户行,并向银行提供购物的收据。

⑥ 商家银行访问发卡机构,以取得商家售物所得到的钱。

第三阶段——通知客户应支付的款额,并为客户下账。

⑦ 发卡机构根据一段时间内(可能一个月)客户购物时应向各商家支付的款额,为客户下账,并通知客户。

(2) 银行卡在线支付模式

银行卡在线支付模式有四种:传统无安全措施的支付模式、基于第三方代理的支付模式、基于简单加密协议 SSL 的支付模式、基于安全电子交易协议 SET 的支付模式。

① 传统无安全措施的支付模式。

传统无安全措施银行卡支付是指买方通过网上从卖方订货,而信用卡信息通过电话、传真等非网上方式传送,或者银行卡信息直接在互联网上传送,但无任何安全措施,卖方与银行之间使用各自现有的银行商家专用网络授权来检查银行卡的真伪,如图 4-14 所示。

图 4-14   传统无安全措施的银行卡网上支付模式

这种支付方式具有以下特点。

◇ 由于卖方没有得到买方的签字,如果买方拒付或否认购买行为,卖方将承担一定的风险。

◇ 银行卡信息可以在线传送,但无安全措施,买方(即持卡人)将承担银行卡信息在传输过程中被盗取及卖方获得银行卡信息等风险。

② 基于第三方代理的支付模式。

提高银行卡事务处理安全性的一个途径就是在买方和卖方之间启用第三方代理,目的是使卖方看不到买方银行卡信息,避免银行卡信息在网上公开传输而导致的银行卡信息被窃取。

第三方代理人支付模式的原理,如图 4-15 所示。

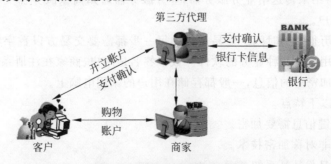

图 4-15   第三方代理支付模式

买方在线或离线在第三方代理人处开设账号,第三方代理人持有买方银行卡号和账号;买方用账号从卖方在线订货,即将账号传送给卖方;卖方将买方账号提供给第三方代理人,第三方代理人验证账号信息,将验证信息返回给卖方;卖方确定接收订货。

第三方代理人服务的特点:支付是通过双方都信任的第三方完成;银行卡信息不在开放的网络上传送,买方有可能离线在第三方开设账号,这样买方没有银行卡信息被盗窃的风险;卖方信任第三方,因此卖方也没有风险;买卖双方预先获得第三方的某种协议,即买方在第三方处开设账号,卖方成为第三方的特约商户。

③ 基于简单加密协议 SSL 的支付模式。

这是现在比较常用的一种支付模式。用户只需在银行开设一个普通银行卡账户,在支付时,用户提供银行卡号码,但传输时要进行加密,采用的加密技术有 SHTTP、SSL 等。这种加密的信息只有业务提供商或第三方付费处理系统能够识别。由于用户进行网上购物时只需提供信用卡号,这种付费方式带给用户很多方便。

基于简单加密模式的银行卡支付流程,如图 4-16 所示。

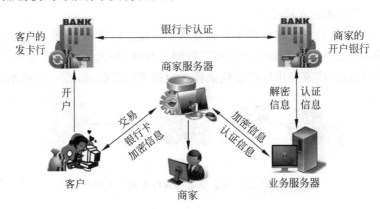

图 4-16　简单加密协议 SSL 支付模式

◇ 用户在银行开立一个信用卡账户,并获得信用卡号。

◇ 用户商家订货后,把信用卡信息加密,再传给商家服务器。

◇ 商家服务器验证接收到的信息的有效性和完整性后,将用户加密的信用卡信息传给业务服务器,商家服务器无法看到用户的信用卡信息。

◇ 业务服务器验证商家身份后,将用户加密的信用卡信息转移到安全的地方解密,然后将用户信用卡信息通过安全专用网传送到商家银行。

◇ 商家银行通过普通电子通道与用户信用卡发卡行联系,确认信用卡信息的有效性。得到证实后,将结果传送给业务服务器,业务服务器通知商家服务器交易完成或拒绝,商家再通知用户。

整个过程只经历很短的时间。交易过程的每一步都需要交易方以数字签名来确认身份,用户和商家都须使用支持此种业务的软件。数字签名是用户、商家在注册系统时产生的,不能修改。用户信用卡加密后的信息,一般都存储在用户的家用电脑上。

这种模式具有以下特点。

◇ 信用卡等关键信息需要加密。

◇ 使用对称和非对称加密技术。

◇ 可能要启用身份认证系统。

◇ 以数字签名确认信息的真实性。

◇ 需要业务服务器和服务软件的支持。

这种模式的关键在于业务服务器,保证业务服务器和专用网络的安全就可以使整个系统处于比较安全的状态。由于商家不知道用户信用卡的信息,就杜绝了商家泄露用户隐私的可能性。

④ 基于安全电子交易协议 SET 的支付模式。

SET(安全电子交易)主要是为了用户商家和银行通过信用卡交易而设计的。用以保证支付信息的机密、支付过程的完整、商户和持有人的合法身份以及互操作性。

由于 SET 提供了用户、商家和收单银行的认证,确保交易各方身份的合法性和交易的不可否认性;同时,银行与商家之间是"背对背"的,商家只能得到用户的定购信息,而银行只能获得有关支付的信息,确保了交易数据的安全、完整和可靠。

SET 中的核心技术主要有对称加密、非对称加密、消息摘要、数字签名、数字信封、双重签名和认证等技术。

消息摘要:是一个唯一对应一个消息的值,它由哈希(Hash)加密算法对一个消息摘要成一串密文,由此验证消息在传输过程中没有被修改;消息摘要解决了信息的完整性问题。

数字信封:在 SET 中使用对称密钥来加密数据,然后将此对称密钥用接收者的公钥加密,称为消息的"数字信封",将其和数据一起送给接收者;接收者先用自己的私钥解密数字信封,得到对称密钥,然后使用对称密钥解开数据。

双重签名:SET 要求将订单信息和个人信用卡账号信息分别用商家和银行的公钥进行数字签名,保证商家只能看到订货信息,而看不到持卡人的账户信息,并且银行只能看到账户信息,而看不到订货信息。

使用 SET 进行银行卡支付交易的工作流程,如图 4-17 所示。

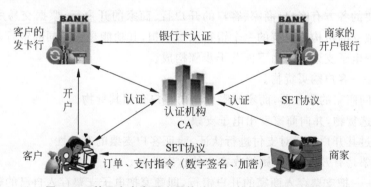

图 4-17　基于安全电子交易协议 SET 的银行卡支付模式

◇ 购物者在支持 SET 的网站上购物,选择好商品并填写订单后,商家会用一份自己数字证书的副本,作为给顾客的答复。

◇ 购物者选择用 SET 方式进行付款。购物者发送给商家一个完整的订单及要求付款的指令,用哈希加密法对订单和付款指令生成"消息摘要",由购物者进行数字签名。

◇ 对信用卡号码使用银行的公钥进行加密(商家永远不会见到信用卡号码),用商家的公钥加密,生成"数字信封",将其发送给商家。

◇ 商家用私钥打开"数字信封",解密订单、验证"消息摘要"。商家的服务器将 SET 加密的交易信息,连同订单副本,一起转发给结算卡处理中心。

◇ 由银行将此交易信息解密并进行处理,银行验证商家的身份和传输消息的完整性;认

　　证中心验证数字签名是否属于购物者,并检查购物者的信用额度。

　◇ 银行将此交易信息发到购物者信用卡的发行机构,请求批准划拨款项。

　◇ 商家收到购物者开户银行批准交易的通知,交易金额从购物者的信用卡账户里划给商
家账户。

　◇ 商家将订单确认信息通知购物者,发送商品或完成订购的服务。

　◇ 购物者的终端软件记录交易日志,以备将来查询。

4) 电子支票支付模式

电子支票是将传统支票应用到公共网络上,用于发出支付和处理支付的网上服务。电子
支票与通常纸质支票工作方式大致相同。

(1) 电子支票支付流程

电子支票支付系统结构,如图 4-18 所示。

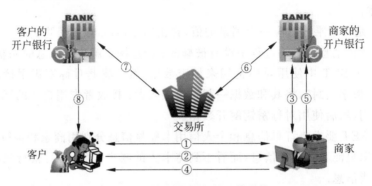

图 4-18　电子支票支付系统结构

　　系统中主要的各方有客户、商家、客户的开户行、商家的开户行、票据交易所。其中,票据
交易所可由一独立的机构或现有的一个银行系统承担,其功能是在不同的银行之间处理票据。

　　一个完整的电子支票业务由下面若干步骤构成。

第一阶段——客户购买货物。

① 客户访问商家的服务器,商家的服务器向客户介绍其货物。

② 客户挑选货物,并向商家发出电子支票。

③ 商家通过其开户银行对支付进行认证,验证客户支票的有效性。

④ 如果支票是有效的,商家则接收客户的这宗业务。

第二阶段——把支票存入商家的开户银行,即商家把电子支票存入自己的开户行。

⑤ 商家把电子支票发送到他自己的开户行。商家可根据需要,何时发送由其自行决定。

第三阶段——不同银行之间交换支票。这时,商家的开户行通过交易所同客户的开户行
兑换电子支票。

⑥ 商家的开户行把电子支票发送给交易所,以兑换现金。

⑦ 交易所向客户的开户行兑换支票,并把现金发送给商家的开户银行。

⑧ 客户的开户行为客户下账。

(2) 电子支票系统的安全

电子支票中的安全性有如下要求。

① 电子支票的认证。电子支票是客户用其私钥所签署的一个文件。接收者(商家或商家
的开户行)使用支付者的公钥来解密客户的签字。这样将使得接收者相信发送者的确签署过

这一支票。同时,客户的签字也提供了不可否认性,因为支票是由支付者的私钥签署的,支付者对发出的支票不能否认。此外,电子支票还可以要求经发送者的开户行数字签字。这样将使得接收者相信他所接收到的支票是根据发送者在银行的有效账目下填写的。接收者使用发送者开户行的公钥对发送者开户行的签字加以验证。

② 公钥的发送。发送者及其开户行必须向接收者提供自己的公钥。

③ 私钥的存储。为了防止欺诈,客户的私钥需要被安全存储并能被客户方便使用。

④ 银行支票。银行支票由银行按如下方式发行:发行银行首先产生支票,用其私钥对其签字,并将其证书附加到支票上。接收银行使用发行银行的公钥来解密数字签字。

5) 电子现金支付模式

(1) 电子现金支付原理

使用电子现金交易一般要有以下四个步骤。

① 购买电子现金。消费者必须亲自到电子现金的发行场所(如发行电子现金的银行或电子现金供应商)去开设账户,并提供身份证明的证件。当消费者想使用电子现金消费时,可以通过互联网访问发行场所并提供身份证明,如认证中心发行的数字证书、信用卡号码和银行账号。在发行所确定了消费者身份后,会发给消费者一定数量的电子现金,然后从消费者账户中减去相同金额。不过,银行会收取一笔小额处理费,处理费与消费者兑换的电子现金数额成正比。

② 存储电子现金。消费者使用计算机上的电子现金终端软件将电子现金取出,并存储在计算机硬盘上(如电子钱包里)。

③ 使用电子现金。当消费者到支持该种电子现金支付的商业网站消费时,就可以将电子现金发送给商家来支付所选购的商品或服务的费用。在这一过程中,商家要验证电子现金是否伪造、是否属于该消费者、是否是重复消费。经验证无误后,双方达成交易。

④ 资金清算。当商品或服务送达消费者时,商家才将电子现金交给电子现金的发行场所,电子现金的发行场所收回电子现金,并保留其序列号备查,再将等值的货币存入商家的银行账户,同时收取少量的手续费。

(2) 电子现金支付流程

电子现金支付流程如图 4-19 所示。在这个系统中有一个电子现金的发行机构,记为 E-Mint,它根据客户的存款额向客户兑换等值的电子现金,所兑换的电子现金须经它数字签字。客户可用 E-Mint 发行的电子现金在网上购物。

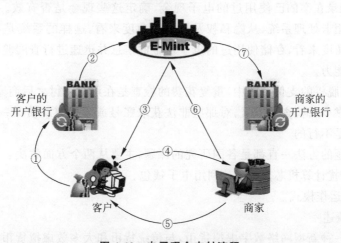

图 4-19　电子现金支付流程

整个业务过程可分为以下独立的 3 个阶段。

第一阶段——获得电子现金,简称提款。

① 客户为了获得电子现金,要求他的开户行把其存款转到 E-Mint。

② 客户的开户行从客户的账户向 E-Mint 转账。

③ E-Mint 给客户发送电子现金,客户将电子现金存入其计算机或 Smart 卡。

第二阶段——用电子现金购物,简称支付。客户得到电子现金后,无论何时都可用之购物,而且只要其电子现金未花完,就可多次购物。

④ 客户挑选货物并且把电子现金发送给商家。

⑤ 商家向客户提供货物。

第三阶段——商家兑换电子现金,简称存款。商家收到电子现金后,无论何时都可兑换。

⑥ 商家将电子现金发送给 E-Mint,或者商家把电子现金发送给他的开户银行,由他的开户银行负责在 E-Mint 兑换。

⑦ E-Mint 把钱发送给商家的开户银行,商家的开户银行为商家入账。

(3) 电子现金系统中的安全

电子现金在以下几个方面需要考虑其安全问题。

① 电子现金的产生。从控制的角度来看,要确保使用电子货币进行交易的安全性,E-Mint 在它所发行的电子现金上需要做一个戳记。与钞票上的号码一样,电子现金在产生时,也产生一个唯一的识别号码。

② 认证。电子现金是由 E-Mint 的私钥数字化签字的。接收者使用 E-Mint 的公钥来解密电子现金。通过这种方式,可向接收者保证电子现金是由私钥的拥有者(即经授权的 E-Mint)签署的。

③ 电子现金的传送。电子现金在传送过程的安全性可通过加密来实现;完整性可通过安全数字传输协议保证,如 TCP/IP。

④ 电子现金的存储。在电子现金系统中,如果用户的电子现金文件丢失或被盗,意味着用户的钱确实丢失。所以,用户和银行必须有一个安全的方法来存储电子现金。

⑤ 不可重复使用。所谓电子现金实际上是一种电子文件。因此,要防止电子现金的复制或非法多次使用,在技术上要考虑两个方面的问题。

一方面,在联机的清算系统中,用于支付的电子现金会被马上传送到发行电子现金的 E-Mint,然后对照记录在案的已使用过的电子现金,确定这些现金是否有效。但这样一个系统就等同于一个信用卡处理系统,从隐私权及用户的角度来看,这样的系统是不理想的。而且,从数据库技术的角度来看,存储使用过的电子现金的信息并迅速进行查阅验证,需要很高性能的联机验证处理能力。

另一方面,在脱机的支付系统中,重复花费的检查是在用户支付之后商家在银行存款时进行的。但是这种靠事后检查的方式,对那些非法获取账号或者重复花费某一大宗款项后藏匿起来的不法分子是不行的。

解决这一问题的方法一直都是各国研究的课题,主要从两个方面解决:一是物理解决,如 PC 卡或含有防窜扰计算机芯片;二是利用电子钱包。

6) 比特币的运作模式

(1) 比特币概述

比特币作为一种新型网络数字虚拟货币,与传统货币和大多数虚拟货币不同,它的运行机制不依赖于中央银行、政府、企业的支持或者信用担保,而是依赖 P2P 网络中的种子文件达成的网络协议,通过特定算法的大量计算产生的,它的货币总量预计到 2140 年将会达到 2100 万个上限,是根据开发者设计的预定速率逐步增加的。

(2)比特币的运作机制

普通消费者获取比特币的方法一般有三种,挖矿、购买和接受转账(比特币支付)。挖矿需要矿机和矿池,矿工利用矿机在矿池里"挖掘"比特币;购买则既可以通过线下交易,也可以通过网上交易和中间人的途径。消费者获取比特币后,可以用比特钱包存储比特币。事实上,由于比特币计算法的特殊性,比特钱包里只储存私钥,用户的比特币具体数额是记录在全网数据库里面的。用户使用比特币的途径目前主要有三种,转账、兑换和兑付。比特币的运作模式如图 4-20 所示。

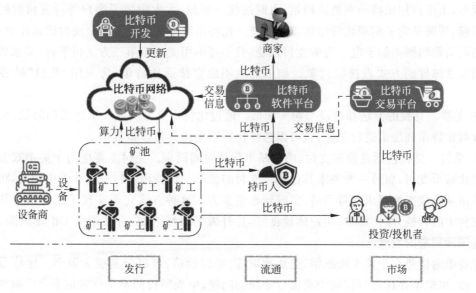

图 4-20　比特币的运作模式

① 挖矿。挖矿是指在 P2P 网络中通过特定的数学运算来产生新的比特币的过程,挖矿是所有比特币的根本来源。挖矿首先涉及的是挖矿软件,这些软件可以从网络上免费下载。早期,个人可以通过计算机比较容易地挖掘到比特币,但随着比特币的升值而掀起热潮,挖矿难度增加,大型矿机开始出现。

② 矿池。由于比特币全网的运算水准在不断地呈指数级别上涨,单个设备或少量的算力都无法在比特币网络上获取到比特币网络提供的区块奖励。在全网算力提升到一定程度后,由于获取奖励的概率过低,促使一些 bitcointalk 上的极客开发出一种可以将少量算力合并的联合运作方法。使用这种方式建立的网站,便被称作"矿池"(Mining Pool)。

全球算力排名前五的比特币矿池有 BTC、Poolin、AntPool、Slushpool、F2Pool。目前,全球约 70%的算力在中国矿工手中。

③ 购买。通过挖矿来获得比特币的方式,对挖矿人员有一定的技术要求,而且投入的资本回收周期较长,加上比特币作为一种新兴电子支付工具,它的接受范围还比较有限,所以就目前来看,直接购买是获得比特币最直接、最简便的方式。比特币的交易分为两种情况:一是通过网上交易所与普通用户之间的交易,二是普通用户之间的相互交易。

④ 存储。比特币没有实体属性,而是存储在比特币用户电子钱包里的一串加密代码,通过互联网实现快速的转移支付。用户需要采取一定措施来保护自己的比特币,例如对比特币进行备份、加密、云存储等。比特币官方客户端自带比特币存储功能,即"软件钱包",也可以通过钱包备份功能把比特币备份在硬盘或其他存储设备上。

⑤ 转账。比特币的原理并不复杂,双方通过自己的"比特币钱包"和"比特币地址"进行交易。每个钱包都如同电子邮箱的一串地址,账户间的转账就像收发邮件一样,汇款方按照收款方的地址,将比特币进行转账。由于无须通过银行或者任何第三方结算,整个交易几乎不产生手续费。

比特币官方客户端自带转账功能,但是由于比特币机制的设计,每次转账的时间至少要花费一个小时,这一点严重影响比特币的实时体验。为解决这一难题,许多比特币支付公司开发了新服务,由用户把比特币充值进网站,由网站统一管理,大大缩短了客户等待支付时间。在很多时候,转账是为了实现比特币的支付功能。比特币线下购物类似现金支付的运作方式,比特币的网络购物则类似于电子商务支付系统,只不过不用受制于第三方支付平台,买家和卖家可以用发送邮件的方式直接收付款。如果商家不愿意接受比特币,将采用"兑付"的方案来解决。

⑥ 兑换。兑换的方法和途径与购买相似。通过比特币交易所或线下达成的协议,买卖双方可以就比特币和法币进行兑换,也可以选择比特币兑换其他虚拟货币。

⑦ 兑付。兑付包括兑换和支付,两者基本保持时间同步。兑付主要应用于买卖双方的一方要求比特币支付,而另一方要求其他货币支付的情况。比特币支付公司作为中间人,将买方的比特币兑换成卖方要求的货币后,实时转账给卖方。这种方式完美实现了比特币与其他货币在支付中的转换,操作简单,用户体验良好,且打破了地域限制,合法避免了汇率风险,有利于促进国际贸易的发展。

比特币的优势在于其无法冻结,无法被跟踪,难以伪造,可以分割成无限小。比特币没有发行主体,也就不存在发行权被中央银行垄断的问题,中央银行的不良政策也不会影响到比特币,从而避免了政策不稳定带来的安全隐患。但是,比特币也存在自身的缺陷,就目前来看,比特币与现金兑换的价格起伏较大,更多人通过比特币进行投机来赚取差价,而不是通过比特币进行交易支付。由于各国国情不同,对比特币认可程度也不尽相同,比特币交易平台也会面临政府强制关闭的风险。同时,比特币交易平台容易遭到黑客的攻击,从而给比特币用户带来损失。

4.2.3 移动支付

移动支付是电子支付的衍生形态,是互联网、金融、移动通信技术结合的产物。移动支付作为电子支付的一种新型业务形式,随着智能手机和各种移动终端的普及,以及消费者消费习惯的改变和消费方式的多元化,逐渐为消费者所喜爱、接受和广泛的关注。

1. 移动支付概述

1) 移动支付的概念

移动支付是指以移动终端实现资金存取、支付的交易行为。其中,移动终端包括移动电脑、手机、掌上智能终端;支付资金包括商品、服务等交易和汇兑形成的资金收付行为;交易包括通过移动通信网络的远程交易行为,不通过移动通信网络而由移动运营商进行收单清算的现场交易行为。

2）移动支付的特征

移动支付属于电子支付方式的一种，因而具有电子支付的特征，但因其与移动通信技术、无线射频技术、移动互联网技术相互融合，又具有自己的特征。

（1）移动性

随身携带的移动性，消除了距离和地域的限制。结合先进的移动通信技术的移动性，随时随地获取所需要的服务、应用、信息和娱乐。

（2）及时性

不受时间、地点的限制，信息获取更为及时，用户可随时对账户进行查询、转账或购物消费。

（3）定制化

基于先进的移动通信技术和简易的手机操作界面，用户可定制自己的消费方式和个性化服务，账户交易更加简单方便。

（4）集成性

以手机为载体，通过与终端读写器近距离识别进行信息交互，运营商可以将移动通信卡、公交卡、地铁卡、银行卡等各类信息整合到以手机为平台的载体中进行集成管理，并搭建与之配套的网络体系，从而为用户提供十分方便的支付以及身份认证渠道。

3）移动支付系统结构

移动支付业务是由移动运营商、移动应用服务提供商（Mobile Application Service Provider，MASP）和金融机构共同推出的、构建在移动运营支撑系统上的一个移动数据增值业务应用。移动支付系统为每个移动用户建立一个与其手机号码关联的支付账户，其功能相当于电子钱包，为移动用户提供了一个通过手机进行交易支付和身份认证的途径。用户通过拨打电话、发送短信、使用 WAP 或者使用客户端 App 接入移动支付系统，移动支付系统将此次交易的要求传送给 MASP，由 MASP 确定此次交易的金额，并通过移动支付系统通知用户，在用户确认后，付费方式可通过多种途径实现，如直接转入银行、用户电话账单或者实时在专用预付账户上借记，这些都将由移动支付系统（或与用户和 MASP 开户银行的主机系统协作）来完成。移动支付系统如图 4-21 所示。

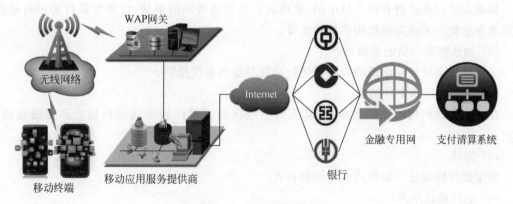

图 4-21　移动支付系统

4）移动支付的交易过程

移动支付交易过程如图 4-22 所示。

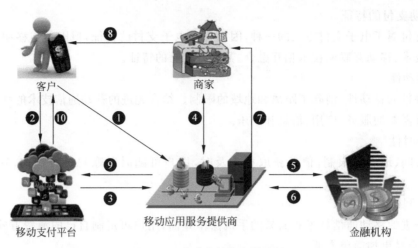

图 4-22　移动支付的交易过程

（1）注册

消费者必须向移动支付提供商提出开户申请。这个步骤是必须的，只有在完成这一步之后，消费者才可以进行以下一系列的移动商务活动。

（2）提交购物支付申请

消费者在注册成功之后，就可以通过短信服务或者其他方式，向移动交互平台来提出自己原始的购买以及支付要求。

（3）提交处理后的支付申请

移动交互平台首先根据服务号对消费者的支付申请进行分类，然后把这些申请压缩成CMPP（China Mobile Peer to Peer，中国移动点对点协议）格式，再转交给移动支付系统。

（4）商家确认

在收到 CMPP 格式的申请后，移动支付系统会向商家查询并验证一些细节问题，商家给出相应的反馈。

（5）转账申请

如果商家同意消费者的支付申请，系统就会处理消费者的申请，比如验证行为的有效性，计算业务总额以及向金融机构申请转账等。

（6）确认转账申请的有效性

金融机构会对转账申请的合法性进行验证并给出系统反馈。

（7）向商家返回支付结果

在收到金融机构的反馈之后，移动支付系统向商家发出转账成功的信息和递送货物的要求。

（8）递送

商家把货物通过一定形式发送给消费者。

（9）返回确认结果

在收到金融机构的反馈之后，移动支付系统立刻把这一反馈转发给移动交易平台。

（10）反馈消费者

移动支付平台会把从移动支付系统那里得到的支付结果返回给消费者。

2. 移动支付分类

移动支付可按不同的维度进行分类,如图 4-23 所示。

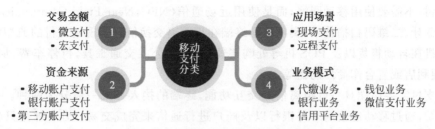

图 4-23　不同维度的移动支付分类

1) 按交易金额分类

按照交易金额大小可将移动支付分为微支付和宏支付两种。

(1) 微支付

微支付指购买小商品或服务而进行的小额支付(欧洲国家认为是小于 10 欧元的支付),如游戏、视频下载,交停车费、餐费等。

(2) 宏支付

宏支付是和微支付相对应的一种支付行为,它的交易额一般比较大,至少在十几美元或几十美元以上。

微支付和宏支付的区别主要在于以下两个方面:一是两类支付的实现方式不同,微支付一般仅需要消费者、商户、银行这三方当事人就可以了,不需要认证中心,而宏支付一般至少需要四方,比小额支付多一个认证当事方;二是两者对安全级别的要求不同,对于宏支付而言,通过可靠的金融机构进行鉴定是确保交易安全的一个必备条件,而对于微支付来说,只要使用移动通信网络的 SIM(Subscriber Identity Module,用户身份模块)卡鉴定机制就可以了。

2) 按资金来源分类

根据资金来源的不同,移动支付分为移动账户支付、银行账户支付和第三方账户支付。

(1) 移动账户支付

移动账户支付是移动运营商向用户提供信用的支付服务,主要是指通过手机账单进行扣费,这里的手机账单有可能是通过话费账单支付,也可能是移动运营商为用户另外建立并与手机号码相捆绑的账户。

(2) 银行账户支付

银行账户支付是银行向用户提供信用的支付服务,用户支付产生的费用从用户的银行账户中扣除,手持终端作为信息的传播通道,用户银行账号与手机号码是相互捆绑的。

(3) 第三方账户支付

第三方账户支付实际上是第三方作为用户和银行的中介机构从事金融活动,通过为用户建立一个专门账户并与手机号码进行捆绑,相关费用从该账户中扣除。目前,国内微信支付等都实现了充值支付,实际上就是预先或即时将金额转入微信等账户,支付时直接从此账户划出,由第三方将金额转入收款方账户,从而完成支付。

3) 按应用场景分类

根据应用场景的不同,可以将移动支付分为现场支付和远程支付两种。

（1）现场支付

现场支付又称近场支付或近距离支付，是指消费者在购买商品或者服务时，即时通过手机在现场支付，不需要使用移动网络，而是使用近场通信（NFC，Near Field Communication）、红外线或者蓝牙、二维码扫描技术，实现移动终端在近距离交换信息。现场支付的典型场景是用户使用手机在自动售货以及 POS 机等处购买饮料，乘坐公共交通工具，付停车费、加油费、过路费，在便利店或者合作商户购物等。

现场支付需要终端具备近距离信息交互功能，终端的接入方式一般分为两种：一种是利用移动终端，通过移动通信网络与银行以及商户进行通信来完成交易；另一种是只将手机作为 IC 卡的承载平台以及与 POS 机的通信工具来完成交易。

（2）远程支付

远程支付是指用户与商户不需要面对面交互，而是使用移动终端通过无线通信网络与后台服务器进行交互，由服务器完成交易流水处理的支付方式，如短信支付、客户端支付、智能卡支付和智能终端外设支付等，这种类型已经相对成熟，使用也比较普遍。

远程支付的接入方式有两种：一是支付渠道与购物渠道分开的方式，如通过有线上网购买商品或者服务，却用手机来支付费用；二是支付渠道与购物渠道相同，都通过手机进行，如用手机上网，直接远程购买商品或者服务。

移动支付业务的构成如图 4-24 所示。

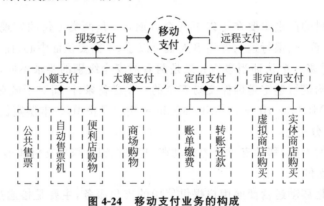

图 4-24　移动支付业务的构成

4）按业务模式分类

从业务模式看，移动支付可以分为手机代缴业务、手机钱包业务、手机银行业务、手机信用平台业务和手机微信支付业务等。

（1）手机代缴业务

手机代缴业务的特点是代收费的额度较小且支付时间、额度固定；用户所缴纳的费用在移动通信费用的账单中统一计算。

（2）手机钱包业务

手机钱包是移动运营商推出的综合了支付类业务各种功能的一项全新服务。它是以银行卡账户为资金支持、手机为交易工具的业务，将用户在银行的账户和用户的手机号码进行绑定（用户可以对绑定账户进行操作），通过手机短信息、IVR（交互式语音应答，Interactive Voice Response）、WAP 等多种方式，实现购物消费、代缴费、转账、账户余额查询，并可以通过短信等方式，得到交易结果通知和账户变化通知。目前，国内移动支付领域，如微信钱包等业务开展都很普及,用户众多。

（3）手机银行业务

所谓手机银行就是利用手机银行客户端软件,通过移动通信网络来完成各种金融理财业务的服务系统。手机钱包和手机银行的主要区别见表 4-4。

表 4-4　手机钱包和手机银行的主要区别

区　　别	手 机 钱 包	手 机 银 行
银行与运营商的关系	由移动运营商与银行合资推出,以规避金融政策风险	由银行联合移动运营商推出,移动运营商为银行提供信息通道,它们之间一般不存在合资关系
实现技术	不需要更换 STK(用户识别应用发展工具,SIM Tool Kit)卡,受银行的限制也较小	可能需要更换具有银行接口信息的 STK 卡,这就容易受到银行的限制,难以进行异地异行划拨
功能	主要用于支付,特别是小额支付	除了可以支付,还可以查询账户余额的股票、外汇信息,完成转账、股票交易、外汇交易和其他银行业务,是银行服务方式的提升
账户	需要建立一个额外的移动支付账户	只需要原有的银行卡账号

（4）手机信用平台业务

手机信用平台是移动运营商和信用卡发行单位合作,将用户手机中的 SIM 卡等身份认证技术与信用卡身份认证技术结合,实现一卡多用的功能。例如,在某些场合用接触式或非接触式 SIM 卡代替信用卡,用户提供密码,进行信用消费。

（5）手机微信支付业务

微信支付是由腾讯公司免费聊天软件微信(WeChat)及腾讯旗下第三方支付平台财付通(Tenpay)联合推出的互联网创新支付产品。用户只需在微信中关联一张银行卡,并完成身份认证,即可将装有微信 App 的智能手机变成一个全能钱包,之后即可购买合作商户的商品及服务,用户在支付时只需在自己的智能手机上输入密码,无须任何刷卡步骤即可完成支付,整个过程简便流畅。

通过微信支付,用户的智能手机就成了一个全能钱包,用户不仅可以通过微信与好友进行沟通和分享,还可以通过微信支付来购买合作商户的商品及服务。

3. 移动支付产业链

在移动支付产业链中,主导力量有移动运营商、金融机构和独立的第三方支付企业等。各个参与方都希望在这个新型业务市场上分得利益,而移动支付是一个横跨通信、金融、服务等多个行业的复杂程度较高的产业,其产业链上的任何一环节都不可能独霸整个市场。因此,产业链的分工协作就成了如何做大"蛋糕"和如何分"蛋糕"的关键。依据移动支付产业链中谁做主导,就产生了移动通信运营商主导模式、金融机构主导模式、第三方支付机构主导模式等。

（1）移动通信运营商主导

当移动通信运营商作为移动支付平台的运营主体时,运营商会提供三种账户设置方式,分别是手机账户、虚拟银行账户及网银账户。用户可以选择直接用手机账户进行支付,即无须银行参与;也可以在银行账户中建立一个专门用于移动支付的虚拟银行账户,来使用移动支付业务。这种模式有以下三大特点。

① 基于针对运营商的网络资源优势,技术实现更方便。

② 直接与用户联系,无须银行参与,但需要承担部分金融机构的责任和风险。

③ 无法对非话费类业务出具发票,税务处理复杂。

(2) 金融机构主导

银行通过专线与移动通信网络实现互联,提供自己独立的支付平台。用户在手机上可以直接登录所在银行的账户,进行手机支付。该模式的费用主要有三部分:一是数据流量费用,由移动运营商收取;二是账户业务费用,由银行收取;三是支付业务服务费用,由银行、移动运营商、移动支付服务提供商分摊。这种模式有以下四个特点。

① 作为电子支付行业的主导者,金融机构在政策和行业经验上优势明显,进行移动支付门槛较低。

② 金融机构有健全的金融运营体系和资金运营经验,商业模式比较明确。

③ 金融机构有广泛的商户资源和受理环境,拓展移动应用较容易。

④ 相比移动通信运营商,金融机构在手机用户资源上不占优势,在网络、手机终端等方面存在技术门槛。

大部分提供手机银行业务的商业银行都有自己运营的移动支付平台。

(3) 第三方支付机构主导

在第三方支付机构主导的移动支付模式中,移动支付服务提供商(或移动支付平台运营商)是独立于金融机构和移动运营商的第三方支付机构,同时也是连接移动运营商、银行和商家的桥梁和纽带。通过其支付平台,用户可以轻松实现跨银行的移动支付服务。这种模式有以下 5 个特点。

① 商业银行、移动运营商、平台运营商以及内容提供商之间分工明确、责任到位。

② 平台运营商发挥着"插转器"的作用,将银行、运营商等各利益群体之间错综复杂的关系简单化,将多对多的关系变为多对一的关系,大大提高了商务运作的效率。

③ 用户有了多种选择,只要加入平台中即可实现跨行之间的支付交易。

④ 平台运营商简化了其他环节之间的关系,但在无形中为自己增加了处理各种关系的负担。

⑤ 在市场推广能力、技术研发能力、资金动作能力等方面,都要求平台运营商具有很高的行业号召力。

第三方支付企业一般从互联网电子商务做起,在电子商务领域占领了主导优势,并聚集了大量商家和用户,形成使用习惯。例如,腾讯公司的手机财付通、微信支付都是在庞大的即时通信用户群体基础上建立起来的移动支付平台。

4.2.4　电子支付网络

支付网络系统对加速社会资金周转和商品流通起到重要的作用。在现代市场经济条件下,商品和劳务的分配和交换离不开货币和资金的高效运行,如果资金的流动不通畅,就会阻塞物流的运动,经济的运行就会出现问题。而资金的运动又离不开支付网络系统的支持,如果把资金比喻成人体的血液,支付网络系统就好比是支持血液流动的心血管系统。因此,一个高效的支付网络系统是经济体系正常和高效运行的保障。

1. 支付清算系统

支付清算系统是网络金融的大动脉。

(1) 支付清算系统的含义

支付清算系统,即跨行业务与资金清算系统,是国民经济资金流动的大动脉,社会经济活动大多都要通过跨行业务与资金清算系统才能最终完成。该系统一般由政府授权的中央银行组织建设、运营和管理,由各家商业银行和金融机构共同参加,也可由中央银行授权的机构进行建设、运营和管理。这类系统几乎涉及一个地区或国家的所有银行或金融机构,甚至连接多个国家的银行和金融机构,形成一个全球性的支付清算网络,在清算支付网络大动脉的支持下,消除了金融机构间资金往来的屏障,使网络金融业务的开展畅通无阻,真正实现了金融业务处理和资金划转的跨时空、网络化和自动化。

(2) 支付清算系统的分类

按所涉及的金融机构多少,支付清算系统可分为行内系统和行际系统两种。

① 行内系统。行内系统是在同一银行或金融机构内部运行的、用于分支机构和网点间的资金支付与清算业务。例如,我国各商业银行开办的电子汇兑、速汇通等实时转账、汇款业务就是建立在商业银行的行内支付清算系统基础上的。

② 行际系统。行际系统是严格意义上的支付清算系统,一般由第三方机构运营和管理,吸收各家商业银行和金融机构为会员,为会员间的资金支付与清算提供服务。例如,我国金融系统中的同城票据清算系统、电子联行系统、中国国家现代化支付系统和国际的 SWIFT 系统等。

2. 金融数据交换的网络模式

金融数据交换的网络模式主要包括电话交换数据网和分组交换数据网两种。

(1) 电话交换数据网

在我国各地的 POS、电话银行等大部分电子支付业务都是基于电话交换网络(PSTN, Public Service Telephone Network),用户入网比较方便灵活,相关技术比较成熟。随着电子支付用户的大量增多和交易量的大幅度增加,基于模拟电话网的电子支付业务也暴露了一些问题,如直观性差、交易时间长、重拨现象明显、接通率低、可靠性较差、误码率高等,使电话银行的业务受到影响。

当然,现在移动电话相当普及,移动支付被广泛使用。移动支付主要借助无线网络来处理数据业务,实质上也是基于互联网的支付,只不过是无线互联网平台。

(2) 分组交换数据网

分组交换数据网以 X.25 网络为典型代表。我国早就形成了覆盖全国的公用分组交换等数据网络设施,为建设电子支付网络打下了物理基础。分组交换数据网本身非常适合于业务量小的实时数据传输,其虚拟电路的灵活设置适用于多台终端同时与银行主机通信,并使扩容变得非常容易;带宽的统计复用消除了原来因中继线争用而带来的通信不畅;协议的纠错功能保障了误码率比电话网低很多,使交易准确无误地被传递;组网模式可以与原有的电话模式兼容,以便分别发挥各自的优势。

电话交换数据网对散点终端入网较为适用,分组交换数据网对较为集中的大商场更能显示出其优势。

数据网在电子支付领域具有固有的安全性能,这不仅体现在数据网本身良好的网络拓扑结构和网络管理能力上,VPN(虚拟专用网,Virtual Private Network)、防火墙等技术的广泛应用也为数据网上电子支付的应用提供了有力的保障,可以有效防止非法用户的侵入。借助于 VPN,银行可以利用公用数据网的条件组成专用的虚拟支付网络,可由自己来管理 VPN 资源,VPN 具有专用网安全可靠等特点。

3. 电子支付的网络平台

电子支付的网络平台包括 EDI 系统和互联网系统两种。

(1) EDI 电子支付平台

EDI(Electronic Data Interchange)即电子数据交换。EDI 系统最早用于国际贸易,现在广泛用于各行各业,EDI 实现了贸易企业之间借助通信网络,以标准格式传输订单、运货单、装箱单、发票、保险单、报税单等贸易作业文件的电子文本,可以快速交换贸易双方或多方的商务信息和自动处理,从而有机地将商业贸易过程的各个环节,包括海关、运输、银行、商检、税务等部门联结起来,实现了包括电子支付在内的全部业务自动化,在 EDI 平台上进行电子支付具有很大的优越性和安全性。它被称为企业间的"无纸贸易"。EDI 业务代表了电子商务的开始,只不过网络平台是 EDI 专用通信网,而不是互联网。

(2) 互联网电子支付平台

在传统通信网和专用网络上开展电子支付业务,由于终端和网络本身的技术难以适应业务量的急剧增加等因素,使用户面很难扩大,并使用户、商家和银行承受了昂贵的通信费用,寻求一种物美价廉的大众化平台成为当务之急。飞速发展的互联网就顺其自然地成为焦点。与此同时,和电子支付相关的技术、标准和实际应用系统不断涌现,在互联网上进行电子支付已成为现代化支付系统的主流。可以说,由于互联网和相关技术的迅猛发展,用户数量惊人增长,终端和应用系统的丰富多样和简易实现,才给电子支付提供了一个崭新的和目前唯一可行的真正大众化的通信平台。

4. 电子支付专业网络

目前,电子支付的专业网络主要有环球银行金融电信协会网络(SWIFT)、美国联邦储备通信系统(FedWire)、纽约清算所银行同业支付系统(CHIPS)、中国国家金融网络和中国现代化支付系统(CNAPS)。

(1) 环球银行金融电信协会网络

环球银行金融电信协会网络(Society for Worldwide Interbank Financial Telecommunications,SWIFT)是为了解决各国金融通信不能适应国际支付清算的快速增长而设立的非营利性组织,负责设计、建立和管理 SWIFT 国际网络,以便在该组织成员间进行国际金融信息的传输和确定路由。SWIFT 为银行的结算提供了安全、可靠、快捷、标准化、自动化的通信业务,从而大大提高了银行的结算速度。我国的中国银行、中国农业银行、中国工商银行、中国建设银行等都是环球同业银行金融通信协会的会员。

目前,包括我国在内的全球外汇交易电文,基本上都是通过 SWIFT 传输的。SWIFT 仅为全球的金融系统提供通信服务,不直接参与资金的转移处理服务。中文 SWIFT 网页如图 4-25 所示。

(2) 美国联邦储备通信系统

美国联邦储备通信系统(Federal Reserve Communication System,FedWire)是美国的第一个支付网络。这个通信系统属于美国联邦储备体系(Federal Reserve System)所有,并由其管理。它作为美国国家级的支付系统,用于遍及全美 12 个储备区的 1 万多家成员银行之间的资金转账。它实时处理美国国内大额资金的划拨业务,并逐笔清算资金。

(3) 纽约清算所银行同业支付系统

纽约清算所银行同业支付系统(Clearing House Interbank Payments System,CHIPS)是由纽约清算所协会(NYCHA)经营管理的清算所同业支付系统,它是全球最大的私营支付清

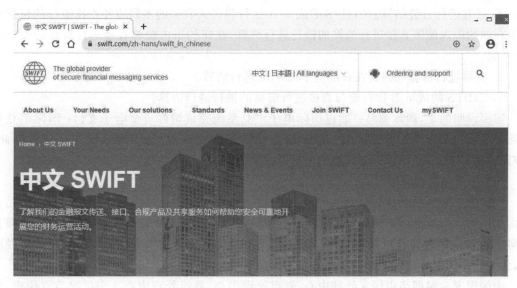

图 4-25　中文 SWIFT 网页

算系统,主要进行跨国美元交易的清算。

　　参加 CHIPS 系统的成员有两大类:一类是清算用户,它们在联邦储备银行设有储备账户,能直接使用该系统实现资金转移;另一类是非清算用户,不能直接利用该系统进行清算,必须通过某个清算用户作为代理行,在该行建立代理账户来实现资金清算。

　　例如,美国境外的 X 国与美国境外的 Y 国进行国际贸易,X 国要向 Y 国进行电子支付,其国际资金电子支付的运作流程如图 4-26 所示。

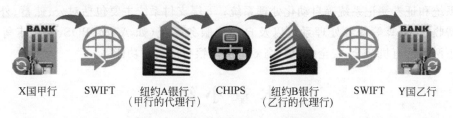

| X国甲行 | SWIFT | 纽约A银行
(甲行的代理行) | CHIPS | 纽约B银行
(乙行的代理行) | SWIFT | Y国乙行 |

图 4-26　国际资金电子支付运作流程

　　其中,美国境外的 X 国付款银行甲行在纽约 A 银行开设有用户识别号(UID 清算账号);美国境外的 Y 国收款银行乙行在纽约 B 银行开设了用户识别号(UID 清算账号)。

　　① 美国境外的 X 国甲银行经国际线路,如 SWIFT 网(CHIPS 交易数量的 80% 是靠 SWIFT 进入和发出)向其在纽约市内参加 CHIPS 美元清算的成员 A 银行发送电子付款,要求 A 行于某日(即生效日)扣其往来账,并将此款付给在纽约银行 B 设有往来账户的 Y 国乙银行。

　　② 纽约市内的 A 银行收到电文后,核对电文的信息识别码(MAC)无误,即交与终端操作员处理。操作员根据电文,依据纽约清算所规定的标准格式,将有关数据(包括 A 行、B 行、甲行和乙行的编号、付款金额、生效日等)录入计算机终端。该电文经 CHIPS 网络传送到 CHIPS 中央计算机系统中存储起来。中央计算机系统必须接到 A 行稍后下达的"解付"命令后,才将此付款通知传送到开设在纽约市内的另一家 CHIPS 成员 B 银行的计算机终端上。

　　③ 纽约市内的 CHIPS 成员 B 银行通知美国境外的乙银行接收汇款,完成汇款。

④ 接着进行日终结算。CHIPS 的成员 A 银行将每天收到的不同境外委托银行的付款单交给在纽约市内能够直接进行清算的银行进行清算,在纽约市内能够直接进行清算的银行共有 20 家。

⑤ 直接进行清算的银行在日终与 FedWire 进行清算。

⑥ CHIPS 的成员 B 银行要与直接进行清算的银行进行清算。

需要说明的是,国际贸易要通过国际电子汇兑系统完成国际资金电子支付;国际汇兑信息通常是通过 SWIFT 系统传输;国际资金结算通常是通过 CHIPS 系统来完成。因此,SWIFT 和 CHIPS 是国际资金调拨的两个最重要的系统。

(4) 中国国家金融网络

中国国家金融网络(China National Financial Network,CNFN)于 1995 年开始建立,是在中国人民银行的卫星通信网和全国电子联行系统基础上连接中央银行及各商业银行、非银行金融机构的全国性计算机网络系统。利用此系统可为各银行提供方便、快捷、安全的金融服务,为加强中央银行的宏观调控及金融监管提供了信息支持。

中国国家金融网络由国家处理中心、省市处理中心、县级处理中心 3 个层次节点构成,分为国家级主干网络和以城市为中心的区域网络两级。以卫星通信网络和邮电部门的公用数据网互相补充,互相备份。

(5) 中国现代化支付系统(CNAPS)

中国现代化支付系统(China National Advanced Payment System,CNAPS)分为上下两层,上层是由中央银行(中国人民银行)向各商业银行和非银行金融机构提供的银行同城清算、联行和证券交易清算等支付服务;下层则是由各商业银行为广大企事业单位和个人提供的存取款、转账结算、汇票和票据解付等支付服务。因此,上层支付系统主要包括同城清算系统、电子联行系统和证券簿记系统等自动化处理系统;下层支付系统主要包括对公、储蓄、外汇和公用事业费收费、清算等业务处理系统以及自动化服务系统(如 ATM、POS、信用卡等处理系统),上下两层的有机结合,安全、可靠、高效地实现银行的支付功能。

本 章 小 结

电子货币是采用电子技术和通信手段,以电子数据形式存储的,并通过计算机网络系统以电子信息方式实现流通和支付功能的货币。按照不同的标准、要求及侧重点,电子支付工具有着不同的分类,对应的支付系统也不尽相同。一般来讲,支付活动包含三个过程:交易、结算、清算。但不是每笔支付都包含这三个过程,根据支付活动涵盖这三个过程的不同,把支付活动分为三类:单一债权债务关系的支付活动、有债权债务关系但不清算的支付活动、有债权债务关系且需清算的支付活动。电子支付是指单位、个人通过电子终端,直接或间接向银行业金融机构发出支付指令,实现货币支付与资金转移的行为。电子支付的业务类型可以按照支付指令发起方式、支付金额的大小、交易主体、支付时间等不同视角来划分。电子支付系统主要涉及参与电子商务活动的交易主体、安全协议、金融机构、认证体系、电子商务平台、法律和诚信体系、网络基础设施等几个部分组成。电子支付活动参与的主体包括客户、商家、银行、支付网关、认证中心和金融专用网络。根据网上支付流程的差别,可把网上支付的基本模式大体分为类支票电子支付模式和类现金电子支付模式两大类。在移动支付的产业链中,主导力量有移动通信运营商、金融机构和独立的第三方支付机构等。支付网络系统对加速社会资金周转和商品流通起到重要的作用。一个高效的支付网络系统是经济体系正常和高效运行的保障。支付清算系统是网络金融的大动脉。金融数据交换的网络模式主要包括电话交换数据网和分组交换数据网两种。电子支付的网络平台包括 EDI 系统和互联网系统两种。目前,电子支付的专业网络主要有环球银行金融电信协会网络(SWIFT)、美国联邦储备通信系统(FedWire)、纽约清算所银行同业支付系统(CHIPS)、中国国家金融网络和中国现代化支付系统(CNAPS)。

案例阅读

第 5 章　金融互联网的基本业态

 【本章内容】

网络银行

- 商业银行概述
- 网络银行的主要业务
- 网络银行的体系结构

网络证券

- 网络证券概述
- 网络证券的产生和发展
- 网络证券的运作

网络保险

- 网络保险概述
- 网络保险的发展历程
- 网络保险的运作

网络期货

- 期货交易的基本概念
- 期货交易的程序
- 期货交易的方法
- 金融期货及金融期权

 【学习目标】

 知识目标

 能力目标

知识目标	能力目标
◇ 掌握网络银行、网络证券、网络保险、网络期货的概念及特征 ◇ 了解网络银行、网络证券、网络保险、网络期货的业务构成 ◇ 熟悉网络银行、网络证券、网络保险、网络期货的体系结构	◇ 能使用网络银行提供的金融服务 ◇ 学会利用一种证券交易的手机端 App 软件查询证券交易市场行情 ◇ 利用大数据分析工具分析金融期货产品 ◇ 仿真模拟期货交易

 【案例导入】

中国工商银行发布互联网金融品牌

2015 年 3 月 23 日,中国工商银行正式发布了互联网金融品牌 e-ICBC,成为国内第一家发布互联网金融品牌的商业银行。消费者通过 e-ICBC 的三大平台、三大产品线等一系列互联网金融产品,就可以实现线上买房、买车、投资、贷款、缴费等,真正体验互联网与金融的融合和创新为日常生活带来的便利。

工行此次发布的 e-ICBC 互联网金融品牌主要包括以下方面。

三大平台:"融 e 购"电商平台、"融 e 联"即时通信平台和"融 e 行"直销银行平台;

覆盖了支付、融资和投资理财三大产品线上八大系列互联网金融产品:"融 e 购"电商平台、"融 e 联"即时通信平台、"融 e 行"直销银行平台、工银 e 支付、逸贷、工银 e 投资、工银 e 缴费和线上 POS。

另外还有"支付＋融资""线上＋线下"和"渠道＋实时"等多场景应用。

(资料来源: 新浪新闻中心 http://news.sina.com.cn/o/2015-03-23/214831636614.shtml)

业态一词来源于日本,大约出现在 20 世纪 60 年代,往往用来描述经营活动的具体形态。它是针对特定消费者的特定需求,按照一定的战略目标,有选择地运用商品经营结构、经营场所、价格政策、服务方式等经营手段,提供销售和服务的类型化服务形态。简而言之,业态是为满足不同消费需求进行相应的要素组合而形成的不同经营形态。金融互联网的基本业态包括网络银行、网络证券、网络保险、网络期货、网络基金和网络信托。本章只对网络银行、网络证券、网络保险和网络期货进行阐述,网络基金和网络信托的知识请参考其他相关资料。

5.1　网　络　银　行

互联网技术的迅速发展促进了金融服务组织机构与金融服务提供形式的创新,网上银行业务在全球蓬勃兴起,网络银行已成为人们金融生活中占有重要地位的金融机构,发挥着传统银行所不可替代的作用。

5.1.1　网络银行概述

1995 年 10 月 18 日,全球首家以网络银行冠名的金融组织——美国安全第一网络银行(Security First Network Bank,SFNB)打开了它的"虚拟之门",从此一种新的银行模式诞生了,并对 300 年来的传统金融业产生了前所未有的冲击。

1. 网络银行的产生与发展

1) 网络银行的发展起因

网络银行兴起与发展主要有以下四个方面的原因。

(1) 现代信息技术的推动

计算机技术、网络技术和信息技术的飞速发展,以及网络的安全保密技术不断完善,为网络银行的出现及其发展提供了技术基础、安全保障和市场需求条件,同时也给金融服务业带来更加激烈的竞争。

计算机技术、网络技术和信息技术的发展是网络银行诞生和发展的必要条件和物质基础。互联网给金融服务业带来发展机遇的同时,也给银行带来了更为激烈的市场竞争。为了在竞争中谋求生存与发展,国内外银行及金融机构纷纷推出了网上银行服务品种。

(2) 电子商务需求的催生

从一定意义上讲,电子商务由两个环节组成:一是交易环节,二是支付环节。前者在客户与销售商之间完成,后者需要提供支付网络来完成。电子商务的最终目的是实现网上物流、信息流、商流和资金流的融合,从而形成低成本、高效率的商品及服务交易活动。

网络经济的深化和电子商务的发展,既要求银行为之提供相配套的网上支付系统,也要求网上银行提供与之相适应的虚拟金融服务,从而向传统银行支付体系提出了严峻的挑战,极大地推动了金融创新。商业银行面临激烈的市场竞争,积极参与变革,以求在网络环境中生存和发展,从而推动了网络银行的产生和发展。

网络银行是电子商务的核心商务活动,电子商务则是网络银行发展的商业基础。缺乏电子商务环境,网络银行就不可能得到有效、快速的发展;而缺乏银行专业网络的支持,没有安全、平稳、高效的网上支付系统运作的支撑,就不可能实现真正意义上的电子商务。

(3) 银行自身发展的原因

网络银行发展的最根本的原因,既是出于对服务成本的考虑,又是出于对行业竞争优势的追求,也就是说,最根本的是来自银行业内部发展的原因。一般认为,互联网能为商业银行带来以下优势,从而提高其综合竞争力。

① 降低商业银行的经营业务成本。据美国一家金融机构统计,在互联网上进行每一笔货币结算的成本不超过13美分,而电话银行要54美分,在银行的分理机构则要1.08美元。

② 降低商业银行的管理维护成本。银行雇员大量减少,节省了工资支出;不需要大量的物理办公场所,节省了租金和装修、照明、水电等大量杂费。

③ 客户足不出户就能随时享受优质、高效的银行服务,极大地方便了客户。

(4) 消费者行为的变化

从2013年起,我国就成为世界第一大网络支付国家。随着互联网、移动互联网、智能手机的普及,手机网购、手机支付、手机银行等手机商务应用进入到平常百姓家。在城市,消费者出门可以不带现金,买菜、坐车均可用手机支付。一个无现金时代正悄然而来。

由此可以看出,现代技术的推动、电子商务的发展、传统银行发展的瓶颈以及消费者行为的变化是网络银行产生的主要原因。

2) 网络银行的发展阶段

网络银行的发展可划分为3个阶段:第一个阶段是20世纪50年代到80年代中后期,为计算机辅助银行管理阶段;第二个阶段是20世纪80年代中后期到90年代中期,为银行电子化或金融信息化阶段;第三个阶段是从20世纪90年代中期至今,这个阶段才是真正意义上的网络银行阶段,如图5-1所示。

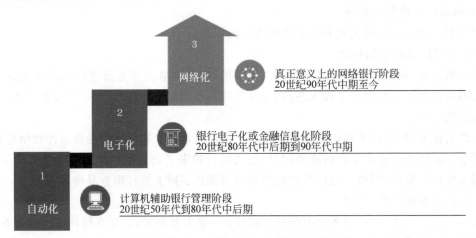

图 5-1　网络银行的发展阶段

（1）计算机辅助银行管理阶段

从 20 世纪 50 年代末开始，计算机逐渐在一些发达国家的银行业务中得到应用。但是，最初银行应用计算机的主要目的是解决手工记账速度慢、提高财务处理能力和减轻人力负担的问题。因此，早期的金融电子化基本技术是简单的脱机处理，主要用于分支机构及各营业网点的记账和结算。商业银行的主要电子化设备是管理存款、计算本息的一般计算机，财务统计和财务运算的卡片式编目分类打孔机，由计算机控制的货币包装、清点机，鉴别假钞、劣钞的鉴别机，以及电脑打印机等。此外，银行也开始利用计算机，分析金融市场的变化趋势，供决策使用。

60 年代，金融电子化开始从脱机处理发展为联机系统，使各银行之间的存、贷、汇等业务实现电子化联机管理，并且建立起较为快速的通信系统，以满足银行之间汇兑业务发展的需要。70 年代，发达国家的国内银行及其分行或营业网点之间的联机业务，逐渐扩大为国内不同银行之间的计算机网络化金融服务交易系统，国内各家银行之间出现通存通兑业务。到了 80 年代前期，发达国家的主要商业银行基本实现了业务处理和办公业务的电子自动化。在这 20 多年间，商业银行出现了两次联机高潮：一次是在 60 年代，使各商业银行的活期存款可以直接经过计算机处理传输到总行，加强了商业银行的内部纵向管理；另一次是在 80 年代，实现了水平式的金融信息传输网络，电子资金转账网络成为全球水平式金融信息传输网络的基本框架之一。

60 年代末兴起的电子资金转账（Electronic Funds Transfer，EFT）技术及网络，为网络银行的发展奠定了技术基础。所谓电子资金转账系统，是指使用主计算机、终端机、磁带、电话和电信网络等电子通信设备及技术手段，进行快速、高效的资金传递方式。与传统支付方式相比，EFT 方式具有多方面的优势。首先，EFT 改变了传统的手工处理票据模式，可以快速有效地处理支付信息，降低处理成本、票据纸张费用等交易成本；其次，改善了资金管理的质量；再次，提高了支付效率；最后，可以间接解决支票丢失或被盗等管理问题。当然，也应当看到，EFT 面临的电子系统安全问题，并不会比传统方式面临的问题少。

电话银行兴起于 70 年代末的北欧国家，到 80 年代中后期得到迅速发展。电话银行是基于电话通信技术的发展而出现的金融服务品种的创新结果。然而，电话银行服务存在着自身难以克服的缺陷，最大的缺陷之一是迄今依然主要依靠语音识别、记录系统来提供金融服务，这给客户带来了诸多不便。因为与文字记录不同，在金融服务通信中客户的语音和听力都无法规范，因而在进行重大金融服务交易时隐含着差错、误解或矛盾的隐患。针对重大金融服务交易的传真复核确认制度过于烦琐和复杂，这种制度一方面降低了电话银行的经营效率，另一方面增加了双方（主要是客户端）的交易成本。

（2）银行电子化或金融信息化阶段

电话银行的上述缺陷影响了自身的发展范围和速度。随着计算机普及率的提高，商业银行逐渐将发展的重点从电话银行调整为 PC 银行，即以个人电脑（PC）为基础的电子银行业务。20 世纪 80 年代中后期，在国内不同银行之间的网络化金融服务系统基础上，形成了不同国家之间、不同银行之间的电子信息网络，进而形成了全球金融通信网络。在此基础上，各种新型的电子网络服务，如在线银行服务（PC 银行）、自动柜员机系统（ATM）、销售终端系统（POS）、家庭银行系统（HB）和公司银行系统（FB）等也就应运而生了。

银行电子化使传统银行提供的金融服务变成了全天候、全方位和开放型的金融服务，电子货币成为电子化银行所依赖的货币形式。随着信息技术的进步，银行电子化水平也在逐步提高,ATM 技术从最初只能提供少数几种交易发展到可以处理 100 多种交易。事实上,移动银行、PC 银行、家庭银行、电话银行、自助银行和无人银行等,都是基于银行电子化的金融服务模式。

家庭银行是银行电子化的重要内容,主要是针对家庭中个人电脑的普及和家庭特点而开展的电子化金融服务形式,为家庭提供各种家用财务管理软件和一系列金融配套服务。在家庭银行的发展初期,个人电脑主要用来处理来自银行的原始账户数据。家庭银行的软件由银行免费提供,或是由消费者在零售店购买,主要有 Quicken、微软公司的 Money 和美卡公司的 Managing Your Money 等个人财务管理(PFM)软件。

移动银行就是利用 ATM 和计算机无线连接技术,与银行实现信息交换而形成的金融服务提供形式。移动银行可以通过改装后的汽车,将银行服务延伸到偏远乡村;也可以采用蜂窝数据包控制(CDPD)技术,保证数据安全快捷的交换,实现银行金融服务的虚拟移动。

无人银行比自助银行具有更高的电子化和智能化处理水平,帮助客户通过与数据库联网的两个电脑终端来完成现金存取、转账、支付和货币兑换等交易,从而实现对分支机构的部分替代效应、提高各营业网点的业务速度。

电子钱包是银行电子化的另外一种形式,它可以用 ATM 将银行存款调入卡中,从而大大方便了客户的多元化需求。后来在中国内地推广的 POS 系统,在功效上就与电子钱包各有所长。此外,VISA 卡也是银行电子化的一种重要产物,它不仅可以在 ATM 和 POS 上运行,而且适合于在移动电话、可视电话等各种电子设施中使用。

随着银行电子化的发展,电子资金转账逐渐成为银行服务的主要业务形式。所谓电子货币,就是以电子信息的形式取代传统的现金支付和票据转账结算,从而形成的电子资金转账系统。电子货币以分布在金融机构和服务网点的终端机及计算机网络为物质条件,以提款卡、信用卡、IC 卡和电子支票等形式为媒介,使货币以电子数据的形式在银行网络间进行传递,从而形成电子货币流通体系。

(3) 网络银行阶段

20 世纪末 90 年代中期,在互联网的商业性应用过程中,逐渐出现了网络银行。世界上第一家网络银行——美国安全第一网络银行于 1995 年 10 月 18 日在美国亚特兰大开业,这是银行服务从传统到现代的一次重大变革,也标志着网络银行阶段的真正开始。

尽管网络银行与计算机辅助银行管理和银行电子化都是在电脑及其通信系统上进行操作的,但网络银行的软件系统不是在终端上运行,而是在银行服务器上运行,使得网络银行提供的各种金融服务不会受到终端设备及软件的限制,具有更加积极的开放性和灵活性。因此,网络银行与企业银行、家庭银行、电话银行、自助银行和无人银行等不属于同一个概念,前者具有更强的服务适应性和开放性。简单地说,网络银行既不需要固定场所,也不需要在电脑中预先安装相应软件,它在任何一台电脑上都能进行金融服务的交易。银行服务的整体实力,将集中体现在前台业务受理和后台数据处理的一体化综合服务能力及其整合技能上。

网络银行为客户提供服务的主要手段包括互联网、PC、电话、IC 卡、可视电话和银行分支机构等。信息技术是网络银行发展的支撑条件,但仅有信息技术又是不够的。在网络银行阶段,银行业最缺少的不是技术,也不是资金,而是经营理念和经营方式。因此,如何使银行业适应信息技术的发展而发生改变,比对信息技术的单纯应用要显得更为重要。

网络银行早已表现出了传统银行所无法比拟的全天候、个性化的竞争优势,10 多年前就成为银行业发展的主流,而虚拟金融服务也在实践中克服了种种弊端而走向成熟和完善。

2. 网络银行的定义

(1) 权威机构对网络银行的定义

这里给出三个权威机构对网络银行的定义。

巴塞尔银行监管委员会(Basel Committee on Banking Supervision,BCBS)对网络银行的定义是"那些通过电子信道,提供零售与小额产品及服务的银行。这些产品包括存贷款、账户管理、金融顾问、电子账户支付以及其他一些诸如电子货币等电子支付的产品和服务"。

欧洲银行标准委员会(European Committee for Banking Standards,ECBS)对网络银行的定义是"那些利用网络为使用计算机、网络电视、机顶盒及其他一些个人数字设备连接上网的消费者和中小企业提供银行产品服务的银行"。

美国财政部货币监理署(Office of the Comptroller of the Currency,OCC)对网络银行的定义是"一些系统,利用这些系统,银行客户通过个人电脑或其他的智能化设备进入银行账户,获得一般银行产品和服务信息"。

(2) 权威学者对网络银行的定义

这里给出两个较权威学者的定义。

① 网络银行是指金融银行业利用计算机网络、互联网和无线互联网创建各种新式电子化、数字化和网络化的银行,或者在计算机网络、互联网络和无线互联网上开展传统银行金融业务与服务,或者在计算机网络、互联网络和无线互联网上推出各种新型网上银行金融业务与服务。

② 网络银行就是采用互联网数字通信技术,以互联网作为基础的交易平台和服务渠道,在线为公众提供办理结算、信贷服务的商业银行或金融机构,也可以理解为互联网上的虚拟银行柜台。用户可以通过个人电脑、掌上电脑、手机或者其他数字终端设备,采用拨号连接、专线连接、无线连接等方式,登录互联网,享受网上银行的服务。

(3) 网络银行定义三要素

无论哪种定义,一般而言,网络银行的定义通常包括三个要素,如图 5-2 所示。

图 5-2　网络银行三要素

① 基于电子通信的金融服务设备,如计算机网络、传真机、电话机或其他电子通信手段。

② 基于电子通信的金融服务提供者,如提供电子金融服务的银行或证券服务机构。

③ 基于电子通信的金融服务消费者,如以电子通信形式消费的各类终端或用户,或者基于虚拟网站的各种金融服务代理商等。

3. 网络银行的特征

网络银行与传统银行相比,有许多较为显著的特征,主要体现在以下 10 个方面,如图 5-3 所示。

图 5-3　网络银行的特征

（1）组织机构虚拟化

传统银行的服务严格受到时空的影响，网络银行则超越了时空制约。网络银行使银行服务模式从具有物理实在性的传统柜台模式延伸到虚拟的柜台交易模式，使传统的销售渠道可以通过互联网实现虚拟再现。虚拟化特征使人们业已形成的关于银行的概念受到全面冲击，具有传统银行业所无法比拟的竞争优势。当然，虚拟化特征也带来了法律问题和安全问题。例如，电子凭证的合法性问题，数字签名的合法性问题，交易确认问题，数字传输的机密性、完整性问题等。

（2）销售渠道网络化

传统银行的销售渠道是分行及其广泛分布的营业网点，网络银行的主要销售渠道是计算机网络系统，以及基于计算机网络系统的代理商制度。这里的代理商制度是指聘请代理商作为计算机网络的前端代理人，借助代理人广泛的公共关系网络，实现对传统银行营业网点的替代效应。通过网络银行，客户可以通过互联网在任何地方进行业务处理，银行也无须耗费巨资设立大量的营业性分支机构。传统银行的分支机构和营业网点不再被大量需要，逐渐被计算机网络、基于计算机网络的前端代理人、以及作为网络终端的个人电脑所取代。

（3）竞争实力信息化

传统银行服务主要体现在资金和服务质量等方面的实力上，网络银行服务主要体现在营销观念、营销方法和各种理财咨询技能上。网络银行的整体实力将主要体现在前台业务受理和后台数据处理的集成化能力方面。随着互联网等社会公共网络和数据库的系统管理日益健全，在市场推广宣传、市场调研、客户追踪、特种业务服务和资产管理等领域，网络银行相比传统商业银行，更具有较为明显的综合优势，有利于商业银行建立全方位的市场品牌战略。

（4）业务范围模糊化

传统银行业务的范围较为清晰，网络银行的业务范围正在处于高速扩张之中，因而具有模糊不清的特点。金融混业化和非金融机构的介入，使得网络银行的业务处于高速创新的过程中。

（5）盈利模式多元化

传统银行的发展动力来自获取资金利差的盈利，网络银行为商业银行通过信息服务拓展盈利机会提供了一条重要的营业渠道。随着非银行金融机构的迅猛发展，资本市场的扩展和金融创新浪潮的加剧，商业银行及其存贷业务在社会资金融通体系中的主导作用逐步削弱。

银行向社会提供替代现金的各种支付手段、各类理财顾问、代客理财、基金托管等中间业务,已经成为现代商业银行业务中的突出领域。在网络时代,商业银行的信息既是为客户带来盈利的重要资源,同时也是商业银行自身盈利的重要资源。

(6) 效益途径技术化

传统银行获得经济效益的基本途径是不断追加投入、多设网点,从而获得服务的规模经济效益。网络银行改变了这一基本的规模扩张模式,它主要通过对技术的重复使用或对技术的不断创新带来高效益。首先,网络银行的流程使原本繁杂的商业银行业务大大简化;其次,网络银行的流程有效地降低了商业银行的经营成本。

(7) 经营管理人性化

网络银行使商业银行的经营理念从以物为中心逐渐走向以人为中心。传统银行的经营理念注重地理位置、资产数量、分行和营业网点的数量,而网络银行的经营理念在于如何获取信息并更好地利用这些信息为客户提供多角度、全方位的金融服务,有利于体现“银行服务以人为本”的金融服务宗旨。网络银行带来的经营理念的改变,为传统商业银行创造出新的竞争优势。网络银行使商业银行的人力资源管理战略和技能培训发生改变。人才培养和培训的方向从基于单纯的业务技能培训,转变为基于综合商业服务理念的全面服务素质培训。

(8) 服务供给个性化

基于传统业务基础上的网络银行服务将满足客户日趋个性化的需求。一般来说,银行客户主要需要 5 类金融服务产品,包括交易、信贷、投资、保险和财务计划。传统银行通常只能同时满足一至两项服务,而网络银行则可以同时向客户提供这 5 类金融服务。网络银行在提供金融信息咨询的基础上,以资金托管、账户托管为手段,为客户的资金使用安排提供周到的专业化的理财建议和顾问方案。网络银行采取信用证等业务的操作方式,为客户间的商务交易提供信用支付的中介服务,从而在信用体制不尽完善合理的情况下,积极促进商务贸易的正常开展,建立健全企业和个人的信用等级评定制度,实现社会资源的共享。根据存贷款的期限,网络银行还向客户提前发送转存、还贷或归还信用卡透支金额等提示信息。

(9) 货币形式电子化

信息技术使货币的形式发生了本质的变化。传统的货币形式以现金和支票为主,而网络银行流通的货币以电子货币为主。电子货币不仅能够给商业银行节约使用现金的业务成本,而且可以减少资金的滞留和沉淀,加速社会资金的周转,提高资本运营的效益,同时还能给政府税收部门和统计部门提供准确的金融信息。

(10) 资产资源无形化

网络银行给商业银行带来了一项重要的银行资产,即经过网络技术整合的银行信息资产,或金融信息资源资本。银行信息资产既包括银行拥有的各种电子设备、通信网络等有形资产,也包括银行管理信息系统、决策支持系统、数据库、客户信息资源、电子设备使用能力以及信息资源管理能力等无形资产。银行信息资产虽然在网络银行之前就已经存在了,如银行电子化阶段,但只有到了网络银行发展阶段,银行信息资产才成为一种有独立意义的银行资产,而网络技术对这种资产的整合,使其形成与银行其他资产相并列的金融资产。

4. 网络银行的种类

按照不同的视角,网络银行有着不同的分类。

1) 按照有无实体分类

按照有无实体网点,可以将网络银行分为两类。

（1）无形银行

完全依赖于互联网的无形网络银行，也被称作"虚拟银行""纯网络银行""互联网银行"。这种银行一般只有一个办公地址，没有分支机构和营业网点，没有实际的物理柜台，完全通过互联网与客户建立联系，并通过互联网为客户提供储蓄、查询、转账等银行服务。此类银行最早出现在美国和欧洲。成立于1995年的世界上第一家网络银行——美国安全第一网络银行就是一家典型的纯网络银行。我国首批民营银行试点中的深圳前海微众银行和浙江网商银行也是纯网络银行。

（2）有形银行

在现有的传统银行基础上，利用互联网开展传统的银行业务交易服务，即传统银行利用互联网作为新的服务手段为客户提供在线服务，实际上是传统银行服务在互联网上的延伸。这是网络银行存在的主要形式，也是绝大多数商业银行采取的网络银行发展模式。目前，国内主要商业银行都开通了此类网络银行业务。

2）按照服务对象分类

按照服务对象分类，可以把网络银行分为个人网络银行、企业网络银行和特定对象网络银行。

（1）个人网络银行

个人网络银行主要适用于个人和家庭的日常消费支付与转账。客户可以通过个人网络银行服务，完成实时查询、转账、网上支付和汇款功能。个人网络银行服务的出现，标志着银行的业务触角直接伸展到个人客户的家庭计算机上，方便使用，真正体现了家庭银行的风采。

（2）企业网络银行

企业网络银行主要针对企业与政府部门等企事业客户。企事业组织可以通过企业网络银行服务，实时了解企业财务运作情况，及时在组织内部调配资金，轻松处理大批量的网上支付和工资发放业务，并可处理信用证相关业务。

（3）特定对象网络银行

按照监管部门的要求，设定了特殊服务对象的网络银行。例如，深圳前海微众银行服务的目标客户群主要是大众消费者和小微企业；浙江网商银行则按照"小存小贷"的定位，主要针对"存款20万元以下，贷款500万元以下"的小微企业、大众消费者和农村用户。这些特定对象往往是"二八定律"中那80％被传统银行忽视或难以服务的群体。

3）按照业务形态划分

随着网络通信技术以及银行金融体系服务的提升和完善，商业银行触网的方式多种多样。虽然网络银行基础都是依托现代计算机网络通信技术，但提供金融服务的具体形态仍有所不同。从网络银行现实存在的业务形态来看，主要有电话银行、手机银行、网上银行、直销银行和互联网银行。除互联网银行外，前几种形态均是依托已有的线下银行机构开展的网络银行服务。

（1）电话银行

电话银行（Telephone Banking）是指银行业金融机构使用计算机电话集成技术，利用电话自助语音和人工服务方式，为客户提供账户信息查询、转账汇款、投资理财、消费支付、外汇交易、异地漫游、信用卡服务等金融业务的网络银行。

用户只要拨通电话银行的电话号码，在电话银行语音引导下，按照系统各项功能的提示输入各种服务请求，即可获得电话银行提供的金融服务。使用电话银行前，需要在电话银行对应的商业银行开立银行卡或存折账户,并开通电话银行功能,进行系统关联。同时,还要设置电话银行密码,方可享受电话银行的自助语音服务和人工服务。

电话银行使用简单,操作便利,将自动语音与人工接听服务有机结合在一起。办理电话银行业务手续简单,功能却很强大,成本也很低廉,而且全国号码统一,有利于业务的推广。电话银行的缺点就是安全性一般,而且是客户与自动语音台或服务人员的互动,没有实现完全自助;另外,相对于网上银行来说,电话银行功能不够全面。

我国各大银行都有自己的电话银行服务,表 5-1 中列出了部分商业银行的电话银行号码。

表 5-1　国内部分银行的电话银行号码

银　　行	电话银行号码	银　　行	电话银行号码
Bank of China（中国银行）	95566	Huaxia Bank（华夏银行）	95577
ICBC（中国工商银行）	95588	Shanghai Pudong Develop Bank（上海浦东发展银行）	95528
CCB（中国建设银行）	95533	Guangdong Develop Bank（广东发展银行）	95508
Agricultural Bank of China（中国农业银行）	95599	China Merchants Bank（招商银行）	95555
Bank of Communications（交通银行）	95559	China Postal Savings Bank（中国邮政储蓄银行）	95580
China CITIC Bank（中信银行）	95558	Industrial Bank（兴业银行）	95561
China Everbright Bank（中国光大银行）	95595	Ping An Bank（平安银行）	95511
China Minsheng Bank（中国民生银行）	95568	Bank of Shanghai（上海银行）	95594

(2) 手机银行

手机银行(Mobile Banking)也可称为移动银行,是利用移动通信网络及终端办理相关银行业务的简称,是网络银行的派生产品之一,是网上银行的延伸,也是继网上银行、电话银行之后又一种方便银行用户的金融业务服务方式,有贴身"电子钱包"之称。

手机银行并非电话银行。电话银行是基于语音的银行服务,是通过拨打电话(如 95533、95566、95588 等)获得银行的语音金融服务信息。而早期的手机银行则是基于短信的银行服务,通过电话银行进行的业务都可以通过手机银行实现,手机银行还可以完成电话银行无法实现的功能,比如代用户缴付电话、水、电等费用,但在划转前一般要经过用户确认。由于采用短信方式,用户随时开机都可以收到银行发送的短信,从而可在任何时间与地点对操作进行确认。

手机银行曾经出现过三种模式:SMS 手机银行、WAP 手机银行和 App 手机银行。

SMS(Short Message Service,短信服务)手机银行,即利用手机短消息办理银行业务。相对于固定电话来说,手机具有一项很独特的优势,就是发送短消息。因此,早期的手机银行业务有一部分是通过短信的方式进行的。通过短信的主动点播方式实现银行查询与交易等,因其操作模式易于被消费者接受,所以短信模式也赢得了一定的客户基础。短信模式处理银行业务,虽然操作简单,易于被消费者接受,但是实现方式比较原始,用户要记忆和输入一大串字符,虽然交易记录会留在手机和通信运营商的服务器里,但是安全级别仍然较低,抵御风险的能力偏弱,而且功能有限,只能开通诸如变更通知、简单查询、手机缴费和部分小额支付功能,交互性也比较差,目前已基本被淘汰。

WAP(Wireless Application Protocol,无线应用协议)是开发移动网络应用的一系列规范组合,可将互联网上的网页信息引入到手机等无线终端中,是移动互联网的通信标准。WAP手机银行是网上银行的手机版模式。用户通过手机浏览器访问银行的手机网上银行 WAP 网站,即 B/S 结构。21 世纪初曾风靡一时,最近几年已然式微。

App(Application)指安装在智能手机上的软件。App 手机银行就是用户把手机银行客户端软件下载到手机上,通过客户端界面登录银行网络,所以也称 App 手机银行为客户端手机银行,即 C/S 结构。这种模式的手机银行除了要下载客户端手机银行 App,还需要开通银行账户的手机银行功能,并将手机号与银行账户捆绑在一起。用户在客户端登录手机银行时,如要进行金融服务类的操作,还须同时经过 SIM 卡和银行账户双重密码确认,方可获得银行的金融服务。目前国内主要的手机操作系统有两个,一是苹果公司的 iOS 系统,一是谷歌公司的 Android(安卓)系统。国内主要银行都针对这两个系统开发了相应的 App 模式手机银行,如表 5-2 所示。

表 5-2　国内主要银行 App 模式手机银行

银　　行	App 图标	银　　行	App 图标
Bank of China (中国银行)		China Merchants Bank (招商银行)	
ICBC (中国工商银行)		Shanghai Pudong Develop Bank (上海浦东发展银行)	
CCB (中国建设银行)		Ping An Bank (平安银行)	
Agricultural Bank of China (中国农业银行)		Huaxia Bank (华夏银行)	
Bank of Communications (交通银行)		China CITIC Bank (中信银行)	
China Postal Savings Bank (中国邮政储蓄银行)		Industrial Bank (兴业银行)	
China Everbright Bank (中国光大银行)		China Minsheng Bank (中国民生银行)	

(3) 网上银行

网上银行(Online Banking),是指银行业金融机构利用互联网平台和计算机终端,通过建立独立的银行网站,面向社会公众开展业务的网络银行。对于客户而言,想要登录某家银行的网上银行,首先要持有效证件或规定的证明材料,在该银行办理银行卡或开立网上银行账户,以建立系统连接。

1996 年 2 月,中国银行在国际互联网上建立了主页,首先在互联网上发布信息。目前国内商业银行都已经在互联网上设立网站,开拓网上银行业务。国内主要银行开通网上业务时间及网上银行网址见表 5-3 所示。

表 5-3　国内主要银行开通网上业务时间及网上银行网址

银　行	开通时间	URL（网址）
Bank of China（中国银行）	1999-9	http://www.boc.cn
ICBC（中国工商银行）	2000-2	http://www.icbc.com.cn
CCB（中国建设银行）	1999-8	http://www.ccb.com
Agricultural Bank of China（中国农业银行）	2002-4	http://www.abchina.com/cn/
Bank of Communications（交通银行）	2002-11	http://www.bankcomm.com
China CITIC Bank（中信银行）	2000-7	http://bank.ecitic.com/
China Everbright Bank（中国光大银行）	1999-12	http://www.cebbank.com/
China Minsheng Bank（中国民生银行）	2001-6	http://www.cmbc.com.cn/
Huaxia Bank（华夏银行）	2000-10	http://www.hxb.com.cn/index.shtml
Guangdong Develop Bank（广东发展银行）	2002-12	http://www.cgbchina.com.cn/
China Merchants Bank（招商银行）	1997-4	http://www.cmbchina.com
China Postal Savings Bank（中国邮政储蓄银行）		http://www.psbc.com
Industrial Bank（兴业银行）	2000-12	https://www.cib.com.cn/cn/index.html
Ping An Bank（平安银行）		http://bank.pingan.com/

（4）直销银行

直销银行（Direct Banking）是互联网时代应运而生的一种新型银行形态，是互联网金融环境下的一种新型金融产物。直销银行不设立物理营业网点，不发放实体银行卡，主要借助于互联网、移动互联网、电话等远程渠道方式为客户提供银行产品和服务。直销银行与前述网上银行、电话银行、手机银行最大的区别是其虽然往往由银行主导发起，但却不依托网点，全部业务流程可在线上完成，客户定位主要针对增量客户群体，即银行传统网点未覆盖到的用户以及其他银行的客户。也就是说，直销银行的客户不以拥有该银行的银行卡或存折账户为前提，而是直接在互联网上进行远程开户。这种去人工化和低成本的运营模式，也使得直销银行的产品和服务相对标准化，在利率和费用上更具吸引力。

（5）互联网银行

这里的互联网银行（Internet Banking）主要是指纯网络银行，即狭义上的网络银行，亦即上述无形银行。从业务形态上来看，互联网银行与直销银行在业务渠道、产品服务上有很多相似之处，其区别则视国内外的情况有所不同。在国外，二者的概念已无明显区分，维基百科上已将直销银行作为互联网银行的再定义；而在国内，二者的区别则主要体现在独立牌照上，即当前国内的直销银行多为传统银行的下设部门，没有独立的牌照，而互联网银行多为具有独立牌照的民营银行，例如深圳前海微众银行和浙江网商银行。

5.1.2　网络银行的主要业务

从服务业的角度看，网络银行属于现代服务业中的重要领域，其主要作用是向公众提供各种金融业务服务，其主要业务可分为公共信息服务、个人银行业务、企业银行业务及网络银行衍生业务。

1. 公共信息服务

银行公共信息服务包括银行的广告、宣传资料、业务种类和特点、操作规程、最新通知、年报等综合信息，它对网上的所有访问者开放，具体包括以下内容。

① 公用信息发布。

② 银行简介。

③ 银行业务、服务项目介绍。

④ 银行网点分布情况。

⑤ ATM 分布情况。

⑥ 银行特约商户介绍。

⑦ 存、贷款利息查询。

⑧ 外汇牌价、利率查询。

⑨ 国债行情查询。

⑩ 各类申请资料(贷款、信用卡申请)。

此外,还包括投资、理财咨询使用说明、最新经济快递、客户信箱服务等。

2. 个人银行业务

目前,国内个人网上银行可以提供金融和非金融的多种服务,主要包括以下四类。

(1) 账户管理

账户管理可以随时查询个人账户的基本信息和供款明细。

① 账户信息查询:指查询各类账户及其卡内子账户的基本信息、账户余额、账户当日明细、账户历史明细、缴费明细等。

② 在线申请:通过网上银行、门户网站在线填写申请表,申请开通各种银行服务的功能渠道。

③ 电子工资单查询:查询用户所在单位通过网上银行所发放工资报酬的详细信息。

④ 个人电子对账单:为个人网上银行注册客户提供全部网上银行注册账户对账单的查询、下载和 E-mail、邮寄发送服务。

此外,个人银行业务还提供账户注销、挂失、支票查询和公积金查询等服务。

(2) 转账汇款

① 汇款:个人客户通过网上银行自助办理银行机构间转账汇款业务。

② 跨境汇款:在外汇管理局规定的限额之内,通过电汇为客户实现自由外汇资金向境外的划转。

③ 账户转账:在账户之间办理本币或外币活期转定期及定期转活期业务。

(3) 缴费支付

① 在线支付:在网上购物后通过网上银行进行 B2C、C2C 的支付。

② 自助缴费:指用户可以自助为本人或他人缴纳手机费、电话费、水费、电费、燃气费、垃圾费等日常生活缴费的功能。

③ 信用支付:在信用支付过程中,用户的购物款项会存放在专用保证金账户中,在用户发出收货确认通知后,卖方才可收到相关款项。银行在交易过程中承担资金监管的责任,从而有效保护用户的权益。

此外,个人银行业务还提供批量缴费、预约缴费、缴费支付记录查询和委托代扣等功能。

(4) 投资理财

投资理财是指为用户管理账户闲置资金、增值理财的一种人民币理财计划。

① 网上理财产品:提供通过网上银行购买银行发行的各种理财产品的服务。

② 基金投资:将网络银行和基金投资相结合,在一定的投资期间内,投资人通过网上银行以固定时间、固定金额申购银行代销的基金产品的业务。

③ 债券投资：债券投资为用户提供对银行代理的记账式国债和储蓄国债（凭证式）的买卖交易功能，同时具有国债查询和债券账户管理等功能。

④ 网上保险：是银行与保险公司合作，为网上银行客户提供在线投保、查询保单信息和续期缴费等功能。通常，此类保险为公众认可度较高、通用性较强的险种，如交强险、意外险和组合保险等。

⑤ 网上贷款：提供自助在网上办理各类贷款的申请业务。

⑥ 理财计算器：提供方便实用的个人存款、个人贷款和个人理财等专用计算器。包括个人存款、个人贷款、外汇买卖、股票买卖、基金买卖、国债买卖、外币兑换、购车贷款、购房贷款、国债收益和黄金买卖的计算等。

3. 企业银行业务

国内商业银行的在线企业银行一般提供的金融服务大致分为以下六类。

（1）账户管理

账户管理为企业客户提供查询企业及员工相关年金等信息服务。

① 账户余额查询：为企业客户提供查询账户昨日余额、当前余额和可用余额的功能，并为企业网上银行客户提供查询、下载和打印集团客户本部及辖属分支机构账户人民币和外币账号昨日余额、当前余额和可用余额的功能。

② 账户明细查询：为企业客户提供对账户今日明细、历史明细进行查询的功能。

③ 交易明细管理：企业网上银行客户可对集团客户本部及辖属分支机构账户人民币和外币账户今日交易明细或者历史交易明细进行查询、下载、打印及发邮件的操作。

④ 企业年金查询：为企业年金客户提供企业年金账户管理相关的计划、缴费、投资和支付等信息查询的服务。

此外，企业网上银行还提供账务提醒、对账服务和自助缴纳年费等服务。

（2）收款业务

收款业务为企业客户提供资金自动划收至总部账户等专业化金融服务。

① 自动收款：银行定期按照客户预先指定的时间、金额等收款信息，自动将资金从企业分支机构账户中划收至总部账户，并在当日将交易结果信息发送到客户预留的 E-mail 地址，同时客户也可以通过贵宾室查询交易结果。

② 批量扣款：为企业网上银行客户提供的主动收取授权企业各类费用的一项功能。

③ 在线缴费：银行与收费单位合作，为个人或企业客户提供缴费业务上网查询、在线缴纳各类费用等服务。通过个人网上银行和企业网上银行的互动关系，提供个人和企业间、企业和企业间的在线缴费平台。

（3）付款业务

付款业务提供单位公务用卡审核报销的服务。

① 审核报销：使用银行卡从事消费和结算报销活动。

② 代发工资：企业通过网上银行向全国范围内企业员工发放工资和报销各类费用。

③ 转账：实时进行同城同系统转账、跨系统转账、异地电子汇兑、企业收款、转账复合和转账资料提交等。

④ 信用支付：信用支付服务平台是银行为中介商城提供的专用支付平台。银行在买卖双方的网上交易行为中，承担资金监管的责任，但不参与交易流程控制，只是根据有关交易规则，进行资金划转和清算。

⑤ 纳税服务：通过银行业务系统分别与各省级地税税收征管综合系统连接，在网上银行实现查询纳税、申报纳税、缴纳明细查询，以及附加法规查录、税收筹划和银行理财等增值服务的系列功能。

（4）投资理财

为企业提供的债券、基金等金融产品的投资分析、购买等服务。

① 集中式银期转账：为银行与期货公司总部进行单点连接，建立期货公司在银行的保证金账户与期货投资者银行结算账户之间的对应关系，投资者在进行转账操作后，可以实现投资者银行结算账户与期货公司保证金账户的实时划转，期货公司根据其银行期货保证金账户的变动情况，实时调整投资者在期货公司的资金账户余额，为期货交易提供资金结算便利。

② 实物黄金业务：以人民币资金投资黄金的理财产品，投资者既可以低买高卖获取投资收益，又可以选择提取黄金实物。

③ 网上基金、国债：为企业网络银行客户提供的通过企业网络银行自助进行基金、国债买卖的金融服务业务。

④ 网上理财产品：为企业网络银行客户提供银行发行的理财产品信息查询、认购、买卖、终止及理财账务管理等业务服务。

⑤ 第三方存管：为满足证券投资者和证券公司对于客户交易结算资金存管服务的需求而开办的一种银证中间业务。客户可以通过网络银行平台进行银行与证券之间的转账交易，以及客户证券资金账户明细、余额的查询。

⑥ 预约服务：企业通过网络把需要到某个银行网点去开汇票或取现金的信息告诉银行，使该银行网点早做准备，银行网点的监控程序实时地将信息显示。

（5）信贷业务

通过企业网络银行归还柜面办理的人民币信用贷款的业务。

① 网上委托贷款：为企业网络银行客户提供的通过企业网络银行自助进行委托贷款放款申请、还款申请和委托贷款查询等服务的业务。

② 网上还贷：为企业网络银行客户提供的归还柜面办理的人民币信用贷款的业务。

③ 网上信用证业务：为企业网络银行客户提供的通过企业网络银行自助进行进口信用证开证与修改申请、进口信用证查询和出口信用证查询等业务。

（6）代理业务

通过企业网络银行，接受其他商业银行的委托，办理款项汇出和汇入。

① 代理汇兑：银行通过企业网络银行，接受其他商业银行（被代理行）的委托，为其办理款项汇出和汇入的服务。

② 代签汇票：其他商业银行（代理行）使用该银行的银行汇票凭证、汇票专用章和专用机具，通过该行网上银行为其开户单位或个人签发该银行汇票，并由该银行所有通汇网点兑付的服务。

此外，各家网上银行还提供了各具特色的网上服务，如招商银行的网上国际贸易融资业务、网上国际结算查询通知业务，中国银行的供应链融资服务等。

4. 网络银行衍生业务

网络银行衍生业务是指网络银行在基本业务以外，纯粹是因网络银行运营而衍生的业务。由于这些业务覆盖面广、业务量大，已经成为网络银行的核心业务，其业务主要包括以下几个方面内容。

（1）网上支付

网上支付服务主要是针对各类企业的经营活动推出的各类支付结算服务。

（2）网上信用卡业务

网上信用卡业务包括网上信用卡申办、查询信用卡账单，银行主动向持卡人发送电子邮件、信用卡授权和清算。如果银行存有持卡人的 E-mail 地址，那么银行每月可定期提供电子对账单，让客户更快地收到信息，提高银行的工作效率；持卡人也可登录网页自行查询已出账单、未出账单和了解信用卡消费情况及还款要求；银行在网上还可以对特约商户进行信用卡业务授权、清算、传送黑名单、紧急止付名单等。

（3）网上个人投资理财服务

从网络银行的发展趋势上看，要提供更加个性化的服务，个人理财服务是重点挖掘的领域。

网络银行的个人理财主要是指个人账户组合、家庭理财计划、投资与保险等。个人账户组合是客户名下账户之间的交易。家庭理财计划包括收支计算器、理财计划等。投资与保险主要包括各种股票、基金、债券投资与保险计划。企业理财是帮助企业制订合理的资金计划，有效投资理财可以有两种方式：一种是客户主动型，客户对自己的账户及交易信息、汇率、利率、股价、保险费率、期货行情、金价、基金等理财信息进行查询，下载或使用银行的分析软件帮助分析，按自己需要进行处理，以满足各种特殊需求；另一种是银行主动型，银行可以把客户服务作为一个有序进程，由专人跟踪进行理财分析，提供符合其经济状况的理财建议及相应的金融服务。

（4）网上金融信息咨询服务

金融信息是个人、公司及政府机构进行投资决策、管理活动、制订经济发展规划的依据，它涉及的范围非常广泛，如汇率、利率、股价、保险、期货、金价、基金等，以及政府的金融行业政策、法律法规等。网络时代，社会公众对金融信息有着越来越强烈的需求，网络银行可以通过向用户提供这些金融信息来获得收益，并赢得潜在的顾客群。

（5）网上消费贷款服务

消费贷款已经成为广大居民最常用的金融产品服务，但传统的消费贷款在抵押担保等手续方面异常烦琐，严重影响贷款业务效率。因此，银行推出了网络贷款业务，利用网络银行用户的良好信用记录，在线提出贷款申请，简化了贷款申请程序，缩短了贷款申请时间，极受用户欢迎。例如，交通银行的“e 贷在线”就无须柜台开通，可在线提交多种贷款申请，获得个性化贷款方案，查询贷款批准进度；中国建设银行认证用户、合作机构用户、行内用户可通过“房 e 通”登录“我的主页”后，在贷款服务中选择“贷款申请”，选择贷款类型，填写个人信息、贷款信息、抵押物信息、预约面谈时间等信息，进行在线贷款申请。

（6）网上企业信贷和融资服务

这是网上银行专门为中小企业客户打造的服务，通过“端对端”的工厂式“流水线”运作和专业化分工，提高服务效率，并根据中小企业经营特点与融资需求，丰富产品组合与方案设计，为广大中小企业客户提供专业、高效、全面的金融服务。网上融资主要是通过第三方平台所掌握的大量企业信息，解决银行贷款信息不对称的现状，通常是由第三方平台担保，满足企业融资需求。

（7）网上购物业务

网上购物是网络银行推行电子商务战略最重要的服务品种之一。网络银行在这类服务上有两种不同的处理方式：一是网络银行自己设立一个网上购物平台，汇集各种网上销售商品的信息，让商家与客户在这个平台上进行交易；二是提供多个网上购物网站的链接，客户通过链接进入购物网站。开设银行专属的网上商城曾经是国内商业银行拓展业务的一个新途径，但最终效果不尽人意，与专业电商行业龙头相距甚远。

（8）网络证券业务

网络银行与证券、保险等金融交易机构合作，推出了网络证券业务。网络证券保证金转账业务是指客户通过网络银行的账户系统，将资金在自己名下的活期账户与证券账户间进行互转。网络证券业务发展较为完善的银行为客户提供证券交易查询、委托、转账、智能配股信息、新股自动申购、修改密码、特别提示和制定交易等多项服务功能，较好地满足了客户进行网络证券交易的需求。

（9）网上外汇买卖服务

客户可以通过自己名下的网络银行外汇买卖账户，进行实时外汇交易、实盘外汇买卖，包括多种外币之间的买卖、外汇行情、外汇交易锁定等。

（10）其他业务

网络银行在提供网上基本业务和电子商务业务的服务外，还包括提供信息服务的项目。主要是为客户提供多种金融信息服务，如市场行情、股市动态和各项经济数据，还有根据客户情况，向个人提供的经济金融信息。

5.1.3 网络银行的体系结构

1. 电话银行系统结构

电话银行的服务渠道是通过电话线路、以电话语音和传真等有线路径来实现，受到电话线路条件的限制，且只能按照语音提示步骤完成，速度和方便性有一定的影响。在通过电话线路接入客户的服务请求后，语音工作站对服务内容进行分类，再向银行业务中心的服务器发出请求，通过对业务中心服务器的查询来回复用户，如图 5-4 所示。因此，用户账户可保持动态更新，且与其他服务如网银、柜面、ATM 等保持同步。

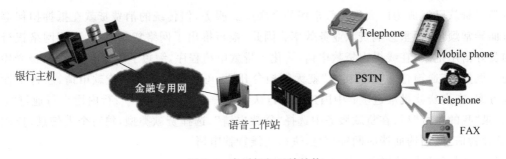

图 5-4 电话银行系统结构

2. 手机银行系统结构

（1）SMS 手机银行结构

SMS 模式的手机银行是由手机、GSM 短信中心和银行系统构成。用户通过 SIM 卡向银行发出指令后，SIM 卡根据用户指令生成规定格式的短信并加密，然后指示手机向 GSM 网络发出短信，GSM 短信系统收到短信后，按相应的应用或地址传给对应的银行系统，银行对短信进行预处理，再把指令转换成主机系统格式，银行主机处理用户的请求，并把结果返回给银行接口系统,接口系统将处理的结果转换成短信格式,短信中心将短信发给用户。SMS 模式手机银行系统结构如图 5-5 所示。

图 5-5　SMS 模式手机银行系统结构

(2) WAP 手机银行结构

首先,WAP 模式的手机银行是基于 WAP,不需要改变现有的移动通信网络协议,所以能大范围地运用在 GSM、CDMA、TDMA、4G 等网络;其次,由于无线网络系统和固定网络系统不完全一样,加上移动终端的屏幕和键盘普遍都很小,所以 WAP 模式不适合采用 HTML(超文本标记语言),而须采用专门用于移动终端的 WML(Wireless Markup Language,无线标记语言)。

因此,在 WAP 模式手机银行系统中,通过代理服务器(WAP 网关)将互联网上的 HTML语言的信息转换成用 WML 描述的信息,然后显示在移动终端的显示屏上,这样就把互联网网页信息引入到手机网页,如图 5-6 所示。

图 5-6　WAP 模式手机银行系统结构

(3) App 手机银行结构

App 手机银行是 C/S 结构的客户端模式,需要在手机客户端安装相应的软件,即手机银行 App。客户通过 App 手机银行软件向服务器端发出金融服务请求,服务器将处理结果反馈给客户端软件。App 手机银行结构如图 5-7 所示。

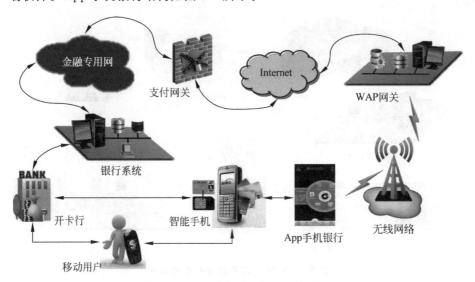

图 5-7 App 模式手机银行系统结构

3. 网上银行系统结构

网上银行系统一般由多个子系统组成,包括 CA 子系统、安全认证子系统、支付网关子系统、交易子系统、业务管理子系统、后台连接子系统等。网上银行系统作为银行后台核心业务系统并不是孤立存在的,而是与其他业务系统(如零售系统、信贷系统、会计系统等)紧密联系、相互配合,提供在线金融服务。典型的网上银行系统结构如图 5-8 所示。

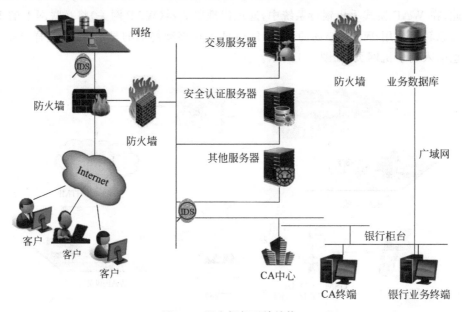

图 5-8 网上银行系统结构

(1) CA 子系统

完成 CA 证书的申请和发放、证书的管理、已撤销证书列表的维护等。

（2）安全认证子系统

对网络银行的用户身份进行确认，对客户发起的交易进行授权。

（3）支付网关子系统

与商户的电脑系统连接，提供网上购物、电子商城等业务的在线支付接口，以及交易清算、对账等。

（4）交易子系统

完成网络银行交易逻辑的处理，如交易数据检查、交易流水记录、数据签名核对、账户检查等一系列检查。

（5）业务管理子系统

完成网上银行业务设置、交易处理、系统监控、后台处理等银行端的业务功能。

（6）后台连接子系统

是与后台的核心业务系统连接的模块。它将网上银行校验和初步处理过的交易资料以及服务信息转发至后台系统和办公自动化处理系统。

5.2　网络证券

随着我国经济的发展，证券投资已经成为平常百姓的一个重要投资渠道。互联网改变了传统金融业的发展步伐，证券业自然不会忽视运用互联网来达到降低运行成本、提高运行效率、获得竞争力的目的。因此，在互联网快速发展的同时，证券网上发行、网上交易和网上结算等网络证券业务也开始运作，并成为券商经纪业务发展的热点，也成为我国最有发展前途的金融电子商务领域。

5.2.1　网络证券概述

1. 基本概念

要了解什么是网络证券，首先要知道什么是证券。

1）证券的定义

证券是商品交换和信用关系发展到一定成熟阶段的产物，是多种经济权益凭证的统称，是用来证明券票持有人享有的某种特定权益的法律凭证。

通俗来讲，证券是发行人（筹资者）为了证明或者设定财产权利（明确产权关系），依照法定程序，以书面形式或电子记账形式交付给投资者（资金供应者），以证明其有权取得相应权益的凭证。

2）证券分类

证券可根据其性质、收益、内容等不同视角分类，如图 5-9 所示。

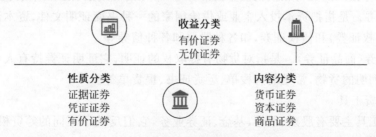

图 5-9　证券分类

（1）按性质分类

证券按其性质不同，可以分为证据证券、凭证证券和有价证券 3 大类。

① 证据证券。证据证券只是单纯地证明一种事实的书面证明文件，如信用证、证据、提单等。

② 凭证证券。凭证证券是指认定持证人是某种私权的合法权利者和证明持证人所履行的义务的有效书面证明文件，如存款单等。

③ 有价证券。有价证券是指标有票面余额，用于证明持有人或该证券指定的特定主体对特定财产拥有所有权或债权的凭证，区别于上面两种证券的主要特征是可以让渡。

（2）按收益分类

从广义上，按照是否能给使用者带来收入，证券可以分为有价证券和无价证券两大类。

① 无价证券。无价证券是指不能给使用者带来收入的证券，包括凭证证券和所有权证券。

凭证证券又称证据证券，是专门证明某种事实的文件，例如借据、收据、票证等，一般不具有市场流通性。

所有权证券是指证明持证人为某种权力的合法所有者的证券，如土地所有权证书等。

② 有价证券。有价证券是指标有一定票面金额，用于证明持券人或证券指定的特定主体对特定财产拥有所有权或债权的法律凭证。钞票、邮票、印花税票、股票、债券、国库券、商业本票、承兑汇票等，都是有价证券。但一般市场上说的证券交易，是特指证券法所规范的有价证券，钞票、邮票、印花税票等，就不在这个范围了。

有价证券就其本质来说，仍然是一种交易契约或合同，不过与其他证券的不同之处在于，任何有价证券都有一定的面值，可以自由转让，其本身都有价格，都能给持有人在将来带来一定的收益。

有价证券实质上是具有财产属性的民事权利，其特点在于把民事权利表现在证券上，使权利与证券相结合，权利体现为证券，即权利的证券化。它具有以下几个基本特征：一是证券是财产性权利凭证，二是证券是流通性权利凭证，三是证券是收益性权利凭证，四是证券是风险性权利凭证，如图 5-10 所示。

图 5-10   有价证券的特征

（3）按内容分类

按证券所载内容，可以分为货币证券、资本证券和货物证券（商品证券）3 种。

① 货币证券。可以用来代替货币使用的有价证券，即商业信用工具，主要用于企业之间的商品交易、劳务报酬的支付和债权债务的清算等，常见的有期票、汇票、本票、支票等。

② 资本证券。是指把资本投入企业或供给国家的一种书面证明文件，资本证券主要包括股权证券（所有权证券）和债权证券，如各种股票和各种债券等。

③ 货物证券（商品证券）。是指对货物有提取权的证明，它证明证券持有人可以凭证券提取该证券上所列明的货物，常见的有栈单、运货证书、提货单等。

3）证券筹资工具

证券筹资工具主要有股票、债券、基金、证券业务，它们反映了不同的筹资模式，也体现了不同的产权关系。

（1）股票

股票是基本的证券筹资工具，指股份有限公司以募集设立或增资扩股为直接目的，依照法定程序，向社会投资者出售股票、筹措股本金的行为。股票按其分配权利的顺序，可分为优先股、普通股和劣后股 3 类。

股票带给发行人（股份公司）的是成本浮动且可以长期使用的资本来源，而提供给投资者的是不还本、高收益、高风险的投资渠道。

（2）债券

债券是由符合发行条件的政府组织、金融机构或企业部门，以借入资金为目的，依法定程序向投资者出售的债权债务凭证。债券还可分为政府债券、金融债券和企业（公司）债券 3 类。

债券带给发行人的是成本确定且存在税收及财务杠杆效应，同时可以定期使用的资金来源，而提供给投资者的是定期还本付息、较低收益、较低风险、部分可免税的投资渠道。

（3）基金

基金是由符合条件的基金管理公司以筹集受托资金进行投资管理为目的，按照法定程序向社会公众发售的投资基金受益凭证。基金可分为封闭式基金和开放式基金。

基金带给发行人（基金管理公司）的是可以在不同期间内投资使用并据以收取佣金的资金来源，而提供给投资者的是可定期或不定期偿付、收益和风险水平都不确定的投资渠道。

（4）证券业务

通常来说，证券业务包括一级市场业务、二级市场业务及其他派生业务。

一级市场业务主要是指证券公司帮助拟上市企业进行公司设立、股票发行、上市以及上市后增发新股或配股等业务。

二级市场业务主要是指代理证券投资者在交易所买卖上市证券的业务。

此外，投资银行、证券公司、投资顾问公司为上市公司开展资产重组和资产并购业务，为证券投资者进行投资咨询、理财业务等，也都属于证券业务。

4）网络证券的定义

网络证券亦称网上证券，其定义有广义和狭义之分。

（1）广义的网络证券

广义的网络证券，也称为证券电子商务，是金融电子商务的一部分。它包含通过网络进行证券投资的全过程，还涵盖券商经营的网络化证券发行、承销、推广等一系列投资理财服务，以及券商通过网络在证券交易所进行的报价、交易和结算过程。当人们采用信息技术手段，在数字化、网络化的媒介上实现上述业务过程时，就产生了不同的证券电子商务形态。广义的网络证券，也就是电子商务在证券领域的应用，是指利用先进的信息技术，依托互联网、移动通信网、有线电视网等现代化的数字媒介，以在线方式开展传统证券市场上的各种业务。

（2）狭义的网络证券

狭义的网络证券即网上证券交易，指投资者利用网络资源，包括互联网、移动互联网、通信数据网、局域网、专网和无线网络等手段，进行网上开户，获取证券的即时报价，在线观看证券实时行情、分析市场行情、查阅上市公司资料和其他信息、接受投资咨询服务，并通过网络委托下单、实时交易买卖股票、成交和清算等证券交易的全过程。

网络证券环境下的交易与传统的证券交易有着明显的不同，如图 5-11 所示。

如果纯粹从交易过程来看，网上交易与传统交易方法的不同仅仅是交易信息在客户与营业部之间的传递方式上，对证券营业部到交易所的交易方式不会产生任何影响。传统的交易

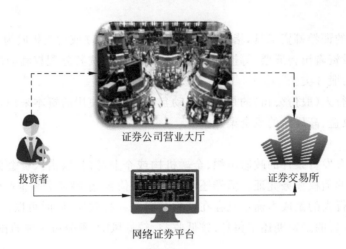

证券公司营业大厅

投资者

网络证券平台

证券交易所

图 5-11　两种环境下的证券交易方式

方法包括投资者通过营业部柜台下单或通过电话委托等方式进行交易,投资者的交易指令或是直接传递给证券营业部的营业员,或是通过封闭的电话专线;而网络证券交易则是通过公共网络,即互联网传输。

随着移动互联网的普及,目前广大投资者已经普遍通过移动设备上网进行证券交易活动,形成了所谓的"移动证券"业务。

2. 网络证券的功能

网络证券具有以下三个方面的功能。

(1) 实时行情

网上证券交易系统提供及时清晰的实时行情,强大的图表分析功能(走势图、日/周/月 K线图)及自选股个性化管理功能,可以 24 小时提供各证券市场股票、权证及基金、债券等各类证券品种的实时行情、个股基本财务指标、公告信息等查询。

(2) 在线交易

网上证券交易系统能够提供各证券市场各种证券品种的交易、账户查询、业务办理等各项证券投资业务功能,包括买入、卖出、撤单、各类资金股份查询、成交查询、密码修改等。

(3) 研究资讯

网上证券交易系统提供券商研究团队动态研究观点摘要、上市公司评级、市场分析等投资咨询参考信息以及精选财经要闻、公司公告等。

3. 网络证券的特征

网络证券是金融电子商务条件下证券业务的创新。随着网络证券业务的不断推广,证券市场逐渐从"有形"的市场过渡到"无形"的市场,过去的证券交易营业大厅逐渐失去了原有的功能。与传统的交易方式相比,网络证券交易具有十分明显的特征。

(1) 多品种的业务服务

多品种是指网上业务涵盖网上证券发行、证券交易、资金清算等多项服务种类,网上交易的证券品种涵盖了市场上所有的证券品种,利用网络为客户提供咨询、行情、理财等多种服务手段,实现全方位、7×24 小时不间断委托交易及咨询服务等。

(2) 全覆盖的交易服务

网上证券系统通过券商业务网络的网关接口,可使用户在线访问位于全国各地的所有营业部,客户只要登录交易网站,不用考虑选择开户的营业部就可以接受券商的所有服务,快捷地实现交易。

（3）无差异的基础服务

网上交易系统将充分体现安全、快速、便捷的委托交易功能,为网上客户提供完善、全面的行情浏览和委托手段,首先保证网上交易客户能享受到与现场客户无差异的服务（如操作界面相似、响应速度快、服务产品全）,同时还能提供网上证券委托等服务。

（4）个性化的增值服务

交易网站的基本项目是网上交易,其附加值体现在网上咨询功能。网上咨询能为客户提供以下服务：基本咨询的网络快递（投资快讯、研究报告、投资组合等）；由公司内外专家组成的“投资顾问团”提供的每日“专家在线”；由开户预约、个股诊疗、预约调研和投资组合方案组成的“预约服务”；每日卫星电视股评、股评报告会、行业研究报告会,可以进行“网上直播”；营业部经纪人和经理的网上接待等服务；开设投资俱乐部,提供新用户注册、模拟炒股、股民学校、股市论坛等服务。

4. 网络证券的优势

网络证券的出现,改变了过去券商服务的基本模式,推动了证券市场的创新,使证券业从产品种类到经营模式都出现了根本性的变化,证券业的经营理念也得到了彻底改变,从过去单纯依靠地域性拓展,过渡到目前的追求业务创新为主及通过多样性服务来获取增值收入,推动了网上经纪与全方位服务的融合。与传统证券业务经营模式相比,网上证券具有明显的优势,具体表现在以下五个方面。

（1）时空优势

传统的证券交易是投资者通过营业部的柜台下单,或通过电话进行委托,由证券营业部将交易指令传递到证券交易所,在交易所撮合成交后,再通过营业部将交易结果返回给客户。

网上证券交易打破了时间和空间的限制,极大地提高了投资者选择的自由度,增加了证券市场的流动性。网上证券交易是无形的交易方式。它不需要有形的交易场所,可以利用四通八达的通信网络,把各地的投资者联系在这个无形的交易场所中。有了网上证券交易,只要有计算机及网络接口的地方,都能成为投资者的投资场所,因此可以促使更多的投资者参与股票交易,并增加交易的频率,从而增加证券市场的流动性,提高证券市场的效率。互联网的普及,极大地方便了那些有投资欲望但因无暇或不便前往证券营业部进行交易的投资者进行投资,使潜在客户的区域得到扩大；而且,投资者在任何一个地方,都可通过互联网看到股市行情,并及时下单交易。

（2）信息优势

信息优势主要体现为信息量的广泛与传播的速度。从技术角度看,每笔证券交易的准备、实施、完成直到后续处理,都是数据交换的过程。证券公司在网上发布信息和通过电子邮件发送信息,可以在极短的时间内向所有的客户传递几乎没有数量限制的信息。一般来说,证券电子商务的网络证券交易模式所提供的行情更新时间为 $8\sim10$ 秒,快于其他任何一种委托方式。通过网上设置的数据库,客户随时可以便捷地查询有关宏观经济、证券市场、板块、个股等所有信息,掌握全面的背景资料。因此,与传统的证券业务相比,网络证券具有速度快、信息量大、功能完备等优势,克服了传统市场上信息不充分的缺点,它使投资者可以在网上主动、及时、有效地获取和筛选相关信息,有效地提高证券市场效率,降低信息不对称程度。

（3）成本优势

对于证券公司而言，网上证券交易可以通过交易环境的虚拟化，改变传统营业部所需的运营要素。网上证券交易不需要装修营业大厅的费用，不需要维持庞大的员工队伍，却可以最大限度地容纳投资者，其成本仅为开户时的网络接入费用、软件购置费用和日常维护费用，经营成本大幅度降低。据测算，在我国，一家有形网点一次性的投资至少为 1000 万～2000 万元人民币，日常运营费用每月为 25 万～80 万元人民币；而在同等条件下，网上证券交易的投资只有传统营业部的 30%～50%，日常运营费用不到传统营业部的四分之一。

从投资者角度来看，网上证券交易不仅节省了前往营业部的时间成本，使投资者在任何条件下都能享受到更便利、快捷的服务；而且，证券公司经营成本的降低，最终可给投资者更多的让利，从而大幅降低投资者的交易成本。在美国，网上股票交易的成本为每股 0.15 美分，远远低于传统交易方式每股 1～2 美分的水平；在韩国，网上证券交易的手续费是交易额的 0.1%～0.5%，仅为传统交易方式的五分之一。

（4）安全优势

网上证券交易的安全系数，要高于传统的交易方式。在传统的交易方式中，客户委托数据在到达证券公司交易服务器之前的传输过程中是透明可读的，只要黑客能够截获这些数据，就能够解读并获取客户的密码以及其他的交易数据等信息。而在网上证券交易中，客户的私人信息以及交易数据等都经过较长的位数加密，只有交易服务器才能正确地识别这些数据，并且随着网上证券交易手段和技术的不断完善和成熟，网上证券交易能为投资者提供非常安全的交易服务手段；同时，网上证券交易减少了证券交易的中间环节，投资者直接下单，避免了交易人员的人为失误，使操作风险大大降低。

（5）拓展优势

在传统证券业务经营模式下，历史的积累、规模、业务的结构和优势等，成为证券公司决定竞争胜负的重要因素。开展网上证券交易以后，证券公司之间的主要差别将体现在技术支持及投资咨询服务上。证券公司提供证券信息的全面准确程度，对客户投资指导的及时性与完善程度，以及在此基础上长期积累形成的证券投资咨询品牌，成为证券公司在竞争中取胜的重要基础。

尤其是券商发展证券电子商务具有成本优势，推动着定制产品的开发，以满足投资者不同的信息需求，市场发展潜力巨大且持续。因此，证券电子商务成为券商扩大经纪业务的来源，特别是中小券商扩大经纪业务和大券商进行竞争的一种强有力的手段。

回顾历史，美国互联网证券公司——嘉信理财，借助新技术，率先实行业务经营模式的转变，在短时间内不仅一跃成为美国最大的互联网证券公司，而且在投资者的追捧下，其市值超过了赫赫有名的美林证券。为了避免客户的流失，一直排斥网上证券交易的美林证券最终不得不于 1990 年 6 月加入了美国网上经纪竞争行列。

5.2.2 网络证券的产生和发展

网络证券的产生是在互联网民用化的 20 世纪 90 年代中期，但作为网络证券的雏形——电子证券，却在互联网产生之前就已经出现了。

1. 电子证券的产生

（1）电子证券的萌芽时期

电子证券这一名词早在 20 世纪 60 年代便出现在美国电子证券挂牌交易的"第二市场"

上。早前,电子计算机刚刚问世不久,价格昂贵,只有美国、日本、英国、德国等先进国家为数不多的交易所和证券公司采用,其数据化程序的应用只局限于交易所和证券公司内部信息处理及清算业务。60 年代后期,美国和日本推出了计算机联机处理控制系统。这一新技术出现以后,分别被纽约证券交易所、日本东京证券交易所等大型交易所和公司采用,并将总部的中央处理机与一些主要的分支机构的计算机联成网络,开始利用计算机联网向各分支机构传送证券交易信息和即时指令,管理公司账户、进行会计核算以及整理通报信息。从此,证券交易业务发生了根本性的变化,逐步改变了过去那种手工操作的局面。

(2) 电子证券的形成时期

20 世纪 70 年代后,计算机的推广和普及,带来了证券市场资本虚拟化信息流通的革命,从而加速了电子证券的迅速演化与形成。1971 年,美国创建了世界第一家电子化证券市场,即纳斯达克(NASDAQ)证券市场。纳斯达克市场由两部分组成:一是全国市场(National Market System,简称 NMS)亦称为主板市场或一级市场,二是小型资本市场(Small Order Execution System,简称 SOES)亦称为第二板市场或二级市场。纳斯达克证券市场的创立标志着电子证券的兴起,同时又继承了传统证券市场的优良传统,实现了资本运作与现代技术的交融。

小资料 5-1

做市商制度

做市商制度是一种市场交易制度,由具备一定实力和信誉的法人充当做市商,不断地向投资者提供买卖价格,并按这个价格接受投资者的买卖要求,以其自有资金和证券与投资者进行交易,从而为市场提供即时性和流动性,并通过买卖价差实现一定利润。简单说就是"报出价格买入或卖出"。

在 NASDAQ 市场上市的公司股票,最少要有两家以上的"做市商"为其股票报价;一些规模较大、交易较为活跃的股票,"做市商"往往达到 40~45 家;平均而言,NASDAQ 市场每一种证券有 12 家"做市商"。

为确保每只股票在任何时候都有活跃交投,每个"做市商"都承担做市所需的资金,以随时应付任何买卖,活跃市场。买卖双方不必等到对方出现,只要由做市商出面,承担另一方的责任,交易就可以进行。因此,保证了市场进行不间断的交易活动,这对于市值较低、交易次数较少的证券尤为重要。许多做市商向投资者提供全方位的服务,包括所交易股票的研究报告、通过零售网寻找交易方和机构投资者,并且向投资者提供投资建议等。做市商制度的主要作用就是提高市场的流通性。

(资料来源:百度百科)

---

(3) 电子证券的发展时期

进入 20 世纪 90 年代后,信息网络革命使整个世界发生了翻天覆地的变革。1992 年,在历时 5 年的研究开发之后,芝加哥商品交易所、芝加哥交易会和英国"路透社"(Reuters)共同推出了一个称之为 Globex 的全球交易执行系统。从此,这两个交易所的成员便能够全天候地与全世界任何地点进行期货合同和其他证券交易。这一系统的运营不仅把一个国内的证券网联通起来,而且通过互联网和通信网将世界多国的金融网联通。到 1993 年,这一系统已联通 120 多个国家,安装了几十万个终端,经营几百种世界级证券和上万种美国、欧洲乃至世界各国的股票,从而标志着无国界的电子证券市场已经形成,也标志着电子证券进入了网络化的发展时期。

2. 网络证券的发展

互联网的商业应用,促进了全球电子商务的高速发展,也促使网络证券成为 21 世纪证券业发展的主流方向。事实上,美国创建的纳斯达克(NASDAQ)电子证券市场,推动了网络证券交易的发展。

1) 国外的证券发展状况

从世界范围看,网上交易一直以美国最为发达,美国的网络交易账户占美国所有交易账户的 50％以上。欧洲、亚洲地区的网上证券交易的发展也十分迅猛。目前,中国也已后来居上,不遑多让。

(1) 美国的网络证券交易发展情况

美国是最早推出网络证券服务的国家之一。早在 1994 年,以查尔斯·斯沃伯公司为代表的贴现经纪商就开始了网络证券经纪业务。Discover Brokerage Direct 公司于 1995 年推出世界上第一个实用的网上证券交易系统,成为世界上最早提供网上证券交易的券商。1998 年 12 月 17 日,NASDAQ、AMEX(全美证券交易商协会自动报价系统和美国证券交易所)和 HKSE(香港股票交易所)在网上发布信息,双方联合为投资者建立了一个网站,通过该网站,投资者可以在网上进行证券买卖。

NASDAQ 是世界上第一家电子证券市场,隶属于 NASD(全美证券交易商协会),是仅次于 NYSE(纽约证券交易所)的全球第二大证券市场,但 NASDAQ 一直走在改革的前列,利用先进计算机技术和电子技术吸纳众多的投资者和世界首席公司,全球许多高科技公司在该市场挂牌上市。NASDAQ 利用先进的行业监控系统和高水平的专家。保护投资者的利益,提供公平竞争的交易环境,它让投资者找到尽可能多的交易券种,也让证券发行者为投资者提供最高的透明度,并且还可以为投资者提供随时随地直接进行任何券种的证券交易。

NYSE 一直保持着传统的经纪人场内证券交易方式,但由于证券交易的效率低、缺少透明度等问题,2004 年该证券交易所也改革了人工交易方式,取消原来对证券自动交易的种种限制,扩大现有自动交易系统的使用范围。伴随着全球电子商务的更进一步发展,证券交易所改革更进一步深入,传统的经纪人制度面临着更严重的挑战。

美国的网络交易快速发展,除了网络证券本身的优势外,还有一个重要的原因是美国的佣金自由化。美国于 1973 年废除了证券经纪机构的固定费率制,佣金的市场化要求证券经纪公司必须选择最经济的方式为投资者提供服务,由于网络证券交易的成本一般为传统证券交易成本的 10％,这在客观上促进了美国的网络证券迅速发展。

美国网络证券交易的发展,形成了三种典型的网络证券交易模式。

① E-Trade 模式。采用这种模式的证券交易公司,所有的证券交易都在网络中进行,由于营业成本低和较多的折扣吸引着大量的投资者。采用这种模式的主要有 E-Trade、Ameritrade 等公司,这种模式主要适用于新开业的券商。其中,E-Trade 公司首创网络下单于股市收市后的场外交易市场。

② 嘉信理财模式。该模式能同时向投资者提供网络证券交易、电话证券交易和店面证券交易,其网络证券交易在公司整个业务中占主体地位。它主要通过技术的创新减少交易成本,进而降低服务价格且不会牺牲服务质量,因此能凭借良好的服务、低廉的价格吸引大批客户。采用这种网络证券交易模式的主要有以下券商。

嘉信理财。嘉信理财是网上证券交易最成功的券商之一,成立于 20 世纪 70 年代初,主要从事证券经纪业务和提供财经资讯,包括零售经纪、共同基金和独立投资经理支持服务,它于1995 年开始推出网上证券交易,起初的市场目标为 5 万客户,但在 1996 年,在嘉信进行网络证券交易的客户就已达 100 万户;1998 年,其网络证券交易的客户达到 550 万,资产达到 143亿美元,网络证券交易金额超过 2000 亿美元;到目前为止,公司客户量超过 100 万,客户总资产高达 5210 亿美元,网上交易量约占全美证券网上交易量的近 50%。

Fidelity Investments。其注重专业指导,其指南工具专业、详细,为顾客提供周到的服务。

Waterhouse Securities。其主要提供具有深度的市场分析报告,能为长线投资者提供合理的价格走向,增加投资者获得回报的机会。

③ 美林模式。该模式利用公司专业化的经纪队伍与庞大的市场研究力量,为客户提供各种理财服务。这种模式的主要特点是以现有业务为主要发展方向、网络证券交易作为现有业务的补充。以该模式作为主要代表的美林公司曾经占有美国巨大的客户市场,由于对网络证券将带来的冲击没有引起足够的重视,流失了大量的客户。

(2) 欧洲网络证券的发展状况

欧洲网络证券虽然不如美国那样普及,但以英国、德国等国家为代表的网络证券交易也在迅猛发展,每年都有大幅度的增长。

(3) 亚洲网络证券的发展情况

伴随着全球网络证券的发展,亚洲的日本、韩国、中国香港和中国台湾等国家和地区的网上交易发展也相当迅猛。

1999 年底,韩国的网上证券交易投资者为 189.7 万户;2005 年初,其网上开户的投资者超过 700 万户,在总交易客户中所占比例接近 60%;目前,网上开户投资的超过 800 万户。与此同时,网上交易量也大幅增加,1999 年底约为 8%,2005 年初达到 70%,如今已达到 85%以上。韩国的网络证券交易额占证券交易总额的比例是世界上最高的。

日本最早引进网络证券交易的是大和证券,于 1996 年 4 月开始实行网络证券交易。1998年 6 月,东京证券交易所推出专为在正常交易时间以外进行的交易而设计的大宗交易和一揽子证券交易的计算机网络。虽然日本在信息技术上与美国并没有太大的差距,但网络交易的发展程度却相距甚远,1999 年才开始实施证券交易手续费自由化政策。在此之前,券商进入网络证券交易的最主要目标是争取网络上更多的客户,网络证券交易还没有形成竞争热点。因此,日本券商在网络证券交易竞争的第一阶段是信息的竞争,实施价格竞争是在佣金自由化后才开始的。

2) 我国的网络证券交易发展情况

网络证券由于低成本、跨越时空交易、增加市场的流动性以及能为客户提供个性化服务等优势,受到我国券商的广泛关注。20 世纪 90 年代中期以后,各券商开始纷纷建设网络证券交易。

我国的网络证券交易最早出现在 1996 年底,最初主要是提供证券相关信息资讯,直到1997 年 3 月,中国华融信托投资公司湛江营业部推出聆通多媒体公众信息网络交易系统,这标志着我国网络证券交易的开始,该网络证券交易系统一开始连续三年增长速度超过 126%。

我国网上证券经纪业务发展历程大致分为四个阶段,如表 5-4 所示。

随着我国《股票发行与交易管理暂行条例》和《网上证券委托暂行管理办法》的实施,各证券公司陆续推出网络证券交易系统。目前,国内所有的证券公司都拥有自己的网站,并开通了手机 App 客户端,为客户提供证券的资讯信息,都开通了网上交易,提供网络证券交易通道。

表 5-4　我国网上证券经纪业务发展阶段

阶段序号	时间(年)	特　　征
第一阶段	1986—1990	柜台交易走向场内交易阶段,券商、投资者、上市公司极少,无股东账户和股票托管机构
第二阶段	1991—1995	场内集中交易、电脑作业、无纸化交易、卫星传输等处于动态发展之中,证券交易从上海、深圳扩展到全国,1993 年 4 月制定《股票发行与交易管理暂行条例》
第三阶段	1996—1999	交易方式多元化,证券经纪业务智能化,证券交易在全国得到普及,客户服务四种主要模式,即散户室、大户室、工作室、准经纪人
第四阶段	2000 至今	基于互联网的交易模式开始普及,跨区域、跨境交易较为常见,中国证监会《网上证券委托暂行管理办法》出台后,网上证券交易合法化

　　我国的网络证券交易虽然起步晚,但证券投资仍是我国最早和最广泛采用信息技术的产业。同时,我国互联网用户增长迅速,也为网上证券交易提供了理想的市场基础。中国证监会明确表示积极支持网上证券交易的发展,并要求证券公司对发展网上交易给予充分的重视。政策的大力支持为我国网上交易的开展提供了良好的发展环境。

5.2.3　网络证券的运作

　　网络证券业务包括网络证券的发行、网络证券的交易及网络证券的结算。

1. 网络证券的发行

　　证券网上发行就是公开发行证券公司及其发行主承销商利用证券交易所的交易网络和券商的网上证券交易服务平台,公开销售在证券交易所挂牌销售的标的证券的发行方式,投资者通过证券营业部交易系统进行网络申购。

　　1) 证券市场主体

　　证券的发行和交易所涉及的市场主体有发行人、投资者、中介机构和监管机构,如图 5-12所示。

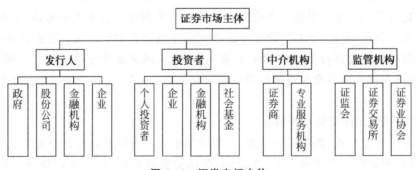

图 5-12　证券市场主体

　　(1) 发行人

　　证券市场的发行人包括政府、股份公司、金融机构和企业。

　　① 政府。中央政府通过发行国债来弥补财政赤字或筹措支持经济建设所需资金,包括发行国库券、财政债券、国家重点建设债券等。

　　② 股份公司。股份公司(包括股份公司形式的金融机构)发行股票或债券,以满足生产经营活动的需要和进行资产重组。

　　③ 金融机构。一般金融机构发行金融债券来筹集资金。基金管理公司发行基金以筹集

进行投资运作的受托资金。

④ 企业。企业发行的企业债券筹集资金。

（2）投资者

证券交易市场中的投资者主要有个人投资者、企业、金融机构、社会基金等。

① 个人投资者。个人投资者（散户）是证券最广泛的需求者和购买者，分散性和投机性是其最为显著的特点。

② 企业。企业除了自己发行证券外，还常常会认购其他发行人发行的证券，以及对其他企业进行控股和参股，以此作为一种资本运作和投资获益的手段。

③ 金融机构。金融机构（包括商业银行、证券公司、保险公司、信托投资公司、基金管理公司）因拥有雄厚的资金实力、金融市场上的有利地位以及专业人才优势，往往成为证券市场上的核心力量。

④ 社会基金。社会基金机构（包括养老基金、社会保障基金、住房公积金等）资金实力雄厚，证券投资是其资金运用的重要内容。

（3）中介机构

中介机构为证券市场主体在参与市场业务的过程中所涉及的证券交易、法律、财务、评估、信息、投资咨询等内容提供专业性的服务。证券市场中介机构包括证券商和专业服务机构。

① 证券商。证券商包括证券承销商（接受发行人的委托代理发行证券）、证券经纪人（接受投资者的委托代理买卖证券）、证券自营商（运用自己的资金买卖证券进行投资）。

② 专业服务机构。专业服务机构包括：证券交易所、律师事务所、会计师事务所、资产评估机构、证券登记机构、证券评级机构、证券信息服务机构、投资咨询机构。

（4）监管机构

证券市场的监管机构主要包括证监会、证券交易所、证券业协会等。

① 证监会。证监会即中国证券监督管理委员会，它是全国证券期货市场的主管部门，按照国务院的授权履行行政管理职能，依照法律、法规对全国证券业、期货业进行集中统一的监管，维护证券市场秩序，保障其健康运行。

② 证券交易所。证券交易所属自律性监管机构。证券交易所不仅提供证券交易的专业性服务，而且还要对其会员、上市公司和证券交易活动进行自律性监管。

③ 证券业协会。证券业协会也属自律性监管机构。证券业协会依法对作为会员的证券商进行自律性监管。

2）网络证券的发行方式

根据证券发行定价方式的不同，网络证券的发行可分为网上竞价发行、网上定价发行、网上定价市值配售和网上累计投标询价发行等不同类型。

（1）网上竞价发行

在国外，竞价发行指的是由多个承销机构通过招标竞争确定证券发行价格，并在取得承销权后向投资者推销证券的发行方式，也称招标购买方式。它是国际证券界发行证券的通行做法。

在我国，网上竞价发行是指主承销商利用证券交易所的交易系统，以自己作为唯一的"卖方"，按照发行人确定的底价将公开发行股票的数量输入其在交易所的股票发行专户，投资者作为"买方"，在指定时间通过交易所会员交易柜台，以不低于发行底价的价格及限购数量，进行竞价认购的发行方式。

（2）网上定价发行

网上定价发行是事先规定发行价格，再利用证券交易所先进的交易系统来发行股票的发行方式，即主承销商利用证券交易所的交易系统，按已确定的发行价格向投资者发售股票。

网上竞价发行和网上定价发行的不同在于以下两个方面。

① 发行价格的确定方式不同。竞价发行方式事先确定发行底价，由发行时竞价决定发行价；定价发行方式事先确定价格。

② 认购成功者的确认方式不同。竞价发行方式按价格优先、同等价位时间优先原则确定；网上定价发行方式按抽签决定。

（3）网上定价市值配售

网上定价市值配售就是在新股网上发行时，将发行总量中一定比例的新股（也可能是全部新股）向二级市场投资者配售。投资者根据其持有上市流通证券的市值和折算的申购限量，自愿申购新股。目前，我国规定市值配售只是网上定价发行的一部分（目前规定为网上发行总量的 50%），因而市值配售与网上定价发行应同时进行。

（4）网上累计投标询价发行

网上累计投标询价发行是利用证券交易所的交易系统，通过向投资者在价格申购区间内的询价过程，从而确定发行价格并向投资者发行新股的一种发行方式。

3）网络证券发行的流程

（1）网上路演

"路演"（Road Show）一词源于境外，是股票承销商帮助发行人安排发行前的调研与宣传活动。一般来讲，承销商先选择一些能够销出股票的地点，并选择一些可能的投资者，主要是机构投资者，然后带领发行人逐个地点召开会议，介绍发行人的情况，了解投资者的投资意向。有时，会计师和投资顾问也参加这一活动，而大多数情况下，一些基金经理人会参加这一活动。承销商和发行人通过路演，可以比较客观地决定发行价、发行量及发行时机等。

路演发展到今天，已从过去的逐个地方进行调研、宣传推广发展到利用各种媒体进行调研、宣传，而"网上路演"则是这其中之一。

网上路演充分利用互联网的特点，使"路演"不受时间、地域的限制，更重要的是充分利用其他媒体所不能比及的网上互动交流的方式。

网上路演多用于发行人或上市公司新股发行和增发新股的推介上。为了使投资者更多地了解公司的情况，以便做出投资决策，公司在网上采用各种宣传办法、设置各种栏目来使投资者全方位地了解公司，这些栏目有文字介绍公司概况、有关招募新股和配售的背景材料等等，还有特邀嘉宾如上市公司、承销商、投资分析专家等通过网上交流、一问一答的方式对上网提问的投资者进行答复，甚至是以现场图片或网上直播的形式，展现公司在网上推介的实时场景，以增加现场的互动交流。

网上路演栏目一般有公司概况、背景资料、嘉宾及与会人员介绍、现场图片（网上直播）、网上交流、实时报道等。根据网上路演所提供的栏目参考，投资者可以在网上浏览公司的有关概况后，对公司某些方面的疑惑提问题，如公司的经营状况、经营业绩、发展前景、在同行业中的地位等，负责解答的往往是公司的相关决策及管理层的负责人，或者就投资方面询问网上的投资专业人士。由于网上提问的人很多，对一些较普遍性的问题，记者还会以实时报道的方式做介绍。如果你的问题没有得到答复，可以在网上交流区搜索问答记录，查找是否该问题曾被别人曾提出过，或者查看相关的实时报道。

（2）网上发行

在我国，现阶段证券发行业务主要采用网上竞价发行和网上定价发行两种方式。

① 网上竞价发行程序。网上竞价发行的具体程序如下。

新股竞价发行，须由主承销商持中国证监会的批复文件向证券交易所提出申请，经审核后组织实施。发行人至少应在竞价实施前 2～5 个工作日在中国证监会指定的报刊及当地报刊上，按规定要求公布招股说明书及发行公告。

除法律、法规明确禁止买卖股票者外，凡持有证券交易所股票账户的个人或者机构投资者，均可参与新股竞买。尚未办理股票账户的投资者可通过交易所证券登记结算机构及各地登记代理机构预先办理登记，开立股票账户，并于委托竞价申购前在经批准开办股票交易业务的证券营业部存入足够的申购资金。

投资者在规定的竞价发行日的营业时间办理新股竞价申购的委托买入，其办法类似普通的股票委托买入办法。申购价格不得低于公司确定的发行底价，申购量不得超过发行公告中规定的限额，且每一股票账户只能申报一次。

新股竞价发行申报时，主承销商为唯一的卖方，其申报数为新股实际发行数，卖出价格为发行底价。

新股竞价发行的成交（即认购确定）原则为集合竞价方式。即对买入申报按价格优先、同价位则按时间优先的原则排列，当某申报买入价位以上的累计有效申购量达到申报卖出数量（即新股实际发行数）时，此价位即为发行价。当该申报价位的买入申报不能全部满足时，按时间优先原则成交。累计有效申报数量未达到新股实际发行数量时，则所有有效申报均按发行底价成交。申报认购的余数，按主承销商与发行人订立的承销协议中的规定处理。

电脑主机撮合成交产生实际发行价格后，即刻通过行情传输系统向社会公布，并即时向各证券营业部发送成交（认购）回报数据。

新股竞价发行结束后的资金交收，纳入日常清算交割系统，由交易所证券登记结算机构将认购款项从各证券公司的清算账户中划入主承销商的清算账户；同时，各证券营业部根据成交回报，打印"成交过户交割凭单"，同投资者（认购者）办理交割手续。

竞价发行完成后的新股股权登记由电脑主机在竞价结束后自动完成，并由交易所证券登记结算机构以软盘形式交与主承销商和发行人。投资者如有疑义，可持有效证件及有关单据向证券登记结算机构及其代理机构查询。

采用新股竞价发行，投资人仅按规定交付委托手续费，不必支付佣金、过户费、印花税等其他任何费用。

参与新股竞价发行的证券营业部，可按实际成交额（认购额）3.5‰的比例向主承销商收取承销手续费，由交易所证券登记结算机构每日负责拨付。

② 网上定价发行程序。目前网上定价发行的具体处理原则有三点：一是有效申购总量等于该次股票发行量时，投资者按其有效申购量认购股票；二是当有效申购总量小于该次股票发行量时，投资者按其有效申购量认购股票后，余额部分按承销协议办理；三是当有效申购总量大于该次股票发行量时，由证券交易所主机自动按每 1000 股确定一个申报号，连序排号，然后通过摇号抽签，每一中签号认购 1000 股。

网上定价发行的具体程序如下。

投资者应在申购委托前把申购款全额存入与办理该次发行的证券交易所联网的证券营业部指定的账户。

申购当日(T+0日),投资者申购,并由证券交易所反馈受理。上网申购期内,投资者按委托买入股票的方式,以发行价格填写委托单,一经申报,不得撤单。投资者多次申购的,除第一次申购外均视作无效申购。每一账户申购委托不少于1000股,超过1000股的必须是1000股的整数倍(深圳是500股或500的整数倍)。每一股票账户申购股票数量的上限为当次社会公众股发行数量的千分之一。

申购资金应在(T+1日)入账,由证券交易所的登记结算机构将申购资金冻结在申购专户中,确因银行结算制度而造成申购资金不能及时入账的,须在T+1日提供通过中国人民银行电子联行系统汇划的划款凭证,并确保T+2日上午申购资金入账。所有申购的资金一律集中冻结在指定清算银行的申购专户中。

申购日后的第二天(T+2日),证券交易所的登记计算机构应配合主承销商和会计师事务所对申购资金进行验资,并由会计师事务所出具验资报告,以实际到位资金(包括按规定提供中国人民银行已划款凭证部分)作为有效申购进行连续配号。证券交易所将配号传送至各证券交易所,并通过交易网络公布中签号。

申购日后的第三天(T+3日),由主承销商负责组织摇号抽签,并于当日公布中签结果。证券交易所根据抽签结果进行清算交割和股东登记。

申购日后的第四天(T+4日),对未中签部分的申购款予以解冻。

2. 网络证券的交易

网络证券交易,是指投资者利用互联网网络资源,获取国内外各交易所的即时报价,查找国际和国内各类与投资者相关的经济金融信息,分析市场行情,并通过互联网进行网上的开户、委托、支付、交割和清算等证券交易的全过程。

1) 网络证券交易的步骤

网络证券交易的业务涵盖股票买卖、行情查询、银证转账、账户余额查询、开户、销户、密码修改等方面。网络证券交易与传统证券交易的程序是一样的,只是实现交易的手段不同而已,原来需要投资者在交易所办理的手续,现在大部分或全部都可以通过网络进行。因此,依照传统证券交易的步骤,网络证券交易也包括登记开户、委托交易、交易撮合和清算交割4个步骤。

(1) 登记开户

目前,证券商全部能够支持客户在互联网上进行开户。投资者将自己的电脑连接到开户站点后,即可直接在网上登记和开户,在家中即可加入证券交易者的行列。

(2) 委托交易

目前,我国投资者在网上进行委托交易的方式有两种:一种是安装并运行网上证券交易软件,然后上网委托交易;另一种是直接登录证券交易网站进行委托交易。

(3) 交易撮合

我国沪深二市均采用电脑撮合交易方式。在该方式下,买卖申报经交易所电脑主机接受后,按证券价格、时间排列,自股市开市时按"价格优先、时间优先"原则撮合成交。

(4) 清算交割

清算与交割都分为证券和价款两项。证券登记结算机构与证券经营机构之间的清算交割通过计算机网络进行。投资者的证券往往由证券经营机构自动划转。

2) 网络证券交易的模式

目前,我国网络证券交易模式主要有以下几种。

（1）客户—ISP 网站—营业部—证券交易所模式

证券营业部通过网络服务商（ISP）的网站和互联网连接起来，客户从 ISP 的网站获取实时的股市行情和信息，通过营业部下单、查询及获取成交回报。目前，充当 ISP 的商家有中国电信、中国移动、中国联通、有线电视及其他一些专业的互联网站服务商。

（2）客户—营业部网站—证券交易所模式

证券营业部直接和互联网连接起来，客户从网上直接通过营业部的网站下单及查询，还可以接收实时的股市行情、成交回报和信息等。通过这种网上交易方式，券商可以直接在网站上为客户提供各种特色服务，如股市模拟操作、国内外宏观信息报道、本公司证券分析师对市场行情的分析等。这种模式投资较大，但易于管理，形象鲜明，可以提供客户要求的信息服务，有利于创立公司在网上交易领域的品牌。

（3）券商—财经网站模式

采用这种模式，由财经网站将相关信息服务移植到证券公司营业部的内联网系统上，实际上为证券商解决了主动信息服务的难题。财经网站不用向投资者收取任何费用，但由于帮助证券商提高了服务水准，就可以向证券商收取一定的服务费用。这种模式与第一种模式的区别在于，交易直接在浏览器进行，客户无须下载和安装行情分析软件或安全系统，对用户而言更加便捷。在这种模式下，交易指令是通过财经网站再转发到达证券营业部服务器的。

（4）移动交易模式

移动交易模式是指通过手机、iPad 等移动通信工具，依托移动通信服务商提供的无线上网服务进行证券的交易。移动交易是通过基于移动通信网的数据传输功能，来实现用手机进行证券行情信息查询和证券交易，使手机成为综合性的证券交易工具。只要手机或其他移动通信工具在网络覆盖的范围内信号良好，就能够进行查看行情、交易证券，甚至资金转账。移动证券不受地域的影响，真正实现了随时随地炒股票。

3）网络证券交易流程

网络证券交易流程如图 5-13 所示。

投资者进行网上证券交易一般分为三个步骤：开通网上证券交易账户、下载和安装客端软件、网上委托交易。

（1）开通网上证券交易账户

和传统的证券交易方式一样，国内投资者进行网上证券交易，必须依次开立上海、深圳个人股东账户卡和某家证券公司资金账户（交易账户）外，然后再到该家证券公司营业部办理网上证券交易账户的开通手续，并和证券公司签订网上证券交易委托协议；之后，证券公司的工作人员就会为投资者开通网上证券交易账户。目前，国内券商都提供网上预约开户服务和网上自助开户服务。

为了使投资者有效地管理证券保证金账户，还需要办理第三方存管业务，选择一家银行开立储蓄账户，并申请为银证转账账户，投资者就可以把自己的资金在保证金账户和储蓄账户之间，在规定时间内进行转移了。

（2）下载和安装客户端软件

投资者进行网上证券交易委托，通常可以选择 Web 浏览器方式或者使用专用软件。Web 浏览器方式指投资者通过互联网，登录证券公司交易网站，输入用户名、密码，选择相应的营业网点，经验证后就可以进行账户信息查询、证券买卖等操作。

如果投资者选择使用专用软件进行交易委托，则需要在自己的电脑中安装客户端交易软

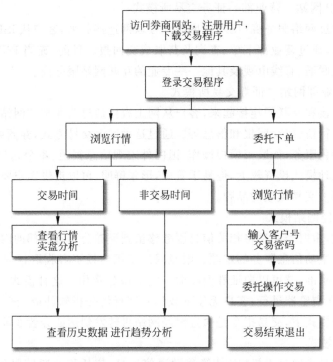

图 5-13 网络证券交易流程

件,如中信证券使用的"至信全能版"等软件。投资者还可以使用市场上通用的第三方软件,如"同花顺""大智慧"等。

(3)网上委托交易

无论是 Web 界面的交易方式,还是专用软件,一般都是通过菜单方式提供证券买卖、成交查询、历史记录查询、修改密码等功能,以方便投资者进行交易和管理。当投资者选择了买入或卖出后,系统就通过 TCP/IP 协议将投资者的需求及买卖证券委托及时准确地传递给证券交易所的撮合子系统,并及时得到确认和成交回报。

3. 网络证券的结算

网络证券结算是指证券交易成交后,需要对买卖双方应收应付的证券和价款进行核定计算,并完成证券由卖方向买方转移和对应的资金由买方向卖方转移。

网络证券结算包括两个层次:交易所和券商的一级结算、券商和投资者的二级结算。

(1)一级结算

在当日交易结束后,交易所和券商通过证券登记结算机构进行资金的清算与证券的交割。

证券登记结算机构的结算系统接受证券交易所全天的交易数据;结算系统对各券商申报的交易进行证券与资金结算;结算数据传送至各券商,并通过银行进行资金的清算;券商接受结算数据后,券商的结算系统再经由其内部网与各营业部完成清算;然后各营业部再与投资者进行结算,即二级结算。整个结算过程通过结算机构、证券交易所、券商和结算银行的计算机系统联网来完成。

中国证券登记结算有限责任公司(China Securities Depository and Clearing Corporation Limited,CSDC)是依据《中华人民共和国证券法》和《中华人民共和国公司法》而组建,是我国法定的结算机构,负责证券账户和结算账户的设立和管理、证券的存管和过户、证券和资金的清算交收及相关管理等业务。CSDC 实行法人结算制度,即证券经营机构、银行或其他获准经营证券业务的单位应以法人名义申请加入登记公司结算系统,成为结算系统参与人,开立结算账户后,开通资金结算业务,并与结算机构建立网络连接,形成一级结算网络。每个结算系统参与人以一个净额与 CSDC 进行资金结算。

(2) 二级结算

二级结算是券商的营业部与投资者之间进行的资金结算和证券交割。

从证券登记结算机构获得一级清算结果后,结算参与人根据其客户证券交易的成交明细,清算出每个客户的应收应付证券数额和资金金额,并据此与客户进行证券和资金的二级交收。在资金交收方面,通常由结算参与人直接在投资者的资金账户中贷记或借记应收或应付的资金金额。在证券交收方面,根据证券账户和证券持有体制不同,存在两种实现模式:一种是结算参与人直接对投资人证券账户进行划入或划出应收或应付证券数额的操作;另一种是结算参与人就其与投资者之间的证券划拨事宜委托给证券登记结算机构办理,由证券登记结算机构代为维护投资者证券账户持有余额记录。

由于我国证券市场法律体系不完善,交易管理制度设计存在缺陷,证券公司法人治理结构不健全和自我守法合规意识不强等因素,一些证券公司出现了挪用或质押客户证券交易结算资金等违法违规现象,给客户造成了巨大经济损失,严重损害了证券公司的行业形象,挫伤了客户的信心。因此,证监会提出实行客户证券交易结算资金第三方存管制度,即委托存管银行按照法律法规的要求,负责客户资金的存取与交收,证券交易操作保持不变。在第三方存管模式下,证券公司只负责客户证券交易、股份管理和清算交收等,存管银行负责管理客户交易结算资金管理账户和客户交易结算资金汇总账户,向客户提供交易结算资金存取服务,并为证券公司完成与证券登记结算机构和场外交收主体之间的法人资金交收提供结算支持。

为了便于投资者管理自己的证券投资和银行存款,现阶段我国普遍采用"银证转账"方式,即将投资者在银行开立的个人结算存款账户(或借记卡)与证券公司的资金账户建立对应关系,通过银行的电话银行、网上银行、网点自助设备和证券公司的电话、网上证券交易系统及证券公司营业部的自助设备,将资金在银行和证券公司之间划转,为投资者存取款提供便利。银证转账业务是券商电子商务发展的前提和基础,银证转账业务的开展大大促进了网上证券业务的发展。

5.3　网 络 保 险

20 世纪 90 年代以来,互联网技术的发展与普及日新月异,其中所蕴含的无限商机使得无数商家纷纷把目光投向电子商务,保险领域自然也不例外。于是,一种新的保险经营方式——网络保险,应运而生。

5.3.1　网络保险概述

1. 保险的基本概念

1) 保险的定义

保险(Insurance)本意是稳妥可靠保障;后延伸成一种保障机制,是用来规划人生财务的一种工具,是市场经济条件下风险管理的基本手段,是金融体系和社会保障体系的重要支柱。保险是指投保人根据合同约定,向保险人支付保险费,保险人对于合同约定的可能发生的事故,因其发生所造成的财产损失而承担赔偿保险金责任,或者被保险人死亡、伤残、疾病或达到合同约定的年龄、期限等条件时承担给付保险金责任的商业保险行为。

在广义层面上,保险包括由社会保障部门所提供的社会保险和由专业的保险公司按照市场规则所提供的商业保险。例如,社会养老保险、社会医疗保险、社会失业保险等就是社会保险;财产保险、人寿保险、意外保险、健康保险等就是商业保险。

在狭义层面上,保险主要是指商业保险,即由保险人和投保人之间签订保险合同,保险人通过收取保险费的形式建立保险基金,用于补偿因自然灾害或意外事故所造成的经济损失,或者在人身保险事故发生(比如被保险人死亡、伤残、疾病)或达到人身保险合同约定的年龄、期限时,承担给付保险金责任的一种经济补偿制度。

保险还可以表现为微观和宏观两个层面的含义。微观地讲,保险是指个人或组织根据保险合约按期向保险公司缴纳一定的费用,当被保险者发生灾害或遭受损失时,由保险公司按照预定保险金数额给予赔偿的一种经济活动。宏观地讲,保险就像一个蓄水池,在国民经济和社会保障体系中发挥不可或缺的功能与作用。

2) 保险的基本要素与特点

(1) 保险的要素

保险的基本要素包括以下五个方面,如图 5-14 所示。

图 5-14　保险的基本要素

第一,风险不是投机性的;第二,风险必须是偶然性的;第三,风险必须是大量的、分散的,即有大量同质而且相互独立的风险存在;第四,必须是可能导致比较大的经济损失的风险;第五,必须是多个经济单位的结合。

(2) 保险的特点

商业保险具有以下几个基本特点:从经济角度看,保险是分摊意外事故损失的一种财务安排;从法律角度看,保险是一种合同行为,是一方同意补偿另一方损失的一种合同安排;从社会角度看,保险是社会经济保障制度的重要组成部分,是社会生产和社会生活"精巧的稳定器";从风险管理角度看,保险是风险管理的一种方法。

3) 保险的主要职能

保险的职能主要表现为分散风险、赔偿损失和融通资金等几个方面。

4) 保险的分类

保险业务可以按照不同的标准进行分类,如图 5-15 所示。

(1) 按照保险风险对象分类

按照保险的风险对象,分为财产保险、责任

图 5-15　保险类型

保险、保证保险和人身保险。

① 财产保险。是指投保人根据合同约定,向保险人交付保险费,保险人按保险合同的约定对所承保的财产及其有关利益因自然灾害或意外事故造成的损失承担赔偿责任的保险。

② 责任保险。是指保险人在被保险人依法应对第三者负赔偿民事责任,并被提出赔偿要求时,承担赔偿责任的财产保险形式。责任保险的承保方式有两种:一种是作为其他保险的组成部分或附加部分承保,不作为主要险别单独承保,如汽车保险中的第三人责任险、船舶保险中的碰撞责任险等;另一种是作为主要险别单独承保,其形式有公众责任保险、产品责任保险、雇主责任保险、职业赔偿保险即职业责任保险等。

③ 保证保险。是指保险人承保因被保证人行为使被保险人受到经济损失时应负赔偿责任的保险形式。保证保险分为诚实保证与确实保证两类。诚实保证保险是保险人对雇主因雇员不诚实行为(如盗窃、侵占、挪用等)造成的经济损失承担赔偿责任。确实保证是保险人对依照法律或合同约定,应当提供拒保的被保证人不履行其义务时,给被保险人造成的经济损失承担赔偿责任,此种保险由被保证人投保。

④ 人身保险。是以人的生命或身体为保险标的,在被保险人的生命或身体发生保险事故或者保险期满时,依照保险合同的规定,由保险人向被保险人或受益人给付保险金的保险形式。人身保险包括人寿保险、伤害保险、健康保险三种。

（2）按保险的实施方式分类

按保险的实施方式,可分为强制保险和自愿保险。

（3）按保险的保障职能分类

按保险的保障职能,可分为社会保险和普通保险两种形式。

5）传统保险业务的基本流程

从本质上来说,任何一个保险公司的传统业务都是这样来进行的:不断地宣传自己的产品和服务(展业);不断地收取由众多投保人(往往也是被保险人)缴来的保险费,形成保险基金;当约定的保险事故不幸发生后,对被保险人进行保险金的赔偿和给付;由于保险事故发生和损失程度的不确定性,保险基金的形成与保险金的赔偿和给付之间必然存在着一定的时间差和数量差,使得保险资金的运用成为可能。另外,在承保之前,为了防止逆向选择行为,保险公司必须对保险标的实施核保;在承保之后,为防止道德风险,尽可能减少保险赔偿和降低给付的可能性,保险公司一般还要对保险标的采取积极的防灾防损工作。保险公司基本业务由展业、核保、承保、理赔等流程组成,如图 5-16 所示。

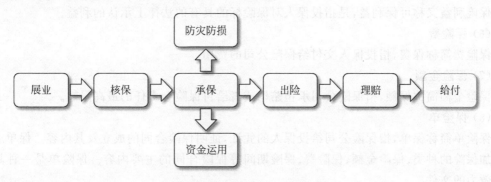

图 5-16　保险的基本业务流程

① 展业。宣传保险产品和服务。

② 核保。在承保之前,为防止逆向选择行为,保险公司必须对保险标的实施核保。

③ 承保。收取投保人(一般为被保险人)缴纳的保险费,形成保险基金。

④ 资金运用。由于保险事故发生和损失程度的不确定性,保险基金的形成和保险金的赔偿和给付之间必然存在着一定的时间差和数量差,使得保险资金的运用成为可能。

⑤ 防灾防损。在承保之后,为防止道德风险,尽可能减少保险赔偿和给付的可能性,保险公司一般还要对保险标的采取积极的防灾防损工作。

⑥ 理赔。当约定的保险事故不幸发生后(出险),对被保险人进行保险金的赔偿和给付。

6) 常用保险专业术语

(1) 投保人

投保人一般称为保户,是指对被保险人具有保险利益,向保险公司申请订立人寿保险契约,并负有交纳保险费义务的人。投保人必须是对被保险人具有保险利益的人,如果没有保险利益,保险契约就会失去效力。《保险法》规定,投保人对以下几种人具有保险利益:本人;配偶、子女、父母;前项以外与投保人有抚养、赡养或者扶养关系的家庭其他成员、近亲属。另外,被保险人同意投保人为其订立合同的,视为投保人对被保险人具有保险利益。

(2) 被保险人

人身保险的被保险人,就是以其生命或身体为保险标的,并以其生存、死亡、疾病或伤害为保险事故的人,也就是保险的对象,也可以说是指保险事故发生时,遭受损害的人。投保人不仅可以以自己的身体为标的而订立保险契约,也可以以他人的身体为标的而订立保险契约,如丈夫为妻子、父母为孩子购买人寿保险单。不过投保人以他人为被保险人必须对该人有保险利益;如订立以死亡为给付条件的保险契约,还必须经被保险人的书面承认并约定保险金额。

(3) 受益人

人寿保险的受益人是指在人身保险合同中由被保险人或者投保人指定的享有保险金请求权的人。受益人可以是任何人,自然人、法人及其他合法经济组织、自然人当中的无民事行为能力的人、限制民事行为能力的人,甚至活体胎儿等,均可以被指定为受益人,投保人、被保险人也可以为受益人。

(4) 保险标的

保险标的是指作为保险对象的财产及其有关利益或者人的寿命和身体。

(5) 保险利益

保险利益又称可保利益,是指投保人对保险标的具有的法律上承认的利益。

(6) 保险费

保险费简称保费,指投保人交付给保险公司的费用。

(7) 保险金额

保险金额简称保额,指保险公司承担赔偿或者给付保险金责任的最高限额。

(8) 保险单

保险单简称保单,指保险公司给投保人的凭证,证明保险合同的成立及其内容。保单上载有参加保险的种类、保险金额、保险费、保险期间等保险合同的主要内容。保险单是一种具有法律效力的文件。

(9) 保险责任

保险责任是指保险公司承担赔偿或者给付保险金责任的项目。

（10）除外责任

除外责任是指保险公司不予理赔的项目，如违法行为或故意行为导致的事故。

2. 网络保险的基本概念

1）网络保险的定义

网络保险也称保险电子商务，是指保险公司或新型的网络保险中介机构以互联网和电子商务技术为工具来支持保险经营管理活动的经济行为。

它包含两个层次的含义。

——从狭义上讲，网络保险是指保险公司或新型的网络保险中介机构通过互联网网站为客户提供有关保险产品和服务的信息，并实现网上投保，直接完成保险产品和服务的销售，由银行将保险费划入保险公司。

——从广义上讲，网络保险还包括保险公司内部基于企业内联网（Intranet）技术的经营管理活动，以及在此基础上的保险公司之间、保险公司与公司股东、保险监管、税务、工商管理等机构之间的交易和信息交流活动。

2）网络保险的特点

传统的保险业务主要通过柜台交易及通过代理人、经纪人等中介人交易保险商品。与此相比，网络保险表现出以下主要特点。

（1）交易环境的信息化

网络保险推动保险交易从物理网络转向虚拟数字网络，所有的交易都是在网络上以数字化形式进行，传统的销售渠道可以通过互联网实现虚拟再现，扩大了保险公司的服务空间，形成了全天 24 小时的服务模式。网络保险具有信息储量大、调查容易、处理快捷和交流方便的特点。宽带、高速、广域和多媒体化的互联网络，可以及时为客户提供大量高密度、多样化的专业信息，减少了投保人投保的盲目性和局限性。网络订单一般是标准化的电子保单，方便保险公司对各节点访问率进行统计分析，了解消费者的需求特征，制定市场扩张规划，设计险种组合，实现产品多元化经营。

网络保险信息交流表现为两个方面：一方面，投保人通过在线浏览，对保险险种和有关条款进行比较确认后实现网上签单，简化了投保手续，给客户投保提供了很大的便利；另一方面，保险人也可以运用网络加强与公司股东、保险监督机构等相关人员和机构的信息交流，及时了解行业动态和政策法规。

（2）交易费用的趋低化

由于服务的虚拟性，保险公司能够大大节约代理手续费、管理费用、办公场地费用。网络把空间的制约降到了最低限度，使保险公司突破了营销人员上门营销的地理限制。显著降低成本是网络保险的一个重要特征，保险经营成本过高一直是保险业不能快速发展的重要原因，而网络保险的运用则可以最大限度地改善这种不良状态。第一，保险人在线展业时，网络互动性优势使其可以免去代理人、经纪人等中介环节，只需支付低廉的网络服务费便可保证市场份额，大大节省了企业经营成本。第二，网络受众群体庞大，通过互联网出售保单或提供服务有一种规模经济效益。

（3）交易活动的交互化

传统的保险营销是自上而下方向地将信息传递给受众。利用网络开展保险营销则是一种自下而上的方式，更强调互动式的信息交流，任何人都可通过网络发表见解。投保人可以直接将信息和要求传递给市场营销人员，提高了投保人的地位，使他们由被动的承受对象和消极的信息接受者,转变为主动参与者和重要的信息源。在整个过程中,保险企业与投保人持续地、信息密集地双向沟通和交流,让投保人参与到营销过程的方方面面。从保险产品设计、制作、定价到售后服务,网络保险能真正体现以客户为中心的营销理念。

（4）交易产品的多样化

长期以来,我国保险市场的保险经营依从于生产者导向模式,险种同构现象严重。运用网络电子商务技术,可以在很大程度上改变这种窘境。一方面,保险人可根据消费者网络反馈,制定新产品的开发规划,这既有利于满足社会不同层次的需要,加强保险产品的市场竞争能力,又有利于保险产品档次提升,形成险种优势,实现保险行业规范化经营。另一方面,投保人也可以运用网络在线申请订立特别保单,投保条件、可保范围、缴费方式、融资渠道等条款都依据个性制定,保险商品不再是一成不变的要式经济合同,而是别具风格的特色产品,具有相当的灵活性。

（5）交易渠道的多元化

网络保险创造了显著的渠道优势。首先,它为保险人将产品适时、经济地转移给消费者提供了便利,不仅节省了流通费用,提高了市场占有率,也为消费者创造了一个产品比较的渠道。其次,保险销售网与银行网联网,将保险方和投保方有机地联系起来,使长期延续的上门收缴保费或保户到保险公司缴纳保费的烦琐结算方式逐渐消失。另外,从国外的经验数据看,相对于其他渠道,通过互联网分销的成本最为低廉。根据测算,代理人、经纪人、电话中心和互联网的保险销售成本比为 152∶116∶20∶10,每次服务成本之比为 19∶15∶8∶0.45。网络保险信息覆盖面广、保留时间长、发布费用低,消费者可以在多家保险公司及多种产品中进行比较选择,有利于客户充分领会保险合同的条款细节,了解保障权利义务,进行险种合理选择。实际上,保险信息一般针对特定市场制作,使保户从消极接受推销转变为自主选择,这更加符合消费者购买心理,更容易促成交易的达成,具有良好的促销效果。

（6）交易责任的明确化

网上投保透明度高,容易确认责任归属以规避风险,可以完整地体现保险的保障功能。在网络保险销售流程中,投保人不再沿袭传统中介展业模式,它直接与保险公司在线签约,经确认后填写电子投保单和保单,然后网上付款取单,整个过程完全公开,有效地避免了以往保险中介因利益驱动而侵犯隐私的事件发生,有利于保护客户商业秘密,将保险公司的承保风险降低到最低限度。

（7）交易服务的个性化

以往传统保险展业推行的是人海战术,营销人员有的素质低下,令公众缺乏信任感,严重阻碍了保险业的正常发展。运用电子商务网络展业,其服务水平不可相提并论。第一,在线投保不受时空的限制,可以为客户提供更完全的服务。网络的无间断性特点,使保险人与投保人可以全天 24 小时进行网上交易,投保不受时间限制。网络的跨区域性特点,使其可以为身处不同地理位置的消费者提供多样化、多层次化的服务。第二,保险人利用网络可以对公司员工和代理人进行培训,提高营销人员的基本素质,保证服务水平,使保险展业不再停留在只注重扩大规模、抢占市场的低效益经营水平上。

3）网络保险的优势

保险作为一种传统的金融服务,其经营活动只涉及资金和信息的流动,而不涉及物流配送的瓶颈问题,这是保险金融服务开展电子商务的天然优势。与传统保险营销模式相比,保险公司、客户和代理人运用网络保险的优势分别表现为以下主要方面。

（1）保险公司运用网络保险的优势

① 降低经营成本，提高竞争力。

保险公司通过网络销售保单，可以省去花费在分支机构代理网点上的费用，同时也可以免除支付给传统保险经纪人和保险代理人的佣金。另外，保险险种、公司评价等方面信息电子化后，可以节省保管费和印刷费等费用。通过降低保险总成本，从而降低保险商品的价格，就可以更好地吸引客户、提高保险公司的竞争力。

② 降低进入壁垒，加剧行业竞争。

保险产品的传统销售方式大多是通过代理人或经纪人进行销售，而建立一个销售网络需要大量的时间和成本。开展网上保险以后，保险公司可以通过互联网销售保险产品，成本迅速降低，市场壁垒减少，为保险公司提供了平等的机会，加剧了行业竞争。保险公司会通过提供自己的特色服务来吸引客户，也会致力于发掘新险种、完善保险服务以留住客户，这样也就间接地造福于客户。

③ 节省保险营销时间，加快新产品的推出。

新产品在设计出来以后，通过网络保险，可以不用其他环节，立即把信息放到网上供顾客浏览、比较和选择，投保人也可以在网上自行主动查询险种相关信息，了解保险产品的情况。这样，一方面方便了投保人，另一方面也节省了保险公司的营销时间，并有利于加快保险公司新险种的推出和销售。同时，保险公司还可以根据客户的需求信息和反馈意见，对险种和服务及时地作出调整，并开发新险种。

④ 扩大保险公司知名度。

网络保险有利于促进保险宣传和市场调研的电子化。在网络环境下，保险公司可以利用电子公告牌、电子邮件等方式向全球发布电子广告，并向顾客发送有关新险种信息、防灾防损咨询和保险动态等信息。这样，既能够扩大保险宣传，又可以提高服务水平，还能克服传统营销中借助报纸等传统媒体和印刷宣传小册子的信息量小、成本高和时效性差的不足，从而扩大保险公司的知名度，有效抢占保险市场。

（2）客户运用网络保险的优势

① 保险价格下降，刺激保险需求。

利用网络销售保险产品，一方面省去了代理网点的费用和一些宣传品的印刷费用，同时也省去了一部分传统媒体上的宣传费用；另一方面，开展网络保险绕开了传统的保险中介，免除付给保险代理人及保险经纪人的佣金，从而可以降低保险公司的成本。这样，保险公司就可以通过降低费率吸引客户，使客户得到费率上面的优惠。于是，保险价格的下降就大大地刺激了保险需求。

② 服务质量提高，刺激保险需求。

电子商务大大提高服务质量，保险产品和服务的信息更加全面，而且通过网络保险也大大地提高了客户的反馈速度，客户在线咨询可以匿名进行。保险公司的服务和险种的单价放在网上透明度更高，客户可以自主地在线比较和选择多家保险公司及多种保险险种，在线理赔也可以通过网络得到快速实现。另外，电子商务深化了个性化保险服务，能根据不同人的需求设计不同的保险保障方案，通过保险市场的细分，刺激了保险需求。

③ 增加保险公司竞争透明度，加大投保人议价能力。

电子商务的出现加剧了保险公司之间的竞争，增加了保险公司竞争的透明度，使得消费者方便及时地了解到各公司保险产品和价格方面的信息，并根据自己可以接受的价格，更有针对性地选择自己需要的产品和服务,这样就加大了投保人的议价能力,客户可从较低的价格中受益。

（3）代理人运用网络保险的优势

① 创造签单机会。代理人和客户通过网络在线交流,随时都可以把握机会销售自己的投保方案,从而达到签单的目的。

② 节约大量的时间。作为企业和客户之间的桥梁纽带,代理人通过网络则无须登门造访就可完成与客户的联系交流,从而节约大量的时间。

③ 提高满意度。通过建设代理人社区,提供大量实用的信息和服务,增加代理人的归属感和被尊重感,使其对企业的满意程度提高。

④ 创新营销方式。通过网络,代理人传统的一对一的营销方式发展为一对多的营销方式,不再只是单一地向顾客推销保险产品,而是与顾客网络互动,更精确、细致地分析、掌握客户的需求,为客户量身定制保险方案。

因此,无论是保险公司、客户,还是代理人,网络保险项目的经济效益和社会效益都是明显的。

3. 网络保险的主要功能

网络保险的主要功能如下所述。

（1）在线交易功能

在线交易是网络保险的基本功能之一,只有具备了在线投保的完全功能,网络保险的形态才算完整。在保险官网和第三方保险平台方面,基本上已经实现了保险产品的在线销售功能。用户在这样的平台上投保,只需像网上购物那样,非常简单地即可完成这个投保流程,通过在线支付完成保单定制服务。这个流程完全是通过在线销售程序的支持来完成的,基本上不需要人工的介入,是一种高效率的保险网络销售模式。在线交易保证最小的人工介入,简化了交易环节,最大化地节省了销售成本,可以让利于用户,也增加了保险产品的利润。由于我国保险法规的限制,一些复杂的保险产品(如寿险、分红险、投连险和万能险等)很难通过网络进行销售,最多也就是通过网络进行推广而已,保单的当面签收等条款约束了其远程销售的可能。像意外险、家财险、车险等条款简单易懂、费率固定易算、责任明确易界定的产品,手续简单,适合采取电子保单,全程在线完成,使得保险销售流程缩短、环节减少、成本降低、购买方便,消费者可以得到实惠。

（2）在线中介功能

一些保险超市网站产品齐全,但是网站本身却并不具备销售功能,而是仅仅向保险公司和保险产品提供业务展示平台,用户可在线向保险公司或保险代理商提出需求,平台经过筛选,将合适的保险公司或代理商提供给用户,用户经过进一步在线、离线沟通,与保险公司或代理商签订保险业务合同,中介平台即可得到保险公司或代理商支付的佣金。由于保险平台具有巨大的会员流量,线上产品资源丰富,较容易满足用户的不同需求,撮合成功率较高。目前,我国的不少保险超市实际上就是这样的平台。客户如有意愿投保某险种,可在网上直接填写投保单,经保险公司核保后,投保人在网上或通过其他方式支付保险费,保险公司再向其发送电子保单(或寄发纸质保险单)而完成整个投保过程。

（3）推广宣传功能

在线推广指的是以下两种情况。

① 保险产品的宣传推广活动。这个功能类似于网络广告,通过平台页面的横幅广告

（Banner）、分类链接等信息窗口,向用户宣传保险产品的特点;或者是通过在线搜索功能,向用户推荐合适的保险产品。这些功能都具备宣传推广的作用,是保险产品网络销售的辅助形式。

②保险公司和保险业务员的在线推介。保险公司在一些中介平台推介业务,往往会以宣传板块等形式,集中介绍公司概况及业务特色;传统的保险业务员在这些平台集中进行推介,也成为重要的功能。一些线下的业务员,为了向用户更好地展现自己的业务水平和服务特色,经常主动地利用这些平台进行推介,保持与用户的紧密接触,联络感情,创造机会。保险业务员往往通过提供在线免费咨询与用户保持接触,引导和标注用户选择合适的保险产品,吸引用户与自己建立业务关系。

（4）售后服务功能

保险产品销售后,仍有很多服务的问题,通过在线服务模式,可以使服务成本得到最大限度的降低,还能保证服务效率最大限度地得到提升。

①保单验真。对于电子保单,由于网上销售、代理众多,为了保护消费者权益,保险公司网站一般都提供了保单验真的功能。用户只需将保单号、验证号、个人身份证号码等信息输入,即可得知保单真假的信息。

②保单激活。目前,一些网络保险产品（如自助卡）在销售时并不记名,以方便销售。用户在使用时可在网上进行激活,并填写个人信息,保单即可生效。

③保单状态查询。对于用户已生效保单,可随时在线查验保单的状态,以掌握保单的有效期信息,可及时关注续费等信息。

④在线理赔。用户一旦在投保期内出险,大部分保险产品支持在线理赔。用户在出险后,可选择多种形式进行报案,在线报案是目前使用较多的一种形式,可在线将报案的信息进行登记,并提交有关材料,解决了远程报案的很多问题。部分理赔程序甚至可以完全在线完成,理赔金额也可转入用户的账户,大大方便了用户,提高了效率。例如,航班延误理赔就可以完全通过在线模式完成,用户在航班发生延误后,在航班降落后即可在线填写理赔申请,保险公司随时掌握了航班起降的信息,主要核对相关信息后即可确认理赔事项,按照流程,用户就可在规定时间内得到理赔款。

5.3.2　网络保险的发展历程

人类社会从开始就面临着自然灾害和意外事故的侵扰,在与大自然抗争的过程中,古代人们就萌生了对付灾害事故的保险思想和原始形态的保险方法。公元前 2500 年前后,古巴比伦王国国王命令僧侣、法官、村长等收取税款,作为救济火灾的资金。公元前 916 年,在地中海的罗德岛上,国王为了保证海上贸易的正常进行,制定了罗地安海商法,规定某位货主遭受损失,由包括船主、所有该船货物的货主在内的受益人共同分担。保险从萌芽时期的互助形式逐渐升格为冒险借贷、海上保险、火灾保险、人寿保险和其他保险,并最终进化为现代保险。而网络保险则是互联网出现之后才发展起来的。

1. 美国网络保险发展概况

美国是发展网络保险最早的国家,由于在网络技术方面的领先地位和优越的市场经济环境,在 20 世纪 90 年代中期就开始出现网络保险。目前,美国的网络保险业在全球业务量最大、涉及范围最广、客户数量最多且技术水平最高,几乎所有的保险公司都建立了自己的网站,在网站上为客户提供全面的保险市场和保险产品信息,并可以针对客户独特需要进行保险方案内容设计,运用信息技术提供人性化产品购买流程。在网络服务内容上,涉及信息咨询、询价谈判、交易、解决争议、赔付等;在保险品种上,包括健康、医疗人寿、汽车、财险等。美国网络保险业务主要包括代理模式和网上直销模式,这两种模式都是独立网络公司通过与保险公司进行一定范围的合作而介入网络保险市场。二者有一定的区别,代理模式主要是通过和保险公司形成紧密合作关系,实现网络保险交易并获得规模经济效益,优点在于其庞大的网络辐射能力,可以获得大批潜在客户;相比之下,网上直销模式更有助于提升企业的形象效益,能够帮助保险公司开拓新的营销渠道和客户服务方式。除代理模式和直销模式这两种主流网络保险运营模式外,美国市场上还出现了纯粹进行网上保险销售的公司,是 100% 通过互联网向客户提供从报价到赔偿服务的公司。

2. 欧洲网络保险发展概况

在欧洲,网络保险发展速度非常迅猛。1996 年,全球最大保险集团之一的法国安盛在德国试行网上直销。1997 年,意大利 KAS 保险公司建立了一个网络保险销售服务系统,在网上提供最新报价、信息咨询和网上投保服务。英国保险公司的网络保险产品不仅局限于汽车保险,而且包括借助互联网营销的意外伤害、健康、家庭财产等一系列个人保险产品。近十几年,网络保险在英国发展迅速,英国保险市场的互联网革新经历了一个极有代表性的发展路径。另外,网络保险在德国的发展速度也是很迅速的,德国非常重视网络保险的商业模式创新,率先开发出一种新 P2P 保险模式,具有防止骗赔、节约销售和管理费用以及方便小额索赔等优势。

3. 日本、韩国网络保险发展概况

1999 年 7 月,日本某网络保险公司,是一家完全通过互联网推销保险业务的保险公司,主要服务于 40 岁以下客户。1999 年 9 月,日本索尼损害保险公司开通电话及网络销售汽车保险业务。在多种因素的综合作用下,2008 年出现了一些以互联网为主要销售渠道的人寿保险公司。2008 年 5 月,LifeNet 保险同印度国家银行安盛人寿保险(现在的 Nextia 人寿保险)合作,开始销售日本的第一份在线人寿保险产品。自此,在线人寿保险公司的市场份额在日本人寿保险市场中稳步增长。

在韩国,通过互联网销售保险的经营模式仍处于成长初期。各家保险公司对网销兴趣正浓,许多保险公司均开始推广网销业务,其网销的基本流程非常简单,即网站标题或广告引流—在线报价—核保—承保完成。

4. 中国网络保险发展概况

中国香港地区保险业中,保柏公司是最早利用互联网推动保险销售的,其次是保诚公司和蓝十字公司。在中国台湾地区,互联网保险的发展趋势日益强劲。依据中国台湾地区"金融监督管理委员会"规定,在寿险产品中,旅游平安险、伤害险、传统型定期寿险、传统型年金险等均可采用网络投保。但依规定,民众必须有电子凭证才可以在网络上投保。随着智能手机的日益普及,保险行业积极推出云端服务。中国台湾地区的寿险公司开始考虑开展数字化投保,例如手机投保等。

1929 年 11 月 20 日,太平保险有限公司在上海成立,并在中国和东南亚地区设立了多家分机构,成为当时我国保险市场上一家实力雄厚的民族保险公司。1958 年 12 月,国内保险业务停办,直到 1979 年 11 月开始复业。我国网络保险的发展也是在互联网民用化之后开始的,基本可以分为四个阶段,如图 5-17 所示。

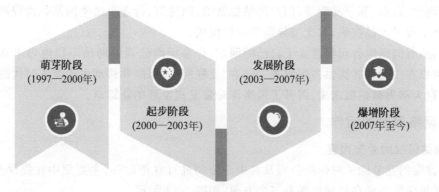

图 5-17　网络保险的发展阶段

（1）萌芽阶段（1997—2000 年）

1997 年底,中国保险学会和北京维信投资股份有限公司成立了我国第一家保险网站——中国保险网。同年 12 月,新华人寿保险公司促成的国内第一份互联网保险单,标志着我国保险业迈进与互联网融合的大门。

（2）起步阶段（2000—2003 年）

2000 年是我国网络保险发展史上极为重要的一年,国内保险公司纷纷建立自己的公司网站。8 月 1 日,国内首家集证券、保险、银行及个人理财等业务于一体的个人综合理财服务网站——平安公司的 PA18 正式亮相,其强有力的个性化功能开创了国内先河。8 月 6 日,中国太平洋保险公司成立国内第一家连接全国、连接全球的保险互联网系统。9 月 22 日,泰康人寿保险股份有限公司独家投资建设的大型保险电子商务网站——"泰康在线"全面开通,这是国内第一家由寿险公司投资建设的、真正实现在线投保的网站,也是国内首家通过保险类 CA（电子商务认证授权机构）认证的网站。外资保险公司也紧随其后。同年 9 月,友邦保险上海分公司网站开通,通过互联网为客户提供保险的售前咨询和售后服务。然而,随着 2000 年全球互联网泡沫的破灭,网络保险在经历了一波冲浪式的竞赛后便偃旗息鼓了。

（3）发展阶段（2003—2007 年）

2003 年之后,随着国内互联网环境的好转、网购热潮的兴起、安全第三方支付的出现与法律制度的逐渐完善,网络保险再度兴起。与 2000 年前后的触网狂潮相比,此后的网络保险建设更显平缓与稳重。2003 年,中国太平洋保险开始支付航空意外、交通意外、任我游（自助式）等三款保险在线投保。2004 年 4 月,"泰康在线"在网上主推的产品就包括亿顺四款旅行保险、亿顺两款综合意外保险。2005 年 4 月 1 日,《电子签名法》正式实施,为电子保单技术的有效运行提供了一定的法律依据,大大推动了电子商务的发展。从 2006 年开始,以太平洋保险、泰康人寿、中国人寿保险为代表的保险公司纷纷对自身的官网进行改版升级,从产品线、支付与承保优化的角度,对保险产品在线购买进行了有效改善。与此同时,网上超市建设也加快了步伐。2006 年,买保险网以"互联网保险超市"概念上线运营,采用了"网络直销＋电话服务"的保险营销模式。

（4）爆增阶段（2007 年至今）

我国网络保险在 2007 年迈入高速发展时期。从行业进入角度看,目前已经有保险公司如中国人民保险公司、平安保险公司、泰康保险公司等,保险专业中介如中民网、慧择网等,互联网企业如淘宝、京东、苏宁易购等,门户网站如新浪、网易等,行业聚集类网站如携程网、磨房网等,另外还出现了产品搜索、对比与导购型发展模式。

目前,所有的保险公司都建立了自己的网站,许多保险公司的网站不仅内容丰富、更新及时,而且可以在线为顾客提供多项服务。随着"互联网+"保险和移动电子商务时代的到来,保险行业的巨大潜力被挖掘出来,揭开了网络保险爆发式发展的新篇章。

5.3.3 网络保险的运作

1. 网络保险的业务内容

网络保险的业务除了对保险公司及其中介公司进行宣传以外,主要集中在提供在线分析服务、在线投保服务和在线理赔服务三个方面,如图 5-18 所示。

在线分析服务　　　　　在线投保服务　　　　　在线理赔服务

图 5-18　网络保险的业务内容

(1) 在线分析服务

提供在线分析、帮助投保人选购保险产品,在网络保险站点上有专业的保险需求评估工具,投保人通过单击它,便可以轻松地获得从初步到精确、从综合到分险种的需求分析。在此基础上,投保人可自行比较、选购各种保险产品或套餐,也可简单描述个人情况,用保险需求评估工具为其分析,量身定制投保方案,从而使客户全面享受个性化服务。

(2) 在线投保服务

在投保人选定需要购买的保险产品之后,网络保险站点可提供在线投保服务,即为投保人提供通过网络完成在线购买申请、在线核保、在线支付保险费用和在线获取保单等服务。

(3) 在线理赔服务

在线理赔服务不仅提供理赔作业流程、注意事项的争议解决办法以及查询理赔所需单证和出险联系电话地址等服务,而且还提供方便快捷的网络报案服务系统,及时反馈客户投诉,并提供划拨赔款到客户指定账户的服务。

除这三项必不可少的业务之外,网络保险站点还提供在线交流服务,让投保人可以就任何有关保险的问题向保险专家请教并得到及时解答,且就相关问题征求投保人的意见和建议。作为一个好的网络保险站点,还应提供到其他相关网站的链接。这不仅有助于客户获取丰富的保险信息,也便于客户"货比三家",从而坚定其购买保险产品的决心。

2. 网络保险的业务模式

网络保险的业务模式一般有保险公司官网销售模式、保险超市销售模式、门户网站保险频道销售模式、网络金融超市模式、第三方平台销售模式和纯网络保险模式等,如图 5-19 所示。这些是传统的网络保险业务模式,随着网络金融创新活动的深入,萌生了更多的网络金融创新模式。

(1) 保险公司官网销售模式

保险公司官网属于 B2C 模式,一般是指保险公司自己开发建立的保险网上销售平台,通

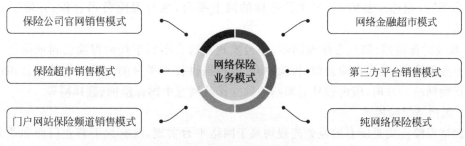

图 5-19　网络保险的业务模式

常被称为"保险网上商城"。保险官网拥有独立的域名,作为向用户销售保险产品的专业渠道,与保险公司的企业主页往往有区别(部分公司甚至域名都不同)。保险官网是保险公司"触网"的最基本形态,也是国内保险公司利用网络渠道拓宽业务的有效方式。保险官网主要用于推广自家公司的险种,是保险公司直接面对终端消费者的销售模式,属于保险业务直销模式的延伸,是保险公司继直销、代理后的第三种渠道,其功能与一般的电子商务网站区别不大。这类网站有中国平安保险商城、泰康在线、华泰保险、新华保险等。

(2) 保险超市销售模式

所谓网上保险超市就是在一个大型的保险电子商务网站里,提供了众多保险公司的产品,并给出真实透明的条款和价格信息,消费者可上网轻松进行搜索和比较,并根据个人需求自主选择适合的保险产品及服务。这种保险超市的优势是可容纳大多数的保险企业,消费者可从中"货比三家";不足之处在于信息过于繁杂。这类网站有向日葵保险网(https://www.xiangrikui.com/)、中国保险网等。

(3) 门户网站保险频道销售模式

专业财经网站或综合门户网站开辟的保险频道,其目的在于满足消费群的保险需求。例如,专业财经网站和讯网(和讯网保险频道)、金融界等在专业领域内都是具有很大影响力的,吸引了众多用户的关注;像搜狐网(搜狐保险频道)、新浪网(新浪财经保险频道)这样的门户网站,在栏目设置上可谓种类齐全,保险频道正是它们为增加网上财经内容而开设的。

(4) 网络金融超市模式

网络金融超市最大的特点在于它不仅提供网络保险和相关产品信息,还提供与网络保险交易相关的其他在线金融业务,包括储蓄、信贷、结算、投资及其他相关的风险交易、风险拍卖等多种功能的"一条龙"服务。网络金融交易市场的建立,需要立足金融行业、依托于互联网,需要银行、基金公司、保险公司等各方的合作。在该市场中存在一条比较完整的金融行业链,客户可以在市场内完成一站式购物,从资讯获得、信息分析到购买决策的确定、付款,再到理财产品的售后反馈等。

(5) 第三方平台销售模式

目前,保险业内将与门户网站、电商平台、网络公司的合作等统归为与第三方平台的合作,一般合作模式为支付技术服务费,在具体的理财活动专场等并不另外支付费用,只是应第三方平台要求提供产品。采用的第三方平台一般有电商平台和独立的保险网。

① 电商平台的保险销售模式。这种模式一般都是利用社会上影响力较大的专业电子商务平台进行的保险产品网销行为。淘宝网以其巨大的社会影响力成为保险公司最早进

驻的电商平台,而苏宁易购、京东商城这样的网上平台,也与保险公司合作,开辟了专门的保险频道。

② 独立的保险网(第三方保险网站)平台模式。这是不属于任何保险公司或附属于门户网站的专业保险网,是为保险公司、保险中介、客户提供技术平台的专业网络技术公司建立的垂直型保险网站。目前,国内较具有影响的独立保险网有中国保险网、慧择网等。

(6) 纯网络保险模式

纯网络保险模式是所有的业务流程均基于网络平台实现,没有线下营业门面和业务人员的一种网络保险运营模式。从本质上看,网络保险作为传统保险公司的一种渠道创新,用网络思维模式的创新,颠覆了传统保险的格局,但不管具体操作中的模式有何变化,总体上还是O2O的运作模式,而真正能够通过网络平台进行运营且不需依托传统业务渠道的保险模式,直到众安在线财产保险股份有限公司的诞生,才终于有了结果。于是,这种模式也被市场人士归入创新行列而被命名为"互联网保险",从而身价倍增。

众安保险是国内首家纯网络保险公司。"众安"两字体现了保险"人人为我,我为人人"的内涵。它的一大特色是,除注册地上海之外,全国均不设任何分支机构,完全通过网络进行销售和理赔服务,如图 5-20 所示。这是中国保险业在网络金融创新上的一次"破冰"。

图 5-20　众安保险

3. 网络保险系统

网络保险并不能改变保险公司的展业、承保、核保、理赔等基本业务流程,所改变的只是这些基本业务流程的处理方式。具体来说,由于信息交流效率的提高,许多原来由人工处理的业务,被通过网络连接起来的计算机自动完成。因此,传统保险公司实施向网络保险经营管理模式战略转移的关键在于充分地利用信息技术建设一个网络保险系统,如图 5-21 所示。

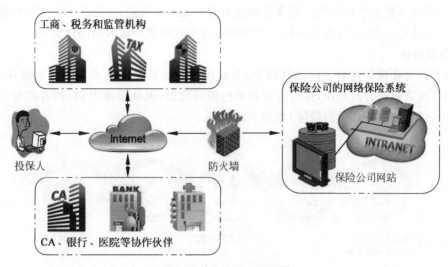

图 5-21　网络保险系统结构

（1）在展业方面

通过精心设计的保险公司的网站,客户可以充分地了解到保险产品和服务的信息,并做出投保决策。

（2）在理赔方面

保险事故发生后,可以直接通过网站向保险公司提出赔偿要求,这使得传统的保险代理人和经纪人角色归于消失。

（3）在核保方面

保险公司与医院系统实现计算机联网,就能够及时地通过互联网了解到被保险人的既往病史,提高了核保工作的效率。

（4）在承保方面

保险公司与网络银行和 CA（认证中心）实现计算机联网,能够更为方便、快捷地进行网上支付,降低了相应的运营管理成本。另外,与工商、税务和保险监管机构的信息交流,同样可以通过互联网来完成,提高了相关工作的效率;与监管机构的密切联系还有助于保险公司经营风险的监控。

5.4　网络期货

5.4.1　期货交易的基本概念

1. 期货概念

期货,英文名是 Futures。与现货完全不同,现货是实实在在可以交易的货（商品）,期货主要不是货,而是以某种大众产品（如棉花、大豆、石油等）或金融资产（如股票、债券等）为标准化可交易合约。因此,这个标的物可以是某种商品（例如黄金、原油、农产品）,也可以是金融工具。

比如,某人在芝加哥交易所买入一份七月份到期的大豆合约,每蒲式耳（1 蒲式耳等于27.216 千克）价格为 6.22 美元,按这份合约的规定,交割的品种是 2 号大豆,数量为 5000 蒲式耳,交割地点为指定的仓库,交割时间为七月份的最后一个营业日。

所以,期货一般指期货合约。期货合约是由期货交易所制定,并经政府有关部门批准的标准化的、受法律约束的、在将来某一特定时间和地点交收的某一标的物的协议书。

2. 期货特征

期货合约是在现货远期合同的基础上,为解决现货远期合同的某些不足而发展起来的。期货合约与现货远期合同相比,尽管存在着某些相同之处,但从根本上讲,两者存在着很大区别,期货的特征(即期货合约的特征)如图 5-22 所示。

图 5-22　期货合约的特征

1) 由交易所制订、在交易所交易

期货合约是由交易所制订的、在期货交易所内进行交易的合约。

2) 合约标准化

期货合约中的各项条款,如商品数量、商品质量、保证金比率、交割地点、交割方式以及交易方式等都是标准化的。合约中只有价格一项是通过市场竞价交易形成的自由价格。

期货合约的标准化是期货合约区别于现货远期合同的一个十分重要的特征。同时,它也是期货交易区别于现货远期合同交易的一个十分重要的特征。

由于期货合约是标准化合约,所以每份期货合约都包括了如图 5-23 所示的标准化基本要素。

图 5-23　期货合约的要素

(1) 标准化的交易单位

各期货交易所事先为每种商品的期货合约规定了统一的、标准的交易单位。每份期货合约的交易单位是固定不变的。各期货交易所对商品的期货合约的交易单位的规定可以不相同。

期货合约交易单位的标准化有一个好处,就是客户在委托经纪人买卖期货合约时,只需说明买卖几份某商品期货合约,而不必特别指明具体的交易数量。这大大简化了交易,并使得期货交易发展成为一种只记买卖期货合约份数的交易方式。

(2) 标准化的质量等级

各期货交易所事先为上市的商品期货合约规定了统一的、标准的商品质量等级。交易所在制定质量等级标准时,多采用国际贸易中通用的而且交易量非常大的商品的质量等级。例如我国黄豆在国际贸易中所占比例较大,所以日本名古屋粮谷砂糖交易所就以我国生产的黄豆作为该交易所黄豆质量等级的标准品。

期货合约中的质量等级,除标明有关质量技术标准外,还应标明作为期货交割商品的替代商品。替代商品一定要与作为期货交割的商品之间有相同或用途相似的使用价值。同时,期货交易所还应规定期货商品与替代商品的折算关系,包括实物单位之间的折算关系与质量差距之间的折算关系。例如,郑州商品交易所玉米期货的质量等级为国家标准二等黄玉米,替代商品一等黄玉米加价、三等黄玉米减价。

期货合约质量等级标准化的好处是,在期货交易中买卖双方无需对商品质量进行协商,期货交易所设有专门的实物商品交收检验部,专门对用来交割的实物商品进行质量等级检查鉴定,这就避免了许多交易纠纷,为交易提供了方便与保证。

(3) 最小变动价位与最大波幅限制

各期货交易所对各种期货商品的最小变动价位与最大波幅限制有明确规定。最小变动价位是指每一交易日交易时价格的最小波动幅度。在交易中,交易价格按最小变动价位的整倍数上涨或下跌。最大波动幅度限制是指每一交易日的价格涨跌的最大幅度,又称每日交易停板额。如果一个交易日内,其价格上涨超过这个限额,便宣布市场暂时闭市,即涨停板;反之,其价格跌超过这个限额,即跌停板。

每日交易停板额是期货交易所为防止价格波动过大而引起市场秩序的混乱所制定的。它有利于抑制投机过甚,保持期货市场在正常情况下进行交易。

(4) 标准化的交割地点

各期货交易所在期货合约中,为期货交易的实物交割规定了标准化的、统一的交割实物商品的仓库或场所。期货交易所指定的商品期货的交割地点,一般设在交通便利的港口、码头、车站等地。金融期货一般以固定的银行作为统一的交割地点。应注意一点,标准化场所不是专营期货的场所,也不是期货交易所的场所,而是经期货交易所认可具有一定资信能力的期货商品的交割地点。

(5) 标准化的交割月份

各期货交易所根据不同商品的自然属性、收获季节、运输状况等,事先制定了各种商品的交割月份。每份期货合约中,同一商品的交割月份是固定的,一般规定有几个交割月份,有的规定全年每个月份都可以交割,由交易者自由选择。

(6) 标准化的交易时间

各期货交易所根据自身情况,在期货合约中事先规定了各类期货商品交易的具体时间。

(7) 标准化的最后交易日

各期货交易所对不同商品的最后交易日,事先都有明确规定。期货合约的最后交易日是指本月到期合约可以买卖平仓的最后一天。过了最后交易日,持仓的买卖双方应进行实物交割。

总之,期货交易所为期货合约制定了标准化的数量、质量、交割地点、交割时间等内容,交易者在交易时除了选择交割月份外,期货合约中的唯一变量只剩下交易时形成的价格。

3) 实物交割率低

期货合约的了结并不一定必须履行实际交货的义务。买卖期货合约者在规定的交割日期前任何时候都可通过数量相同、方向相反的交易将持有的合约相互抵消,无须再履行实际交货的义务。因此,期货交易中实物交割量占交易量的比重很小,一般小于 5%。

4）实行保证金制度

交易者不需付出与合约金额相等的全额货款，只需付 3％～15％的履约保证金即可。

5）结算交割和履约担保制度

期货交易所为交易双方提供结算交割服务和履约担保，实行严格的结算交割制度，违约的风险很小。

3. 期货商品

1）期货商品的条件

期货商品是指期货合约中所载的商品。并非所有的商品都能够作为期货商品进行交易，进入期货市场的期货交易品种，必须具备以下 4 个条件，如图 5-24 所示。

（1）交易量大，价格易波动

期货商品的必备条件是价格涨跌波动幅度大。价格涨跌幅度大，一方面使商品生产者、经营者、消费者三方面的利益易受到损失，需要采用期货交易来转移价格风险；另一方

图 5-24   期货商品的条件

面，有了价差就可能有赚头，可吸引众多合法投机者来承担价格风险。因此，那些供求量小、价格波动不大的商品，就不宜作为期货商品。

（2）可储存，宜运输

作为期货商品必须是能够储存一段时间并适宜运输的品种。由于期货交易的交割期最短为一个月，最长可达一年以上，这就要求期货商品必须能够长期保存、不会变质。同时，由于期货的交割地点是统一指定、相对集中的，这就要求期货商品适宜运输、损耗较小。难以储存、易腐烂变质的商品不宜作期货商品。

（3）品质等级容易划分

由于期货合约是标准化的，所以期货商品必须是那些质量、等级、规格等比较容易划分的品种。只有品质等级容易划分的商品，才能进入期货市场，经过多次转手买卖，顺利实现最后交割。那些品质等级不易划分且容易引起交易纠纷的商品不宜作为期货商品。

（4）拥有众多的买主和卖主

进入期货市场的期货商品，必须是拥有众多买主和卖主的品种，这样才能通过商品把众多买主和卖主都集中到一个公开竞争的期货市场上，经过公开竞价，把众多影响供求的因素汇聚成一个权威的期货价格。若某一商品容易被少数几个买方或卖方垄断，其价格必然被操纵，也就容易形成垄断价格，像这样的商品不宜作为期货商品。

2）期货商品的种类

尽管期货商品的条件比较严格，有时近乎苛刻，但符合条件的期货商品仍不断增加。大体来说，期货商品可以分为两大类：一类是商品期货，另一类是金融期货，如图 5-25 所示。

（1）商品期货

商品期货是未来时期交割一定数量实物或货物商品的标准化合约。从发展阶段来看，最早出现的是商品期货。19 世纪末，期货交易从农产品期货开始。商品期货主要有农产品期货、金属期货、能源期货等。随着商品交换的发展，商品期货的品种日渐增多。

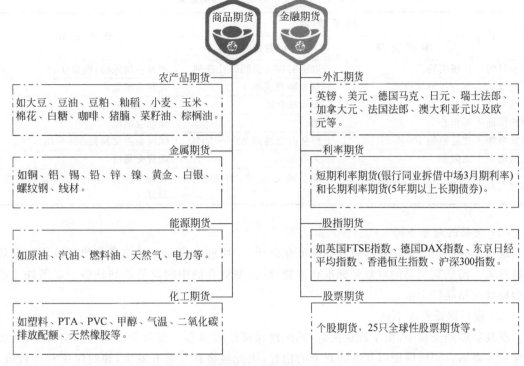

图 5-25　期货的分类

（2）金融期货

金融期货是未来时期交割一定数量外汇或信用凭证的标准化合约。金融期货于 20 世纪 70 年代问世。虽然出现时间不算长，但发展十分迅速，很快就形成了金融期货后来居上、商品期货退居次席的格局。金融期货的品种按其产生的先后顺序，大体可分为三类，即外汇期货、利率期货和股票指数期货。

4. 期货交易

1）期货交易的含义

期货交易是在期货交易所内买卖标准化期货合约的交易。一般情况下，期货交易不转移货物的实体，只转移商品所有权及与所有权有关的因商品价格波动而带来的风险。期货交易的合约内容，在数量、质量、交货时限和地点都是既定的，唯一的变量是价格。期货交易有固定的交易场所，在场内的交易才有效。

2）期货交易与现货交易的异同

期货交易与现货交易虽然都是一种交易方式，都是真正意义上的买卖，都会涉及商品所有权的转移等，但期货交易与现货交易相比，两者之间存在着根本性的区别，见表 5-5 所示。

（1）交易的目的不同

现货交易者的目的是取得实物以满足买卖双方的需求。而期货交易者的目的有两类，一类是回避价格风险，另一类是为获取价差盈利。

（2）交易的方式不同

现货交易主要采用买卖双方一对一谈判，通过讨价还价，就价格、交货期、品质、付款条件等协商而定。期货交易是众多的买主和卖主通过公开、公平竞价，利用电脑撮合进行交易的，买卖双方无须面对面商谈。

表 5-5　期货交易与现货交易的区别

项　目	现货交易		期货交易
	即期交易	远期合同交易	
交易目的	取得实物	取得实物或合同转让获利	回避价格风险,投资获利
交易方式	双方讨价还价	双方协商或拍卖	公开公平竞价
交易对象	商品本身	非标准合同	标准化期货合约
履约保证	不担心	担心	保证金制度
付款金额	交易额的 100%	押金占交易额 20%～30%	保证金占交易额 5%～18%
交易场所	无限制	无限制	期货交易所
实物交割	钱货两清、实物交割 100%	现在确定价格,将来交割实物	实物交割占 3%～5%,有固定交割方式

（3）交易的对象不同

现货交易的对象是商品本身或非标准化合同,一切进入流通领域的商品均可以作为现货交易对象。而期货交易的对象是标准化期货合约,期货合约中的商品必须具备一定条件才能作为期货商品品种上市。

（4）履行保证程度不同

在现货即期交易中,由于钱货两清,其履约保证比较可靠。在现货远期合同交易中,其履约保证主要靠合同法保证以及签约双方的信誉,因此经济纠纷时有发生,履约保证程度较低。期货交易履约靠保证金制度,交易者只与结算机构结算,不承担履约风险。

（5）付款金额的比例不同

一般地讲,现货即期交易需按交易额支付,远期合同交易支付押金一般占交易额的 20%～30%。而期货交易支付保证金仅占交易额的 5%～18%,使期货交易具有"以小博大"的杠杆作用。

（6）交易场所不同

现货交易的场所不受限制,可自由选择。而期货交易必须在固定的期货交易所内集中进行,场外的期货交易无效。

（7）实物交割方式不同

现货即期交易是一手交钱一手交货,全部交割;现货远期合同交易是现在确定价格,将来全部交割。而期货交易的实物交割仅占全部交易的不到 5%,绝大部分实行对冲平仓。

3）期货交易与股票交易的异同

期货交易与股票交易都是一项金融活动,都是以资本运作为目的,一般都不涉及实物的交割。但期货交易与股票交易还是有异同的,见表 5-6 所示。

表 5-6　期货交易与股票交易的基本区别

项　目	期 货 市 场	证 券 市 场
交易目的	规避风险、套期保值	为企业提供融资渠道
交易对象	期货合约	上市公司股票
标的物	大宗商品、金融产品	上市公司
占用资金	只需标的物价值 5%～10% 的保证金	需占用股票价值 100% 的资金
交易特点	有做空机制和 T＋0 机制	没有做空机制和 T＋0 机制(中国)
风险特征	风险大	风险相对小
持有时间	合约到期日	上市公司终止,股票退市

① 买卖股票及期货,都有赚钱的机会,但也都有亏本的风险。

② 从投资金额来讲,期货应投资者的实力和兴趣可多可少,股票也是可多可少。

③ 从投资报酬(按投资金额计算)而言,期货交易由于其保证金的杠杆原理,可以放大得利,四两拨千斤,以小博大,收益一般要比股票更高,但风险也相对较大。

④ 从资金灵活性来说,期货使用保证金制度,只需付出合约总值的百分之十以下的本钱;买股票则必须 100% 投入资金,要融资就需付出利息代价。

5. 期货交易市场

期货市场是相对于现货市场而言的。现货市场是买卖实货商品的场所,期货市场是买卖标准化期货合约的场所。期货市场与现货市场相比,具有以下基本特征。

(1) 期货市场是有组织的规范化市场

广义的期货市场是指所有期货交易关系的总和。它包括期货交易所、期货结算所、期货经纪公司和交易人。而狭义的期货市场就指期货交易所。期货交易所是整个期货市场的核心,它为期货交易制定了固定的交易程序和严格的交易规则。无论是成交方式、结算过程、合约转让、风险处理和实物交割,都必须服从法律和严格的规则,从而使得期货市场成为一个有组织的规范化市场。

期货交易所实行会员制,一般参加期货交易者必须是会员单位,非会员单位只能委托会员单位在交易所内进行交易。也就是说,并不是任何人都可以在期货市场内直接做期货生意的。期货交易应在交易所内进行,一般不允许进行场外交易。可见,期货市场与现货市场相比,对其入市的主体有严格的限制。

(2) 期货市场的交易对象是标准化期货合约

现货市场的交易对象是实货商品,交易中卖方必须实实在在地向买方转移货物(没有对冲)。期货市场的交易对象是期货合约,而不是实际货物;交割时不一定进行实物交换,可以进行对冲。随着现代期货市场的发展,期货市场上进行的主要是“见钱不见货”的交易,最后进行实物交割的比例越来越小。由于期货市场上的交易对象是标准化的期货合约,所以期货合约上所载的商品具有特殊性,许多适宜现货交易的商品,并不一定适宜进行期货交易。可见,期货市场与现货市场相比,对其入市的客体(期货商品)要求具有一定的条件,不是所有商品都适宜进入期货市场。

(3) 期货市场是高度流动性的市场

期货市场与现货市场相比,具有高度流动性的特征,具体表现在以下三个方面。

① 期货合约是标准化合约,唯一变量是价格。因此,买卖双方能够很方便地进行期货交易。

② 期货交易所为期货交易汇聚了众多买方和卖方,为交易提供担保,既使得交易者寻找成交对象很容易,又使得交易者不必担心交易的安全性而放心大胆地买卖期货合约。由于场所集中和公开公平竞价,使得期货交易活动频繁。

③ 在期货市场上由于存在套期保值者与期货投机者,绝大多数期货交易是以合约对冲方式来终结的,而真正进行实物交割的寥寥无几,这就增大了市场的流动性。总之,期货市场有其自身的基本特征。期货市场和现货市场都是构成市场体系的重要组成部分,它们相互联系、相互协调、相互促进。期货市场是以现货市场为基础的,没有现货市场的发展与成熟,就没有期货市场的产生和发展。期货市场的建立与现货市场相互协调,使市场功能更为完善、市场体系更为健全、市场机制运行更为顺畅。

6. 网络期货

网络期货是一个新兴的事物,最早起源于 20 世纪 90 年代初的美国,而我国则是在 1999 年底至 2000 年初才开始发展的。网络期货是指投资者在互联网上进行的各种期货交易活动的总称。网络期货交易主要是指各种期货的网络交易,包括商品期货、股指期货、利率期货、货币期货等。

随着网络和通信技术的发展,期货市场的竞争越来越激烈。为了在竞争中获得更多的客户资源,期货经纪公司充分利用互联网和期货交易系统,为投资者提供尽可能多的期货交易所的及时报价、金融信息、市场行情等服务。目前,投资者可以在互联网上进行期货交易的委托、成交和清算等过程。网络期货交易极大地便利了投资者、降低了交易成本。

5.4.2 期货交易的程序

1. 期货交易的组织结构

期货交易的组织结构基本上是由三大部分组成:期货交易所、期货结算所、期货经纪公司。

1) 期货交易所

期货交易所是进行期货合约买卖的场所,是期货市场运行的核心。但期货交易所本身不参加期货交易,也不拥有任何期货商品。期货交易所只是为期货交易提供组织机构和实物设施,制定并执行确保期货交易顺利进行的规章制度,搜集和分发市场资料,创造高度竞争的市场环境,使期货交易能够公平地、连续地、活跃地进行。

(1) 期货交易所的作用

期货交易所虽然本身不参加期货交易,但是对于维持期货市场秩序,使期货交易健康和正常地开展具有十分重要的作用,主要表现在以下方面。

① 集中交易的作用。期货交易所为期货交易提供场所,这个场所必须适合集中交易的需要,最主要的是要有一个交易大厅。交易大厅内部的主要设施包括若干个交易池、报价板和其他信息显示板。

② 信息传递作用。期货交易所是一个强大的信息传输系统或网络。期货交易所报告价格、传递信息,依赖于高度现代化的通信手段,尤其是电子通信手段。同时,交易所还在电子显示板上列出其他交易所上市的商品期货价格,以及从各大通讯社、商品交易所、证券交易所传出的有关金融、贸易、商品的最新市场信息。为便于进行农产品期货交易,交易所还有大幅地图显示有关农业主要产区的气候、上市商品的现货价格、商品储运等情况。

③ 公平交易的作用。期货交易所是一个充分体现公开、公平、公正(简称"三公原则")和高度竞争化的市场。为了保证期货交易的有序进行,期货交易所制定了一整套严格的规章制度和交易程序。交易所的会员或会员公司必须严格遵照执行,如有违反交易规则的行为,轻则罚款、暂停交易,重则开除、直至追究法律责任。

为了真正体现公平竞争、反垄断,保证期货交易的顺利进行,期货交易所还设有专门机构(如交易行为管理委员会、仲裁委员会等部门)对期货交易进行监督、管理、协调,从而有效地实行了期货交易所的自我管理。

④ 结算、保证作用。期货交易所不仅负责进行期货交易,大部分国家或地区的期货交易所本身还设有结算部、结算所或结算公司,有严格的保证金制度和结算制度,负责进行交易结算、监督实物或现金交割、对冲平仓,为会员提供履行合约及财务责任的担保,从而保证期货交

易所财务上的健全性,减少了期货交易中的风险性。

⑤ 期货合约的创新作用。期货交易的流动性、高效率和蓬勃发展,除了期货合约的标准化和期货交易的规范化、制度化之外,还需要不断更新期货商品,推出新的期货合约,并且进行推广宣传和经常性的人员培训,从而不断扩大期货交易在整个经济领域中的影响力。

(2) 期货交易所的规章制度

期货交易所的正常运作是靠一套严密的规章制度来维系的。在期货交易的长期实践基础上,各种规章制度不断完善,逐渐形成了比较完整的体系。各国或各地区的不同交易所,可能在具体的规则中有所不同,但就一般而言,期货交易所的规章制度主要包括以下内容。

① 会员制度。会员制度包括交易所会员制和结算所会员制。

② 保证金制度。保证金制度是指按期货交易所规定,期货交易的参与者在进行期货交易时必须存入一定数额的履约保证金。履约保证金是用来作为确保买卖双方履约的一种财力担保,即如果买卖双方在合约到期时,不能将手中的期货部位平仓了结的话,他们就必须按合约的规定进行商品的实物交收。

期货交易所之所以能为在期货交易所内达成的期货合约交易提供担保,就是因为要求所有能进场进行期货交易的会员必须交纳履约保证金。履约保证金的额度由交易所制定,通常为合约总值的 3%～15%。保证金水平受市场交易风险大小的影响,在价格波动较大的期货市场中通常要支付较多的保证金,而在价格波动较小的期货市场中所交付的保证金就较少。

③ 无负债制度。所谓无负债制度,是指每个交易日结束之后,结算所先计算出当日各种商品期货合约的结算价格,然后再根据结算价格,核算出由结算所会员转来的当日每一笔交易的交易双方的盈亏,借以调整结算所会员的保证金账户,将盈余记入账户的贷方,将亏损记入账户的借方。若出现保证金账户上贷方金额低于维持保证金水平,结算所就通知该结算所会员在限期内缴纳追加保证金,达到最初保证金水平;否则,就不能参加下一交易日的交易。这个方法又叫"逐日盯"。

④ 价格制度。期货交易所形成的价格是典型的竞争性价格。在交易过程中,无论买者或卖者都以公开的方式进行竞价,使每一个买者都面对所有的卖者,使每一个卖者都面对所有的买者,实行公开、公平、公正的竞争。期货交易所的价格报告制度有公开叫价制和集体拍板定价制两种。

⑤ 计算机自动撮合配对成交制。客户下达交易指令后,立即传入交易所的交易系统,通过自由报价,公开集中竞价,按照价格优先、时间优先的原则,由计算机系统自动配对成交。

⑥ 价格报告制。价格报告制度是指在交易过程中,随时将交易价格准确无误地、连续地记录下来,及时准确地把在交易所内形成的交易价格和交易向交易所会员通报并公布于众,以保证交易者都能够平等地获取信息,防止由于少数人截留信息进行不正当的期货交易而造成的期货市场价格扭曲,影响期货市场价格发现机制的权威性。

另外,还有对经纪人行为的相关规定,本书不一一赘述。

2) 期货结算所

期货结算所又称票据交换所或商品清算所,是期货市场的一个十分重要的组成部分。它主要负责期货合约的结算,并承担保证每笔交易的清算和保证期货合约购买者能最终拥有其所需的商品的担保责任。

(1) 期货结算所的作用

① 结算的作用。这是期货结算所最主要的作用。期货交易成交之后,所有的交易信息都

汇集到结算所,结算所负责结算交易账户,清算交易,核收保证金并使其维持在交易所规定的最低水平上。这样,既可以及时、准确地对当天的期货交易进行结算,又可以确保次日期货交易的顺利进行。

② 保证的作用。结算所扮演的角色是中介人或"第三者":对于买方来说,结算所是卖方;对于卖方来说,结算所是买方。同时,结算所是期货交易的最终保证人。在期货交易过程中,由于拥有众多的买者与卖者,买卖双方无法、也没有必要直接见面。如果期货合约的买卖双方当中的一方陷于破产或倒闭,结算所负有期货最终履行合约的责任,以确保期货合约持有者的另一方的合法权益,确保期货交易的正常进行。

③ 监管实物或现金交割、对冲交割的作用。在期货交易中,所有其他的期货合约都以实物交割或对冲交割而告终,唯有欧洲美元、股票指数期货、市政债券等期货交易以现金交割而告终。期货交易的实物交割率很低,尽管如此,总有实物交割存在。而交割程序的制定、交割手续的办理,这类事情都由结算所负责和监管。同时,结算所还负责监管对冲交割。

④ 传递信息的作用。同期货交易所一样,期货结算所或结算公司也是一个强大的信息传输系统或网络。每天交易所收盘之后,结算所立即开始忙碌起来,各种交易数据、资料和信息源源不断传至结算所,有条不紊地在结算所进行登记、整理并及时将这些信息公布出去,以便公众及时了解市场行情,客户及时了解盈亏情况并做好交纳追加保证金的准备,从而保证期货交易连续不断地进行。

(2) 期货结算所的规章制度

期货结算所之所以能对结算所会员公司的交易提供结算的担保,除了依靠其会员良好的资信和结算所拥有的雄厚资本实力以外,更主要的是有一套严格的、完整的规章制度。在结算所内实行的规章制度一般有以下几个方面。

① 登记结算制度。登记结算制度就是每一份期货合约的成交,必须经结算所结算后才是合法的。

② 结算保证金制度。结算保证金制度就是指结算所规定每一结算所会员必须在结算所内存入资金,用以为自己或为其他非结算所会员进行结算提供担保。这笔资金称为结算保证金。结算保证金制度也称"开仓押金制度",结算保证金也称为"开仓押金"。每张期货合约的结算保证金数额由结算所决定。

③ 每日无负债制度。每日无负债制度是结算所实行的一种结算制度,用以确保各会员公司不向结算所负债。对于结算所本身来说,它每天的盈亏数额是平衡的,而且必须平衡。因为,它在结算担保过程中,在买进一份期货合约的同时,也卖出了该期货合约,成为该合约买卖双方的第三方,即担保者。

④ 最高或最多合约数量制度。该制度又称"最高或最多持仓制度""交易数量限制"等。它是为防止期货市场出现不正常的波动、保护结算所会员的利益,结算所通常对每一结算会员在一定时间内拥有期货合约的最高数量进行限制,并逐日进行审核的一项制度。

⑤ 风险处理制度。风险处理制度是指万一有结算所会员破产或不能履行合约,结算所就采取一系列相应措施,以制止事态进一步扩展。这些措施包括:立即把该会员账户上的一切期货合约平仓、转让或套现;如果采取上述措施后,该会员账户仍出现亏损,就用其开仓押金抵补;如开仓押金不足,则动用该会员的结算保证金;如结算保证金不足,则动用结算所的资金;必要时可要求全体结算会员增交保证金。

正是由于结算所采取了以上这些严格的规章制度,在现代期货交易史上,很少出现有客户违约的事例,更没有出现过结算所因结算会员破产而受牵连,以至无法履行其为每一笔期货交易进行结算担保责任的事例。

　　3)期货经纪公司

　　期货经纪公司是期货交易的桥梁和纽带,它把千万个客户与期货交易所连接起来,但经纪公司与交易所、结算所不同,它属于营利性的经济组织,佣金是其主要收入来源。由于交易所会员的名额是有限的,所以大多数期货交易人都是非交易所会员。这些众多的非交易所会员的个人或公司要做期货交易,就必须要委托经纪公司代为进行。

　　(1)期货经纪公司的作用

　　期货经纪公司的作用表现在期货交易所和客户两个方面。

　　① 对期货交易所的影响作用。由于交易所是供期货交易者进行交易的场所,而能够进入交易所直接参加期货交易的只能是该交易所会员。众多的非交易所会员若想参加期货交易,只能委托全权会员以及由其演变而来的经纪人来代为进行。

　　② 对客户的影响作用。使广大客户的期货交易活动进一步制度化和规范化。

　　(2)期货经纪公司的规章制度

　　经纪公司作为交易所与客户的中介人,它的行为是否规范合法,直接关系到客户自身经济利益能否得到保障、期货交易能否正常健康的发展。所以,各国的法律和期货交易所都为经纪公司的成立和运行制定了明确、严格的规章制度,具体包括以下制度。

　　① 登记注册制度。

　　② 保证金制度。

　　③ 追加保证金制度。

　　④ 账户分立制度。

　　⑤ 财务报告制度。

　　⑥ 佣金制度。

　　⑦ 交易记录存档制度。

　　⑧ 防欺诈制度。

2. 期货交易的一般流程

　　客户参与期货交易的一般流程如图 5-26 所示。

图 5-26　期货交易的一般流程

　　1)开户

　　(1)选择入市途径

　　由于期货交易必须在期货交易市场中进行,所以可以直接选择网上期货交易市场的网站,也可下载期货交易系统软件(如博易大师、金牛趋势等),通过交易系统入市。

　　(2)开设期货交易账户

　　选定经纪公司(网站)之后,经纪公司就会在严格审查客户开户资格和财务状况后,帮助客户开设一个期货交易账户。

　　所谓期货交易账户是指期货交易者用于交纳履约保证金而开设的一个资金信用账户。客户在开户之前,首先必须详细阅读经纪人为客户提供的风险揭示声明书,并在一份表明已阅读而且完全理解声明内容的文件上签字,准备参加期权交易的客户还要签署另一份风险揭示声明。客户在符合上述要求并完成有关表格填写后,开立期货交易账户,存入保证金,这时就可以开始期货交易了。

（3）入市交易前的准备

完成以上工作之后,客户开始期货交易,但在入市交易之前,为确保交易的盈利目标,还应做如下准备工作。

① 掌握期货交易的有关知识。期货市场既是为保值者提供回避风险的理想场所,也是为有闲置资金的人提供投机的理想场所。由于期货市场获利和亏损的可能性并存,入市者应熟悉期货市场的基本情况,掌握期货交易的基本知识和基本技巧,了解所参与交易的商品的交易规律,正确下达交易指令,力争使自身在期货市场中处于赢家地位。

② 分析利用市场信息。在期货市场这个完全由供求法则决定的自由竞争的市场上,信息显得异常重要,谁能够及时、准确、全面地掌握市场信息,谁就能在竞争激烈的期货交易中获胜。因此,掌握有关的市场信息,是每个交易者参与期货交易的重要前提条件。交易者通过各种途径获取市场信息之后,对其加以分析利用,据此决定交易部位,做出交易决策,争取在期货市场上百战不殆。

一般在期货市场中,人们主要运用两种基本方法分析、预测价格走势,它们是基本因素分析法和技术图表分析法。

基本因素分析法的侧重点在于研究那些影响供求的各种经济因素,交易者可以运用这一方法分析综合的经济指标,进而预测价格的走势。

技术图表分析则侧重于运用各种图表和曲线对价格走势进行预测,它认为价格走势可以通过历史的价格及当前的市场价格动态,以图表形式进行预测。

③ 拟定交易计划。完成了前两步的准备工作之后,就可以着手拟定入市的交易计划了。为了将损失控制到最小,使盈利更大,就要有节制地进行交易,入市前应拟定一个交易计划,作为参加交易的行为准则。

2）下单

下单就是客户下达的指令,指定其在某一特定时间内依某些特定条件买入或卖出某一特定期货合约的一种指示,又称交易订单。常见的交易订单有以下五种。

（1）市价订单

这是最常用的一类订单。客户发出这一指令时,只指明所希望买（卖）的指定交割月份的合约张数,而不对具体成交价格做出约定,只要求在当时市场可获得的最好价格成交。此类订单容易成交,但风险较大。

（2）限价订单

它是以某特定价格买进或卖出的订单。这类订单规定,对客户的指令必须在订单规定的价格或更好的价格水平上执行。当市场价格达到其设定的价格水平时,这类订单即可成交,有时还会在与订单相比更好的价格下成交。但当客户设定的价格水平不能达到时,则订单难以成交,若成交了则由场内经纪人赔偿客户损失。

（3）止损订单

这是一种当市场价格达到某一既定水平时才予执行的指令。它一般用于对冲在手合约,分为止损卖出订单和止损买进订单两种。应用此类订单的目的有三个：保护既得的利润、设立新的立场、结束有亏损的交易部位以减少损失。

（4）停止限价订单

它是止损订单的变异形式，即对止损订单附加价格限制条件的订单。此类订单必须在发出后的某一价格水平或等这一价格水平再次重现时立即执行，如果市价未能恢复到停止限价的水平，该订单则不予执行。这种订单包括"停止性"与"限制性"两种含义。

（5）限时订单

在某一指定时间内必须执行的订单。

3）结算

期货交易制度严格规定，每一笔期货交易，只有经过交易结算所核定、结算、登记后，才能得到最终的确认，成为合法有效的期货合约。期货合约的结算是由交易所的结算机构或由独立于交易所之外的结算所进行。

4）平仓或交割

平仓是交易者通过卖出（买进）相同交割月份的期货合约来了结先前买进（卖出）的合约，或者根据期货合约规定，交收现货商品。期货交易平仓主要有三种方式：实物交割平仓、合约对冲平仓和现金结算平仓。

（1）实物交割平仓

在期货交易中，虽然利用实物交割平仓的合约很少，只占合约总数的 5%，然而正是由于期货交易的买卖双方可以进行实物交割，这一做法确保了期货价格能真实地反映出所交易商品的实际现货价格。因此可以说，实物交割平仓是期货市场存在的基础。

（2）合约对冲平仓

当期货交易者不打算履行实物交割时，可以在期货合约到期前，通过反向买卖合约进行对冲平仓。对冲平仓是期货交易最主要的结算方式。期货交易中 95% 以上的合约是通过这一方式进行了结的。对冲的期货合约必须是相同的商品期货及相同的合约张数。

（3）现金结算平仓

现金结算平仓主要用于指数期货交易中，如股票指数、市政债券指数期货合约的交割，就是以现金结算的方式了结的。其具体方法是根据最后交易日的指数市场价格，计算指数期货合约交易的盈亏，然后以现金支付形式最终了结期货合约交易。

5.4.3　期货交易的方法

1. 期货交易方法概述

（1）开仓

开仓也叫建仓，是指投资者新买入或新卖出一定数量的期货合约。

（2）平仓

平仓也叫对冲，是指期货投资者买入或者卖出与其所持仓期货合约的品种、数量及交割月份相同但交易方向相反的期货合约，以了结期货交易的行为。

（3）持仓

持仓即未平仓，是指期货投资者在开仓之后尚没有平仓的合约。

（4）交割

按交易所规定的规则和程序，履行期货合约，一方移交实物商品的所有权，一方支付等值现金。

期货合约的买方,如果将合约持有到期,那么他有义务买入期货合约对应的标的物;而期货合约的卖方,如果将合约持有到期,那么他有义务卖出期货合约对应的标的物(有些期货合约在到期时,不是进行实物交割,而是结算差价,例如股指期货到期就是按照现货指数的某个平均来对在手的期货合约进行最后结算)。当然,期货合约的交易者还可以选择在合约到期前进行反向买卖来冲销这种义务。买卖期货合约的时候,双方都需要向结算所缴纳一小笔资金作为履约担保,这笔资金叫作保证金。首次买入合约叫建立多头头寸,首次卖出合约叫建立空头头寸;然后,手头的合约要进行每日结算,即逐日盯市。

建立买卖头寸(术语叫开仓)后不必一直持有到期,在股指期货合约到期前任何时候都可以做一笔反向交易,冲销原来的头寸,这笔交易叫平仓。如第一天卖出 10 手股指期货合约,第二天又买回 10 手合约。那么,第一笔是开仓 10 手股指期货空头,第二笔是平仓 10 手股指期货空头。第二天当天又买入 20 手股指期货合约,这时变成开仓 20 手股指期货多头;然后再卖出其中的 10 手,这时叫平仓 10 手股指期货多头,还剩 10 手股指期货多头。一天交易结束后,手头没有平仓的合约叫持仓。在以上交易过程中,第一天交易后持仓是 10 手股指期货空头,第二天交易后持仓是 10 手股指期货多头。

2. 期货交易的经济功能

金融期货市场具有独特的经济功能,是现代市场经济不可缺少的组成部分,在市场经济运行过程中发挥着重要的作用,具体表现在以下两个方面。

(1) 价格发现

期货价格是参与期货交易的买卖双方对未来某一时间的商品价格的预期。期货市场遵循公开、公平、公正的“三公”原则。交易指令在高度组织化的期货交易所内撮合成交,所有期货合约的买卖都必须在期货交易所内公开竞价进行,不允许进行场外交易。同时,期货交易的参与者众多,而且他们大都熟悉某种商品行情,具有丰富的经营知识、广泛的信息渠道及一套科学的分析、预测方法,能把各自的信息、经验和方法带到市场上来,对商品供需和价格走势进行判断、分析、预测,报出自己的理想价格,与众多对手竞争。这样形成的期货价格,实际上就反映了大多数人的预测,具有权威性,能够比较真实地代表供求变动趋势,对生产经营者有较强的指导作用,有助于价格的形成。

(2) 套期保值

在金融市场中,投资者常常会面临不同的风险,如利率、汇率和证券价格的变化所引起的资产损失风险。有了期货交易后,投资者在现货市场上买进或卖出一定数量现货商品的同时,可以在期货市场上卖出或买进与现货品种相同、数量相当但方向相反的期货商品(期货合约),以一个市场的盈利来弥补另一个市场的亏损,达到套期保值、规避价格风险的目的。

3. 套期保值交易方法

自期货市场和期货交易产生后,人们真正找到了一条比较理想的转移价格风险的渠道。在期货市场上,人们可以通过套期保值交易,有效地把价格波动的风险转移出去,为自己在现货市场的买卖提供一种保值手段。

1) 套期保值的含义

套期保值是指在期货市场上买进(卖出)与现货数量相等、但交易方向相反的期货合约,以期在未来某一时间通过卖出(买进)期货合约,来补偿因现货市场价格变动所带来的风险。

从以上含义不难看出:第一,套期保值把期货交易与现货交易联系起来,两者同时并存、互相补充;第二,套期保值者可利用期货市场与现货市场同时存在,“两面下注”“反向操作”,

进而在两个市场之间建立起一种"盈亏相互冲抵"的机制；第三，套期保值者的目的和动机，是为在现货市场上的买卖交易保值，而不是期望在期货市场上赚取差价盈利。

做套期保值交易的期货交易者，一般是那些在现货市场上要买进或卖出现货的商品者，或者是那些拥有债权即将取得收益或拥有债务即将偿还的企业或个人，他们进入期货市场的目的是为了寻找一种理想的保值手段，把价格变动的风险转移到期货市场上去，这种期货交易者就是套期保值者。

> 　　1999 年的诺贝尔经济学奖得主罗伯特·蒙代尔得知，三个月后他将获得一笔用瑞士法郎支付的奖金，他的第一个反应就是当时瑞士法郎的比价正在不断下跌，他在三个月后拿到的奖金将不如现在"值钱"。于是，他立即在期货市场上发出指令，卖出瑞士法郎，买进美元，从而使他在现款方面的损失通过期货市场得到了保值。

2）套期保值的经济原理

套期保值交易之所以能取得保值的效果，是基于以下两条基本经济原理。

① 同种商品的期货价格和现货价格之间会保持基本相同的走势，要涨都涨，要跌都跌。

② 当期货合约的交割到来时，现货价格和期货价格之间会出现互相趋合的态势，即现货价格和期货价格会大致相等，此时两者之差逐渐趋近于零。

3）套期保值交易的操作原则

在做套期保值交易时，交易者必须遵循 4 操作原则；否则，所做的交易就可能起不到套期保值交易应有的效果，达不到转移价格风险的目的，如图 5-27 所示。

图 5-27　套期保值交易的操作原则

（1）交易方向相反原则

交易方向相反原则是指在做套期保值交易时，套期保值者必须同时或先后在现货市场和期货市场上采取相反的买卖行动，即进行反向操作，在两个市场上处于相反的买卖位置。

具体地说，就是在现货市场上买进现货商品的同时或前后，在期货市场上卖出该种商品的期货合约；或者，在现货市场上卖出现货商品的同时或前后，在期货市场上买进该种商品的期货合约。这一原则也称作"反向操作的原则"。

只有遵循交易方向相反的原则，交易者才能取得在一个市场上亏损的同时，在另一个市场上盈利的结果，从而才能用一个市场上的盈利去补偿另一个市场上的亏损，达到保值的目的。如果违反了交易方向相反的原则，所做的期货交易就不能称作套期保值交易，不仅达不到转移价格风险的目的，反而增加了价格风险，其结果是要么同时在两个市场上亏损，要么同时在两个市场上盈利。

（2）商品种类相同原则

商品种类相同原则是指在做套期保值交易时，所选择的期货商品必须和套期保值者将在现货市场中买进或卖出的现货商品在种类上相同。

只有商品种类相同，期货价格和现货价格之间才有可能形成密切的联系，才能在价格走势上保持大致相同的趋势。要涨都涨，要跌都跌，从而保证在两个市场上同时或前后采取反向买卖的行动取得效果。

对于不同种类的商品来说,由于影响它们各自价格的因素不同,因此各自的价格走势就不一定会相同,在某种商品的价格上涨时,另一种商品的价格可能会下跌,此时即使采取反向买卖的行动,也不能取得一个市场亏损和另一个市场必定会盈利的效果,很可能在两个市场上都出现盈利或亏损。

当然,由于期货商品具有特殊性,不是所有的商品都能进入期货市场,成为期货商品,这就使得期货商品的种类不如现货商品多,为套期保值交易带来了一些困难。为了解决这一困难,在期货交易的实践中,就推出了一种叫作"交叉套期保值交易"的做法。

所谓交叉套期保值,就是当套期保值者为其现货市场上将要买进或卖出的现货商品进行套期保值时,若无相对应的该种商品的期货合约可用,就可选择另一种与该现货商品种类不同,但在价格走势互相影响且大致相同的相关商品的期货合约来做套期保值交易。一般地,选择作为替代物的期货商品最好是该现货商品的替代商品,两种商品之间的相互替代性越强,套期保值交易的效果就会越好。

(3)商品数量相等原则

商品数量相等原则是指在做套期保值交易时,所选用的期货合约上所载的商品数量,必须与交易者将要在现货市场上买进或卖出的商品数量相等。

做套期保值交易之所以必须坚持商品数量相等的原则,是因为只有保持两个市场上的买卖商品的数量相等,才能使一个市场上的盈利额与另一个市场上的亏损额相等或最接近。当然,结束套期保值时,两个市场上盈利额或亏损额的大小,除了取决于商品数量之外,还取决于当时现货价格和期货价格之间的差额是否等于开始做套期保值时现货价格和期货价格之间的差额。

另外,由于期货合约是标准化的,每张期货合约上所载的商品数量都是由期货交易所规定了的统一标准,因而是固定不变的,但交易者在现货市场上买进卖出的商品数量却是各种各样的,这样就使得在做套期保值交易时,有时很难使所买卖的期货商品数量等于现货市场上买卖的现货商品数量,这就给做套期保值交易带来一定的困难,并在一定程度上影响交易者所做的套期保值交易的效果。在这种情况下,交易者只好调整自己在现货市场上所买卖的商品数量,以使两个市场上所买卖的商品数量保持相等。

(4)月份相同或相近原则

月份相同或相近原则是指在做套期保值交易时,所选用的期货合约的交割月份最好与交易者将来在现货市场上实际买进或卖出现货商品的时间相同或相近。

在选用期货合约时,之所以必须遵循交割月份相同或相近的原则,是因为两个市场上出现的亏损额和盈利额受两个市场上价格变动幅度的影响,只有使所选用的期货合约的交割月份和交易者决定在现货市场上实际买卖现货商品的时间相同或相近,才能使期货价格和现货价格之间的联系更加紧密,增强套期保值交易的效果,否则会影响套期保值的效果。

在选定了期货合约后,由于期货合约的交割月份是固定的,为了利用期货价格和现货价格之间的趋合性,交易者在不影响现货市场上交易的前提下,也可以调整在现货市场上具体买卖的时间,使其与期货合约的交割日期接近。

油脂厂3月份计划两个月后购进100吨大豆,当时的现货价为每吨0.22万元,5月份期货价为每吨0.23万元。该厂担心价格上涨,就买入100吨大豆期货。到了5月份,现货价果然上涨至每吨0.24万元,而期货价为每吨0.25万元。该厂于是买入现货,每吨亏损0.02万元;同时,卖出期货,每吨盈利0.02万元。两个市场的盈亏相抵,有效地锁定了成本。

4）套期保值的形式

套期保值交易主要有两种基本类型：多头套期保值和空头套期保值。

（1）多头套期保值

多头套期保值是指套期保值者先在期货市场上买进期货合约，然后在现货市场上买入现货的同时或前后，在期货市场上进行对冲，卖出原先买进的该商品的期货合约，进而为其在现货市场上买进现货的交易进行保值。多头套期保值又称买入套期保值。

当生产经营者准备在将来某月份买进现货，为防止到时现货价格上涨而造成损失，就可以做多头套期保值交易，以达到锁定成本、确保预期利润的目的。

> 某出口商，1 月 17 日签订一份 3 个月后出口 100 吨大豆的合约，价格依据签约当天的价格每吨 3100 元签订。但是 4 月 17 日交货时的现货价格不可能和 1 月 17 日成交时的现货价格完全一样，一旦现货价格上升，该笔交易的利润就会减少，甚至蚀本。出口商经权衡，决定通过套期保值交易来保值。
>
> 假设 1 手大豆＝10 吨，1 月 17 日，5 月份大豆的期价为每吨 3180 元；4 月 17 日，大豆现价为每吨 3200 元，5 月份的大豆期价为每吨 3280 元。
>
> | 日　　期 | 现货市场 | | 期货市场 | |
> | --- | --- | --- | --- | --- |
> | 1 月 17 日 | 3100 元/吨 | | 3180 元/吨 | 买入 10 手合约 |
> | 4 月 17 日 | 3200 元/吨 | 卖出 100 吨大豆 | 3280 元/吨 | 卖出 10 手合约 |
> | 结果 | 少挣 10 000 元 | | 挣 10 000 元 | |

当经营者作为卖方，已订了卖出现货商品的现货远期合同，这时他担心价格上涨，而现货远期合同中的履约价格一般是确定的，那么将无利可图，甚至可能会出现亏损。在这种情况下，他可以做买入套期保值交易。通过买入套期保值交易，可以达到回避价格风险、确保预期利润的目的。

（2）空头套期保值

所谓空头套期保值，就是在现货市场上买进而在期货市场上卖出的交易行为，其目的在于保护没有通过远期合同销售出去的商品或金融证券的存货价值，或者是为了保护预期生产或远期购买合同的价值。空头套期保值又称卖出套期保值。

生产商、加工商、出口商等担心将来在现货市场上卖出商品时价格下跌，可采用空头套期保值交易为其将来的现货商品卖出交易进行保值。通过空头套期保值交易，可以达到锁定销售、确保预期利润的目的。

> 5 月份，供销公司与橡胶轮胎厂签订 8 月份销售 100 吨天然橡胶的合同，价格按市价计算，8 月份期货价为每吨 1.25 万元。供销公司担心价格下跌，就卖出 100 吨天然橡胶期货。8 月份时，现货价跌至每吨 1.15 万元。该公司卖出现货，每吨亏损 0.1 万元；又按每吨 1.15 万元价格买进 100 吨的期货，每吨盈利 0.1 万元。两个市场的盈亏相抵，有效地防止了天然橡胶价格下跌的风险。

由于农产品的生产周期性很强，在收获季节，大批农产品同时进入现货市场，供给大于需求，往往会导致农产品价格大幅度下跌；所以，农产品生产商可以做空头套期保值。通过空头套期保值交易,达到锁定农产品销售价格、回避价格波动风险的目的。

> 6月份时,大豆现货价格为每吨3000元,某农场主对该价格很满意,但他的1000吨大豆要到9月份才能收好卖出,因此很担心届时现货价格下降、减少利润。经考虑后,决定利用大豆期货交易来防范价格下跌的风险。已知当时9月份的合约价格为每吨3050元,假设9月份大豆现价为每吨2950元,9月期价为每吨3000元。现建立套保模型,盈亏结果如下。

日　期	现 货 市 场		期 货 市 场	
6月份	3000元/吨		3050元/吨	卖出1000吨合约
9月份	2950元/吨	卖出1000吨大豆	3000元/吨	买入1000吨合约
结果	少挣50 000元		挣50 000元	

4. 期货投机交易方法

套期保值者的目的是为了转移价格风险,而避险目的的实现需要有相应的人来承担。从期货市场运行看,没有套期保值者,期货市场的存在就没有经济意义;而没有期货投机者,期货市场就无法实现转移价格风险和难以形成发现价格的两大功能。套期保值和期货投机是一个事物的两个方面,二者相辅相成、密不可分。

(1) 期货投机的含义

在期货市场上纯粹以牟取利润为目的而买卖标准化期货合约的行为,被称为期货投机。

> (a) 买空投机
>
> 某投机者判断7月份的大豆价格趋涨,于是买入10张合约(每张10吨),价格为每吨2345元。之后果然上涨到每吨2405元,于是按该价格卖出10张合约。
>
> 获利:(2405元/吨－2345元/吨)×10吨/张×10张＝6000元
>
> (b) 卖空投机
>
> 某投机者认为11月份的小麦会从目前的1300元/吨下跌,于是卖出5张合约(每张10吨)。之后小麦果然下跌至1250元/吨,于是买入5张合约。
>
> 获利:(1300元/吨－1250元/吨)×10吨/张×5张＝2500元

也就是说,期货投机是通过对市场研究,预测未来价格走势,承担价格变动风险而获取价差利润的投资行为。

(2) 期货投机的经济功能

期货投机作为期货市场中一种不可缺少的经济行为,在期货市场上发挥着重要作用,是促成市场流动的重要动力。期货投机的经济功能如图5-28所示。

① 投机行为吸纳了期货市场的价格风险,提高了市场流动性。市场流动性是指交易者能根据自己的意愿自由地进出市场,从地点、时间、交易商品合约数量上均要如此。没有大量投机行为的存在,套期保值者就难以就某一价格达成协议。不同投机者对价格变动的不同预测,弥补了这一价格差距,他们承担了价格风险。

② 投机行为吸纳价格风险的功能是套期保值和期货市场正常进行的前提条件。投机者以不同的投机行为进入市场,特别是短线交易者利用微小的价格波动,频繁买进卖出合约,增

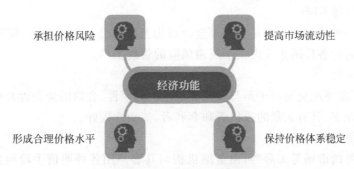

图 5-28　期货投机的经济功能

加了交易数量和交易主体人数,促成了极大的市场流动性。套期保值者在流动性很强的市场上,能容易地对冲在手合约,退出期货市场,结束套期保值行为。没有投机或投机不足的市场缺乏流动性,交易活动不频繁,套期保值者在手合约换位时就会卡壳。因此,市场流动性是套期保值顺利实现的条件之一。有了风险承担者与流动性,才能使保值者能进能出。

③ 投机行为促进了全国各地市场和全球市场一体化,提高了市场自稳能力,平抑着市场价格的波动。在一个组织完好的空多市场上,投机者密切注视着市场,一旦发现任何有利价位,他们就低价买进、高价卖出,从而消除价格之间的差异。

④ 投机行为促使信息在更大范围内迅速流动,有利于全球资源的优化配置。

（3）期货投机的种类

期货投机的方法多种多样,主要有跨期套利交易、跨市套利交易和跨商品套利交易三种。

① 跨期套利。跨期套利是指同一会员或投资者以赚取差价为目的,在同一期货品种的不同合约月份建立数量相等、方向相反的交易部位,并以对冲或交割方式结束交易的一种操作方式。跨期套利属于套期图利交易中最常用的一种,实际操作中又分为牛市套利、熊市套利和蝶市套利。

② 跨市套利。包括同一商品在国内外不同市场的套利、期现市场套利等。

③ 跨商品套利。主要是利用走势具有较高相关性的商品之间（如替代品之间、原料和下游产品之间）强弱对比关系的差异所进行的套利活动。

5.4.4　金融期货及金融期权

金融期货是指以金融工具为标的物的期货合约。金融期货作为期货交易中的一种,具有期货交易的一般特点,但与商品期货相比较,其合约标的物不是实物商品,而是传统的金融商品,如证券、货币、汇率、利率等。金融期货交易是指交易者在特定的交易所通过公开竞价方式成交,承诺在未来特定时间内,以事先约定价格买入或卖出特定数量的某种金融工具的交易方式。

目前,已经开发出来的金融期货品种主要有三大类:货币期货、利率期货、股票指数期货。

1. 货币期货

货币期货又称外汇期货,它是以汇率为标的物的期货合约,用来规避汇率风险。

目前,国际上货币期货合约交易所涉及的货币主要有美元、英镑、欧元、日元、瑞士法郎、加拿大元、澳元、新西兰元等。

货币期货交易与远期外汇交易相比,具有以下六个特点。

（1）市场参与者不同

远期外汇交易的参与者主要是银行等金融机构及跨国公司等大企业,货币期货交易则以其灵活的方式为各种各样的企业提供了规避风险的管理工具。

（2）流动性不同

一般而言,远期外汇交易由于参与者在数量上的局限性,合约的流动性较低;货币期货交易则由于参与者众多,且有大量的投机者和套利者,流动性较好。

（3）交易手段不同

远期外汇交易的市场是无形的,由金融机构与其客户用各种通信手段构建;货币期货交易则是在专门的交易所中进行的,是有形市场交易。

（4）合约的标准化程度不同

远期外汇交易的合约内容是由金融机构与客户根据其要求协商而定的;货币期货交易的合约则是标准化的合约,交易品种单位、变化幅度、涨跌停板、交割时间等项目都是事先确定的。

（5）信用风险不同

远期外汇交易双方的交易主要建立在对方信用的基础上,相对而言风险较大,货币期货交易由交易所或结算机构做担保,风险由交易所承担。

（6）履约方式不同

远期外汇交易的履约主要是外汇的全额现金交收,货币期货交易则大多采取对冲方式了结交易、一小部分采取现金交割方式。

2. 利率期货

利率期货是指以债券类证券为标的物的期货合约,它可以回避银行利率波动所引起的证券价格变动的风险。利率期货一般可分为短期利率期货和长期利率期货,前者大多以银行同业拆借市场 3 月期利率为标的物,后者大多以 5 年期以上的长期债券为标的物。

利率期货有以下特点。

① 利率期货价格与实际利率呈反方向变动,即利率越高,债券期货价格越低,利率越低,债券期货价格越高。

② 利率期货的交割方法特殊。利率期货主要采取现金交割方式,有时也有现券交割。现金交割是以银行现有利率为转换系数来确定期货合约的交割价格。

3. 股票指数期货

股票指数期货(以下简称股指期货)是一种以股票价格指数作为标的物的金融期货合约。

股票投资者在股票市场中面临的风险可分为两种。一种是股市的整体风险,又称为系统风险,即所有或大多数股票的价格一起波动的风险。另一种是个股风险,又称为非系统风险,即持有单个股票所面临的市场价格波动风险。通过投资组合,即同时购买多种风险不同的股票,可以较好地规避非系统风险,但不能有效地规避系统风险。

利用股指期货进行套期保值的原理是根据股票指数和股票价格变动的同方向趋势,在股票的现货市场和股票指数的期货市场上做相反的操作来抵消股价变动的风险。股指期货合约的价格等于某种股票指数的点数乘以规定的每点价格。各种股指期货合约每点的价格不尽相同,比如恒生指数每点价格为 50 港元,即恒生指数每降低一个点,则该期货合约的买者(多头)每份合约就亏损 50 港元、卖者每份合约则赚取 50 港元。

股指期货除具有金融期货的一般特点外,还具有一些自身的特点。股指期货合约的交易对象既不是具体的实物商品,也不是具体的金融工具,而是衡量各种股票平均价格变动水平的无形的指数。一般商品和其他金融期货合约的价格是以合约自身价值为基础形成的;而股指期货合约的价格是股指点数乘以人为规定的每点价格形成的——股指期货合约到期后,合约持有人只需交付或收取到期日股票指数与合约成交指数差额所对应的现金,即可了结交易。比如投资者在 9000 点位买入 1 份恒生指数期货合约后,一直将其持有到期,假设到期日恒生指数为 10 000 点,则投资者无须进行与股票相关的实物交割,而是采用收取 5 万元现金 [(10 000－9000)×50] 的方式了结交易。这种现金交割方式,也是股指期货合约的一大特点。

4. 金融期权

1) 金融期权的概念

所谓期权又称选择权,是指其持有者能在规定的期限内按交易双方商定的价格购买或出售一定数量的某种特定商品的权利。

金融期权是指以金融商品或金融期货合约为标的物的期权交易。具体地说,其购买者在向出售者支付一定费用后,就获得了能在规定期限内以某一特定价格向出售者买进或卖出一定数量的某种金融商品或金融期货合约的权利。

2) 金融期权的特征

金融期权的主要特征在于它仅仅是买卖权利的交换。金融期货与金融期权的区别在于以下几个方面。

(1) 基础资产不同

可作为期货交易的金融工具都可作为期权交易。然而,可作为期权交易的金融工具却未必可作为期货交易。实践中,只有金融期货期权,而没有金融期权期货。

(2) 交易者权利与义务的对称性不同

期货交易中,买卖双方具有合约规定的对等的权利和义务。期权交易中,买方有以合约规定的价格是否买入或卖出期货合约的权利,而卖方则只有被动履约的义务。一旦买方提出执行,卖方必须以履约的方式了结其期权部位。

(3) 履约保证不同

金融期货交易双方均需开立保证金账户,并按规定缴纳履约保证金。金融期权交易中,只有期权出售者,才需开立保证金账户。

(4) 现金流转不同

金融期货交易双方在成交时不发生现金收付关系,但在成交后,由于实行逐日结算制度,交易双方将因价格的变动而发生现金流转。金融期权交易中,在成交时,期权购买者为取得期权合约所赋予的权利,必须向期权出售者支付一定的期权费,但在成交后,除了到期履约外,交易双方将不发生任何现金流转。

(5) 盈亏特点不同

金融期货交易双方无权违约,也无权要求提前交割或推迟交割,到期前的任一时间可通过反向交易实现对冲或到期进行实物交割。从理论上说,金融期货交易中双方潜在的盈利和亏损都是无限的。

金融期权交易中的盈利和亏损则具有不对称性。理论上说,期权购买者在交易中的潜在亏损是有限的,仅限于他所支付的期权费,而他可能取得的盈利却是无限的;相反,期权出售者在交易中所取得的盈利是有限的,仅限于他所收取的期权费,而他可能遭受的损失却是无限的。

（6）了结部位的方式不同

期货交易中,投资者可以平仓或进行实物交割的方式了结期货交易。期权交易中,投资者了结其部位的方式包括三种：平仓、执行或到期。

（7）套期保值的作用与效果不同

金融期货进行套期保值,在避免价格不利变动造成损失的同时,也必须放弃若价格有利变动而可能获得的利益。金融期权进行套期保值,若价格发生不利变动,套期保值者可通过执行期权来避免损失；若价格发生有利变动,套期保值者又可通过放弃期权来保护利益。但是,这并不是说金融期权比金融期货更为有利。

3）金融期权的分类

由于期权交易方式、方向、标的物等方面的不同,产生了众多的期权品种,对期权进行合理的分类,更有利于了解外汇期权产品。

（1）按期权的权利划分

按期权的权利划分,有看涨期权和看跌期权两种类型。

看涨期权是指期权的买方向期权的卖方支付一定数额的权利金后,即拥有在期权合约的有效期内,按事先约定的价格向期权卖方买入一定数量的期权合约规定的特定商品的权利,但不负有必须买进的义务。而期权卖方有义务在期权规定的有效期内,应期权买方的要求,以期权合约事先规定的价格卖出期权合约规定的特定商品。

看跌期权是指期权的买方向期权的卖方支付一定数额的权利金后,即拥有在期权合约的有效期内,按事先约定的价格向期权卖方卖出一定数量的期权合约规定的特定商品的权利,但不负有必须卖出的义务。而期权卖方有义务在期权规定的有效期内,应期权买方的要求,以期权合约事先规定的价格买入期权合约规定的特定商品。

（2）按期权的交割时间划分

按期权的交割时间划分,有美式期权和欧式期权两种类型。

美式期权是指在期权合约规定的有效期内任何时候都可以行使权利。

欧式期权是指在期权合约规定的到期日方可行使权利,期权的买方在合约到期日之前不能行使权利,过了期限,合约则自动作废。

（3）按期权合约上的标的划分

按期权合约上的标的划分,有股票期权、利率期权和货币期权等种类。

股票期权是指买方在交付了期权费后,即取得在合约规定的到期日或到期日以前按协议价买入或卖出一定数量相关股票的权利。

利率期权是指买方在支付了期权费后,即取得在合约有效期内或到期时以一定的利率（价格）买入或卖出一定面额的利率工具的权利。利率期权合约通常以政府短期、中期、长期债券,欧洲美元债券,大面额可转让存单等利率工具为标的物。

货币期权又叫外币期权、外汇期权,是指买方在支付了期权费后,即取得在合约有效期内或到期时以约定的汇率购买或出售一定数额某种外汇资产的权利。货币期权合约主要以美元、欧元、日元、英镑、瑞士法郎、加拿大元及澳元等为标的物。

4）金融期权的基本功能

金融期权是金融期货功能的延伸和发展,具有与金融期货相同的套期保值和发现价格的功能,是一种行之有效的控制风险的工具。

5）期权基本交易方式

期权可以分为看涨期权和看跌期权两种类型，而期权交易者又可有买入期权或者卖出期权两种操作，所以期权交易有四种基本策略：买进看涨期权、买进看跌期权、卖出看涨期权、卖出看跌期权。

（1）买进看涨期权

若交易者买进看涨期权，之后市场价格果然上涨，且升至执行价格之上，则交易者可执行期权从而获利。从理论上说，价格可以无限上涨，所以买入看涨期权的盈利在理论上是无限大。若到期一直未升到执行价格之上，则交易者可放弃期权，其最大损失为期权费。

（2）买进看跌期权

若交易者买进看跌期权，之后市场价格果然下跌，且升至执行价格之下，则交易者可执行期权从而获利，由于价格不可能跌到负数，所以买入看跌期权的最大盈利为执行价格减去期权费之差。若到期一直跌到执行价格之下，则交易者可放弃期权，其最大损失为期权费。

（3）卖出看涨期权

若交易者卖出看涨期权，在到期日之前没能升至执行价格之上，则作为看涨期权的买方将会放弃期权，而看涨期权的卖方就会取得期权费的收入。反之，看涨期权的买方将会要求执行期权，期权的卖方将损市场价格减去执行价格和期权费的差。

这里，需要注意的是：作为期权卖出方，最大盈利为期权费；盈利所指范围的值为负。

（4）卖出看跌期权

若交易者卖出看跌期权，在到期日之前没能跌至执行价格之下，则作为看跌期权的买方将会放弃期权，而看跌期权的卖方就会取得期权费的收入。反之，看跌期权的买方将会要求执行期权，期权的卖方将损失执行价格减去市场价格和期权费的差。

这里，需要注意的是：作为期权卖出方，最大盈利为期权费；盈利所指范围的值为负。

期权投资的盈亏结果分析见表 5-7 所示。

表 5-7　期权投资的盈亏

合约种类	资产价格变动	合约多头方	合约空头方
看涨期权	价格上涨	有利，执行合约，最大收益：无限	不利，最大损失：无限
	价格下跌	不利，不执行合约，最大损失：期权费	有利，最大收益：期权费
看跌期权	价格上涨	不利，不执行合约，最大损失：期权费	有利，最大收益：期权费
	价格下跌	有利，执行合约，最大收益＝执行价－资产现价－期权费	不利，最大损失＝执行价－资产现价－期权费

本 章 小 结

随着互联网等高科技信息技术的迅速发展，传统金融企业作为创新型科技知识应用的领头人，势必要借力互联网技术对传统经营模式、管理模式及业务流程做出改造，来应对日益复杂多变的金融竞争环境。于是，金融互联网业态应运而生。金融互联网的基本业态包括网络银行、网络证券、网络保险、网络期货、网络基金和网络信托。网络银行是指传统银行业利用计算机网络、互联网和无线互联网创建各种新式电子化、数字化和网络化的银行，它包含基于电子通信的金融服务设备、金融服务提供者和金融服务消费者。与传统银行相比，网络银行具有组织机构虚拟化、销售渠道网络化、竞争实力信息化、业务范围模糊化、盈利模式多元化、效益途径技术化、经营管理人性化、服务供给个性化、货币形式电子化、资产资源无形化等特征。按照不同的视角，网络银行有着不同的分类，像人们日常生活常见的网上银行、电话银行、手机银行、自助银行（ATM）等都属于网络银行的家族成员。网络银行主要业务包括公共信息服务、个人银行业务、企业银行业务及网络银行衍生业务。网络证券有广义和狭义之分，广义的网络证券也就是证券电子商务，是指利用先进的信息技术，依托互联网、移动通信网、有线电视网等现代化的数字媒介，以在线方式开展传统证券市场上的各种业务。狭义的网络证券指投资者利用互联网，通过券商提供的网上证券交易系统进行证券交易操作。网络证券是金融电子商务条件下的证券业务的创新，它提供了多品种的业务服务、全覆盖的交易服务、无差异的基础服务和个性化的增值服务。网络证券业务包括证券的发行、证券的交易和结算。网络保险也称保险电子商务，是指保险公司或新型的网络保险中介机构以互联网和电子商务技术为工具来支持保险经营管理活动的经济行为。从狭义上讲，网络保险是指保险公司或新型的网络保险中介机构通过互联网网站为客户提供有关保险产品和服务的信息，并实现网上投保，直接完成保险产品和服务的销售，由银行将保险费划入保险公司；从广义上讲，网络保险还包括保险公司内部基于企业内联网技术的经营管理活动，以及在此基础上的保险公司之间、保险公司与公司股东、保险监管、税务、工商管理等机构之间的交易和信息交流活动。网络保险的业务除了对保险公司及其中介公司进行宣传以外，主要集中在提供在线分析、在线投保服务和在线理赔服务等三个方面。其业务模式一般有保险公司官网销售模式、保险超市销售模式、门户网站保险频道销售模式、网络金融超市模式、第三方平台销售模式和纯网络保险模式等。网络期货是指投资者在互联网上进行的各种期货交易活动的总称。网络期货交易主要是指各种期货的网络交易，包括商品期货、股指期货、利率期货、货币期货等；期货交易的一般流程包括开户、下单、结算、平仓（或交割）四个环节；期货交易的经济功能体现在价格发现和套期保值；期货交易的方法有套期保值交易方法和期货投机交易方法。金融期货指以金融工具为标的物的期货合约，金融期货品种主要有三大类：货币期货、利率期货、股票指数期货。期权又称选择权，是指其持有者能在规定的期限内按交易双方商定的价格购买或出售一定数量的某种特定商品的权利。金融期权是指以金融商品或金融期货合约为标的物的期权交易。金融期权主要有看涨期权、看跌期权；股票期权、利率期权、外汇期权等。期权交易的基本策略有买进看涨期权、卖出看涨期权、买进看跌期权和卖出看跌期权。

案例阅读

第6章 互联网金融的基本业态

【本章内容】

第三方支付

- 第三方支付的科学概念
- 第三方支付的业务模式

P2P 网络借贷

- P2P 网络借贷的科学概念
- P2P 网络借贷的业务模式

互联网众筹

- 互联网众筹的科学概念
- 互联网众筹的业务模式

互联网财富管理

- 互联网财富管理的科学概念
- 互联网财富管理的业务模式

互联网金融门户

- 互联网金融门户的科学概念
- 互联网金融门户的业务模式

【学习目标】

 知识目标   能力目标

◇ 掌握互联网金融的第三方支付、P2P 网络借贷、互联网众筹、互联网财富管理、互联网金融门户等基本业态的科学概念

◇ 熟悉互联网金融基本业态的业务模式

◇ 了解互联网金融基本业态的生产与发展

◇ 学会利用互联网搜索工具查找第三方支付、P2P 网络借贷、众筹平台，搜索其不同类型的案例，并能够对搜索的案例进行分析

◇ 能够完成 P2P 网贷模拟投资操作

◇ 能够完成创业项目的股权众筹模拟操作

【案例导入】

格莱珉银行

格莱珉银行是孟加拉国经济学家穆罕默德·尤努斯创建的乡村银行。

1976 年，尤努斯走访乡村中一些最贫困的家庭。一个名叫苏菲亚的生有 3 个孩子的年轻农妇，每天从高利贷者手中获得 5 塔卡（相当于 22 美分）的贷款用于购买竹子，编织好竹凳，交给高利贷者还贷，每天只能获得 50 波沙（约 2 美分）的收入。苏菲亚每天微薄的 2 美分收入，使她和她的孩子陷入一种难以摆脱的贫困循环。这种境况使尤努斯异常震惊:"在大学的课程中,我对成千上万美元的数额进行理论分析,但是在这儿,就在我的眼前,生与死的问题是以'分'为单位展示出来的。"而这个社会竟然不能向几十个赤贫的农妇提供区区总额为几十美元的贷款。尤努斯当即把 27 美元借给了 42 位贫困的村民,以支付他们用以制作竹凳的微薄成本,免受高利贷的盘剥。尤努斯表示"为自己竟是这样一个社会的一分子感到羞愧"。同时,大学经济学教育和经济学教授对贫困与饥饿如此漠视,也让尤努斯感到愤慨与不解。在他看来,漠视贫困、漠视真实世界中人的痛苦与愿望,是经济学的最大失败,而不能用经济学知识去缓解并消除贫困,是所有经济学学生与学者的最大耻辱。

自此,尤努斯开始以极大的热情,投入到对贫困与饥饿的研究中。

1979 年,他在国有商业银行体系内部创立了格莱珉(Grameen Bank,意为"乡村")分行,开始为贫困的孟加拉妇女提供小额贷款业务。

1983 年 10 月 2 日,格莱珉银行正式独立,其向贫困人口发放贷款的方式自成一体,被称为"格莱珉模式"。

到 2006 年为止,孟加拉格莱珉银行已经拥有 650 万客户,他们中的 96% 是妇女。按照乡村银行网站提供的数据,格莱珉银行向 71 万余个村庄派驻了 2226 个分支机构。

穆罕默德·尤努斯开创和发展了"微额贷款"的服务,专门提供给因贫穷而无法获得传统银行贷款的创业者。2006 年,"为表彰他们从社会底层推动经济和社会发展的努力",穆罕默德·尤努斯与孟加拉格莱珉银行共同获得诺贝尔和平奖。

(资料来源:根据百度百科整理)

互联网金融作为一种新兴的金融业态,它不是互联网和金融业的简单结合,而是在电子商务快速发展的基础上,自然而然地为适应新的需求而产生的新金融模式和新业务形态。进入 21 世纪以来,随着互联网技术的快速发展,金融与互联网之间的关系越发密切。借助于互联网的思维方法和计算技术,金融大大提升了自身的功能和效率。特别是大数据、云计算、搜索引擎和移动支付等技术的发展,为互联网企业与金融行业相结合打开了通道。一方面,互联网企业通过这些技术创新得到了海量信息的支持;另一方面,互联网企业借助网络技术在信息、数据处理方面的优势逐渐涉足金融业务领域。与此同时,现实中广大中小企业、小微企业长期以来融资难、融资贵的现状又为互联网金融发展提供了成长土壤。巨大的需求与技术上的突破为互联网金融发展创造了广阔的发展空间。正是基于各种条件的变化,2013 年以来,我国互联网金融在短时间内得到了快速发展,第三方支付、P2P、众筹等业务模式迅猛发展,给传统金融业带来了一股强大的冲击,不同互联网理财方式的涌现,更是使得全民投资盛况空前,互联网金融成为社会各界关注的焦点。

6.1 第三方支付

以商业银行为主体的网络支付适应了电子商务发展的需要,从效率、安全和成本等多个方面弥补了传统支付体系的不足。但是,以商业银行为主体的网络支付并不能很好地解决电子商务中的异步交易和信任问题。由此,第三方支付诞生了。第三方支付制度是整个互联网金融生态环境的基础制度。无论是支付功能本身,还是互联网金融产品的销售渠道,或者基于互联网的融资服务,甚至包括虚拟货币,都离不开第三方支付。第三方支付的作用不仅体现在其与电子商务的结合中,在供应链金融模式构建、支付清算体系的完善、货币结构改变等方面都具有相应作用。

6.1.1　第三方支付的科学概念

第三方支付产业迅速崛起,通过在商户和个人用户之间构建一个便捷支付的桥梁——第三方支付账户,一方面可以解决跨行、跨地的支付问题,另一方面也能够通过信用中介的方式保证交易安全。随着互联网支付公司的发展,"第三方支付"这个名词开始出现,并为社会逐渐认知和接受。

1. 第三方支付的定义

在第三方支付发展起来之前,并未产生第一方和第二方支付的概念。为了能理解第三方支付的定义,让我们先来认识一下什么是第一方支付、第二方支付,有了第三方支付还有没有第四方支付。

(1) 第一方支付

第一方支付是指现金支付,这是最普遍和最古老的支付方式。从最早出现货币时,人们就开始使用并长时间依赖于这种支付方式。随着现代社会的发展,商务流通更加频繁,涉及金额巨大,这种支付方式被逐渐削弱,但是不会被淘汰,它会与其他支付方式并存。

(2) 第二方支付

第二方支付则是依托于银行的支付,如银行汇票、银行卡支付等,其支付过程是通过银行完成的。第二方支付由于在实际使用过程中面临着地域、距离、网点、时间等方面的限制,逐渐从日常生活的小额支付市场中淡化并退出,把关注点投向企业间的巨额交易和金融机构之间的账务往来。

(3) 第三方支付

美国 1990 年《金融服务现代化法案》将第三方支付机构界定为非银行金融机构,将第三方支付视为货币转移业务,本质上是传统货币服务的延伸。欧盟 1998 年《电子货币指令》规定,第三方支付的媒介只能是商业银行货币或电子货币,将类似 PayPal 的第三方支付机构视为电子货币发行机构;2005 年《支付服务指令》规定第三方支付机构为"由付款人同意,借由任何电信、数码或者通信设备,将交易款项交付电信、数码或网络运营商,并由他们作为收款人和付款人的中间交易人"。中国人民银行 2010 年在《非金融机构支付服务管理办法》中指出,非金融机构支付服务是指非金融机构作为收、付款人的支付中介所提供的网络支付、预付卡、银行卡收单以及中国人民银行确定的其他支付服务,这实际上是广义的第三方支付。目前,第三方支付已不仅仅局限于最初的互联网支付,而是成为线上线下全面覆盖,应用场景更为丰富的综合支付工具。

综合各国对第三方支付的定义,第三方支付是指具备一定实力和信誉保障的独立机构,通过与银行支付结算系统接口对接,提供交易双方之间的现金流转和资金清算的网络支付模式。

第三方是买卖双方在缺乏信用保障或法律支持的情况下的资金支付中间平台,买方将货款付给买卖双方之外的第三方。第三方提供安全交易服务,其运作实质是在收付款人之间设立中间过渡账户,使汇转款项实现可控性停顿,只有双方意见达成一致时才能决定资金去向。第三方担当中介保管及监督的职能,并不承担任何风险,因此严格来讲这属于一种支付托管行为,通过支付托管实现支付保证。

（4）第四方支付

第四方支付是相对第三方支付而言的，是作为对第三方支付平台服务的拓展。第三方支付介于银行和商户之间，而第四方支付是介于第三方支付和商户之间。在第四方支付平台上集成了各种第三方支付平台、合作银行、合作电信运营商及其他服务接口，集合了多种支付渠道的优势，能够根据商户的需求进行个性化定制，提供适合商户的支付解决方案。

2. 第三方支付的一般流程

作为非金融支付机构的第三方支付，其一般的运作模式为：买家选购商品后，通过发卡行将资金支付至第三方平台账户；第三方支付机构收到货款后，通知商家履行其发货义务；买方持卡人在评估、确认其所获得的商品或服务符合商家交易前的承诺后，向第三方支付平台发出付款指令；资金从第三方支付平台划转至商家相关结算账户，完成资金支付。

第三方支付机构在这个过程中起到了信用中介的作用，其具体交易流程如图 6-1 所示。

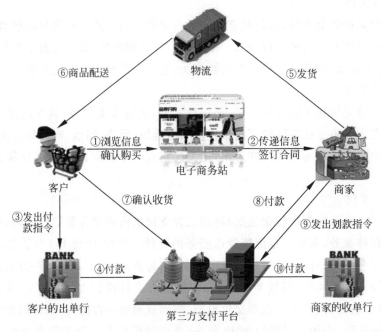

图 6-1 第三方支付流程

① 消费者登录电子商务网站，浏览相关商品信息，并确定购买细则。

② 电子商务网站将消费者浏览信息与商品选择信息等发送给卖家，并自动生成相关交易法律合约。

③ 买家通过网银等方式向其开户行发出付款指令。

④ 买家开户行将对应款项支付给第三方支付平台。

⑤ 卖家在获得电子商务网站的指令信息后，开始发货。

⑥ 物流配送网络将商品送到买家手中。

⑦ 买家在检查其收到的商品具体情况，确认无误后，向第三方支付平台确认已收到商品。

⑧ 第三方支付平台将商品对应的付款信息发送给卖家。

⑨ 卖家向第三方支付平台发出划款指令。

⑩ 第三方支付平台将交易款项划转至买家在开户行的账户。

3. 第三方支付的作用

（1）对消费者

对消费者来说，专业度极高的第三方支付企业比银行等机构更为关注消费者的实际需求，同时会更尊重消费者电子支付方面的习惯，给予更为细致全面和个性化服务。

另外，第三方支付还因为担当着信用担保角色，可以让消费者消除有关于购物信用方面的担忧。

（2）对商家

对于商家来说，第三方支付平台能够提供统一化的应用接口，使得商家不必处理过多和多家银行进行连接的问题，极大程度上减少了成本，提升了工作效率。

除此以外，商家还可以在第三方支付平台的支持之下，革新商业模式，优化支付结算服务，并保存交易中的电子信息，减少交易当中的不良风险问题。

（3）对银行

对银行等机构来说，第三方支付平台能够帮助银行延伸拓展业务，减少银行在拓展市场方面的成本支出，并给银行增值业务收入水平的提升提供动力。

4. 第三方支付的特点

第三方支付是在与各家银行密切合作的前提下，为商家提供整合型网上支付服务。其特点有如下五方面。

（1）简便性

第三方支付平台提供了一系列的应用接口程序，在一个界面上同时整合多种银行卡支付方式，负责交易结算中与银行的对接，有效避免与银行及多方机构进行交易谈判，使网上购物更加快捷、便利。

（2）低成本性

用户使用第三方进行支付，避免了与多家银行进行协商，节约了谈判成本。另外，第三方支付平台的收费也较低，有些甚至是免费的，这样可以帮助用户降低运营成本，同时也降低了银行的网关开发费用。

（3）安全性

第三方支付一般有较成熟的技术支持，资金也可以在第三方账户上保留一定时间，为发现交易是否正常提供了时间支持。另外，第三方支付平台本身依附于大型门户网站，其信用依托也来自跟其合作的银行的信用，较好地突破了网上交易中的信用问题。

（4）多功能性

第三方支付平台提供了更加多样化的增值服务，比如帮助商家网站实现实时交易查询和交易系统分析，提供方便及时的支付和退款服务，维护客户和商家的利益。

（5）通用性

第三方支付服务系统很好地打破了银行卡壁垒。目前，我国实现在线支付的银行卡各自为政，每个银行都有自己的银行卡，这些自成体系的银行卡纷纷与网站联盟推出了在线支付业务，客观上造成消费者要自由地进行网上购物，手里必须持有几十张不同的银行卡，商家也必须装有各个银行的认证软件，这样极大地制约了网上支付业务的发展。第三方支付平台则很好地解决了这个问题，只要商家和消费者在第三方平台上有自己的账户，就可以自由地进行交易。

5．我国第三方支付的发展

我国的第三方支付业紧随银行体系与电子商务的变革，主要经历了萌芽、发展、转型升级、制度化监管四个阶段。

（1）萌芽阶段（2000—2003 年）

为了有效地解决电子商务中出现的资金流问题，2000 年左右环迅支付和首信易支付两家企业成为首批提供第三方网上支付平台的企业，搭建了在线支付平台，为初生的中国电子商务提供网关和基础应用服务。一年后，环迅支付成为国内唯一支持 VISA 和 MasterCard 的在线支付服务平台。2003 年，环迅支付已成功地与国内 20 家主流银行建立了支付接口，成为当时国内签约银行最多的支付企业。同时，环迅支付平台于 2003 年投入运营并完成首次在线支付。这一年，支付宝等支付企业相继成立，加入了中国网上支付行业的大家族。随着越来越多支付企业的进入，中国第三方支付行业从萌芽阶段渐渐发展起来。

（2）发展阶段（2004—2006 年）

当时，国内网络购物市场还处于萌芽期，买卖双方间缺少信任，支付方面也存在着巨大瓶颈，这些都严重阻碍了国内电子商务的发展。对此，支付宝在 2003 年底率先推出了"担保交易"模式。买家先把账款转到支付宝，再由支付宝通知卖家发货，买家收到货后确认付款，再由支付宝将账款转给卖家。这一担保交易模式的推出，有效地解决了网上交易及付款中的信任问题，为网上信任文化的推广普及奠定了基础，很好地促进了中国电子商务发展。

（3）转型升级阶段（2007—2010 年）

随着越来越多的支付企业加入到第三方支付大家庭，第三方支付市场的竞争加剧。在竞争过程中，第三方支付企业也开始意识到，不同行业对于资金安全、风险控制、资金管理和行业应用在内的复合需求在不断增加。为了满足来自各行业的呼声，网上支付行业不断深入到不同的行业中，开发定制化的行业资金解决方案。以支付宝为代表的第三方支付企业，开始将第三方支付平台独立运作，并向其他行业开放。短短几年内，第三方支付业务范围已经覆盖了 B2C 购物、航空机票、旅游、房产等众多行业。

（4）制度化监管阶段（2010 年至今）

2010 年 6 月，中国人民银行制定了《非金融机构支付服务管理办法》（中国人民银行令［2010］第 2 号）；2010 年 12 月，中国人民银行又颁布了《非金融机构支付服务管理办法实施细则》。这两个办法对第三方支付的定位和性质、申请和许可、监督管理与罚则等进行了详细规定。这两个规定的出台，对第三方支付产生了深远的影响。随着第三方支付平台的普及，第三方支付行业风险的监管也在不断升级。2017 年 1 月发布的《中国人民银行办公厅关于实施支付机构客户备付金集中存管有关事项的通知》，让互联网金融支付机构交付客户备付金。当年 7 月中旬召开的全国金融工作会议进一步指出，要把主动防范化解系统性金融风险放在更加重要的位置，科学防范，早识别、早预警、早发现、早处置，着力防范化解重点领域风险，着力完善金融安全防线和风险应急处置机制。这些举措都明确强调，各第三方支付企业在努力发展业务的同时，还必须按照规定要求，规范业务，申请许可，深化改革，适应监管的需要。

6.1.2　第三方支付的业务模式

1．第三方支付业务模式的分类

根据消费者、商户、银行等对不同业务的不同需求，第三方支付机构发展出多种业务模式，这不仅丰富了支付产业的服务内容和扩展了涵盖范围,也满足了国民经济在互联网金融领域的多样化需要。

1) 结构视角

从结构的视角看,第三方支付可分为支付网关模式和平台账户模式两种。

(1) 支付网关模式

支付网关模式只是一个简单的通道。第三支付平台为商家提供了一个可以兼容多银行支付方式的接口平台,它将多种银行卡支付服务整合到一个界面上,充当电子商务交易各方与银行的接口,负责交易结算中与银行的对接,然后消费者通过第三方支付平台付款给商家。

(2) 平台账户模式

平台账户模式是指交易各方均在第三方支付平台开设账户。

平台账户模式又可细分为监管型账户支付模式和非监管型账户支付模式。两种模式的区别主要在于第三方支付平台是否暂时保管货款,在买方确认收到商品前,代替买卖双方暂时保管货款,充当信用中介。

① 监管型账户支付模式。在监管型账户支付模式下,第三方支付平台凭借其实力和信誉,实行“代收代付”和“信用担保”,协助完成支付结算。支付宝就属于典型的监管型账户支付模式。

② 非监管型账户支付模式。在非监管型账户支付模式下,第三方支付平台完全独立于电子商务网站,仅为用户提供支付产品和支付系统解决方案,不具有担保功能。微信钱包就属于非监管型账户支付模式。

2) 业务视角

目前,主要有两种较常见的业务模式。

(1) 收取交易费

第三方支付平台先与银行确定一个基本手续费率,然后在这个费率基础上加上自己的毛利润,在每次转账时向客户收取一定的费用。第三方支付平台服务商的政策也各不相同,有些只对企业收费、个人免费,有些则施行完全免费政策。

(2) 沉淀资金利息

转入第三方支付平台账户里的资金并非都立即用完,这样留存的资金就保存在服务商的账户里,形成沉淀资金利息收入。对第三方支付平台而言,沉淀资金可分为两大类,一类是待清算资金(如支付水、电、煤气费,还信用卡和银行卡转账),由于第三方支付平台通过银行代付一般有一定周期,因此这些资金在被划走前就会成为沉淀资金;另一类是中间账户资金,第三方支付平台的一大功能是信用中介,顾客利用第三方支付平台在网上购物后,资金首先被划拨到第三方支付平台中间账户,顾客收到货物再主动或被动确认付款。第一类资金的沉淀周期太短,因此备付金账户的利息收入主要还是来自第二类沉淀资金。

知识链接 6-1

中国第三方支付大事件

◇ 1999 年,第三方支付企业诞生。

◇ 2010 年,网上支付跨行清算系统(俗称“超级网银”)正式上线,7×24 小时全天候处理网银贷记业务、网银借记业务、第三方贷记业务以及跨行账户信息查询业务。

- 2011 年,人民银行颁布了首批"支付业务许可证",加强对从事支付业务的非金融机构的管理。
- 2011 年,人民银行下发第一批支付牌照,包括支付宝、银联商务、财付通、快钱等在内的 27 家企业获得第三方支付牌照。
- 2013 年,支付宝上线余额宝业务。
- 2014 年,微信红包上线,人民银行暂停二维码支付业务。央行下发紧急文件《中国人民银行支付结算司关于暂停支付宝公司线下条码(二维码)支付等业务意见的函》,暂停支付宝和腾讯的虚拟信用卡产品,同时叫停的还有条码(二维码)支付等面对面支付服务,并要求支付宝、财付通将有关产品详细介绍、管理制度、操作流程等情况上报。
- 2014 年,人民银行第 6 号文《支付机构客户备存金存管方法》,以保障消费者合法权益为根本,从严管理客户备付金的存放和使用,确保客户资金安全。
- 2015 年,移动支付爆发式增长,2015 年中国第三方移动支付交易规模达 12.2 万亿元,同比增长 103.5%。
- 2015 年,《非银行支付机构网络支付业务管理办法》出台,第三方账户实名制及个人支付账户分Ⅰ、Ⅱ、Ⅲ类,以保证账户安全,维护正常经济秩序,有效防止洗钱、恐怖融资等行为。
- 2016 年,Apple Pay 入华。Apple Pay 在中国的合作方是银联,上线后支持 19 家银行借记卡和信用卡,除"五大行(中国工商银行、中国农业银行、中国银行、中国建设银行、交通银行)"外,还包括民生银行、平安银行、招商银行等。
- 2016 年,中国银联正式发布《二维码支付标准》,扫码支付市场步入"规范时代",采用支付标记化技术,通过制定统一的技术安全机制,确保持卡人账户、资金等关键要素的安全。
- 2017 年,《中国人民银行办公厅关于实施支付机构客户备付金集中存管有关事项的通知》,纠正和防止支付机构挪用、占用客户备付金,敦促第三方支付机构回归支付业务本源。

(资料来源:艾瑞网 www.iresearch.cn)

3)风险权责归属视角

这一分类是基于第三方支付在交易中的法律风险责任归属,即当出现欺诈交易时,第三方支付平台是否应当对客户损失负责。按照这一视角来看,第三方支付有两大模式四个类型:银行网关模式与信用担保模式,基于服务内容的支付通道模式与资金托管模式。

(1)银行网关模式与信用担保模式

① 银行网关模式。银行网关模式是指银行与第三方支付服务提供商关于统一银行支付网关接口问题达成协议,第三方支付机构为消费者与商家提供支付网关服务,二者均可通过网关接口与网上银行进行直接联通,实现资金流动、信息传递以及数据共享等。其中,银行支付网关是指互联网公用网络平台和银行内部的金融专用网络平台之间的安全接口,网络支付的电子信息必须经过支付网关处理后才能进入安全的银行内部支付结算系统,进而完成安全支

付的授权和获取。在银行网关模式下,商家的准入门槛较低,有利于活跃交易;此外,银行无须针对商户开发对应的支付接口和支付文档,不存在版本匹配与兼容性等问题,降低了银行的技术成本与运营成本,提高了银行参与的积极性。当然,这一单纯的"桥梁"模式,也意味着第三方支付机构只是充当了中介角色,并不对交易双方的真实信用、交易可信度等承担连带责任,主体风险责任并没有发生变化,这一模式以首信易支付为主要代表。

银行网关模式流程:买方在网络商城选定商品后,向第三方支付平台发送支付指令;平台分析处理后,向买方开户行的网上银行发出转账指令;网上银行将款项划拨至平台的银行账户;平台与卖方进行资金结算、转账等操作;卖方在收到款项后,安排发货,如图 6-2 所示。

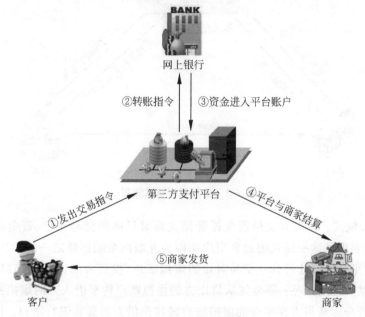

图 6-2 银行网关模式

② 信用担保模式。信用担保模式是第三方支付平台在提供银行网关接口服务的同时,还对交易本身做出担保承诺,即当双方出现交易欺诈等问题时,第三方平台需要对利益受损者进行补偿。具体是指当消费者购买商品后,商品支付款会进入第三方支付平台的账户,在商家发货、消费者确认无误之后,第三方平台才会将款项转至商家账户。例如,在此过程中,若商家故意欺诈或者商品以次充好,支付款会返还消费者。所以,信用担保模式有效提升了交易的可信度,减少了交易纠纷。

信用担保模式流程:买方向平台发出支付指令后,平台与买方开户行进行信息传递与结算;平台暂存交易资金,并将支付信息传递给卖方,要求卖方及时发货;买方收到货物并确认后,将反馈信息传递给平台,平台最后与卖方进行资金结算、交割,其流程如图 6-3 所示。

(2) 支付通道模式与资金托管模式

这一分类方式主要取决于第三方支付平台提供具体服务的深度与广度。

① 支付通道模式。第三方支付通道模式是指,第三方支付机构只为交易双方提供网上交易的接口等服务,而不需要为交易双方建立特定的交易对接账户与监管账户。这一模式下,整个交易过程可以分为两大部分:买方与平台之间的交易结算和平台与卖方之间的交易结算。资金先进入平台的银行账户,再转入卖方的银行账户。

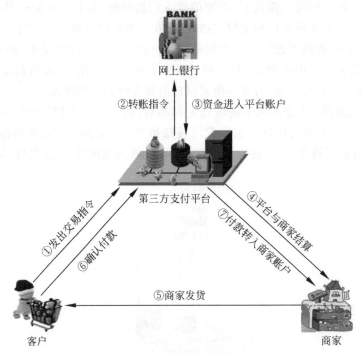

图 6-3 信用担保模式流程

② 资金托管模式。第三方支付资金托管模式则对具体的交易账户、资金流动、操作步骤等有着更详细的要求。这一模式的最典型应用即为互联网金融创新之一的 P2P。借贷双方均需在第三方支付平台申请注册开立交易对接的虚拟账户，投资者通过支付接口向其虚拟账户充值，并投资于某一理财产品；资金便从贷出方的虚拟账户转至借入方的虚拟账户，在资金总额达到标准后，资金即从借方在平台的虚拟账户转移至借方的真实银行账户。同理，在借方将本金收益返还给投资者的过程，则完全是上述过程的"逆过程"：借方首先将资金充值到其在平台的虚拟账户，平台根据 P2P 网站的统计数据，将资金分别划转至投资者开立的虚拟账户，投资者可以将这部分资金转至真实银行账户或者用于其他项目投资。该模式的最大优势在于实现了 P2P 平台与资金的隔离，有效避免了平台的"资金池"操作（"资金池"操作很容易带来诸如期限错配、利率错配、"庞氏骗局"，甚至非法集资等风险）。

2. 第三方支付平台种类

在完整的第三方支付产业链中，居于中心地位的就是第三方支付平台，而这个平台也是产业链纽带所在。一方面连接着银行，担当起结算和给客户提供支付服务等职责；另一方面和消费者以及广大商户连接起来，确保客户支付交易顺利进行，发挥资源整合的作用。

现阶段，我国的第三方支付平台运营模式较集中，主要包括独立的第三方支付平台和宿主型第三方支付平台两种。

（1）独立的第三方支付平台

此类平台本身并不售卖商品，它们与各大商业银行合作，向买卖双方提供代理网关服务，其主要功能是连接买卖双方间和银行，使得交易双方能够顺利完成在线支付，并提供相应的系统解决办法，集合了网上支付、手机支付、移动通信支付等支付形式，典型的支付平台有"快钱""银联在线"等。

（2）宿主型第三方支付平台

宿主型第三方支付平台是指凭借电子商务网站,由网站所属电子商务公司自行开发的支付平台,为其提供购物后的支付与结算服务,这类第三方支付平台集成了各大商业银行的支付结算网关,买卖双方在电子商务网站交易时,平台为其提供支付支持。宿主型平台在开发之初,是为了保证其依托的电子商户网站交易双方的交易行为能够顺利进行,但随着平台业务范围和规模的不断延伸,它们不仅满足自有网站的支付场景,同时也为其他外部场景提供支付连接,甚至还受到了国外电子商务系统的青睐。宿主型第三方支付模式不仅能保证自有电子商务网站的交易规模和客户忠诚度,而且还能在外部规模经济环境中获得收益,它是当前国内发展最典型的第三方支付模式。

3. 国内第三方支付平台

（1）支付宝

支付宝首先出现在淘宝购物网站,解决了网上交易的担保和信任问题。在淘宝网上购物使用支付宝支付的流程如图 6-4 所示。

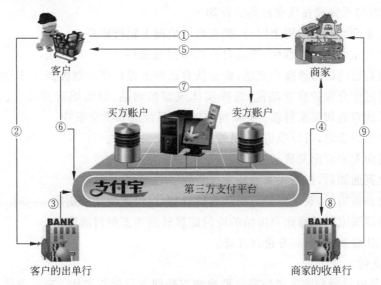

图 6-4　支付宝支付流程

① 客户浏览、检索商家网站,选择商品,提交订单。

② 客户选择利用支付宝账户支付货款,即授权与支付宝账户对接(捆绑)的银行账户付款。

③ 从客户银行账户付款给支付宝平台。

④ 支付宝平台收到客户货款后,并不马上将货款支付给商家,而是通知商家客户已付款,可以发货。

⑤ 商家收到支付宝平台通知即发货。

⑥ 客户收到商品后,向支付宝平台确认收货。

⑦ 支付宝将货款从客户的支付宝账户划入商家的支付宝账户。

⑧ 商家可从自己的支付宝账户提现至与商家支付宝账户对接(捆绑)的银行账户。

⑨ 商家开户行通知商家收到货款。

支付宝除了与各商业银行合作拓展线上网购用户外,还与传统线下行业积极合作,大幅增加支付宝的交易规模,拓展注册用户使用场景,如水、电、煤气等代扣代缴业务和各类票务支付,甚至菜市场、生活超市等。

面对移动支付的不断普及,支付宝在稳固其线上支付的同时,也不断推进地其线下移动支付的发展脚步。

(2) 财付通

财付通是腾讯公司于 2005 年 9 月正式推出的专业在线支付平台,其核心业务是帮助在互联网上进行交易的双方完成支付和收款,其目的是为互联网用户和企业提供安全、便捷、专业的在线支付服务。

财付通为 B2B、B2C 和 C2C 等各领域提供网上支付及清算服务。针对个人用户,财付通与拍拍网、腾讯 QQ 等二十多万家购物网站合作,提供包括在线充值、提现、支付、交易管理等丰富功能;针对企业用户,财付通为大中型企业定制一对一的收付款结算方案和安全可靠的支付清算服务以及 QQ 营销资源支持。

用户使用财付通完成在线交易的流程如下。

① 网上买家开通自己的网上银行,拥有自己的网上银行账户。

② 买家和卖家单击 QQ 钱包,激活自己的财付通账户。

③ 买家向自己的财付通账户充值,资金从自己网上银行账户划拨到自己的财付通账户。

④ 卖家通过中介保护收款功能,选择实体或虚拟物品,如实填写商品名、金额、数量、类型;提交后,系统将通知买家付款;买家付款以后,系统通知卖家发货。

⑤ 等待卖家发货时,可以单击"交易管理"查看交易状态。

⑥ 财付通向卖家发出发货通知。

⑦ 卖家收到通知后,根据买家地址发送货物。

⑧ 买家收到货物后,登录财付通确认收货,同意财付通拨款给卖家。

⑨ 财付通将买家财付通账户冻结的应付账款转到卖家财付通账户。

⑩ 卖家确认收款,买卖双方进行互评。

(3) 微信支付

微信支付是财付通和腾讯微信联合推出的互联网支付创新产品。现有微信平台的支付服务主要有微信红包、转账收款、消费结算、信用卡还款、手机充值、理财通、微信贷借钱、生活缴费、保险服务等服务。同时,微信支付也嵌入了很多第三方服务,如火车票、机票、酒店、共享单车、彩票等。

根据企鹅智库发布的数据报告显示,发红包是微信支付功能中最受欢迎的功能,有超过半数的用户在节假日向亲戚朋友发过微信红包。微信红包作为社交支付功能引爆点,风靡一时。

6.2　P2P 网络借贷

P2P 网络借贷是互联网金融中非常重要的业态之一。这种商业模式由 2006 年"诺贝尔和平奖"得主尤努斯教授(孟加拉国)首创。

6.2.1　P2P 网络借贷的科学概念

1. P2P 网络借贷的含义

P2P 是英文 Peer to Peer 的缩写,意即"个人对个人"。P2P 网络贷款是指通过互联网将非常小额度的资金聚集起来,借贷给有资金需求的人群或小微企业的一种商业模型,属于互联网借贷。

1) 互联网借贷的形式

P2P 网络借贷是传统民间借贷与互联网相互融合的典型互联网借贷模式。然而,互联网借贷不仅仅包含 P2P 网络借贷。根据网络借贷的资金供给对象,互联网借贷可以分为互联网供应链金融平台、银行类互联网借贷平台和 P2P 网络借贷三种类别。

(1) 互联网供应链金融平台

这种模式是电子商务企业提供的借贷模式。它与传统的小额借贷公司模式类似,只是将借贷平台搬到了互联网上。在这种借贷模式中,只存在一个资金供给方,即电商企业,它以自有资金同时向多个借款者提供资金,属于"一对多"模式,并不是一种去中心化的借贷模式。这种借贷模式主要为该电子商务企业的客户提供金融服务,从而为其电子商务业务的拓展提供支撑。

这种模式有以下优势。

① 通过为该平台的客户提供金融服务,从而增强客户黏性。

② 通过为该平台的客户提供金融服务,增加该电商的投资收益。

③ 由于电子商务客户在该平台有详细的交易信息,通过挖掘这些信息进行借贷,可以尽可能地降低借款客户的违约风险。

(2) 银行类互联网借贷平台

这种模式是传统商业银行为应对互联网金融冲击而推行的借贷模式,与上述的供应链金融模式比较一致。银行类互联网借贷平台结合了多种优势,是商业银行进行小额零售贷款和小微企业贷款的发展方向。

① 银行类互联网借贷平台有充足的资金开展业务,比如通过银行存款、银行理财产品吸收大量资金。

② 银行类互联网借贷平台借助于母银行的品牌优势,能吸引较多高资质的潜在借款者来借款。

③ 银行类互联网借贷平台能借助于社交网络、电子商务、搜索引擎等各种互联网大数据平台挖掘潜在借款者的信息,并结合传统的银行征信数据,为潜在借款者提供一个更有针对性的借款方案。

④ 该借款不需要漫长的审批,不需要抵押品等,方便借款者迅速获得资金。基于银行类互联网借贷平台提供的手机 App,借款者可以方便查阅最合适的借款类型;与此同时,投资者也可以利用该平台进行合适的投资。

(3) P2P 网络借贷模式

这种模式是借贷双方通过 P2P 网贷平台进行自由匹配、撮合成交。资金供给者通过放贷获取利息并承担风险;资金借入者实现快速融资,并在借款到期时偿还本金及利息。网络借贷服务机构(即 P2P 网络借贷平台)主要起信息中介作用(而非资金中介),为借贷活动提供信息发布、风险评估、信用咨询、交易管理、客户服务等,其向借贷双方提供服务以获得服务费。这种借贷模式利用互联网的平台信息优势,将借款者和投资者直接对接,呈现的是网状的"多对多"模式,是一种去中心化的直接融资模式。在该模式中,借款者和投资者地位对等。这与传统银行借贷中,以银行为中心的"一对多"的间接融资模式有显著的差异。传统的"一对多"模式下,银行作为借贷中心的地位高于单个的借款者和存款者。此外,在 P2P 网络借贷模式中,借款者在 P2P 平台上寻求资金,出借人根据借款者的合同,直接在 P2P 平台上对其进行投资。相比于传统的银行借贷模式,P2P 网络借贷模式的效率要高得多。英国的 Zopa、美国的 Lending Club 都是 P2P 网络借贷模式的典型代表。

简言之,互联网供应链金融平台、银行类互联网借贷平台是传统的借贷模式搬到互联网平台,而 P2P 网络借贷模式则是一种更加典型的互联网借贷模式。

2) P2P 网络借贷的原理

P2P 作为一种计算机技术,主要是为了解决互联网发展初期的带宽受限问题。在互联网发展初期,为吸引人们积极参与互联网,一些资料都是免费分享。这种零成本复制带来的最大问题在于,海量的信息交换使得中心服务器的下载量极大,进而导致网络拥堵问题。这种模式下,中央服务器是网络资源的唯一供给方,而其他所有下载者都是资源的需求方。随着网民爆发式增长以及下载需求激增,这种传统模式通常需要漫长的等待时间,其间掉线成为常态,即便运用断点续传技术,一个文件也需要尝试多次下载,效率极低。

为了解决网络拥堵问题,互联网技术人员利用互联网扁平、高效的天然优势,研发了 P2P 技术(比如 BT 下载技术)。P2P 技术将互联网上每一台计算机都视为服务器,任何一台接入互联网的计算机在下载了某文件后,就会在互联网上多出一个提供该文件下载的"服务器",使得大型服务器的集中下载压力被大大缓解。分布在各个计算机中可供下载的某个文件也有了很形象的名字——"种子"。因此,该模式下所有接入网络的计算机都是一个天然的资源服务器,每台计算机的地位对等,既是资源的需求方,也是资源的供给方。这与传统的中心服务器模式完全不同,真正实现了去中心化。这种模式不仅提高了资源的利用效率,降低了中心服务器的压力,最终提高了网速,更为重要的是其通过人人参与资源的供给,极大地提高了互联网资源的总数和多样性。

P2P 网络借贷继承了互联网中的 P2P 技术思想,将参与 P2P 网络借贷的投资资金当成"种子",利用互联网上的数据流动,将资金进行高效配置。除此之外,每个提供资金的投资者,也可以从 P2P 网络借贷平台获取资金,即 P2P 网络借贷平台的参与者都是对等关系,每个参与者既可以是投资者,也可以是融资者,投资者与融资者通过 P2P 网络借贷平台相互成全,这也是一种自助的思想。与互联网中 P2P 技术相同的是,P2P 网络借贷平台通过人人参与资金的供给,能极大地提高资金供给的数量。P2P 网络借贷平台也包含了去中心化思想,这与传统的银行借贷完全不同。传统的银行借贷,银行是一个中心,是所有存款者的借者,也是所有借款者的贷者。因此,类似 P2P 技术解决中心处理器的带宽有限和网络拥堵问题,P2P 网络借贷能在一定程度上缓解缺乏信用记录和抵押品的个体和小微企业的融资难题,从而最大程度地高效配置闲置资金,提高整个社会资源配置效率。

3) P2P 网络借贷的界定

根据中国银行业监督管理委员会在 2016 年 8 月 17 日发布的《网络借贷信息中介机构业

务活动管理暂行办法》(银监会令〔2016〕1 号),P2P 网络借贷是指个体和个体之间通过互联网平台实现的直接借贷,属于民间借贷范畴,属于受合同法、民法通则等法律法规以及最高人民法院有关司法解释的范畴。网贷业务是以互联网为主要渠道,为借款人和出借人实现直接借贷提供信息搜集、信息公布、资信评估、信息交互、借贷撮合等服务。网贷信息中介机构是指依法设立,专门经营网贷业务的金融信息服务中介机构,其本质是信息中介而非信用中介,因此不得吸收公众存款、归集资金设立资金池,不得为出借人提供任何形式的担保等。

2. P2P 网络借贷的特点

通过 P2P 借贷网络平台,出借人可以自行将资金出借给平台上的其他人,而平台则通过制定各种交易规则来确保放款人以较好的方式将资金借给借款人,同时还会提供一系列服务,帮助借款人更好地进行借款管理。总地来说,P2P 借贷具有以下一些特点。

① P2P 借贷是基于特定信息中介的,该信息中介多以网站的形式存在,直接展示所有的借款申请,投资人可主动选择出借对象。借款需求达成后,借款人了解资金都来源于何人,投资人也了解自己的资金都出借给何人,借贷双方的信息基本对等,尤其是投资人大致能够知道每一笔投资的风险,在一定程度上消除了信息不对称。

② P2P 借贷平台只从用户审核、借贷需求审核和资金定价的角度间接控制全局性风险,不介入单笔借贷风险的经营;既不事先归集资金,更不进行金额与期限的错配,与传统银行吸储放贷的模式存在显著区别。

③ 由于是点对点的直接投资,风险只在借款人与投资人之间传播,P2P 借贷平台不再是风险的聚集和承担中介,因此它不需要为每笔贷款计提风险准备金,也不用遵循有关银行资本金充足率的要求,更不必为了防止挤兑而配置大量流动性、低收益的资产。这是 P2P 借贷业务的本质特点,有利于降低总体资金成本,同时提高资金利用效率。

④ P2P 借贷具有细微、密集的特点,其风险分布总体上符合大数定律。而 P2P 借贷平台的风险控制,主要体现于自动化的模型与算法,通过批量处理借款申请的审核与定价问题,使之能够从总体上接近期望的回报率即可。

⑤ 由于边际成本较低,P2P 借贷平台可以充分发挥借款人与投资人的双边网络效应,即借款人的数量越多,借款需求越旺盛,就会吸引越多的投资人;反之,投资人的数量越多,投资需求越旺盛,就会吸引越多的借款人。在双边网络的正反馈激励之下,平台用户的数量及交易额可以实现指数级的增长,进一步降低平台的运营成本,提高资金的利用效率。

总体来说,基于互联网的 P2P 借贷改变了基于传统银行业的间接资金融通方式,形成了新的借贷模型,使得长期隐藏于地下的民间借贷获得新生。然而,基于互联网的 P2P 借贷并不仅仅是民间个人借贷的互联网化,它更深层次的意义在于"金融脱媒",即采用新型的技术手段与去中心化的思想,改变风险传播模式,扁平化金融中介,提高资金使用效率,让借贷交易双方都能够从中获益,衍生出金融普惠和金融民主化价值。

3. P2P 网络借贷的产生与发展

1) 境外 P2P 网络借贷的产生与发展

(1) 产生背景

孟加拉国经济学家穆罕默德·尤努斯认为,现代经济理论在解释和解决贫困问题方面存在缺陷。1979年,他在孟加拉国国有商业银行体系内部创立了格莱珉(意为"乡村")分行,开始为贫困的孟加拉妇女提供小额贷款业务。1983年10月2日,格莱珉银行正式独立,作为非营利组织,通过开展无抵押的小额信贷业务和一系列的金融创新机制,向贫穷的农村妇女提供担保资金量较小的贷款(即小额贷款),最终不仅创造了利润,还使成千上万的穷人尤其是妇女摆脱了贫困,使扶贫者与被扶贫者达到双赢。格莱珉银行已成为100多个国家的效仿对象和盈利兼顾公益的标杆,其向贫困人口发放贷款的方式自成一体,被称为"格莱珉模式"。这被普遍认为是全球第一家小额贷款组织,P2P小额贷款模式由此产生。2006年,为了表彰格莱珉银行从社会底层推动经济和社会发展的努力,尤努斯与格莱珉银行共同获得了诺贝尔和平奖。P2P小额贷款以前主要是线下模式,直到2005年英国第一个P2P网络借贷平台Zopa出现,乡村银行的网络版——P2P网络借贷,才被广泛传播。

当然,P2P网络借贷毕竟与乡村银行还是有较大的差异。首先,企业性质不同,乡村银行是银行,而P2P网络借贷只是信贷中介。其次,盈利方式不同,乡村银行是银行的模式,它的利润主要来自存贷利差;而P2P网络借贷的盈利点是收取手续费,即向借款人和出借人(主要是向借款人)收取一定数额的手续费,这是P2P网络借贷的主要利润来源。

(2) 发展历程

① Zopa。Zopa是Zone of Possible Agreement(可达成协议的空间)的缩写,它是P2P网贷模式的雏形。2005年3月,英国人理查德·杜瓦、詹姆斯·亚历山大、萨拉·马休斯、大卫·尼克尔森4位年轻人共同创办了全球第一家P2P网贷平台Zopa,并在伦敦上线运营。

Zopa将其自身定位为一种连接投资者与借款者的网络平台:借款者登录Zopa网站上传借款申请;经过Zopa的匹配,投资者借钱给他们,并获得一笔不小的贷款利率作为回报。而Zopa收取投资者总资金的1%作为手续费,收取借款者30~610英镑不等的手续费。

Zopa成立后,以新颖的运营模式获得社会与大众的广泛关注,注册会员大量增多,从开始的300名会员到2007年的14万会员,借贷款总额也一路飙升。2011年,Zopa与英国其他两家大型P2P借贷公司Funding Circle和Rate Setter共同成立了英国P2P金融协会,用于对行业自律监管,促进P2P市场发展。2012年,罗特席尔德家族(Jacob Rothschild,英国老牌银行家族)对Zopa投资,同时英国政府也向其发放9万英镑,帮助其运营、发放贷款。

目前,Zopa是英国最大的P2P网络借贷平台,它自成立以来共进行过4轮融资,总共获得7160万英镑用于平台的发展。Zopa主要的借款用途有汽车贷款、偿还信用卡贷款、用于购买家庭必需品的消费贷款等。

② Prosper。2006年2月,美国第一家P2P借贷平台Prosper上线运营。它属于营利性网络借贷平台,但只提供交易,属于典型的单纯中介型P2P网络借贷平台。从2006年1月至2008年1月,Prosper已促成了1.17亿美元的贷款交易,在美国国内的注册会员已达到58万人,到2011年初注册会员更是达到98万多人,业务范围也由美国扩展到意大利、日本等地。Prosper的快速发展最终引起了美国监管部门的注意,美国证券交易委员会认为平台实际是在经营投资和金融产品,2008年勒令平台关闭。然而,2009年美国加州政府允许Prosper重新开业,继续从事P2P网络借贷业务,并接受美国证券交易委员会的监管。

Prosper的商业模式具有以下特点:一是借贷双方在网络平台上自主交易,Prosper不会干预其交易过程;二是出借人根据借款人的个人经历、朋友评价和社会机构的从属关系来对其进行审查;三是为控制信用风险,Prosper对所有借款人进行信用评级并据此确定其借款利率,信用等级由高到低依次为AA、A、B、C、D、E和HR(High Risk,高度危险)。

③ Kiva。Kiva 成立于 2005 年,是一个联系着欧美国家出借人与发展中国家借款人(以企业为主)、提供跨境小额贷款服务的非营利性 P2P 网络借贷平台,它以消除贫困为宗旨。截至 2011 年,Kiva 的注册借款人数超过了 74 万,已经为 60 多个国家提供了近 3 亿美元的无息贷款,贷款偿还率高达 98.94%。

Kiva 采取“批量出借人＋小额借贷”的形式开展业务,这种模式有三个特点:一是 Kiva 不以盈利为目的,其借款人为发展中国家的低收入企业,主要向它们提供集体贷款、住房贷款和农业贷款三种类型的贷款;二是 Kiva 利用国际贸易支付工具 PayPal 实现跨国资金的放贷,即时支付,即时到账,放贷过程快速、便捷;三是 Kiva 不与借款人直接联系,而是通过各地的合伙人来间接放贷。

④ Lending Club。Lending Club 是第一家在纽约交易所挂牌上市的 P2P 公司,也是全球最大的撮合借款人和投资人的线上 P2P 金融平台,占有美国 P2P 市场 75% 的份额。Lending Club 的发展经历了三个阶段。

第一个阶段(2006 年 10 月—2008 年 4 月)为创立初期阶段。

Lending Club 于 2006 年 10 月在美国特拉华州成立,并于 2007 年 5 月在 Facebook 上以应用的形式运营。它借助网络平台的高传播特性以及朋友彼此之间互相信任,撮合借款双方。借款人可以在应用中发出借款请求,因为 Facebook 中多为其认识的朋友或同学,所以这种方式在增加借款成功率的同时,也增强了借款的私密性。2007 年 9 月,Lending Club 网站上线,全面开展 P2P 网络借贷业务。

第二个阶段(2008 年 4 月—2008 年 10 月)为静默期阶段。

2008 年伴随着金融危机的发生,美国证券交易委员会加强了对 P2P 贷款公司的监管,认定贷款凭证为证券,要求所有 P2P 网络贷款平台向其登记并申请开展业务许可。Lending Club 自 2008 年 4 月开始停止业务并向美国证券交易委员会提出申请,平台进入静默期。但是,Lending Club 仍将继续为之前筹集的贷款提供服务,贷款人成员仍可以查询账户,管理之前的贷款和撤出可用的资金。

第三个阶段(2008 年 10 月至今)为发展期,即新模式运营阶段。

2008 年 10 月 14 日,Lending Club 成功向美国证券交易委员会注册后重新开业,并开始通过发行会员支付凭证来向借款人贷款。Lending Club 通过与美国联邦存款保险公司(FDC)担保的犹他州特许银行(WebBank)合作,由 WebBank 向通过审核的借款用户放贷,WebBank 再将贷款以凭证形式卖给 Lending Club,并获得由 Lending Club 发行会员支付凭证的资金。

Lending Club 利用互联网模式建立了一种比传统银行系统更有效率、能够在借款人和投资人之间自由配置资本的机制。通过 Lending Club 的平台,借款人和小微企业可以获得更低的利率,投资人也可以获得较好的收益。

2) 境内 P2P 网络借贷的产生与发展

(1) 产生背景

大多数企业和个人以往主要通过商业银行信贷业务进行融资,这是商业银行重要的收入来源。2008 年的金融危机,使得金融体系受到巨大的损伤,实体经济信贷需求萎缩,金融机构“慎贷惜贷”心理蔓延。与此同时,监管者加强了宏观审慎和微观审慎监管,各项监管指标随之提高,客观上导致了金融抑制,金融服务可获得性的难度提高,在中小企业等信用等级较低、资金需求比较急切、缺乏抵押和担保的高风险领域,能获得的金融机构支持开始减少,而民间借贷的融资成本过高,使得融资难成为小微企业发展需要解决的重要问题。

　　与此同时,随着经济水平的提高、居民收入的增长,人们的物质需求也大大增加,具有稳定的工作、较高的收入水平和良好的信用观念的群体规模不断扩大。他们对生活品质有较高的追求,却没有充足的积蓄,是小额贷款的优质客户。然而,商业银行信贷却忽视了这一群体,使他们的资金需求无法得到满足。

　　在上述背景下,一种依托于网络的新型金融服务模式"P2P 网络借贷"出现了。一方面,因为 P2P 网络借贷尚未定性,处于监管真空状态,尤其在我国严格的金融准入制度下,成为民间资本进入金融领域最便捷的入口;另一方面,P2P 网络借贷使部分不能得到银行表内业务满足的信贷需求,包括符合信贷条件但需要出表的和本来就在银行服务之外的信贷需求,得到了一定的满足。因此,越来越多的人开始认可 P2P 网络借贷这种新兴的模式,P2P 网络借贷逐渐成为民间借贷的重要方式,受到小额民间借贷者的追捧和社会的广泛关注,一定程度上成为商业银行贷款业务的竞争者。

　　(2) 发展历程

　　中国的 P2P 网络借贷经历了五个发展阶段。

　　① 萌芽期(2007—2010 年)。P2P 网络借贷于 2007 年正式进入中国,拍拍贷是境内第一个注册成立的 P2P 网络借贷平台。同期,宜信、红岭创投等 P2P 网络借贷平台也相继出现。但从总体来看,2007—2010 年间,我国社会融资的需求和导向还没有从资本市场中转移,大部分资金集团还寄希望于资本市场的再次转暖,尽管市场对于新形式的融资平台期望较高,但是从业者较少。

　　② 膨胀发展期(2011—2012 年)。2011 年,随着利率市场化、金融脱媒以及民间借贷的火爆,P2P 网络借贷呈现出爆发性的发展态势,P2P 网络借贷平台的交易量达到 31 亿元,2012年增长到 216 亿元。在这期间,由于门槛低,缺少必要的监管和法规约束,各种劣质的 P2P 网络借贷产品也大量地涌向市场,公司资金链断裂、投资者血本无归、欺诈事件等频发。2011 年9 月,号称"中国最严谨的网络借贷平台"的哈哈贷由于资金链断裂,宣布暂停服务。随后,中国银监会办公厅发布了《关于人人贷有关风险提示的通知》,警示人人贷存在着 7 大风险。此后,多个 P2P 网络借贷平台接连发生恶性事件,给我国正常的金融秩序带来了不利的影响;市场也因此重新审视 P2P 网络借贷行业的发展,对行业的期待开始回归理性,各 P2P 网络借贷平台组成行业联盟、资信平台,并积极寻求与中国人民银行征信系统的信用数据对接,市场呼唤法律法规的监管。

　　③ 行业整合期(2013—2014 年)。随着 P2P 网络借贷风险的大规模爆发,投资者开始具备一定的风险意识,市场逐渐向理性回归,市场上的劣质企业被淘汰,P2P 网络借贷平台的数量增速放缓,幸存下来的优质 P2P 网络贷款平台具有更多的话语权。我国个人及中小企业征信系统因 P2P 网络借贷风险控制体制短板的补足而进一步完善;同时,P2P 网络借贷的本土化进程基本完成,整体市场形成三足鼎立局面:首先是更多的国有金融机构以子公司或入股已有 P2P 网络借贷平台的方式,参与 P2P 网络借贷市场的竞争;其次是资历较深的正规 P2P 网络借贷平台经过行业整合,实力进一步加强;最后是地区性、局部性以及针对特定行业的小规模 P2P 网络借贷平台。

　　④ 监管整顿期(2014—2017 年)。2014 年 3 月,中国银监会发布 P2P 网络借贷平台"四条红线",明确平台的中介性质,明确平台本身不得提供担保、不得将归集资金搞资金池、不得非法吸收公众资金。2014 年 9 月,又提出了 P2P 网络借贷"十条监管原则"。从"四条红线"到"十条监管原则",从中国银监会设立普惠金融部门到国家释放各种信号鼓励互联网金融的发

展,表明了国家对 P2P 网络借贷平台的合规性要求越来越详细,同时鼓励互联网金融创新,在政策上对 P2P 网络借贷平台给予了大力支持,关于 P2P 网络借贷的监管细则和法律法规相继出台,P2P 网络借贷行业逐步进入牌照经济时代。这一时期是以规范监管为主的政策调整期。

⑤ 规范发展期(2017 年至今)。自 2016 年 8 月《网络借贷信息中介机构业务活动管理暂行办法》出台后,按照网络借贷行业"1+3"(一个办法三个指引)制度体系,中国银监会会同相关部门分别于 2016 年底和 2017 年初,发布了《网络借贷信息中介机构备案登记管理指引》《网络借贷资金存管业务指引》。随后,中国银监会研究起草了《网络借贷信息中介机构业务活动信息披露指引》及其信息披露内容说明。《网络借贷信息中介机构业务活动信息披露指引》的出台,标志着网络借贷行业"1+3"制度体系基本搭建完成,初步形成了较为完善的制度政策体系,行业的基本政策制度架构完成,基本实现了监管有法可依、行业有章可循,P2P 网络借贷行业进入规范发展期。

4. P2P 借贷的作用

① 传统的金融机构难以覆盖全国市场,大量消费者、个体工商户和小微企业的借款需求无法得到满足。P2P 平台的存在能为这类群体提供一定的资金供给,又可以通过适当的方法控制风险,使得总体信用环境有所改善,从而实现帕累托改进。

② 征信数据稀少是借贷业务的先天不足,但是 P2P 借贷业务的开展,有利于这一状况的改善。通过尽职调查,大量借款人的信用数据被汇集,信用档案得以建立,为其日后的信用活动奠定了数据基础。事实上,通过建立信用数据共享机制,将分散的借款人信用档案进行汇集,可以在很大程度上弥补央行征信和商业征信的不足。

③ 将借贷人的信用状况同其借贷成本相结合,对信用良好的借款人给予较快速和较低成本的民间借款,这不仅有利于整体信用环境的建设,而且有利于对投资者进行市场教育,提高其风险选择和风险自负意识。

④ 规范运营的 P2P 借贷平台通过对空白市场的开拓来获取立足点,经过数年的经营,已经逐渐建立面向小微信贷市场的核心金融能力,在用户筛选、信用评估、风险发现、风险控制和风险缓释等风险管理的诸多方面积累了丰富的经验,日益向正规化发展。

⑤ 核心金融能力的增强和信用数据的积累,使得部分 P2P 借贷平台具备独立开展征信工作和标准化小额信贷技术输出的能力。通过开辟第三方征信业务、强化数据审贷技术等工作,传统金融机构的负担有所减轻,使其能更专注于核心业务,为在更大范围内改善金融市场效率提供了可能性。

⑥ P2P 借贷市场逐步表现出利率市场化的趋势,对于不同区域、行业、信用资质的借款人,平台给出的综合借款利率各不相同,并受到平台之间竞争的影响,这种局部的利率市场化为未来的全面利率市场化提供了一个近距离观察窗口。

P2P 借贷在进入中国之后产生了较大的变化,这一变化由中国的特殊国情决定,虽然存在明显不足,但是也表现出巨大的发展潜力和价值。国内 P2P 借贷的高成本和高风险依然是时刻悬在行业头顶的达摩克利斯之剑。采取有效措施降低 P2P 借贷平台的融资成本和潜在风险,是中国 P2P 借贷业务发展的关键所在。

6.2.2　P2P 网络借贷的业务模式

P2P 借贷作为一种基于网络平台的点对点借贷模式,至少包含了三个参与方:借款人、平台和投资人,如图 6-5 所示。

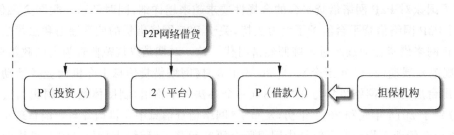

图 6-5　P2P 网络借贷结构示意

国外的平台大多从网络上直接获取借款人和投资人,直接对借贷双方进行撮合,不承担过多的中间业务,模式比较简单。相对而言,国内的 P2P 借贷行业则根据具体国情、地域特色和平台自身优势,对 P2P 借贷的各个环节予以细化,形成了多种多样的"P2P 借贷"模式。目前,在行业汇总被广泛采用的业务模式主要包括纯线上、债权转让、担保/抵押、O2O、P2B 模式和混合模式。

1. 纯线上 P2P 网络借贷模式

纯线上 P2P 网络借贷模式是最早的 P2P 网络借贷平台运作模式,平台本身只提供基本的信息中介服务。在此模式下,平台的工作只是对借款人进行资料审核,挑选出合格的借款者,然后将其借款需求发布在网上,供投资人选择。

这种模式最大特点是借款人和投资人均从网络、电话等非物理渠道获取,多为信用借款,借款额较小,对借款人的信用评估、审核也多通过网络进行。这种模式比较接近于原生态的 P2P 借贷,注重数据审贷技术,注重用户市场的细分,侧重小额、密集的借贷需求。纯线上模式承担的风险较小,对借贷技术的要求较高,但由于运营难度较大,存在一定的局限性。比较典型的是拍拍贷。拍拍贷是最早开展纯线上 P2P 网络借贷模式的平台。在拍拍贷平台上,借款者先发布借款列表(称为"发标"),该列表列出了其希望筹集的资金额度。随后,由借款者上传相关资料,拍拍贷平台初审通过后才会放入散标列表中供投资者投标。投资者投标后的资金会被锁定。

需要指出的是,在拍拍贷平台上,只有满标,借款者才能获得资金;否则就成为流标,意味着借款失败。所谓满标指的是投资者投标的资金之和达到借款者希望筹集的资金数额。拍拍贷平台设置"满标才能融得资金"的原因有两个:一是给借款者设置一个借入门槛,即并不是只要有投资者投标就可以融得资金,只有充分数量的投资者投标才可能融得资金,这迫使借款者提供足够多的信息,让投资者预期其投资是安全、可靠的;二是让借款者在融资额度和融资成功率之间权衡——借款者的融资额度越大,其融资成功之后融得的资金就会越多,但提高融资额度,需要更多的投资者投标,而这会降低融资成功概率,因此借款者需要小心谨慎地提出自己的融资额度。需要特别指出是,融资失败的记录会保存在拍拍贷平台上,而这种记录有可能对下次融资产生不利影响。在拍拍贷平台上,借款者往往同时从多个投资者中融得资金;相对应的是,投资者往往向多个借款者提供资金。此外,投资者的投资期限等于借款者的借款期限,无期限错配。

这种纯线上的运作模式几乎不会触及法律红线,法律风险较小,是最纯粹的 P2P 网络借贷模式。然而,这种模式也存在一些问题。在中国的信用环境下,如果不对借款者进行线下调查而单纯只进行线上审核,投资者会由于投资标的风险过大而不敢投资。因此,这种模式需要平台对借款者提供的资料有非常强的识别能力,即需要非常强大的风控能力。然而,这种风控能力十分依赖于前期的数据积累,因此这种要求只适合成立非常早的 P2P 平台。这也是为什么仅仅只有拍拍贷等极少数早期成立的平台采取如此模式的重要原因。

2. 债权转让模式

债权转让模式是在纯线上 P2P 网络借贷模式基础上发展起来的。在该模式下,借贷双方并不直接签订债权债务合同,而是由 P2P 网络借贷平台或者第三方(主要是专业放贷人)先行放款给借款者形成债权,然后 P2P 平台或者第三方再将债权拆分卖给投资者。这种模式大大简化了交易步骤,提高放贷速度,缩短了投资与融资相互匹配的等待时间。除此之外,通过专业放贷人线下审核借款人信息,能尽可能地缓解借贷双方的信息不对称。

债权转让模式中,还有一种比较特殊的类型,即小额贷款公司和担保机构通过建立自己的 P2P 平台或者与其他 P2P 平台合作,将自己的小额信贷资产或担保产品通过 P2P 平台销售给平台的投资人。这一过程类似于信贷资产证券化,只是转移标的不是资产,而是债权。本质而言,P2P 平台演变成一个网络销售平台,如陆金所和有利网。陆金所将平安担保产品证券化销售,有利网则是将大量的小额贷款公司的信贷资产打包成理财产品销售。

债权转让模式下的 P2P 平台性质与其他模式存在显著差异:由于专业放贷人的存在,平台在一定程度上充当了金融机构的角色。债权转让模式相对于纯线上平台模式,平台在资金借贷过程中的介入性要高得多。在债权转让模式中,债权一定要在资金的转移之前形成,否则可能会触犯非法集资或者非法吸收公众存款罪。

3. 担保模式

在 P2P 网络借贷平台运行时,并不能完全确保借款者提供信息的真实性,投资者的信息弱势非常明显。在这种情形下,投资者对于网络借贷会存在信心不足问题,而这会影响 P2P 网络借贷平台发展壮大。据此,为了提升投资者参与平台交易的信心,P2P 网络借贷平台引入担保模式。担保模式有两种:一是 P2P 网络借贷平台引入第三方担保公司进行专业担保服务,然而,引入第三方担保机构(甚至是小贷公司)模式会涉及较多的关联方,若此时 P2P 平台不够强势,则会失去交易定价权,进而处于交易附庸地位;二是 P2P 网络借贷平台承诺,以自有资金为投资人提供本金(及利息)保障。P2P 平台或者第三方担保公司通过向借贷双方收取手续费来累积担保资金。

因为国内较多的投资者对风险与收益的联系还没有足够的理性认识,对本金乃至收益的"保证"较为偏好。因此,担保模式在国内非常流行,但是国外很少采用这种模式。

担保模式也存在许多不足的地方。由于许多平台既没有明确说明风险备用基金(保证资金)的来源、使用情况和动态规模,也没有明确说明承担风险的责任主体和平台是否仅以风险备用基金为限提供保障资金,这使得担保模式的担保本身就有风险。如果担保业务出现问题,平台就会遭受损失,这源于担保模式是把借款者的风险保留在 P2P 平台之内。此外,参与担保业务的 P2P 平台还存在过度担保问题,一些净资产只有几百万元甚至数十万元的 P2P 平台,其担保的贷款余额可能达到几千万元,远超过担保机构十倍杠杆的监管要求。这种过度担保,对于 P2P 平台的稳健发展是非常不利的。

此外,在进行担保业务时,P2P 平台需要注意以下两点来规避法律风险。第一,要看是否有融资性担保的收入。若 P2P 平台有融资性担保收入,则其具有融资性机构的担保行为,需要监管部门授予其资质。第二,风险资金池不能变相为吸收公众存款的资金池。

4. O2O 模式

O2O 模式在 2013 年引起较多关注,主要特点是借贷平台和借款人由投资人和小贷公司分别开发,前者专心改善投资体验,吸引更多的投资者;后者专心开发借款人,业务规模可以迅速扩张。但是,这种模式容易割裂完整的风险控制流程而导致合作双方的道德风险,容易造成平台为吸引投资人而忽视借款客户审核,尤其是小贷公司全力扩大借款人数量而降低审核标准。

5. P2B 模式

该模式在 2013 年获得较大发展,其中 B 指的是企业(Business)。这是一种个人向企业提供借款的模式。P2B 模式的特点是单笔借贷金额高,从几百万元至数千万元乃至上亿元,一般都会有担保公司提供担保,而由企业提供反担保。该模式需要 P2P 借贷平台具备强大的企业尽职调查、信用评估和风险控制能力,否则即使有担保、有抵押,单笔借款的违约可能就会打破担保公司的保障能力。同时,该模式不再符合小微、密集的特点,投资人不易充分分散投资、分散风险,相关压力转移至平台,对平台的风险承受能力提出了更高的要求。

6. 混合模式

许多 P2P 借贷平台在借款端、产品端和投资端的划分并非总是泾渭分明。例如有些平台既通过线上渠道开发借款人,也通过线下渠道开发借款人;有些平台既撮合信用借款,也撮合担保借款;还有些平台既支持手工投标,也支持自动投标或定期理财产品。这些平台可统称为混合模式。

总地来说,纯线上平台的数目较少,线下平台多采用债权转让模式;大量线上平台都采用担保模式;真正的 O2O 模式平台数量不多,但是同时承担线下开发借款人、线上开发投资人职责的平台极多;第三方交易平台刚刚出现;P2B 模式平台数量不多,发展速度极快;混合模式平台的数目增长也较快。上述模式之间也经常存在交叉,尤其是与担保模式形成交叉,例如 P2B 模式平台和 O2O 模式平台大都会引入担保机制。

6.3 互联网众筹

6.3.1 互联网众筹的科学概念

众筹(Crowdfunding)即大众筹资或群众筹资,在美国有时也叫作"众投",在法国称作"参与性融资"。

1. 众筹概念的起源

18 世纪,众筹的雏形出现了。在当时,有很多文艺作品都是以一种"订购"的方法来完成的。比如,利用这种方式,莫扎特和贝多芬去筹集资金,他们寻找订购者,让这些订购者提供资金,当作品完成时,订购者会获得协奏曲的乐谱副本或一本写有他们名字的书,或是成为音乐会的首批听众。类似的情况,还有竞选募资、教会捐赠等。

众筹作为一种商业模式,最早起源于美国,距离现在有十多年的历史了。众筹先锋平台美国 ArtistShare 公司早在 2001 年就已经诞生,该平台资助的音乐人多次获得格莱美奖。美国学者迈克尔·萨利文在 2006 年致力于建立一个融资平台,名为 Fandavlog,他第一次用"众筹"这个词语对 Fandavlog 的核心理念进行了解释。在该平台上,项目发起人被允许采用播放视频的方式,通过互联网吸引潜在投资者对项目进行融资。虽然最终该平台的建设失败了,但通过迈克尔·萨利文在博客上对该平台的工作进度进行持续发布以及在维基百科上对众筹进行定义,众筹被纳入了公众视野。

2009 年 4 月,世界上最大同时也是最负盛名的众筹平台 Kickstarter 网站正式上线。该网站创立不久后就为入驻其中的创意项目成功地募集到了资金。由此,这种全新的融资模式受到了社会的广泛关注。随后,麦克米伦词典和牛津词典分别于 2010 年 2 月和 2011 年 11 月收录了群众募资(Crowd Funding)一词。

2. 众筹的含义

百度百科对众筹的定义:众筹是指用"团购+预购"的形式,向网友募集项目资金的模式。众筹利用互联网和 SNS(Social Networking Services,社会性网络服务)传播的特性,让小企业、艺术家或个人对公众展示他们的创意,争取大家的关注和支持,进而获得所需要的资金援助。

众筹是一种全新的项目投融资方式,项目发起人通过互联网众筹平台介绍和宣传自己的项目,合格的投资者对感兴趣的项目进行少量投资,使发起人筹集到项目运行资金。在相当一部分众筹活动中,投资者还积极参与项目谋划与实施过程,促使产品能够更好地适应市场需要。这种用"团购+预购"形式向网友募集项目资金的模式,可以有效集聚众多互联网网民的闲余资金,积小成大并形成一股较强的合力。通过给有创意的人提供资金支持,每个人的小额资金都可以创造价值,实现互利共赢。

3. 众筹的特点

作为一种新型的、有别于传统金融的融资方式,众筹以互联网为依托,借助信息平台和社交网络,实现投融资双方需求的对接和撮合,满足了创意经济和小微经济的需求,并具有以下特点。

(1) 开放性

相对于传统的融资方式,众筹更为开放,其特点是草根化、平民化,发起与资助都和年龄、身份、职业等无关,也不再把项目的商业价值作为能否获得资金的唯一标准。企业在平台网站上展示项目,让更多的媒体、消费者和投资人获取项目信息,只要是网友喜欢的项目,都可以通过众筹方式获得项目启动的第一笔资金,为更多的小本经营者或创作者提供了无限可能。

众筹为普通民众提供了直接参与金融市场的渠道,缓解了资本市场资金紧张而民间资本投资无门的双重问题。

(2) 多样性

众筹的领域具有多样性,项目类别涉及科技、设计、音乐、影视、食品、漫画、出版、游戏、摄影等多种行业。

(3) 大众性

依靠大众的力量,支持者通常是普通的草根民众,而非公司、企业或风险投资人;额度小、门槛低,从数百元开始,大多为一万到十万元的规模,聚少成多。

(4) 社交性

众筹融资实际上是发动网络上的"陌生人"参与项目投资,借助互联网的社交属性,让互不相识的投融资者双方在众筹平台上进行交流,了解项目的创新性和可行性,从而促成融资的成功。众筹平台的获客能力和网络社交影响力,在很大程度上决定了项目融资的成功率。

(5) 风险性

尽管众筹通过分散化的方式可以降低投资风险,但作为一种新型的金融模式,它仍有其自带的风险。比如,项目没有达到预期众筹金额后的退款难题,因供应链产能不足导致的未按期发货等。众筹平台有项目审核和风险预警的义务,但不可能对风险完全兜底,更多是承担信息撮合的角色。

4. 众筹的功能

(1) 风险投资的补充

众筹可以有效解决那些不适合批量生产的产品的资本来源,满足人们日益增长的对个性化产品和服务的需求。不适合批量生产意味着融资规模相对较小而且成本高,风险与收益不成正比,难以吸引风险投资机构。

(2) 吸引潜在客户群与未来投资者

众筹模式不但可以带来启动资金,还可以把产品从小众推向消费级市场。对于一些不缺钱且相对成熟的项目,众筹平台可以作为一种营销渠道。众筹平台用户普遍勇于尝试新鲜事物,对许多以创意取胜的项目来说,这是十分重要的。此外,众筹网站还可能作为风险投资者发现创新项目的重要平台。

(3) 参与主体价值多元化

众筹平台融资者往往存在多重目标,除融资目标外,还包括获得资源、外部技术及管理经验等帮助目标。投资者参与众筹的目的主要涉及慈善行为、享受行为(享受和融资者互动和创新的过程)、特殊荣誉、特别体验机会和独特价值服务等因素。投资者和融资者不局限于单纯的资金借贷本身,交易关系更为融洽,交易活动的目的更为丰富,距离更为贴近。

5. 众筹的类型

按照筹资方式的不同,众筹大致可分为四类:募捐类(Donation)、奖励类(Reward)、借贷类(Lending)、股权类(Equity)。

(1) 募捐众筹

募捐众筹是指在筹资过程中,投资者不获得任何实质性的补偿,募捐众筹主要适用于红十字会等非政府组织(Non-Governmental Organisation,NGO)对特定项目募捐或提供戴帽贷款。由于 NGO 发起的特定项目款项具体用途明确且具有社会公益性,并在项目运作中会保持较高的透明度,出资人往往更愿意捐赠。一般来说,募捐众筹所涉及的项目金额相对较小。

(2) 奖励众筹

奖励众筹是一种基于预购和奖励的筹资方式,这也是国内目前最流行的众筹类型。预购众筹是指项目发起人通过在线发布拟推出产品或服务信息,并辅之以优惠价格,对此产生兴趣的投资者可以选择支付购买,从而完成项目融资。这在一定程度上能够对传统的市场调研予以替代,并直接进行需求的有效分析。奖励众筹与预购众筹的区别在于项目发起人不提供增值产品或服务给投资者,通常回报为象征性奖励,如 VIP 资格或印有 logo 的文化衫等;电影和音乐等创意项目的融资主要通过奖励众筹进行。

(3) 借贷众筹

借贷众筹是指项目发起人通过众筹平台承诺在约定时间内对若干投资者偿还其出资金额的筹资方式。众筹网站在其中主要发挥借款中介作用,但也有网站提供还款担保。借贷众筹与 P2P 网贷不同,P2P 网贷投资额大小不一,强调的是资金需求者和资金供给者的自动撮合,而借贷众筹每位投资者投资额均等,相对弱化了风险。

(4) 股权众筹

股权众筹是指项目发起人以出让股权的方式换取投资者出资。股权众筹中项目发起人通常为初创企业,而众筹网站则充当类似证券交易一级市场角色,投资者获得股权回报,与项目发起人共享收益、共担风险。

6. 众筹活动的主体

众筹融资的业务模式:项目发起人在平台注册、提交和发布融资项目,众筹平台根据其成长性、市场前景等标准对融资项目进行筛选,公布项目的融资目标、天使投资者等信息,向潜在的投资者推荐,并建立投资者和项目发起人之间的联系,提供沟通渠道。如果投资者决定投资该项目,就通过网络完成相关支付、转账以及其他财务和法律手段,项目发起人则承诺给投资者股权、产品或其他形式的投资回报。

根据上述众筹融资的基本模式,可以看出众筹活动主体分为三类。

1) 项目发起人(筹资人)

项目发起人作为项目的直接发起者、资金筹集者以及日后项目经营者,在项目创意与项目经营上具有优势,其主要工作内容是向外界展示项目创意、项目风险、项目前景以及资金需求等,日后开展项目经营,分享项目成果。具体工作按流程主要包括:项目申请、收获筹资、项目经营以及成果分配,如图 6-6 所示。

图 6-6　项目发起人工作流程

(1) 项目申请

项目申请即向众筹平台提交项目融资请求,主要内容包括申请人信息、项目名称、项目团队介绍、图片或视频式的项目描述、筹资额度与期限、项目进展与风险、项目承诺与回报等。

(2) 收获筹资

收获筹资表明项目申请已通过众筹平台审核,并在设定的期限内完成了设定的筹资额,发起人可以顺利通过众筹平台得到支持者投资的资金。如果未能在期限内将设定的筹资额完成,筹资就此失败,发起人不能收获筹资。通常收获筹资的金额为期限终止时实际筹资额的90%~100%,众筹平台的佣金及服务费就来自剩余资金。

(3) 项目经营

项目经营是发起人收获筹资后的重要工作,也是发起人融资的最终目的。为了保证项目经营的顺利实施,出资人需要对项目进行监管,发起人也有义务定期向出资人发布项目经营信息。

(4) 成果分配

成果分配是发起人最后的工作,也是向出资人实现承诺发放回报的信用体现。如果项目经营成功,发起人需要在预先约定的时间完成承诺的回报;若未能在约定的期限内实现承诺,视作项目经营失败,成果分配的义务发起人后期可不再履行。

项目是具有明确目标的和可以完成的且有具体完成时间的非公益活动,如出版图书、制作专辑或生产某种电子产品。项目不以债券、股权、利息、分红等资金形式作为回报。项目发起人必须具备一定的条件,如年龄、国籍、银行账户、资质和学历等。项目发起人对项目拥有100%的自主权,不受任何第三方控制,完全自主。项目发起人要与中介机构(众筹平台)签订合约,明确双方的权利和义务。

项目发起人通常是需要解决资金问题的创意者或小微企业的创业者,但也有个别企业为了加强与用户的交流,在实现筹资目标的同时,强化众筹模式的市场调研、产品预售和宣传推广等延伸功能,以项目发起人的身份号召公众(潜在用户)介入产品的研发、试制和推广,以期获得更好的市场响应。

2) 中介机构(众筹平台)

众筹平台作为发起人与出资人的中介机构,具有专业化服务及平台优势,其主要工作内容是以保护发起人与出资人的利益为前提,为项目资金筹集牵线搭桥。具体工作流程主要包括项目审核、项目展示、筹资管理和收获佣金,如图 6-7 所示。

图 6-7 众筹平台工作流程

(1) 项目审核

项目审核是众筹平台工作的开始,也是决定项目能否参加众筹融资的关键。众筹平台在收到项目申请后,需要审核项目申请内容,对申请信息的完备性、真实性及项目可行性进行评估。只有满足完备性、真实性以及可行性的要求,项目申请才能通过审核。

(2) 项目展示

项目展示表明项目审核已经通过,并通过众筹网络平台向外展示。项目展示包括项目预展示与项目展示。项目预展示主要目的是为了争取网民的关注,获得市场反馈,从而调整项目内容,以确保后期项目展示能筹集到足够的资金。项目展示的内容包括项目详细介绍、筹资金额、筹资期限、支持方式以及项目回报等。

(3) 筹资管理

筹资管理即在发起人预先设定的筹资期限内对所筹集资金进行日常管理,以及筹资期结束后,对实际筹资额的分配。筹资期结束后,若实际筹资达到或超过预先设立的筹资额,则表示筹资成功,筹资平台从中抽取一定的佣金及服务费后,将剩余资金及时交给发起者;若实际筹资额小于预先设立的筹资额,表明筹资失败,筹资平台需要将实际筹资额返还给出资人,众筹平台并不收取任何佣金及服务费。

(4) 收获佣金

收获佣金即在筹资成功后,按照预先约定的佣金比率(一般为 0%～10% 不等),从实际筹资额中抽取少部分作为项目佣金及服务费,这也是众筹平台收入的体现形式。

中介机构是众筹平台的搭建者,也是项目发起人的监督者和辅导者,还是出资人的利益维护者。上述多重身份的特征决定了中介机构(众筹平台)的功能复杂、责任重大。首先,众筹平台要拥有网络技术支持,根据相关的法律规定,运用虚拟运作的方式,在虚拟空间内发布项目发起人的创意和融资需求信息,实施这一步骤以在项目上线之前进行细致的实名审核为前提,并且确保项目的内容完整、可执行和有价值,确定没有违反项目的准则和要求。其次,在项目筹资成功后要监督、辅导和把控项目的顺利展开。最后,当项目无法执行时,众筹平台有责任和义务督促项目发起人退款给出资人。

3) 公众(项目支持者)

项目支持者作为项目所筹资金的来源方,具有资金优势,他的主要工作内容是以发挥自身资金优势为前提,支持、监督项目实施,并获得项目成果分享。具体工作按流程主要包括项目评估、项目支持、项目监管和收获回报,如图 6-8 所示。

图 6-8　项目支持者工作流程

（1）项目评估

项目评估是项目支持者在决定对该项目出资前的调研评测工作，包括评估项目的可行性、市场前景、项目预期的成果形式等。

（2）项目支持

项目支持是支持者对项目的实际投入工作，当前在我国主要形式为资金支持。支持者只需要按照众筹平台的指导，在网上即可完成项目资金的支持工作。

（3）项目监管

项目监管是出资人为了确保项目经营的顺利实施，定期或不定期地与发起人进行沟通。项目发起人也有义务定期向项目出资人发布项目经营信息。

（4）收获回报

收获回报是出资人参与众筹融资的最终收益体现形式，发起人需按约定发放对支持者承诺的回报。当前在我国，众筹融资的发展并不明朗，为了与非法集资相区分，很多众筹平台均规定不得以红利、股权等形式作为承诺回报，而必须以实物资产的形式，如项目最终产品等。

支持者往往是数量庞大的互联网用户，他们利用在线支付的方式对自己感兴趣的创意项目进行小额投资，每个出资人都成为了"天使投资者"。

公众所投资的项目成功实现后，对于支持者的回报不是资金回报，而可能是一个产品样品，例如一块手表、一张唱片或是一场演唱会的门票。出资人资助创意者的过程就是其消费资金前移的过程，这使生产和销售等环节的效率得到了提高，生产出原本依靠传统融资模式而无法推出的新产品，也满足了支持者作为用户的小众化、细致化和个性化的消费需求。

7. 网络众筹的一般流程

网络众筹融资模式的主要目标是实现资金供需的匹配，需要发起人、众筹平台、支持者共同完成，如图 6-9 所示。整个运作流程可分为 4 个阶段：项目提交及筛选、项目推介及融资、项目投后管理以及项目投资收益分配。

（1）项目提交及筛选阶段

项目发起人将拟筹资项目信息，包括项目介绍、拟筹资金额、筹资期限、项目的回报方式等信息上传至众筹平台。众筹平台通过约谈项目负责人、核对申请材料、尽职调查等手段对拟融资项目进行审核，审核的范围具体包括但不限于项目信息的真实性、完整性、拟融资项目的可执行性以及投资价值，经过众筹平台严格的审核评估之后，最终确定是否让该项目上线融资。

（2）项目推介及融资阶段

拟融资项目通过审核后，众筹平台将项目的详细信息与融资需求对外发布，供支持者（投资人）网上阅览。用户在众筹平台上注册个人信息并申请成为投资人。投资人基于对众筹平台上的项目评估，并结合自身的投资经验、风险承受能力与期望收益水平，对合适的项目进行投资。在筹资日期内，如果募集资金达到拟融资金额，则筹资成功；如果募集资金未达到预定融资目标，则筹资失败，投资人已出资的投资资金由众筹平台返还给投资人。需要特别说明的是，如果募集资金未达到预期融资目标，经与发起人协商，如果发起人同意，也视为筹资成功。

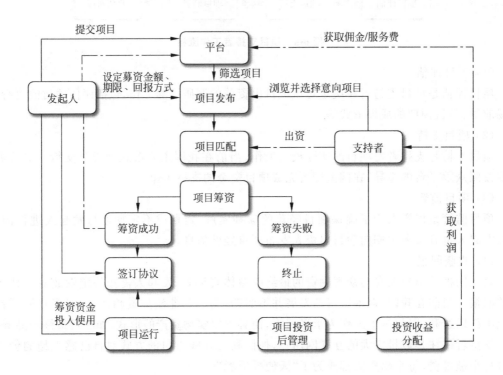

图 6-9　网络众筹的一般流程

注：实线代表信息流、虚线代表资金流

（3）项目投后管理阶段

筹资成功后，发起人将众筹募集的资金用于项目运行。众筹平台负责监督项目企业按相关要求，披露其经营状况、财务状况、公司治理结构等具体信息，并及时向项目投资人汇报企业信息。

（4）项目投资收益分配阶段

项目发起人分别支付佣金或服务费和投资收益给平台及投资人。

6.3.2　互联网众筹的业务模式

1. 奖励制众筹

奖励制众筹（Reward Based Funding）是指筹资者从投资者处获得资金，等项目成功后以实物、服务或者媒体回报等非金融形式支付给投资者作为回报。这种奖励以筹资者的项目产品为主要形式，项目产品可以是实物形式，也可以是非实物形式，如电影的首映体验等。奖励制众筹通常用于创新项目的融资方面，如电影、技术产品或者音乐等方面的融资。奖励制众筹的数量在众筹融资平台中的占比最大，美国的众筹平台 Kickstarter 就是一个运作非常成熟的奖励制众筹的典范。除此之外，美国的 Appsplit、Lucky Ant、新加坡的 ToGather、中国香港的ZAOZAO，也都是著名的奖励制众筹公司。国内的奖励制众筹平台有点名时间、众筹网、追梦网。其中，追梦网平台服务是完全免费的，而我国现有的其他众筹平台基本上都会向项目发起者收取 1%～10% 的费用。

奖励制众筹很重要的地方在于预售"商品"，投资者提供资金给筹资者生产新产品，是对该产品有兴趣前提下的"订购"。通过众筹,可以获得潜在消费者对于该产品的市场反馈,可以替代传统的市场需求调研,在很大程度上规避了盲目生产所带来的风险和资源的浪费。这样的众筹不仅获得生产新产品的资金支持,也获得新产品的有效市场推广,实现了筹资和营销的完美结合。

奖励制众筹的价值可以概括为以下五点。

① 众筹处于产业链的最前端,可以最快速地发现和发掘有潜力的产品项目。

② 通过用户的支持,可以验证项目是否符合市场需求,从而大大降低项目失败的风险。

③ 提供天然的平台,帮助发起人获得第一批忠实粉丝。

④ 众筹后的数据结果将为项目获得进一步融资提供最强有力的说明。

⑤ 众筹网也会根据项目筹资表现的数据,提供借贷、孵化或投资等金融服务。

因此,奖励制众筹的核心诉求并不是直接的融资,而是"筹人、筹智、筹资"的过程。

相比于其他形式的众筹,奖励制众筹的覆盖范围更加广泛,包括商业和企业、音乐、电影、表演艺术、社会事件、时尚等。同时,奖励制众筹也可以作为其他模式众筹的有益补充,比如债权制众筹和股权制众筹中都可以加入奖励制众筹的元素,作为其补充手段,吸引投资者,从而促进项目的成功。

2. 募捐制众筹

募捐制众筹(Donate Based Crowd Funding)是指投资者以捐赠或者公益的形式,不求任何实质回报地为项目或者企业提供资金。由于捐赠的项目非常个人化或者生活化,如"因意外失业需要筹集孩子的学费"而发起一个项目,"为一次没有保险保障的车祸需要的资金"而发起一个项目等,投资者会因为非常清楚募捐款项的具体用途而十分愿意主动捐赠。大部分募捐制众筹规模通常比较小,三分之二的项目规模都少于 5000 美元,包括教育、社团、宗教、健康、环境、社会等方面的项目。这种类型的平台已经在美国、英国有一定发展,尤其是在美国已经成熟。这是与美国的税收政策和公共福利的文化背景有关的。在国外,发展较为成熟的募捐制众筹平台有美国的 GoFundMe、英国的 Prizeo。在国内,主要的募捐制众筹平台有微公益等。

募捐制众筹的重要特征是出资者几乎不会在意自己的出资最终能得到多少回报,带有明显的捐赠和公益性质。在募捐制众筹模式下,作为投资者的大众,与其说是在进行着一项投资行为,不如说是在进行着一项带有赠予性质的公益行为。

如果不包括非政府组织的募捐,募捐制众筹平台在国内屈指可数,其原因主要有以下三点。

① 人们相互之间缺乏较强的信任感,使每个项目的审核成本大大提高,需要自身或者第三方非政府组织进行线下运营。比如微公益,项目由第三方发起、证实、认领、执行。

② 国内的法律框架不完善,甚至在全国各省市,个人和企业向公众募捐的法律法规都有所不同。

③ 国内的人均可支配收入较低,80%的人都表示"自己的钱都不够用,难以出资捐赠他人",这种想法是影响捐赠资金规模的一个重要因素。

3. 股权制众筹

股权制众筹(Equity Based Crowd Funding)是指通过互联网形式进行公开小额股权融资的活动。股权制众筹融资必须通过股权众筹融资中介机构平台(互联网网站或其他类似的电子媒介)进行。股权众筹融资中介机构可以在符合法律法规的前提下,对业务模式进行创新探索,发挥股权制众筹融资作为多层次资本市场有机组成部分的作用,更好地服务于创新创业企业。股权制众筹融资方应为小微企业,通过股权制众筹融资中介机构,向投资人如实披露企业的商业模式、经营管理、财务、资金使用等关键信息,不得误导或欺诈投资者。投资者应当充分了解股权制众筹融资活动的风险,具备相应的风险承受能力,进行小额投资。股权制众筹融资业务由证监会负责监管。

股权制众筹在国内外多用于解决初创期企业融资难的问题,尤其是一些高科技的创业项目,如软件、电子游戏、计算机等领域,该类创业项目风险很高,但回报也较为可观。股权制众筹的显著特征是项目的高风险和高回报,为了防控股权制众筹的风险,一般会对投资者的进入门槛有一定的要求,如财务上的最低要求,这样的要求是对投资者的一种保护。

股权制众筹往往侧重的是对中小微型初创企业的扶持,这对于初创企业的成长具有非常重要的意义。初创企业在早期很难通过传统融资渠道获取所需资金,就算通过更为灵活的天使投资,也会存在投资人数量和投资金额较小等方面的不足。但股权制众筹可以解决这些问题。一方面,股权制众筹平台不会嫌弃小项目、小企业,只要拥有良好的创意,就可以吸引到足够的关注;另一方面,通过股权制众筹平台筹集到的资金量,相比单个的天使投资人,会有大幅增长,更容易满足企业的资金需求。

在国内,《关于促进互联网金融健康发展的指导意见》未出台之前,股权制众筹处于灰色地带,无法将其明确地划分到公募或者私募中。《关于促进互联网金融健康发展的指导意见》出台后,明确了股权制众筹的法律地位,明确了股权制众筹融资业务的监管主体是证监会。

股权制众筹在我国又分为凭证式众筹、会籍式众筹和天使式众筹。凭证式众筹一般都是通过熟人介绍加入众筹项目,投资者不成为股东;会籍式众筹的投资者会成为被投资企业的股东;天使式众筹则有明确的财务回报要求。

（1）凭证式众筹

凭证式众筹主要是指在互联网通过销售凭证和股权捆绑的形式进行募资,投资者付出资金得到相关凭证,该凭证又直接与创业企业或项目的股权挂钩。购买了筹资者发行的凭证后,投资者不仅可以获得相关的非物质回报,如"电子杂志阅览"权、"业务培训"权等,甚至可以获得按持股比例对公司利润的分红回报。投资者如果不想再持有凭证,可以转让凭证或者要求筹资者进行回购。

（2）会籍式众筹

会籍式众筹主要是指在互联网上通过熟人介绍,投资者付出资金,直接成为被投资企业的股东。为了一件大家都想做的事情,同一个圈子里的人共同出资。投资者成为会员,不仅可以获得更加符合自身需求的服务和产品,也可能赚到钱,更关键的是在这个圈子里可以积聚更多的资源和人脉。会籍式股权众筹成功的关键有三个方面:一是合适的投资者,数量越多越好,要成为投资者,有一定的门槛和标准,不仅对投资者的财务状况有一定的要求,而且对投资者的身份、地位、生活方式甚至品格等有一定的审查;二是通过引入信任关系,提升众筹参与群体的信任基础,出资者一般是熟人或者交际圈内人士,且召集人有一定的人脉影响力,这样才能建立起一个可靠的信任基础;三是建立在价值保障体系的基础上,大家都想做的事情,其目标不一定是赚到钱,但一定要有价值目标,这个目标可能是人脉资源、社会地位、特别体验等,而且要成为出资者的共识。

（3）天使式众筹

与凭证式、会籍式众筹不同,天使式众筹更接近天使投资或风险投资的模式,投资者通过互联网寻找投资企业或项目,付出资金或直接或间接成为该公司的股东,同时投资者往往伴有明确的财务回报要求。

筹资者(创业公司)在众筹平台上发布创意项目,众筹平台进行专业审核后,一般由一个对该项目非常看好的投资者作为领投人,领投人认投后,其他认投人跟随认投。等待融资额度凑满后,领投人和认投人按照各自的出资比例,占有创业公司出让的股份,然后转入线下办理有限合伙企业的设立、投资协议的签订以及工商手续变更等事项。天使式众筹比较适合中小企业的创业项目,尤其是高科技创意项目。在融资过程中,领投人的角色比较重要,不仅会认投部分融资,而且会帮助创业者确定价格和条款,协助众筹融资的完成,在融资完成后还会帮助并鼓励创业者,和创业者沟通公司的重要事项,并协调与其他认投人的关系。

确切地说,天使式众筹应该是股权众筹模式的典型代表,它与现实生活中的天使投资、风险投资基本没有多大区别(除了筹资环节通过互联网完成外)。但是,互联网给诸多潜在的投资者提供了投资机会,再加上对投资者几乎不设门槛,所以这种模式又有"全民天使"之称。

4. 借贷制众筹

区别于向银行借款,基于贷款的众筹主要是指企业(或个人)通过众筹平台向若干投资者借款。在这一过程中,平台的作用是多样的。一些平台起到中间人的作用,一些平台还承担还款的责任。同时,企业(或个人)融资有可能是为自身发展,也有可能是为某社会公益项目进行无利息的借款融资。因此,基于贷款的众筹平台可能为出资者提供利息,也可能不提供利息。

简单地说,借贷制众筹就是企业或个人通过众筹平台向其他多个投资者借款。众筹平台在其中扮演着中间人的作用,并承担还款的责任。目前,国内比较出名的债权众筹平台有人人贷、拍拍贷、积木盒子。

人人贷其实就是将民间借贷放到了互联网平台上进行,采用 P2P 方式。信用风险是人人贷面临的风险之一,当平台规模逐渐增大时,风控制度也要变得越来越规范,从而将风险控制在可接受范围内。人人贷为此想了不少风控方法,例如验证贷款人的地址、收入等信息,进而确保此人有还款能力。人人贷还争取和中央银行的征信系统连接,将风控和监管提高到一个新的层次上。

拍拍贷和积木盒子属于企业债权众筹,属于 P2C,是中小企业通过平台向大众融资,由担保公司进行担保。与 P2P 相比较,P2C 更加专业,因为有担保公司、抵押物、第三方资金托管公司。但它同样也存在一些风险,比如信息披露仍有不清晰的地方、关联企业调查、极端风险控制等。

4 类众筹模式的比较如表 6-1 所示。

表 6-1　四类众筹模式的比较

区别	众筹模式			
	奖励制众筹	募捐制众筹	股权制众筹	借贷制众筹
回报方式	实物、服务、荣誉等	成就、荣誉感等心理回报	公司股权、股份,合伙份额	还本付息
模式实质	团购、预付费	公益	股权合资、合伙投资	债务型集资
适用法律	团购、预付费管理法规	公益捐赠法规	《公司法》《证券法》《合伙企业法》	《合同法》《贷款通则》等

6.4　互联网财富管理

随着个人财富的快速积累,投资者主动管理需求的增加以及互联网的高速发展,以"私人银行"为主要形态的传统财富管理模式,已经无法满足互联网时代的发展要求。伴随着我国GDP的快速增长,社会财富迅猛积累,中国大众富裕阶层和高净值人群不断发展壮大,中国财富管理市场正进入新的发展阶段。

6.4.1　互联网财富管理的科学概念

1. 互联网财富管理的概念

众多国际著名商业银行都将财富管理作为提高盈利、保持增长,进而带给股东高额回报的重要业务。目前,关于财富管理的定义尚无统一定论。美林银行私人客户群总裁罗伯特·麦肯(Robert J. McCann)认为,财富管理是以一种咨询式和高度私人化的方式为客户提供多样化的产品、服务和策略,解决客户财务生活方方面面的问题。投中研究院在结合财富管理特质的基础上,对财富管理给出了更细化的界定:财富管理是以客户为中心,设计出一套全面的财务规划,通过向客户提供现金、信用、保险、投资组合等一系列的金融服务,将客户的资产、负债、流动性进行管理,以满足客户不同阶段的财务需求,帮助客户达到降低风险、财富增值的目的。财富管理的范围包括现金储蓄及管理、债务管理、个人风险管理、保险计划、投资组合管理、退休计划及遗产安排等。

互联网财富管理是指互联网大型电商集团、传统金融机构(如银行、证券、保险等)、业务升级和转型的互联网金融平台(如陆金所等)、非金融实业企业设立的互联网财富管理平台(如万达集团旗下的万达财富)等参与者,借助互联网工具为客户提供现金管理、基金投资、股票投资、信托私募投资、房地产投资、海外资产投资、网络借贷等金融服务,以帮助客户实现财富管理和财富增值的目的。与传统的财富管理不同,互联网财富管理将财富管理的客户群体由少数金字塔尖"高净值"群体逐渐扩展到"全客层"群体,极大地拓展了互联网财富管理的服务范围、潜在用户规模和应用场景。

2. 互联网财富管理的特点

互联网财富管理具有以下四个特点。

(1) 门槛低

财富管理的主要服务对象是高净值人群。目前,国内私人银行门槛有1000万元、800万元、600万元等三档;其中,中国建设银行和招商银行的私人银行门槛最高,为1000万元。与传统的财富管理业务主要服务于高净值人群不同,互联网财富管理则面向全部人群,尤其是低净值人群。新的信息与金融技术,不仅使得资金供给者(财富管理需求者)与财富管理媒介直接对接和配置,而且使原先只能被动接受金融机构财富管理服务的公众和因准入门槛较高而难以投资财富管理产品的普通人,都能够更加主动地进行财富管理活动。

(2) 成本低

互联网等技术的运用,使得金融服务渠道突破了时间和空间上的限制。金融机构不再完全依靠物理网点扩张来实现业务拓展,可节省较多的人工成本。另外,智能手机的兴起让理财者能实时通过 App 应用和移动互联网办理业务,社交媒体的出现让理财者能够实时与财富管理机构进行互动。

（3）数据整合

互联网最重要的功能之一就是提供信息支撑，而信息又是信用形成和金融交易的基础。互联网与财富管理的结合，使得财富管理机构能够借助这些互联网数据，分析出客户的风险喜好、投资偏好以及其他个性特征等，形成更准确的客户定位和精准营销，从而引导机构更好地为之服务。

（4）新型财富管理方式

P2P 平台、众筹融资等新型筹融资平台为投融资双方创造了高效的资源配置机会。低门槛和多样化的理财产品为众多中小投资者提供了更多可供投资的渠道。互联网金融在金融的支付、投融资、信息提供等多个功能上的有效拓展，满足了互联网时代用户的新型需求。

6.4.2　互联网财富管理的业务模式

1. 互联网财富管理的模式

依据财富管理的智能化程度，将互联网财富管理分为五种模式：被动型投资理财平台、主动型理财咨询平台、互联网理财顾问平台、个人财务账户管理平台、自助化财富管理平台。

（1）被动型投资理财平台

被动型投资理财平台（也称智能投资平台）是一种结合人工智能、大数据、云计算等新兴技术以及现代投资组合理论的在线投资顾问服务模式。这种模式主要通过计算机算法，根据用户的风险偏好，向投资者推荐由交易所交易基金（Exchange Trading Fund，ETF）组成的投资组合。

作为智能化程度最高的投资理财平台，智能投资平台有很多比较突出的优点。

① 智能投资平台能够根据投资者的风险偏好和财务状况提供个性化的服务，实现最优的资产配置。

② 由于智能投资是数字理财，用户可以在任何时间注册自己的专属账户、评测风险水平、建立投资计划，以及在投资策略执行后的任何时间登录账户，了解自己账户的浮动盈亏水平，甚至调整自己的策略组合。

③ 大部分智能投资产品将资产配置于全球各类 ETF，在实现资产类别分散的同时，还最大限度地追求国别地域的分散，资产配置范围广，抗风险能力强。

（2）主动型理财咨询平台

区别于被动投资，主动型理财咨询平台主要为主动投资者提供主动投资产品以及主动投资所涉及的其他相关服务。例如，财经资讯、投资社交、大数据舆情分析、投资策略分享与跟投等服务。

（3）互联网理财顾问平台

线上理财顾问平台通过互联网和移动互联网技术，将传统投资顾问服务的服务对象延展至高净值以外的长尾用户。面向理财师的互联网理财顾问平台主要为理财师提供金融产品和智能化客户管理服务，面向投资人的平台则通过将传统的线下理财师互联网化，为投资者提供线上理财服务，或者是以"高佣金返还"等模式吸引理财师入驻，平台则撮合投资者和理财顾问。这类平台一方面解决了投资顾问由于技术条件、地理条件等限制而无法扩展其工作半径的问题，另一方面通过投资顾问服务门槛的降低，使得非高净值人士也能够享受到理财顾问服务。

（4）个人财务账户管理平台

个人财务账户管理平台通过用户的消费数据、投资状况和财务信息的记录，分析用户的收支结构,帮助用户开源节流,制订消费计划并改进消费习惯。一些平台还会根据对用户消费数据、收支结构的分析,为用户提供购买相应金融产品的建议。这种"记账＋理财"的模式,是未来财富管理的主流模式。个人财务账户管理平台按照运作模式的差异,又可以分为手动记账平台、自动记账平台和"记账＋理财"式平台。

① 手动记账平台。手动记账平台需要用户自行手动输入收支情况,平台给出用户的财务分析结果。

② 自动记账平台。自动记账平台对接用户授权的储蓄卡、信用卡和电子账户,自动记录用户的收支情况,并提供财务分析、财务诊断和财务规划等功能。

③ "记账＋理财"式平台。"记账＋理财"式平台除了具有收支记录、财务诊断、财务规划等功能外,还与银行、基金、保险等金融机构合作,基于用户的财务状况、消费习惯,为用户提供投资产品推荐的服务。

(5) 自助化财富管理平台

自助化财富管理平台是指用户可以根据自身财务状况和风险偏好进行自选的线上全品类金融超市。这类平台是中国目前最主流的互联网财富管理平台。国外的自助化财富管理平台主要是聚集各类金融机构的产品,提供比价服务,并根据用户情况进行筛选匹配,推荐金融产品。国内的自助化财富管理平台则主要是由互联网巨头和传统金融机构牵头,为用户提供多样的产品和服务。互联网巨头利用自身在客户资源以及技术上的优势进入财富管理领域,为其用户提供金融产品自助服务。此外,由于受互联网金融冲击,传统金融机构也顺应互联网金融浪潮,纷纷推出互联网理财平台。

2. 互联网财富管理的运作

(1) 被动型投资理财平台的运作

以宜信财富旗下的投米 RA 智能投顾平台为例,智能投顾的运作方式如图 6-10 所示。

图 6-10　宜信财富投米 RA 财富管理模式运作流程

资料来源: 宜信报告,《中国新中产智能投顾研究报告》,2016 年 12 月。

① 投资者风险承受能力评估。风险评估问卷内容包括投资的主要目的、截至目前的投资年限、年收入水平、流动性强的净资产水平、可供投资的流动资金水平、风险厌恶水平以及计划退休年龄。这些问题能够帮助快速了解用户的风险承受能力、投资风格偏好及投资收益预期等。

② 账户开立。投资者提供身份证明,成功递交开户申请后,等待 1～2 个工作日确认信息。

③ 资金注入。风险测评完成并且开户成功以后,宜信财富投米 RA 会提示投资者将资金注入。注资成功后,资金将在 2～6 个工作日到账,随后平台将自动进行投资,用户可以于下一个交易日查看投资结果。

④ 投资交易。建仓完成后,宜信财富投米 RA 会根据用户的信息和计划以及投资组合的市场表现,动态地模拟出投资组合的可能表现,判断用户是否需要修改投资计划来达到投资目

标。当投资组合的资产配置结构偏离最初设定的结构时,宜信财富投米 RA 通过自动买入、卖出资产来修正组合内资产配比,保证收益稳定于预期范围内。

（2）主动型理财资讯平台的运作

主动型理财资讯平台主要为投资者提供财经资讯、主动投资产品、投资策略分享与跟投、投资社交、大数据与舆情分析等服务。国内企业主要以提供投资策略分享与跟投服务以及投资社交服务为主。国外的企业则更多地提供主动投资产品、大数据与舆情分析、策略分享与跟投服务等,如图 6-11 所示。

图 6-11　主动型理财资讯平台

资料来源：安信证券研究中心。

（3）互联网理财顾问平台的运作

以"外滩云财富"为例阐述互联网理财顾问平台的运作机制,如图 6-12 所示。

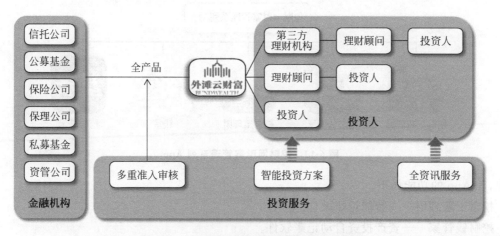

图 6-12　"外滩云财富"财富管理模式运作图

资料来源：易观智库,《2016 年中国互联网理财市场研究报告》,2016 年 8 月。

① 平台实施严格的产品准入机制,对接信托、公募、保险等金融机构,挑选优质的金融机构进行合作,引入理财产品。

② 平台对接第三方理财机构为其提供多种高附加值功能的创新交易方式。

③ 平台直接对接理财顾问为其提供丰富的产品,帮助理财顾问为客户进行投资建议、资产配置。

④ 对于注册的理财师采取"培训＋平台＋产品"的模式,进行云学院的建制,对理财师进行 3～6 个月的专业培训。

⑤ 平台还利用产品经理及研究员出具的各类研究报告,包括政策研究、市场研究、行情研究、产品研究、投资策略研究等,为投资人提供决策支持。

（4）个人财务账户管理平台的运作

以国内典型的个人财务账户管理平台挖财网（https://www.wacai.com/）为例。挖财网的定位是老百姓的资产管家，为用户提供管理支出收入、转账、借贷、预算等流水账的服务，同时在此基础上为用户提供资产配置个性化建议，以及理财产品推荐。挖财 App 诞生于 2009年 9 月，是国内最早的手机记账应用，经过这些年的发展，已成为一个集记账、管钱、理财于一体的综合性互联网金融平台。挖财的产品主要围绕记账、管钱、理财三个类别来设计。

① 记账。记账是个人财务管理最基础的部分，主要记录用户的日常消费、财务支出情况。挖财为用户提供包括手动记账、语音记账、拍照记账、短信记账（银行发的短信可以自动转化成一笔记账）等多途径的记账服务，还可以绑定银行卡等进行自动记账。

② 管钱。管钱服务则是用户可以将全网全平台的资产（包括股票、基金、银行理财产品、银行定活期存款、公积金等资产）录入挖财账户，挖财网为用户提供其账户权益类、固定收益类和现金类资产的实时收益情况。

③ 理财。挖财网的理财业务主要包括基金和盈稳（即盈利稳定的意思）。其中，基金业务是通过与第三方基金销售公司合作，引进稳健型基金产品。盈稳业务的标的来源广泛，如车辆抵押贷款等。项目来源于第三方合作机构，风控由本身合作机构负责，挖财团队对合作机构以及合作的产品进行筛选，如图 6-13 所示。

图 6-13　挖财网财富管理系列 App

其中，各 App 的功能如下。

挖财记账理财——智能记账软件。

挖财钱管家——资产投资自动记账软件。

挖财宝理财——提供理财产品，帮助投资者实现财富增值。

钱堂——金融理财大咖分享平台。

挖财基米——挖财旗下的以货币基金为主要投资标的，为客户提供现金管理服务的互联网基金销售平台。

（5）自助化财富管理平台的运作

国内典型的自助化财富管理平台为"宝宝类"产品，在此以"真融宝"为例来说明这类平台的运作方式。真融宝平台于 2014 年 8 月上线，是定位于智能化资产配置的一站式大众理财平台。作为机构投资者，真融宝会筛选优质资产，包括货币基金、分级基金、债券等标准资产，以及小微信贷、汽车质押贷款、房产金融、消费信贷等非标准化资产，并对这些资产进行组合优化、分散化投资、对冲风险，将资产组合分层分类，以构建多类资产组合，满足不同风险偏好投资者的理财需求，如图 6-14 所示。

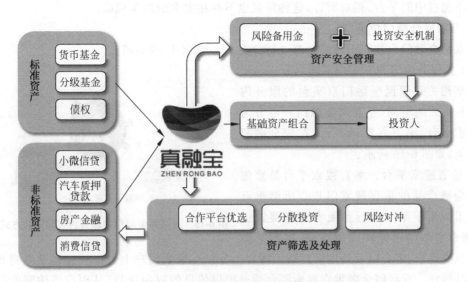

图 6-14　真融宝财富管理模式运作图

资料来源：易观智库，《2016 年中国互联网理财市场研究报告》，2016 年 8 月。

按照投资组合期限、资产配比等差异，真融宝的产品主要有活期类产品、定投类产品以及快投类产品。活期类产品类似于银行活期存款，用户可以随时充值到真融宝账户进行投资，也可以随时赎回金额。定投类产品类似银行定期存款，有一定的锁定期（30 天、90 天、180 天、360 天）。快投类产品则是由一些与估值、黄金等挂钩的结构性产品构成，有 30 天的锁定期，起投金额为 500 元，认购上限为 100 万元。

6.5　互联网金融门户

门户网站的出现大大推动了互联网的发展，直到今天，无论是信息覆盖的广度，还是信息内容的深度，再或者是门户的运营模式以及盈利模式等，都已经发生了翻天覆地的变化，从最初的综合门户逐渐衍化出了如今众多的垂直门户。互联网金融门户对各类金融产品信息等原始数据进行筛选和提炼，建立符合其经营产品类别的金融产品数据库，同时根据客户的行为变化信息反馈，及时了解客户实时需求，为客户提供了差异化金融服务，有效地适应了互联网时代人们对于各类金融产品、服务的需求。

6.5.1　互联网金融门户的科学概念

1. 互联网金融门户定义

互联网金融门户是指专门用于提供金融产品、金融服务信息，汇聚、搜索、比较金融产品，并为金融产品销售提供第三方服务的互联网网站。它的核心就是"搜索＋比价"的模式，采用金融产品垂直比价的方式，将各家金融机构的产品放在平台上，用户通过对比，挑选出适合自己的金融产品。

互联网金融门户经过近几年的创新发展，形成了多元化的机构种类，如提供高端理财投资服务和理财产品的第三方理财机构，提供保险产品咨询、比价、购买服务的保险门户网站等。由于互联网金融门户平台既不负责金融产品的实际销售，也不承担任何不良的风险，同时资金也完全不通过中间平台,相对而言,这种模式也不存在太多的政策风险。

2. 互联网金融门户类别

互联网金融门户按照不同的标准进行分类,可分为不同的类别。

(1) 按服务内容和方式的不同划分

根据相关互联网金融门户平台的服务内容及服务方式的不同,互联网金融门户可分为垂直搜索平台、第三方资讯平台、在线金融超市三大类,如图 6-15 所示。

图 6-15 互联网金融门户服务内容和服务方式的分类

① 垂直搜索平台。垂直搜索平台是聚焦于相关金融产品的垂直搜索门户。所谓垂直搜索是指应用于某一个行业或专业的搜索引擎,是搜索引擎的延伸和应用细分,在对某类专业信息的提取、整合以及处理后反馈给客户。客户在该类门户上可以快速地搜索到相关的金融产品信息。互联网金融垂直搜索平台通过提供信息的双向选择,从而有效地降低信息不对称程度,典型代表有融 360、好贷网、安贷客、大家保以及国外的 eHealth Insurance、Insurance Hotline 等。

② 第三方资讯平台。第三方资讯平台是为客户提供全面、权威的金融行业数据及行业资讯的门户网站,它们大多是由以前的财经资讯网站衍生和分化而来,本身具有较高的行业知名度和从业经验,典型代表有和讯网、金融界、财经网、网贷之家、网贷天眼等。

③ 在线金融超市。在线金融超市汇聚了大量的金融产品,提供相应的在线搜索及购买导向,在利用互联网进行金融产品销售的基础上,还提供与之相关的第三方专业中介服务。该类门户一定程度上充当了金融中介的角色,通过提供导购及中介服务,解决服务不对称的问题,典型代表有大童网、格上理财、91 金融超市、软交所科技金融服务平台等。

从产业链角度分析,垂直搜索平台充当的是媒介角色,第三方资讯平台充当的是外围服务提供商角色,二者在产业链中所处的位置大致相同,前者提供的是产品信息,后者提供的是行业资讯和相关数据。在线金融超市居于二者上游,在产业链中充当的是代理商角色。三者均为产业链下游客户服务,而处于三者更上游的企业便是金融机构。

(2) 根据细分的服务领域进行分类

根据汇集的金融信息、金融产品的种类不同,互联网金融门户可被细分为 P2P 网贷类门户、信贷类门户、保险类门户、理财类门户、综合类门户 5 个子类,如图 6-16 所示。

其中,前 4 类互联网金融门户主要聚焦于单一类别的金融产品及信息,而第 5 类互联网金融门户则致力于金融产品或信息的多元化,汇聚不同种类的金融产品或信息。

上述两种分类方式并非互斥关系,仅是分类的依据和角度不同,前一种分类方式是从金融产品销售产业链的层面进行归类,后一种分类方式是从互联网金融门户经营产品种类的角度进行划分。

图 6-16 互联网金融门户服务领域的分类

3. 互联网金融门户特点

（1）搜索方便快捷，匹配快速精准

互联网金融门户打造了"搜索＋比价"的金融产品在线搜索方式，即采用金融产品垂直搜索方式，将相关金融机构各类产品集纳到网站平台，客户通过对各类金融产品的价格、收益、特点等信息进行对比，自行挑选适合其自身需求的金融服务产品。

具体来看，从互联网纵向分层的角度上分析，搜索层是互联网金融门户的重要革新目标，它是对海量金融产品的信息进行挖掘、甄别、加工、提炼的过程和服务。互联网金融门户通过网络内容挖掘和网络结构挖掘，对各类金融产品信息等原始数据进行筛选和提炼，建立符合其经营产品类别的金融产品数据库，以便于客户对金融产品进行快速、精准的搜索比价。同时，互联网金融门户还可以通过网络用户挖掘，将客户在网络交互过程中的网络行为数据抽取出来，进行智能分析，以便于更好地了解客户的需求倾向。

（2）顾客导向战略，注重用户体验

互联网金融门户的另一核心竞争优势是顾客导向型战略，即通过对市场进行细分来确定目标客户群，根据其特定需求来提供相应服务。其宗旨是提升客户在交易过程中的用户体验度，通过产品种类的扩充和营销手段的创新，动态地适应客户需求。

从经济学角度分析，互联网金融门户注重用户体验的原因在于网络金融产品和服务具有规模经济的特性。具体来看，就是互联网金融门户额外增加一个产品或提供一次服务的边际成本较低，并且随着门户规模的扩大，其平均成本会随着产品供给的增加而不断下降。需要注意的是，互联网金融门户获取规模经济有个先决条件——掌握大量的客户资源，所以必须实施顾客导向型战略，这就要求互联网金融门户根据客户的行为变化及信息反馈，及时了解客户实时需求，为其提供差异化金融服务，甚至可以协助金融机构为其设计特定金融产品，更好地满足客户特定需求，从而使互联网金融门户进一步扩大市场份额，赚取更多的利润。

（3）占据网络入口，凸显渠道价值

从产业链角度分析，互联网金融门户的上游为金融产品供应商，即传统金融机构，下游为客户；而作为中间桥梁的互联网金融门户，其最大的价值就在于它的渠道价值。被引入到商业领域后，其引申意义就是商品销售路线，即商品的流通路线，系指为厂家的商品通过一定的社会网络或代理商而卖向不同的区域，以达到销售的目的。

6.5.2　互联网金融门户的业务模式

互联网金融门户提供了除交易环节之外的在线金融服务。这种智能化的运营模式将大数据技术、垂直搜索技术与金融顾问、贷款初审等传统金融服务相结合，实现了金融搜索方式以及金融业务流程的更新。其核心在于数据的可追踪性和可调查性，依托数据分析以及数据挖掘技术，根据客户的特定需求，为其筛选并匹配符合条件的金融产品。在盈利方面，现阶段互联网金融门户的主要收入来源有佣金、推荐费、广告费、培训费、咨询费等。总体来看，无论是佣金、广告费，还是推荐费，互联网金融门户盈利的核心在于流量以及其转化率。与吸引流量相比，更为重要的是在流量基础上提高转化率，因为要在短期内降低互联网金融门户处理信息的成本是不容易的，所以在流量固定的假设条件下，互联网金融门户的转化率越高，收益也就越高。据此，互联网金融门户要注重网站内容与页面设计，提供内在价值高的金融产品，同时创新搜索方式、简化操作流程、努力增强用户黏性，从而提高转化率，使互联网金融门户获取稳定且可持续的收入。

1. P2P 网贷类门户

（1）定位

P2P 网贷类门户仅仅聚焦于 P2P 网贷行业,并没有涉及银行等金融机构的传统信贷业务,因此需要将其与传统信贷类门户加以区分,单独归类并进行分析。

P2P 网贷类门户与 P2P 网贷平台存在本质上的差异。P2P 网贷平台是通过 P2P 网贷公司搭建的第三方互联网平台进行资金借、贷双方的匹配,是一种"个人对个人"的直接信贷模式。而 P2P 网贷类门户的核心定位是 P2P 网贷行业的第三方资讯平台,是 P2P 行业的外围服务提供商,通过为投资者提供最新的行业信息,并为其搭建互动交流平台,致力于推动 P2P 网贷行业健康发展。

（2）运营模式

P2P 网贷类门户网站秉承公平、公正、公开的原则,对互联网金融信息资源进行汇总、整理,努力实现信息对称,并具备一定的风险预警及风险揭示功能,起到了对网贷平台的监督作用。

因此,在 P2P 网贷类门户网站上,用户可以搜索到大量相关的 P2P 网贷行业的资讯、行业数据,有效地降低了借贷双方的信息不对称程度。同时,P2P 网贷类门户以客观中立的立场,通过工作人员走访、考察等方式,将全国各地具备资质且运营状况良好的 P2P 网贷平台纳入到网贷类门户的导航栏中,为有理财需求和有贷款需求的客户提供相关信息参考,有效地解决了其对 P2P 网贷平台信息的获取问题。

此外,P2P 网贷类门户还具备一定的风险屏蔽及风险预警功能。例如,网贷之家通过平台准入审核,筛选出具备相关资质及良好信誉的 P2P 网贷平台,并对进入平台的信息进行实时监控,以便于在携款跑路等事件发生前及时进行风险预警。

（3）盈利模式

目前,第三方资讯平台类互联网金融门户网站的盈利模式与传统资讯类网站的盈利模式相比差异并不大,依然是通过广告联盟的方式来赚取利润。不难看出,该盈利模式的核心就在于流量,依靠网站的流量、访问量和单击率,吸引广告商。门户日均访问量越多,越容易吸引企业投放广告,从而获取更多利润。此外,有一部分 P2P 网贷类门户还通过对 P2P 网贷平台进行培训及提供相关咨询服务的方式来实现营收。

2. 信贷类门户

（1）定位

与 P2P 网贷类门户不同,信贷类门户主要与银行及相关金融机构直接对接。目前,该类别互联网金融门户网站的核心业务形态主要以"垂直搜索＋比价"为主,因此信贷类门户定位是信贷产品的垂直搜索平台,它将传统的线下贷款流程以及信贷产品信息获取转移到网络,将互联网基因植入传统信贷业务。

现阶段,信贷类门户虽然将线下信贷产品业务流程转移到线上,初步实现了信贷业务流程的在线化,但由于信贷产品极其复杂并具有一定风险性,因此目前国内客户购买信贷产品的方式依然以 O2O 模式为主,即客户线上通过在线搜索信贷产品信息进行比对,然后到线下的相关金融机构进行购买,这就是所谓的 ROPO(Research Online Purchase Offline)模式,距离线上自助式购买还有很长的一段路要走。

（2）运营模式

鉴于信贷类门户的核心定位为垂直搜索平台,因此该类门户不参与到借贷双方的交易,也不做属于自己的信贷产品。在该类网站上,客户可以搜索到不同金融机构的信贷产品,并通过各类产品间的横向比较,选择出一款适合自身贷款需求的信贷产品。

以好贷网为例,作为国内领先的金融垂直搜索代表网站,虽然其本身不提供贷款,但却着眼于帮助个人、中小企业筛选金融市场上的正规贷款渠道,让需要贷款的人和提供贷款的业务人员直接沟通匹配,打造一个方便的信贷直销平台。具体而言,用户只需在网上输入贷款金额、期限以及选择用途等关键词,系统就会进行比对和处理,输出一份相应的银行及其他信贷机构的列表。这张列表上呈现了银行名称、月供、信贷产品、放款时间、利率、总利息和贷款总额等信息。用户进行比较后,就可以在线填写申请材料,申请一家或多家银行的贷款。好贷网以这种方式为用户提供多样的产品选择,以便其能够选择到适合自己的信贷产品。

在信贷产品信息采集方面,信贷类门户通过数据采集技术以及合作渠道提供的信息建立数据库,里面汇聚着各类信贷产品信息,并对产品信息进行实时更新,以确保客户搜索到的产品信息真实可靠。

在信贷产品搜索及匹配方面,信贷类门户设计了简明的信贷产品搜索框,包括贷款类型、贷款金额以及贷款期限等条件,便于精准定位客户的贷款需求,并根据其不同的需求进行数据分析和数据匹配,为客户筛选出满足其特定需求的信贷产品,供其进行比价。

(3) 盈利模式

该类互联网金融门户是信贷产品的垂直搜索平台,由于涉及具体的金融产品,而不是行业资讯及行业数据,因此信贷类门户的盈利模式与第三方资讯类门户有所不同。现阶段,其收入来源主要以推荐费及佣金为主,广告费、咨询费、培训费等收入相对占比较低。

3. 保险类门户

(1) 定位

保险类门户的核心定位分为两类:一类是聚焦于保险产品的垂直搜索平台,利用云计算等技术,精准、快速地为客户提供产品信息,从而有效解决保险市场中的信息不对称问题;另一类保险类门户定位于在线金融超市,充当的是网络保险经纪人的角色,能够为客户提供简易保险产品的在线选购、保费计算以及综合性保障方案等专业性服务。

保险类门户为客户提供了一种全新的保险选购方式,并实现了保险业务流程的网络化,具体包括保险信息咨询、保险计划书设计、投保、核保、保费计算、缴费、续期缴费等。

(2) 运营模式

保险类门户对各家保险公司的产品信息进行汇总,并为客户和保险公司提供了交易平台。同时,为客户提供诸如综合性保障方案评估与设计等专业性服务,以确保其在以服务营销为主的保险市场中,依靠更好的增值服务,争取到更多的客户资源。

目前,虽然国内外保险类门户数目繁多,但按其业务模式划分,保险类门户主要以 B2C 模式、O2O 模式、兼具 B2C 和 O2O 的混合业态经营模式这三类模式为主。

其中,慧择网是国内保险类门户中的典型代表,其网站性质为 B2C,也可以将其理解为一种在线金融超市。与其他保险公司网络直销平台不同,慧择网选取各家保险公司的优质产品以供客户选择,搭建了垂直类电子商务平台。客户可以通过网站提供的详细产品信息,按照自己的偏好进行选择,逐步筛选,最终选择适合自身需求的保险产品。

而国内的大家保、富脑袋以及国外的 eHealth Insurance、Insurance Hotline 则是 O2O 模型的典型代表,其本质类似于信贷门户中的垂直搜索平台"融 360"。门户本身并不从事保险销售,而是通过"搜索＋比价"的方式,为客户提供保险机构、保险产品的深度信息搜索和比价服务。客户只需填写投保人信息,门户即可为其筛选出适合投保人的保险产品及投保方案。在确定所要购买的产品后,客户直接单击相关链接,即可进入保险机构进行投保,极大地节约了交易成本。

以大家保为例,该门户首页的设计和 eHealth Insurance、Insurance Hotline 等国外保险类门户极其相似,主体是一个简约的需求提交框,其中包含"给谁投保"及"出生年月"两个选项。客户只需输入相关信息,并完成后续信息的填写,即可免费获取五家保险公司的产品报价及保险定制计划。在客户完成保险挑选后,即可进入相关保险机构进行保险购买,如图 6-17 所示。

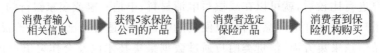

图 6-17　大家保在线选购流程

通过大家保,客户足不出户就可收集到为自己量身定制的保险计划,在详细对比了保障内容和价格的差异后,还可以轻松约见保险经纪人为其提供服务,价格公开、透明,服务质量也能得到良好保证。

在国内众多的保险类门户中,大童网是唯一一家兼具 B2C 以及 O2O 模式的保险产品电子商务平台。与大家保相比,大童网的运营模式与其既有相似,又有区别。相似之处在于二者都是通过"搜索+比价"的方式,将各家保险机构的不同产品进行分类展示,并通过不同的标签加以区分,为客户提供直观的对比,提高搜索效率。而其不同在于大童网不仅具备保险产品 O2O 模式,还兼具了带有电商属性的保险产品 B2C 模式,是可以为客户提供在线选购、在线支付的电子商务平台。

此外,现阶段保险类门户汇聚的险种,还是以复杂程度低、同质化较高的意外险和车险为主。其原因不仅在于该险种易于横向比较,更为重要的是该类产品的边际成本较低,在保险类门户达到一定规模后,有助于实现规模经济效益,从而发挥门户的渠道优势。

(3) 盈利模式

纵观国内外的保险类门户,其盈利模式通常可以分为以下三种:第一种是客户完成投保后所收取的手续费;第二种是依托保险类门户规模大、种类全、流量多等优势,通过广告联盟的方式收取广告费用;第三种是向保险机构或保险代理人提供客户信息和投保意向,从中收取佣金。

4. 理财类门户

(1) 定位

理财类门户作为独立的第三方理财机构,可以客观地分析客户理财需求,为其推荐相关理财产品,并提供综合性的理财规划服务。理财类门户与信贷类门户、保险类门户的定位并无太大差异,只是在聚焦的产品类别上有所不同,其本质依然分为垂直搜索平台、在线金融超市两大类,并依托于"搜索+比价"的核心模式,为客户提供货币基金、信托、私募股权基金(PE)等理财产品的投资理财服务。此外,部分理财类门户还搜集了大量的费率信息,以帮助客户降低日常开支。

(2) 运营模式

理财类门户并不参与交易,其角色为独立的第三方理财机构。理财类门户结合国内外宏观经济形势的变化,依托云计算技术,通过合作机构等供应渠道,汇集了大量诸如信托、基金等各类理财产品,并对其进行深度分析,甄选出优质的理财产品,以供客户搜索比价。同时,通过分析客户当前的财务状况和理财需求,如资产状况、投资偏好、财富目标等,根据其自身情况,为用户制订财富管理策略以规避投资风险,向其推荐符合条件的理财产品,并为之提供综合性的理财规划服务。

在没有互联网金融门户网站时,用户获取理财产品信息的渠道很不通畅,很多产品都不为用户所知。随着社会经济发展,很多用户手里有钱,但是买不到好的理财产品,或者对于不同理财产品的特性不熟悉,或者对风险的了解有限,所以很难选取合适的理财产品。而理财类门户解决了这一问题,及时、有效地将大量产品信息展示给了用户,具体流程如图 6-18 所示。

图 6-18　理财类门户业务流程

虽然现在理财类门户的流量还不算很大,和大平台相比,还需要更多投入,需要继续坚持拓展平台规模,不放弃对产品深度的挖掘。国内银行理财产品、P2P 产品、金融产品都有很多,用户多是在银行里或者专业平台上了解信息,对资源了解的面有限,缺少横向比较的机会,也缺少对产品深度了解的能力。这点对于理财需求者来说,做出更加精准、有效的购买决策是非常艰难的。理财类门户看到了个人理财方面存在的这个不足,因此在产品选择上做出横向比较的同时,也会对同类型产品进行深度挖掘,对具体产品的运作情况进行分析汇总,同时给出具体风险系数,给予理财用户更多选择依据。未来,对产品的深度挖掘,将成为理财类门户专业理财师们的工作核心。

理财类门户的业务模式是典型的 O2O 模式,用户根据自身需要,选定期限、币种、金额及发行机构,即可搜索到符合条件的理财产品列表,从中比较各种理财产品的发行机构、年化收益率、收益类型、理财周期等信息,选择适合自身理财需求的产品。客户确定所要购买的理财产品后,只需在理财产品销售截止日前,到发行机构预订购买即可。整个流程极大地缩短了客户搜寻产品的时间,从而有效地降低了交易成本。

除推荐理财产品外,理财类门户还可帮助客户节省日常开销,其典型代表为国外的 LowerMyBills。目前,该公司已经发展成为一家致力于为客户提供各种费率比较,以帮助客户节约生活成本的一站式免费线上网站。它的主要业务包括家庭贷款、信用卡、车辆及健康保险、远程服务和无线服务,而它最大的特色就在于涵盖了 500 多家不同种类的服务提供商来匹配客户的需要,具体涉及信用卡、保险以及长途话费等领域。打开 LowerMyBills 的首页,客户可以很容易地检索、比较不同产品或服务的价格以及相关费率,在质量相同的条件下,选择费用最低的金融产品或服务,从而有效降低其各种日常支出。

除了传统的 PC 端门户网站,理财类门户还开拓了移动端市场,涌现出一批手机理财软件。移动端理财 App 的出现,不仅使得客户可以随时随地查询和购买理财产品,更为重要的是,有助于理财类门户发挥渠道优势,积累更庞大、更优质的客户资源。

(3)盈利模式

现阶段,理财类门户的盈利模式较为单一,主要以广告费、推荐费为主。理财类门户通过带给理财产品供应商用户量和交易量,收取相应的推荐费,决定了其盈利模式的关键在于流量。所以,有效地提高转化率、将流量引导到供应商并完成整个现金化过程,成为理财类门户稳定收入来源的重要保证。

5. 综合类门户

（1）定位

综合类门户的本质与信贷类门户、保险类门户、理财类门户并无太大差异，其核心定位依然是互联网金融领域的垂直搜索平台和在线金融超市。综合类门户与其他门户的不同之处在于所经营的产品种类，后三者均聚焦于某种单一金融产品，而综合类门户则汇聚了多种金融产品。

综合类门户本身不参与交易，而是引入多元化的金融产品和大量相关业务人员，为客户搭建选购各类金融产品以及与业务人员联系对接的平台。

现阶段，以在线金融超市为核心定位的综合类门户典型代表有 91 金融超市、软交所科技金融服务平台等，以垂直搜索平台为核心定位的综合类门户的典型代表有百度金融等。

（2）运营模式

综合类门户主要起到金融产品垂直搜索平台以及在线金融超市的作用，业务模式仍然以 B2C 及 O2O 模式为主。在以垂直搜索平台为核心定位的综合类门户上，客户不仅可以快速、精准地搜索到各类金融产品，对其进行比价，还可以通过平台与相关业务人员联系对接，进行线下咨询及购买，并通过信息反馈系统实现金融 O2O 模式的闭环。

以百度金融为例，面对互联网金融广阔的市场空间，百度展开了具有针对性的布局，于 2013 年 9 月上线了百度金融测试版。目前，对于在搜索领域占有国内 60% 以上市场份额的百度而言，最大的优势在于其搜索领域的市场份额以及在客户心目中形成的品牌效应。因此，百度金融的未来发展趋势是成为一个汇聚多元化金融产品的搜索平台。事实上，百度金融的出现，更多地就是为了完善百度在金融领域的整体布局，建立百度自己的金融生态系统。

而以线上金融超市为核心定位的综合类门户，充当的是金融中介的角色，其业务形态是在线导购，不提供信息的双向选择，只提供直接的购买匹配及导购服务，解决的是服务不对称的问题。

以软交所科技金融超市为例，软交所科技金融超市定位为专业的中介服务平台，通过连接科技创新链条和金融资本链条，致力于打造我国最领先的科技金融服务平台。

目前，软交所科技金融服务平台通过合作渠道及相关从业人员提供的信息，建立了数据库，汇聚企业贷款、股权融资、政策融资、企业理财、新三板/IPO 五大类金融产品信息，并对产品信息进行实时更新，以确保客户搜索到的产品信息真实有效。其中，科技金融产品和服务供应链覆盖商业银行、投资机构、证券公司、信托公司、保险公司、担保公司、个人投资者及其他金融机构和中介服务机构，科技金融产品需求链覆盖机构客户、企业客户以及个人客户的投资需求、融资需求、理财需求等。同时，它根据客户不同的需求进行数据分析和匹配，为其筛选出满足其特定需求的金融产品，并且为客户提供各类金融产品的专业计算器，供其进行比较。

在企业理财栏中，软交所科技金融服务平台采用多条件搜索的方式，为客户呈现产品搜索途径。客户填写相关信息，如理财金额、理财期限、风险保障等，再单击产品搜索按钮，即可搜索到符合条件的企业理财产品信息列表。待详细比较产品详情、确认所需购买产品后，客户便可提出购买申请并提交订单，完成在线购买。

科技金融超市通过线上网络平台与线下活动平台相融合的运营模式，为客户提供种类齐全的金融产品和服务。这些产品和服务分类明晰，并且与合作机构的信息对接非常顺畅，大大降低了客户的信息搜寻成本。另外，科技金融超市严格把关金融产品和服务质量，大大降低了客户交易风险。同时，科技金融超市跟踪交易数据，在积累大量交易数据的基础上，对客户的特定需求实现精确匹配。

（3）盈利模式

综合类门户的盈利模式可以划分为三种：首先，依托其流量价值，吸引在线广告的入驻，从而收取广告费用；其次，通过向金融机构推荐客户和交易量，从中收取相应的费用；最后，综合类门户可以通过撮合交易，收取相应佣金。在客户购买金融产品的过程中，综合类门户可为其进行全程协助，待交易完成后向金融机构收取一定比例的费用作为佣金。

本 章 小 结

互联网金融包括第三方支付、P2P 网络借贷、互联网众筹、互联网财富管理、互联网金融门户等基本业态。

从狭义上讲，第三方支付是指具备一定实力和信誉保障的非银行机构，借助通信、计算机和信息安全技术，采取与各大银行签约的方式，在用户与银行支付结算系统之间建立连接的电子支付模式。从广义上讲，第三方支付是指非金融机构作为收、付款人的支付中介所提供的网络支付、预付卡、银行卡收单以及中国人民银行确定的其他支付服务。第三方支付已不仅仅局限于最初的互联网支付，而是成为线上线下全面覆盖，应用场景更为丰富的综合支付工具。目前，市场上第三方支付公司的运营模式可以归为两大类：一类是依托于自有 B2C、C2C 电子商务网站，提供担保功能的第三方支付模式；另一类就是以快钱为典型代表的独立第三方支付模式。

P2P 网贷即点对点信贷，是指通过 P2P 公司搭建的第三方互联网平台进行资金借、贷双方的匹配，是一种"个人对个人"的直接信贷模式。我国 P2P 网贷平台可以从三个角度来进行分析。根据借贷流程的不同，P2P 网贷可以分为纯平台模式和债权转让模式两种。根据用户开发、信用审核、合同签订到贷款催收等整个业务流程对互联网的运用程度，P2P 网贷平台的运营模式也可以分为纯线上模式和线上线下相结合模式。根据是否提供担保，P2P 网贷平台分为无担保模式和有担保模式，有担保模式中又包含第三方担保模式和平台自身担保模式两类。

众筹是指项目发起人利用互联网和 SNS 传播的特性，发动公众的力量，集中公众的资金、能力和渠道，为小微企业、艺术家或个人进行某项活动、某个项目及创办企业提供必要的资金援助的一种融资方式。众筹项目种类繁多，不单单包括新产品研发、新公司成立等商业项目，还包括科学研究项目、民生工程项目、赈灾项目、艺术设计、政治运动等。经过几年的迅速发展，众筹已经逐步形成奖励制众筹、股份制众筹、募捐制众筹、借贷制众筹等多种运营模式，典型平台包括点名时间、大家投、积木盒子等。

互联网理财是指通过互联网管理理财产品，即投资者或家庭通过互联网获取商家提供的理财服务和金融资讯，根据外界条件的变化，不断调整其剩余资产的存在形态，以实现个人或家庭资产收益最大化的一系列活动。

互联网金融门户是指利用互联网进行金融产品的销售以及为金融产品销售提供第三方服务的平台。它的核心就是"搜索＋比价"的模式，采用金融产品垂直比价的方式，将各家金融机构的产品放在平台上，用户通过对比，挑选合适的金融产品。

案例阅读

第7章　金融电子商务的运行环境

 【本章内容】

法律环境
- 金融电子商务法概述
- 金融电子商务交易的法律问题
- 金融电子商务机构监管的法律问题

征信环境
- 信用体系概述
- 互联网金融信用
- 互联网金融征信体系现状

风险防范
- 金融电子商务的风险类别
- 金融电子商务的风险防范策略

金融监管
- 金融监管的一般理论
- 金融电子商务监管内容
- 我国金融电子商务监管体系

 【学习目标】

 知识目标　　　　　　　　　　 能力目标

- ◇ 了解金融电子商务的法律环境、政策环境、征信环境
- ◇ 理解金融电子商务的风险与风险防控
- ◇ 掌握金融电子商务监管的原则、内容和措施

- ◇ 综合运用相关知识,分析国内外金融电子商务的环境差异
- ◇ 比较金融电子商务活动主体的责、权、利关系
- ◇ 把握网络金融双刃剑特征

 【案例导入】

腾讯征信

　　腾讯征信是首批经中国人民银行批准开展征信业务的机构之一,专注于身份识别、反欺诈、信用评估服务,帮助企业控制风险、远离欺诈、挖掘客户,切实推动普惠金融。

　　身份识别产品　人脸识别技术正成为 IT 产业的技术浪潮,国内外诸多知名企业都在积极布局该领域,作为国内顶尖互联网企业之一的腾讯,率先在该领域取得重要突破。腾讯财付通与中国公安部所属的全国公民身份证号码查询服务中心,达成人像比对服务的战略合作。双方通过深度合作,结合腾讯独创的技术算法,大力提升人脸识别的准确率及商业可用性,联手帮助传统金融行业解决用户身份核实、反欺诈、远程开户等难题。人脸识别技术能够应用的关键核心,在于图像识别核心技术、丰富权威的样本数据库以及广泛、灵活、便捷的应用场景。腾讯的图像识别核心技术能力已积累了独有的优势,采集标注了海量生活照训练样本数据。而腾讯与微众银行对金融、证券等业务进行人脸识别的应用尝试,将促使人脸识别运用在更多的应用场景里。

反欺诈核查产品　腾讯征信反欺诈产品是国内首个利用互联网数据来鉴别欺诈客户的系统,主要服务对象包括银行、证券、保险、消费金融、小贷、P2P 等商业机构。它能帮助企业识别用户身份,防范涉黑账户或有组织欺诈,发现恶意或者疑似欺诈客户,避免资金损失。腾讯征信反欺诈产品通过市场应用验证的查得率和查全率是行业平均水平的数倍——优异的实用验证,表明其高效性和可靠性。

信用评估产品　腾讯利用全面覆盖腾讯生态圈 8 亿活跃用户的腾讯社交大数据,通过先进的大数据分析技术,准确量化信用风险,有效提供预测准确、性能稳定的信用评分体系及评估报告。对于个人用户,不但可以查询个人信用报告,还可以提高和完善自身信用情况,形成良性循环;对于银行等商业机构,该信用评分体系可以与自有体系形成交叉比对,帮助机构更准确地对用户个人信用做出判别,挖掘更多价值用户。

扩展阅读

 【本章小结】

　　本章讨论了金融电子商务的运行环境,包括政策法律环境、征信环境、风险与防范及金融监管。金融电子商务活动作为一种金融活动,也会遇到一系列的法律问题,这些问题同传统金融活动中的法律问题相比,既有共性,又有个性。在金融行业中,不同的业态存在不同的法律方面的问题。金融电子商务法是调整金融电子商务关系的各种法律规范的总称,是金融法应对金融电子化、网络化的产物。金融电子商务法不是一个独立的部门法,仍属于金融法的范畴,它所规范的社会关系同时也被银行法、证券法、保险法、网络信息保护法、电子商务法等法律约束。金融电子商务征信是依法设立信用征信机构,对信用信息进行采集和加工,并根据用户要求提供信用信息查询和评估服务的活动。随着金融电子商务业的发展,其金融风险逐渐暴露出来。与传统金融风险相比,金融电子商务的风险具有特殊性。一是传播性强,影响面广;二是传导速度快,虚拟性高;三是金融电子商务的复杂性加大。从风险源的角度看,金融电子商务风险可以划分为技术风险、业务风险、法律风险等几个大类。金融电子商务的风险管理分为风险识别、风险分析、风险控制、风险评价四个阶段。实施金融监管就是向金融市场运行中引入一种制度安排,以克服由于信息不对称、垄断性、外部性、传染性、脆弱性等原因引起的金融市场失灵。中国的金融电子商务监管整体呈现法律体系滞后僵化、监管主体多元化、监管范围界定困难等特征。目前,我国的金融监管体制是"一委一行两会"的架构,即国务院金融稳定委员会、中国人民银行、证监会、银保监会。

案例阅读

参 考 文 献

[1] 帅青红,等.互联网金融概论[M].北京:高等教育出版社,2019.

[2] 赵海军,等.互联网金融实务与创业实践[M].北京:经济科学出版社,2018.

[3] 郭福春,等.互联网金融基础[M].北京:高等教育出版社,2017.

[4] 果怀恩,等.互联网金融——概念 体系 案例[M].北京:人民邮电出版社,2017.

[5] 罗雷,等.互联网金融——理论与应用[M].北京:人民邮电出版社,2016.

[6] 胡征.网络金融[M].北京:清华大学出版社,2017.

[7] 胡玫艳,等.网络金融学[M].北京:对外贸易大学出版社,2008.

[8] 李琪,Andrew B. Whinston 等.金融电子商务[M].北京:高等教育出版社,2004.

[9] 蔡元萍,等.网上支付与结算[M].大连:东北财经大学出版社,2006.

[10] 吕晓永,等.互联网金融[M].北京:中国铁道出版社,2018.

[11] 史册.图解互联网金融[M].北京:化学工业出版社,2015.

[12] 赵紫剑.互联网金融[M].重庆:重庆大学出版社,2016.

[13] 谢平,邹传伟.互联网金融"家族"图谱梳理[N].中国经济导报,2014-1-23(第 B07 版).

[14] 人民银行等十部门.关于促进互联网金融健康发展的指导意见[EB/OL].中华人民共和国中央人民政府门户网站,2015-07-18/2019-05-30,http://www.gov.cn/xinwen/2015/07/18/content_2899360.htm.

[15] 谢平.互联网金融风险和防范的几点思考[N].金融时报,2016-05-09.

[16] 谢平,邹传伟,刘海二.互联网金融的基础理论[J].金融研究,2015(8):1-12.

[17] 谢平.互联网金融模式研究[J].金融研究,2012(1).

[18] 李静宇,等.互联网金融乱象调查报告[N].证券时报,2014-12-04(12).

[19] 丁建航,夏驿杰.金融互联网与互联网金融概念及关系辨析[J].当代经济,2019(5):40-43.

[20] 叶芳.互联网金融与金融互联网[J].标准生活,2016(4):34-36.

[21] 中国银保监会.《中国普惠金融发展情况报告》发布:普惠金融发展取得积极成效,未来将注重五大体系建设[J].中国银行业,2018-10-15(10).

[22] 罗党论.互联网金融[M].北京:北京大学出版社,2017.

[23] 高霞.当代普惠金融理论及中国相关对策研究[D].沈阳:辽宁大学,2016.

[24] 周雷.互联网金融理论与应用[M].北京:人民邮电出版社,2016.

[25] 孟岩,邵青.Facebook 数字货币:缘起、意义和后果[EB/OL].CSDN,2019-0-17/2019-07-04,https://blog.csdn.net/Blockchain_lemon/article/details/92668928.

[26] 中本聪.比特币白皮书:一种点对点的电子现金系统[EB/OL].巴比特(8btc.com),2019-08-04,https://www.8btc.com/wiki/bitcoin-a-peer-to-peer-electronic-cash-system.

[27] 中国工业和信息化部.中国区块链技术和应用发展白皮书[EB/OL].

[28] 中国工业和信息化部.区块链参考架构[EB/OL].2017-05-16/2019-08-04.

[29] 杨天翔,薛誉华,刘亮.网络金融[M].2 版.上海:复旦大学出版社,2015.

[30] 李宏畅.网络金融与电子支付[M].西安:西安交通大学出版社,2015.

[31] 李建军,罗明雄,等.互联网金融[M].北京:高等教育出版社,2019.

[32] 范小云,刘澜飚,袁梦怡.互联网金融[M].北京:人民邮电出版社,2016.

[33] 吕志宽,李韶华,马振军.对话区块链[M].北京:清华大学出版社,2018.

[34] 蔡皎洁,郭道猛.网络金融[M].北京:机械工业出版社,2018.

［35］ 张劲松.网络金融[M].北京：机械工业出版社,2018.

［36］ 胡玫艳,黄华,何龙.电子商务概论（双语）[M].北京：清华大学出版社,2012.

［37］ 瞿彭志,等.网络金融与电子支付[M].北京：化学工业出版社,2015.

［38］ 国务院.社会信用体系建设规划纲要（2014—2020年）[EB/OL].中华人民共和国中央人民政府门户网站，2014-06-27/2019-12-09,http://www.gov.cn/zhengce/content/2014-06-27/content_8913.htm.

图书资源支持

感谢您一直以来对清华版图书的支持和爱护。为了配合本书的使用，本书提供配套的资源，有需求的读者请扫描下方的"书圈"微信公众号二维码，在图书专区下载，也可以拨打电话或发送电子邮件咨询。

如果您在使用本书的过程中遇到了什么问题，或者有相关图书出版计划，也请您发邮件告诉我们，以便我们更好地为您服务。

我们的联系方式：

地　　址：北京市海淀区双清路学研大厦 A 座 714

邮　　编：100084

电　　话：010-83470236　010-83470237

客服邮箱：2301891038@qq.com

QQ：2301891038（请写明您的单位和姓名）

资源下载： 关注公众号"书圈"下载配套资源。

资源下载、样书申请

书圈

获取最新书目

观看课程直播